Christiano Torchi

Espiritismo passo a passo com Kardec

FEDERAÇÃO ESPÍRITA BRASILEIRA

ISBN 978-85-7328-636-6

B.N. 406.490

3ª edição – 1ª Reimpressão – *8,5º milheiro*

000.1-O; 10/2010

Capa: AGADYR TORRES

Projeto gráfico: SARAÍ AYRES TORRES

Composição e editoração:
Departamento Editorial e Gráfico – Rua Sousa Valente, 17
20941-040 – Rio de Janeiro (RJ) – Brasil
CNPJ nº 33.644.857/0002-84 I.E. nº 81.600.503

Pedidos de livros à FEB – Departamento Editorial
Tel.: (21) 2187-8282, FAX: (21) 2187-8298.

CIP-BRASIL. CATALOGAÇÃO-NA-FONTE
SINDICATO NACIONAL DOS EDITORES DE LIVROS, RJ.

T635e
3.ed.

Torchi, Christiano
Espiritismo passo a passo com Kardec / Christiano Torchi. – 3. ed. – 1ª reimpressão – Rio de Janeiro: Federação Espírita Brasileira, 2010
608p.; 21cm

ISBN 978-85-7328-636-6

1. Espiritismo. I. Federação Espírita Brasileira. II. Título.

09-4644. CDD 133.9
CDU 133.7

08.09.09 10.09.09 014975

Sumário

Apresentação

ESPIRITISMO PASSO A PASSO COM KARDEC vem tendo grande aceitação entre os leitores, mesmo sendo um livro de estudos e consulta ou pesquisa, resultado bastante animador que demonstra a receptividade do público às obras de qualidade que procuram divulgar o Espiritismo.

Seu êxito precoce mostra, também, que o autor tem alcançado o seu público-alvo, destacadamente, os leigos, os simpatizantes e os neófitos em Espiritismo.

Nesta terceira edição, a obra vem à tona revisada e ampliada para melhor atender às exigências de um público cada vez mais crítico e consciente.

Todos que lêem esta obra admiram-se de sua fidelidade aos ensinos do eminente Codificador ALLAN KARDEC e de como ela trata de assuntos tão variados e profundos, de forma didática, sempre contextualizada com fatos da atualidade, e com linguagem agradável, leve e convidativa.

Além do aprimoramento na revisão da linguagem, a obra ganhou um índice remissivo, muito útil à pesquisa, e foi ampliada com o acréscimo do item 3.2., que traz noções mais detalhadas sobre o caráter ou a natureza da Revelação Espírita, em que o autor aborda, sob o prisma da Filosofia da Ciência, a estrutura teórica que embasa a Ciência da Alma ou a Ciência do Infinito, que é o Espiritismo, elucidando que este, embora seja também uma ciência, não é da alçada das ciências ordinárias.

Além disso, o autor demonstra que a Doutrina Espírita tem base científica própria, não está desatualizada como muitos pensam, embora tenha sido codificada no século XIX, às vésperas das grandes revoluções científicas que abalaram o mundo, e que a natureza dos fenômenos que ela estuda, bem como o estado atual de nosso conhecimento sobre a matéria, não permitem uma conexão tão direta entre a Física, por exemplo, e o Espiritismo, estando sujeitos ao malogro aqueles que buscarem interpretar os fenômenos psíquicos fora do paradigma espírita.

Nos capítulos sobre o aborto e a eutanásia, a obra também foi atualizada, trazendo, quanto ao primeiro, informações importantes sobre as tentativas da comunidade científica em conceituar e determinar o início da vida e, ao mesmo tempo, convidando o leitor para refletir sobre a importância de se defender a vida, em todas as suas fases, considerando que ela é um direito natural anterior ao estado, e que nenhum grupo social tem o direito de decidir quando outros devam morrer.

Finalmente, o item 8.2. *Matéria* foi redimensionado aos cânones científicos da Física moderna, sem perder de vista o enfoque espírita, avaliando, com prudência, a tese prematura, tão em voga, atualmente, de que a Física, ramo da Ciência que estuda a matéria, esteja confirmando a existência de Deus e da alma.

Por tudo isso, espera-se que as páginas desta obra continuem caindo no gosto de muitos leitores, como caiu no de Antonio Cunha Lacerda Leite (Nova Iorque-EUA), Alexandre Fontes da Fonseca (Dallas-EUA) e João Sergio Boschiroli (Brasil), entre tantos outros, que prestaram ao autor excelente contribuição na revisão e ampliação da obra.

Rio de Janeiro (RJ), setembro de 2009.
A EDITORA

Agradecimentos

À minha mãe Marciana e ao meu pai Pedro, que me presentearam com esta bendita reencarnação.

Com gratidão, à querida esposa Creusa e aos amorosos filhos Thalles e Thalita, sem cuja compreensão e apoio não seria possível realizar esta obra.

Aos companheiros do Movimento Espírita, com destaque para os amigos do Esde – Estudo Sistematizado da Doutrina Espírita –, do campo experimental do Centro Espírita Discípulos de Jesus, e da Federação Espírita de Mato Grosso do Sul, que serviram de musa inspiradora à conclusão deste trabalho.

A todos que, direta ou indiretamente, colaboraram na revisão deste livro, em especial ao amigo Antonio Cunha Lacerda Leite, responsável pelo meu despertamento para a Doutrina Espírita, ao desembargador Josué de Oliveira, ao professor Hildebrando Campestrini, bem como aos amigos Celso Luiz Rodrigues Catônio, Elisa Paula Perinasso, João

Carlos Nascimento Ferreira Júnior, João Coraldino dos Santos e Mauro Reck.

Aos meus familiares, em especial aos manos Alfredo e João Ramos Torchi, bem assim ao primo Alfredo Vicente Terçariolli Ramos, que, mesmo a distância, foram meus grandes incentivadores.

Advento do Espírito de Verdade[1]

*V*ENHO*, como outrora aos transviados filhos de Israel, trazer-vos a verdade e dissipar as trevas. Escutai-me. O Espiritismo, como o fez antigamente a minha palavra, tem de lembrar aos* incrédulos *que acima deles reina a imutável verdade: o Deus bom, o Deus grande, que faz germinem as plantas e se levantem as ondas. Revelei a doutrina divinal. Como um ceifeiro, reuni em feixes o bem esparso no seio da Humanidade e disse:* "Vinde a mim, todos vós que sofreis".

Mas, ingratos, os homens afastaram-se do caminho reto e largo que conduz ao Reino de meu Pai e enveredaram pelas ásperas sendas da impiedade. Meu Pai não quer aniquilar a raça humana; quer que, ajudando-vos uns aos outros, mortos e vivos, isto é, mortos segundo a carne, porquanto não existe a morte, *vos socorrais e que se faça ouvir não mais a voz dos profetas e dos apóstolos, mas a dos que já não vivem na Terra, a clamar:*

---

[1]KARDEC, Allan. *O Evangelho segundo o Espiritismo*, cap. VI, item 5. (Destacamos)

Orai e crede! pois que a morte é a ressurreição, *sendo a vida a* prova *buscada e durante a qual as virtudes que houverdes cultivado crescerão e se desenvolverão como o cedro.*

Homens fracos, que compreendeis as trevas das vossas inteligências, não afasteis o facho que a clemência divina vos coloca nas mãos para vos clarear o caminho e reconduzir-vos, filhos perdidos, ao regaço de vosso Pai.

Sinto-me por demais tomado de compaixão pelas vossas misérias, pela vossa fraqueza imensa, para deixar de estender mão socorredora aos infelizes transviados que, vendo o Céu, caem nos abismos do erro. Crede, amai, meditai sobre as coisas que vos são reveladas; não mistureis o joio com a boa semente, as utopias com as verdades.

Espíritas! amai-vos, este o primeiro ensinamento; instruí-vos, este o segundo. *No Cristianismo encontram-se todas as verdades; são de* origem humana *os* erros *que nele se enraizaram. Eis que do além-túmulo, que julgáveis o nada, vozes vos clamam: "Irmãos! nada perece. Jesus Cristo é o vencedor do mal, sede os vencedores da impiedade".*

O Espírito de Verdade
Paris (França), 1860.

Mensagem de André Luiz[2]

A VIDA NÃO CESSA. A vida é fonte eterna e a morte é o jogo escuro das ilusões.

O grande rio tem seu trajeto, antes do mar imenso. Copiando-lhe a expressão, a alma percorre igualmente caminhos variados e etapas diversas, também recebe afluentes de conhecimentos, aqui e ali, avoluma-se em expressão e purifica-se em qualidade, antes de encontrar o oceano eterno da sabedoria.

Cerrar os olhos carnais constitui operação demasiadamente simples.

Permutar a roupagem física não decide o problema fundamental da iluminação, como a troca de vestidos nada tem que ver com as soluções profundas do destino e do ser.

Oh! caminhos das almas, misteriosos caminhos do coração! É mister percorrer-vos, antes de tentar a suprema equação da Vida Eterna! É indispensável viver o vosso drama,

[2]XAVIER, Francisco Cândido. *Nosso Lar*. Pelo Espírito André Luiz.

conhecer-vos detalhe a detalhe, no longo processo do aperfeiçoamento espiritual!...

Seria extremamente infantil a crença de que o simples 'baixar do pano' resolvesse transcendentes questões do Infinito.

Uma existência é um ato.

Um corpo – uma veste.

Um século – um dia.

Um serviço – uma experiência.

Um triunfo – uma aquisição.

Uma morte – um sopro renovador.

Quantas existências, quantos corpos, quantos séculos, quantos serviços, quantos triunfos, quantas mortes necessitamos ainda?

E o letrado em filosofia religiosa fala de deliberações finais e posições definitivas!

Ai! por toda parte, os cultos em doutrina e os analfabetos do Espírito!

É preciso muito esforço do homem para ingressar na academia do Evangelho do Cristo, ingresso que se verifica, quase sempre, de estranha maneira – ele só, na companhia do Mestre, efetuando o curso difícil, recebendo lições sem cátedras visíveis e ouvindo vastas dissertações sem palavras articuladas. [...]

Abreviaturas

a.C.	Antes de Cristo
Cap.	Capítulo
CBHEOS	Centro Brasileiro de Homeopatia, Espiritismo e Obras Sociais
Ceak	Centro Espírita Allan Kardec
Celd	Centro Espírita Léon Denis
CI	*O Céu e o Inferno*
CONS	*O Consolador* (O número que aparece ao lado da sigla refere-se à questão.)
d.C.	Depois de Cristo
ed.	edição
Edicel	Editora Cultural Espírita Ltda.
Esde	Estudo Sistematizado da Doutrina Espírita
ESE	*O Evangelho segundo o Espiritismo* (O número que aparece ao lado da sigla refere-se ao capítulo, seguido de seu item.)
FEB	Federação Espírita Brasileira
Feesp	Federação Espírita do Estado de São Paulo
GE	*A Gênese* (O número que aparece ao lado da sigla refere-se ao capítulo, seguido de seu item.)

IDE	Instituto de Difusão Espírita
il.	ilustrado
LE	*O Livro dos Espíritos* (O número que aparece ao lado da sigla refere-se à questão.)
Leal	Livraria Espírita Alvorada Editora
LM	*O Livro dos Médiuns* (O número que aparece ao lado da sigla refere-se ao capítulo, seguido de seu item.)
OP	*Obras Póstumas* (O número que aparece ao lado da sigla refere-se à questão.)
OQE	*O que é o Espiritismo* (O número que aparece ao lado da sigla refere-se ao capítulo, seguido de seu item.)
p.	página
s.d.	sem data
s.e.	sem editor
s.l.	sem local
ss.	seguintes
s.t.	sem o nome do tradutor
v.	volume

Primeiras palavras

"[...] A letra mata, e o espírito vivifica."
(II Coríntios, 3:6.)

Consciente da pobreza da linguagem humana, incapaz de expressar a grandiosidade das Leis Divinas e do mundo espiritual, procuramos utilizar o máximo de conceitos nas notas de rodapé e, outras vezes, no próprio corpo do texto, mesmo sob o risco de nos tornarmos repetitivos, tudo para facilitar o esforço do leitor.

A Doutrina Espírita, como se verá adiante (item 8.2), anteviu, no final do século XIX, ainda que despretensiosamente, porque este não é seu papel nem seu objetivo, a revelação de algumas leis físicas que mais tarde seriam desvendadas pela Ciência e outras ainda por desvendar. Como é natural, muitos termos científicos não eram conhecidos na época de Allan Kardec, e os Espíritos reveladores tiveram que se utilizar dos termos e expressões disponíveis, à época, para traduzir um evento futuro, mas que, na sua essência, entremostravam a idéia do fenômeno revelado. Esta advertência forçará o leitor a buscar o sentido oculto das palavras, para que compreenda a excelência dos ensinos espíritas, *que não estão desatualizados como muitos analistas afoitos podem pensar, à primeira vista.*

Como nem sempre temos condições de adaptar a linguagem, devido aos nossos escassos conhecimentos na área científica, preferimos conservar, na maioria das vezes, os termos utilizados pelo Codificador, que, entretanto, podem ser assimilados pelo observador mais atento e de bom senso, sem maiores dificuldades.

A linguagem em sua essência, independente da instrução e da cultura do seu intermediário, pode ser considerada como a "carteira de identidade do Espírito".

Os inúmeros idiomas existentes no mundo dos encarnados refletem apenas as várias características de que se revestem as possibilidades de comunicação humana. Algumas vezes, chegam a refletir mesmo as características evolutivas de cada povo. Para o Espírito imortal, entretanto, as diferentes linguagens não constituem barreiras, uma vez que *a linguagem do pensamento é universal.*

É fenômeno relativamente comum a comunicação entre duas pessoas por meio da telepatia,[3] mesmo que se manifestem por idiomas diferentes, fato que também acontece corriqueiramente nos sonhos entre os encarnados. Exemplo clássico é encontrado no livro *Há dois mil anos*,[4] de autoria do Espírito Emmanuel, psicografado pelo médium Francisco Cândido Xavier (1910-2002), em que o

[3]*Telepatia* é a transmissão ou comunicação extra-sensorial de pensamentos e sensações, a distância, entre duas ou mais pessoas.

[4]Primeira parte, cap. 5.

senador Públio Lentulus, que falava o latim, comunicou-se, em Espírito, durante o sono físico, sem nenhuma dificuldade, com Jesus, de idioma aramaico.

O importante é saber que *os nomes não dão essência às coisas*, sendo necessário, quase sempre, desnudar as palavras, buscar a sua essência, sem esquecer a advertência do Apóstolo dos gentios: "*a letra* [a forma] *mata, e o espírito* [a idéia, a essência], *vivifica*" (II Coríntios, 3:6). É neste sentido que os Espíritos superiores nos advertem, quando dizem: "A idéia é tudo, a forma nada vale" (LE, "Introdução", XIV).

Muitas palavras têm sentido equívoco, isto é, o mesmo vocábulo é utilizado para designar coisas diferentes, como é o exemplo do termo *alma*, empregado, geralmente, como sinônimo de *espírito* (princípio inteligente), de *homem* ou *Espírito encarnado* e de *Espírito desencarnado* (ver item 8.1).

Sendo assim, *o leitor deve sempre exercitar o bom senso e ter o cuidado de verificar o sentido exato das palavras, dentro do contexto*, uma vez que nem sempre é possível fugir às imperfeições do próprio escritor, da linguagem humana e aos erros de revisão. Afinal, as palavras, em sua forma limitada, revestem pensamentos e idéias e, por isso, nem sempre traduzem o exato significado das coisas, principalmente aquelas de ordem espiritual.

Preocupado com essa questão, Durval Ciamponi, no livro *A evolução do princípio inteligente*,[5] fez as seguintes observações, que tomamos de empréstimo:

[5] Cap. 2, "Conceituando princípio inteligente".

Antes de iniciar este estudo propriamente dito, analisaremos alguns conceitos não bem compreendidos entre os estudantes da Doutrina e algumas vezes mal empregados. São eles: Espírito, princípio espiritual, princípio inteligente e alma.

Que é Alma?

A conceituação dada pelos Espíritos (LE, 134), de que *a alma é o Espírito encarnado*, tem levado muitos estudiosos da Doutrina a uma interpretação restritiva do conceito alma, geralmente empregado por Kardec, na Codificação.

Kardec utilizou em sentido genérico, nos seus trabalhos, as palavras espírito, princípio espiritual, princípio inteligente e alma como sinônimos, isto é, o ser inteligente, e a palavra Espírito, para indicar o ser extracorpóreo da esfera espiritual, o que tem levado alguns a pequenas confusões doutrinárias.

Assim, em sentido amplo, alma é o ser pensante, o ser inteligente, e em sentido restrito é o Espírito encarnado.

Na questão 23, os Espíritos respondem que o espírito (com letra minúscula) é o princípio inteligente do Universo. Há neste item a identificação conceitual do que é *princípio material* e *princípio espiritual*, distintos um do outro, e acima de ambos, *Deus*, o Criador de tudo o que existe.

Na questão 76, Kardec esclarece, em nota, que a "*palavra Espírito (com letra maiúscula) é empregada para designar os seres extracorpóreos e não mais o elemento inteligente universal*". Muitos estudantes da Doutrina não percebem essa diferença e empregam os termos inadequadamente, às vezes.

A palavra Espírito deverá ser empregada para designação dos Espíritos desencarnados, pois em tais condições são seres compostos de corpo espiritual mais o princípio inteligente, ou alma, ou princípio espiritual.

Estudiosos há que não distinguindo bem a diferença entre um conceito e outro escrevem ora tudo minúsculo ora tudo maiúsculo, deixando ao leitor descobrir se se fala de entidade extracorpórea ou do princípio espiritual em si.

Estudiosos há que confundem princípio inteligente com inteligência. Esta é um atributo do Espírito. A resultante de um processo de desenvolvimento progressivo do ser através dos milênios. *Nestas condições, é correto afirmar-se que o* rato *e o* homem *são princípios inteligentes, isto é, princípios espirituais em evolução, apenas em diferentes graus evolutivos, ou em diferentes níveis de inteligência, porquanto esta é um atributo daqueles.*

No jornalismo costuma-se escrever, muitas vezes, para uniformidade de linguagem, a palavra espírito com letra minúscula, confundindo o leitor, que deverá distinguir se se trata de entidade habitante do mundo espiritual ou não.

No LE, 134 e 135, os Espíritos empregaram a palavra alma em seu sentido restrito, quando afirmam que a alma é "*um Espírito encarnado*" ou que "*as almas não são mais do que os Espíritos*", antes de se ligarem ao corpo físico.

A repetição destes conceitos de alma, nestas questões, leva muitos estudantes a raciocinarem tomando os significados ao pé da letra. Kardec chama bem a atenção no comentário da questão 139, onde deixa clara a utilização da palavra [...].

Como se observa, Kardec conhecia bem a diferença entre os conceitos da palavra alma, empregados na Codificação, ora como Espírito encarnado, ora como princípio inteligente. Até a questão 76, Kardec sempre falou em espírito (letra minúscula) como sendo o princípio inteligente e a partir daí em Espírito, como o ser extracorpóreo, e alma como o Espírito encarnado. Foi uma opção didática utilizada pelos Espíritos para facilitar a compreensão humana habituada ao conceito dogmático e vigente [...].

Assim, emprega-se a palavra alma, como Espírito, para dizer que ela era o Espírito, antes de unir-se ao corpo (LE, 134b), ou como disse Kardec na "Introdução" do LE, item VI: "*A alma tinha a sua individualidade antes da encarnação e a conserva após a separação do corpo*".

Os Espíritos, na questão 144, ainda advertem que "a palavra alma tem aplicação tão elástica que cada um a interpreta de acordo com as suas fantasias".

Convém, pois, distinguir nitidamente quando se emprega a palavra alma, no sentido de Espírito encarnado ou no sentido de espírito, princípio inteligente.

É evidente que quando falamos que "*a alma dos homens sofre pelas conseqüências de suas vidas anteriores*", estamos dizendo que:

a) quem sofre é o ser pensante, o princípio espiritual ou inteligente existente no homem; e

b) os Espíritos encarnados reajustam-se em função de um passado delinqüente.

Como conseqüência tem-se a palavra alma empregada nos dois sentidos [...].

Não é fácil aplicar corretamente o termo desejado, mas com cuidado acertaremos sempre. A palavra alma, por exemplo, é mais vezes empregada como ser moral ou princípio inteligente, distinto do perispírito, do que como Espírito (soma de ambos) encarnado.

Àqueles que estão presos ao conceito restrito de alma, como Espírito encarnado, *sugerimos repensar*, porquanto Kardec foi mais longe. *Conseqüentemente, princípio espiritual, espírito, princípio inteligente, alma são empregados praticamente como sinônimos.*

Emmanuel, André Luiz e outros Espíritos escritores, por intermédio de Chico Xavier, empregam corretamente os termos em seus significados específicos, em sentido genérico, igualmente como Kardec [...].

Por princípio inteligente, alma, princípio espiritual, espírito, designamos o ser criado por Deus, simples e ignorante, para evoluir, cocriando eternamente pelo trabalho, pela prática do amor e da sabedoria [...].

Foi por isso que os Espíritos disseram a Kardec (LE, 139): *"Por que não tendes vós uma palavra para cada coisa?"*. (Destacamos)

Esclarecemos, ainda, que, na formulação dos capítulos, não nos preocupamos com uma classificação rigorosamente científica dos assuntos, como se encontram nas obras básicas. Nossa preocupação maior foi compactar o trabalho, de modo a oferecer ao leitor uma *visão de conjunto da Doutrina*, sem perder, contudo – é o que se espera –, o "fio da meada" e sem perder de vista uma relativa seqüência dos assuntos. Explica-se, por isso, termos enquadrado assuntos como perispírito, aborto, eutanásia, pena de morte, suicídio, doação de órgãos e transplantes, clonagem, DNA e sonhos, como subtítulos da Reencarnação, uma vez que estes termos guardam correspondência direta ou indireta com os fenômenos da vida biológica.

Finalmente, a inclusão, no final da obra, do título "Criação Divina", que trata da *origem* das coisas, justifica-se pelo fato de ser um tema bem mais complexo, que possivelmente será melhor assimilado, após a apresentação das matérias antecedentes.

1. *Justificativa*

"[...] Nada há de novo debaixo do Sol."
(ECLESIASTES, 1:9.)

ESTE TRABALHO FOI IDEALIZADO PARA VOCÊ, estimado leitor, que tem sede de conhecimentos novos. Propusemo-nos a oferecê-lo na forma de um *modesto livro de consulta*, com a finalidade de apresentar-lhe os pontos básicos da Doutrina Espírita. Esforçamo-nos em traçar um quadro preliminar, que dê uma *visão panorâmica* do que seja a Doutrina dos Espíritos, de que tanto se fala e tão pouco se conhece. *Não tem, por isso, a vã pretensão de esgotar o tema.*

Desejamos, quando muito, esclarecer algumas dúvidas comuns, lançando as bases para um estudo mais profundo,[6] o que dependerá, obviamente, de seu livre-arbítrio e de seu esforço.

[6] Recomendamos ao leitor interessado em aprofundar os conhecimentos doutrinários matricular-se em um dos cursos do *Estudo Sistematizado da Doutrina Espírita – Esde*, que é oferecido em muitas casas espíritas (ver item 6.1).

Muitas pessoas se dizem espíritas, mas poucas realmente conhecem o Espiritismo. A grande maioria, por comodismo ou por falta do hábito de leitura e falta de esforço na sua própria transformação moral, prefere ouvir dos outros a pesquisar em fontes seguras.

Outras, na busca de satisfazer suas paixões, preferem unicamente o contato com os Espíritos, objetivando apenas obter compensações, como se o Espiritismo fosse uma religião de favorecimentos pessoais. Por isso, aceitam, cegamente, tudo o que vem dos Espíritos, na expectativa de beneficiar-se dessa "amizade".

A Doutrina Espírita foi considerada por Allan Kardec como a *Ciência do Infinito*, a qual "*nos lança de súbito numa ordem de coisas tão nova quão grande*", cujo estudo "*só pode ser feito com utilidade por homens sérios, perseverantes, livres de prevenções e animados de firme e sincera vontade de chegar a um resultado*". [7] Sem o estudo sério e continuado da Doutrina, é impossível aprofundar a sua compreensão. Não basta assistir a reuniões públicas e receber passes, para ser considerado espírita. É indispensável – como alerta Kardec – estudar a Doutrina e buscar viver seus ensinos, aliando ao estudo o trabalho e a transformação íntima.

Sem intuito de fazer proselitismo[8] e com o respeito e consideração que merecem os profitentes de todos os

[7] *O Livro dos Espíritos*, "Introdução", item VIII.

[8] Fazer *proselitismo* é tentar convencer uma pessoa sem religião ou de outra a aderir à nossa, ou seja, conquistar adeptos, atividade de que não se ocupa e não

credos, apenas pretendemos colocar mais um tijolinho na laboriosa e *permanente tarefa de divulgação do Espiritismo*, cuja missão principal é "ligar" o mundo visível ao invisível, ao mesmo tempo em que contribui para a *transformação da Humanidade*, pela melhoria das massas, por meio do gradual aperfeiçoamento dos indivíduos.

É importante salientar que *não temos a intenção de trazer novidades*, pois os assuntos aqui ventilados são tratados nas obras básicas, codificadas[9] por Allan Kardec, e na vasta literatura suplementar espírita.

Baseados em nossas próprias dificuldades – quando iniciamos, há mais de uma década, o estudo da Doutrina –, desejamos aplainar o caminho de alguns iniciantes e simpatizantes, inclusive daqueles que chegam à Casa Espírita, pela primeira vez, sedentos de saber, sem ter qualquer noção de Espiritismo e sem saber por onde começar.

Frisamos que nosso objetivo – e esperamos alcançá-lo – é dar ao novo estudante uma *noção de conjunto dos princípios da Doutrina Espírita*, de seu esqueleto ou estrutura, na expectativa de inseri-lo no permanente estudo desta *monumental Doutrina* que os

recomenda o Espiritismo, que é uma doutrina de respeito à *liberdade de consciência*.

[9]As obras básicas *codificadas*, isto é, organizadas, estruturadas em forma de código, metódica e didaticamente, são *O Livro dos Espíritos*, *O Livro dos Médiuns*, *O Evangelho segundo o Espiritismo*, *O Céu e o Inferno* e *A Gênese*.

Espíritos superiores nos legaram, *cuja compreensão e vivência é a chave da felicidade humana.*

É claro que já existem várias e excelentes obras escritas, com objetivos semelhantes, que em muito superam nossa humilde tentativa. Entretanto, se nos atrevemos a percorrer tais caminhos é porque também alimentamos a expectativa de ser útil, de alguma forma, ao Movimento Espírita, repartindo com outros irmãos um pouco da alegria e do entusiasmo que transformam, continuamente, a nossa vida, *graças a esses conhecimentos libertadores.*

Queremos deixar claro que não pretendemos, com esta obra, impor nosso ponto de vista a quem quer que seja. Recebam-na como um *esforço de reflexão, daí por que não deve ser aceita cegamente.* É necessário, indispensável mesmo, que o leitor a investigue com as lentes da razão e do bom senso, com *espírito crítico*, questionando, apurando – discordando até, se for o caso –, enfim, pesquisando a Verdade. Estaremos sempre abertos à discussão, para corrigirmos o trabalho em suas imperfeições, que devem ser debitadas à *falibilidade deste autor*[10] e não à Doutrina dos Espíritos.

Por fim, reiteramos que as informações aqui contidas não dispensam a leitura e o estudo sério e metódico das obras básicas da Doutrina Espírita.

---

[10]Endereço eletrônico do autor, para sugestões e críticas: *christiano.torchi@gmail.com*

2. Por que se recomenda o estudo do Espiritismo?

"Conhece-te a ti mesmo."
(Frase atribuída a SÓCRATES)

ESMAGADORA PERCENTAGEM dos habitantes do planeta, mergulhada na vida atribulada da atualidade, não está interessada nos problemas fundamentais da existência. A nossa prioridade tem sido a preocupação com os negócios, com a carreira profissional, com os prazeres, com os problemas particulares. Consideramos questões como a existência de Deus e a imortalidade da alma matéria da competência de sacerdotes, de ministros religiosos, de filósofos e teólogos.

Enquanto tudo vai bem em nossa vida, nem nos lembramos de que Deus existe e, quando lembramos, é apenas para fazer uma oração, ir ao templo, como se tais atitudes fossem simples obrigações, das quais todos temos que nos desincumbir de uma maneira ou de outra. A *religião* para muitos de nós representa *mera formalidade social*, algo sem muito significado; no máximo, praticamos uma "religião de fachada", por desencargo de consciência, para estar de bem com Deus e com a sociedade.

Outros, inclusive, sequer têm firme convicção daquilo que professam, alimentando *sérias dúvidas* a respeito de Deus e da continuidade da vida após a morte. Quando, porém, somos surpreendidos por um grande problema, uma queda financeira desastrosa, a perda de um ente querido, uma decepção amorosa, uma doença incurável – fatos a que todos estamos sujeitos, sem exceção –, não encontramos em nós mesmos a fé necessária nem a compreensão para enfrentar o problema com coragem e resignação, caindo, quase sempre, no desespero ou na apatia.

O conhecimento espírita abre-nos uma visão ampla e racional da vida, explicando-a de maneira convincente e permitindo-nos iniciar uma *transformação íntima*, que nos aproxima de Deus. Esse processo de compreensão dos problemas da vida passa, invariavelmente, pelo *conhecimento de nós mesmos* (LE, 919). Com *a certeza da imortalidade*, o homem trabalha, ama, espera, perdoa e se resigna; com a *dúvida*, impacienta-se, perde a perspectiva, porque nada espera do futuro (OQE, cap. III, "Solução de alguns problemas pela Doutrina Espírita" – item 157, *A sorte do homem, na vida futura, está irrevogavelmente fixada depois da morte?*).

O Espiritismo responde a questões fundamentais da existência, tais como:

Que somos?

Antes de nascer, o que éramos?

Por que as pessoas são tão diferentes umas das outras?

Por que a vida sorri para umas e é só desgraça para outras?

Por que uns nascem enfermos, outros sãos?

Por que uns são pobres, outros ricos?

Por que uns, demorando-se em má conduta, sofrem menos que outros, que só fazem o bem? Por que uns nascem no corpo masculino, outros no corpo feminino?

Por que o Criador permitiria essas aparentes desigualdades entre seus filhos?

Por que a felicidade completa ainda não é deste mundo?

De onde viemos? Para onde vamos?

O que estamos fazendo na Terra?

Várias pessoas, por exemplo, viajam num trem, carro, navio ou avião, mas somente uma ou algumas delas se salvam, após desastre terrível – qual a razão de "sortes" tão diferentes?

Onde encontrar, em fatos tão díspares, a Justiça Divina?

O que acontecerá conosco depois da morte física? E para onde iremos?

A Doutrina Espírita responde a estas e a outras perguntas que afligem as pessoas que buscam, desesperadamente, um sentido para a vida, esclarecendo-as, para que não cometam, por exemplo, o terrível engano do *suicídio*, do qual trataremos no item 7.4.6.

Em qualquer setor da vida, só adquiriremos conhecimentos a partir do estudo metódico, o que exige esforço e perseverança (Mateus, 24:13). Sendo o Espiritismo uma ciência complexa, a *Ciência da alma*, alicerçada em princípios ético-morais, jamais poderemos conhecê-la em profundidade, se não nos empenharmos no seu *estudo minucioso e continuado*.

Sendo assim, prezado leitor, convido-o a estudar, o que também é uma modalidade de trabalho. Mãos à obra!

2.1. Distinção entre Espiritismo e Espiritualismo

"Não mistureis o joio com a boa semente."
Espírito de Verdade

O termo Espiritualismo pode ser considerado como gênero de que são espécies todas as correntes religiosas, inclusive o Espiritismo. Contudo, quando queremos identificar um segmento religioso específico, dizemos Catolicismo, Espiritismo, Protestantismo,

Budismo, etc. Sendo assim, *todo espírita é espiritualista, mas nem todo espiritualista é espírita* (OQE, cap. I, "Espiritismo e Espiritualismo"). Todo aquele que professa uma crença religiosa, seja ela qual for, é espiritualista, mas só é espírita aquele que se esforça por estudar, compreender, assimilar e vivenciar os princípios da Doutrina Espírita em sua pureza, tais como os Espíritos superiores nos ensinaram, por meio das obras codificadas[11] por Allan Kardec.

Os termos "*espírita*" e "*Espiritismo*" foram utilizados por Kardec, para evitar confusões com as demais correntes espiritualistas. Eis o que disse o Codificador, no primeiro parágrafo de *O Livro dos Espíritos*:[12]

> Para se designarem coisas novas são precisos termos novos. Assim o exige a clareza da linguagem, para evitar a confusão inerente à variedade de sentidos das mesmas palavras. Os vocábulos *espiritual, espiritualista, espiritualismo* têm acepção bem definida. Dar-lhes outra, para aplicá-los à Doutrina dos Espíritos, fora multiplicar as causas já numerosas de anfibologia.[13] Com efeito, o espiritualismo é o oposto do materialismo. Quem quer que acredite haver em si alguma coisa mais do que matéria, é espiritualista. Não se segue daí, porém, que creia na existência dos Espíritos ou em suas comunicações com o mundo visível. Em vez das

[11] Allan Kardec não inventou nem fundou a Doutrina Espírita, que em realidade provém do plano espiritual. Ele, na qualidade de excelente pedagogo, empreendeu a gigantesca tarefa de codificar os ensinos ministrados pelos Espíritos superiores.

[12] "Introdução", item 1.

[13] *Anfibologia* é a linguagem caracterizada pela ambigüidade da frase, que apresenta duplo sentido ou sentido duvidoso.

> palavras *espiritual*, *espiritualismo*, empregamos, para indicar a crença a que vimos de referir-nos, os termos *espírita* e *Espiritismo*, cuja forma lembra a origem e o sentido radical e que, por isso mesmo, apresentam a vantagem de ser perfeitamente inteligíveis, deixando ao vocábulo *Espiritualismo* a acepção que lhe é própria. Diremos, pois, que *a Doutrina Espírita ou o Espiritismo tem por princípio as relações do mundo material com os Espíritos ou seres do mundo invisível.* Os adeptos do Espiritismo serão os espíritas, ou, se quiserem, os espiritistas. (Destacamos)

Mesmo assim, existem correntes religiosas que tomam de empréstimo o nome "Espiritismo", sem maiores reflexões, como se de fato adotassem seus postulados, inclusive assim nominando seus templos, o que freqüentemente gera perplexidade e confusões na mente de algumas pessoas não afeitas ao assunto.

Além disso, alguns indivíduos, deliberadamente, aproveitam-se dessas semelhanças para confundir as pessoas menos avisadas, acentuando o preconceito[14] contra o Espiritismo. Mas todos sabemos que o nome não dá essência às coisas. Posso até equivocar-me quanto ao nome da religião que professo, no caso o Espiritismo, mas se observar os seus preceitos, consoante as obras básicas, continuarei sendo espírita, apesar do rótulo.

De fato, não há outro Espiritismo senão o codificado por Allan Kardec, conforme exposto em *O Livro dos*

[14] *Preconceito* é o julgamento antecipado, com base na opinião dos outros, sobre alguma coisa.

Espíritos e demais obras básicas. Não há *baixo* nem *alto* Espiritismo, muito menos Espiritismo *kardecista* ou de *mesa branca*, Espiritismo de terreiro, entre outras terminologias inadequadas. Tais expressões permitem a falsa noção de que existe mais de uma Doutrina Espírita, o que é inaceitável (ver cap. 3 e item 5.3).

De fato, *determinadas correntes religiosas ou filosóficas têm pontos em comum com a Doutrina Espírita, mas com ela não se confundem*. A crença na imortalidade e em Deus é comum a todas elas. A *mediunidade*[15] e a *reencarnação*, por exemplo, não constituem exclusividade do Espiritismo, não foram inventadas pelo Espiritismo. São leis naturais ou divinas, portanto, imutáveis, a que os homens sempre estiveram sujeitos. Por isso, Espiritismo não é sinônimo de mediunidade.

O médico Ary Lex, desencarnado aos 12 de junho de 2001, profundo estudioso da Doutrina Espírita, adverte em seu livro *Pureza Doutrinária*:[16]

> Lamentavelmente, a grande maioria não vai [*ao Centro Espírita*] em busca de uma nova filosofia de vida, de uma explicação lógica para os problemas do 'ser, do destino e da dor'. Vai em busca, apenas, de um lenitivo [*alívio*] imediato, que afaste, de pronto, as dificuldades físicas e espirituais, sem exigir das pessoas qualquer mudança de seus hábitos e convicções.

---

[15]Mediunidade é a faculdade humana de ser intermediário dos Espíritos (item 7.3.1).

[16]Cap. I, "Conceitos fundamentais"; e cap. VIII, "Dos fatos à Filosofia" – *Pureza doutrinária*.

Essa massa de sofredores e, numerosas vezes, de curiosos dos fenômenos, vem pressionando os centros espíritas, para que lhe ofereçam aquilo que seu primitivismo espiritual exige: uma prática mediúnica cada vez mais deformada e mais cheia de rituais, trazidos de outras religiões, como as orientais, o catolicismo e a umbanda. Por vezes, os próprios dirigentes de instituições ditas espíritas acabam sendo coniventes [*cúmplices*]. Temendo perder aquela enorme freqüência de assistentes, acabam cedendo aqui e ali, e as deturpações do Movimento Espírita vão se consolidando [...].

Essas pessoas são presas fáceis dos ritualismos fantasiados de prática espírita, ou das explicações tolas dos que se intitulam orientadores.

Nas verdadeiras Casas Espíritas, encontram carinho e orientação, mas as pessoas que as atendem sempre enfatizam a necessidade da colaboração do consulente, no sentido de sua reforma [*transformação*] moral. Não sendo os resultados imediatos, como não poderiam ser, elas preferem falsos médiuns e charlatães, que oferecem o paraíso ao alcance das mãos [...].

É urgente e fundamental que todos aqueles que tiveram a ventura de entender o Espiritismo lutem, dia a dia, pela manutenção da pureza doutrinária. Que não se omitam [...].

Lembrem-se todos de que o indivíduo, ao se tornar espírita, não só descobriu uma verdade nova, mas *assumiu o compromisso, perante Deus e os homens, de lutar pela melhoria da Humanidade*. Essa luta não consiste, apenas, na freqüência aos trabalhos e em fazer caridade. Abrange, também, a reforma moral. Entretanto, que reforma é essa, em que a pessoa procura tornar-se boa e pura, mas não se importando se, em seu redor, os Espíritos humildes continuam abandonados, atrasados, dominados por normas erradas de proceder, adotando posturas religiosas fetichistas ou mágicas, substituindo a Medicina e a higiene por práticas absurdas, de um passado remoto?

Nós só evoluiremos espiritualmente, na medida em que também ajudarmos o nosso semelhante a progredir. A Codificação nos ensina que o progresso do Espírito está intimamente ligado ao da coletividade, onde o homem está inserido. (Destacamos)

Como visto, Kardec, certamente sob inspiração do Espírito de Verdade, criou a palavra Espiritismo, exatamente para diferenciar a Doutrina de outras correntes espiritualistas. Portanto, ninguém está autorizado a acrescentar-lhe qualquer qualificativo ou designação, pois não existe outro Espiritismo. Tudo que estiver em desacordo com a Codificação não é Espiritismo.

Desejamos concluir este item, ressalvando, com bastante ênfase, que não estamos desmerecendo qualquer setor espiritualista, pois todos merecem respeito e têm o seu valor, quando praticam o bem.

Apenas pretendemos deixar bem clara a questão semântica (de nome), para evitar mal-entendidos. O Espiritismo deve muito aos espiritualistas, em especial ao movimento denominado *Moderno Espiritualismo* – que foi o precursor do Espiritismo e é o que mais se identifica com este. O Moderno Espiritualismo é um movimento forte e de grande destaque nos Estados Unidos da América, na Inglaterra e em vários outros países anglo-saxões. Nos Estados Unidos, por exemplo, os fenômenos por meio dos quais as irmãs Fox se projetaram, no século retrasado, deram início à "invasão organizada" dos Espíritos na Terra, na expressão de um dos grandes expoentes do Moderno Espiritualismo, *Sir* Arthur Conan Doyle, que, em um dos seus extraordinários trabalhos, denominado *História do Espiritismo [Espiritualismo]*,[17] assim se expressa:

> O campo do Espiritismo [*Espiritualismo*] é imensamente vasto e nele cada variedade de cristão, como de muçulmano, de hindu ou de pársi[18] pode viver em fraternidade. Mas a simples admissão do retorno do Espírito e da comunicação não é suficiente. Muitos selvagens o admitem. Necessitamos, também, um *código de moral.* E se considerarmos o Cristo como um mestre benevolente ou como um divino embaixador, seu ensino ético atual, de uma forma ou de outra, mesmo quando não conjugado com o seu nome, é uma coisa essencial ao soerguimento da Humanidade. Mas deve ser sempre controlado pela razão e aplicado conforme o espírito e não conforme a letra. (Realçamos)

A essência dessa afirmação enfatiza que o importante é a nossa vivência em consonância com os ensinamentos do Cristo, o que está em absoluta sintonia

---

[17]Cap. II, "Edward Irving: os shakers". [NOTA DO AUTOR: o tradutor, ao fazer a versão do título da obra para a língua portuguesa, utilizou a palavra *Espiritismo*, em lugar de *Espiritualismo*, deixando de atentar, ao que parece, para a distinção existente entre os dois termos, conforme demonstramos neste item].

[18]Relativo aos parsis, antigo grupo de persas que emigrou e se estabeleceu na Índia.

com o que ensina o Espiritismo. Todavia, cada um de nós se filia a esta ou àquela corrente filosófica ou religiosa, tendo em vista as nossas necessidades evolutivas e a aceitação dos princípios básicos expressados por ela. Assim, é prudente que não as confundamos, uma vez que cada uma tem o seu conjunto específico e fundamental de princípios que as definem muito claramente.

3. *O que é, o que revela e por que surgiu o Espiritismo?*

"Se me amardes, guardareis os meus mandamentos. E eu rogarei ao Pai e ele vos dará outro Consolador, para que fique eternamente convosco; o Espírito de Verdade, que o mundo não pode receber, porque não o vê nem o conhece; mas vós o conheceis, porque habita convosco, e estará em vós. – Mas aquele Consolador, o Espírito Santo, que o Pai enviará em meu nome, esse vos ensinará todas as coisas e vos fará lembrar de tudo quanto vos tenho dito."

(João, 14:15 a 17 e 26.)

O espiritismo é a ciência da alma! Trata da natureza, origem e destino dos Espíritos, bem como de suas relações com o mundo corporal (OQE, "Preâmbulo"). Contém postulados profundamente renovadores que propiciam maior e melhor entendimento sobre quem somos, de onde viemos, para onde vamos e quais os objetivos de nossa existência.

A magnitude e a abrangência dos ensinamentos da Doutrina Espírita recomendam que se a estude sob os enfoques filosófico, científico e religioso (ver cap. 5).

Conforme se extrai dos textos evangélicos, quando Jesus esteve no planeta, em sublime missão, *já antevendo os insucessos quanto à interpretação de seus ensinos* e considerando também a precária evolução da Humanidade, prometeu que enviaria outro *Consolador*, que nos ensinaria outras coisas e nos faria *recordar* tudo o que ele havia dito.

A tarefa entregue aos primeiros seguidores de Jesus (apóstolos e discípulos) era *pregar* o Evangelho por toda a parte, *curar* enfermos, inclusive com imposição das mãos (passe magnético: ver item 5.3.3) e "*afastar*"[19] Espíritos perturbadores, como o próprio Jesus fazia. Os seguidores de Jesus reuniam-se na *Casa do Caminho*, um modesto barracão de chão batido, situado numa das estradas poeirentas das cercanias de Jerusalém, abrigo que era utilizado para dar assistência aos pobres e enfermos da região. As Casas Espíritas de hoje lembram muito a Casa do Caminho de ontem, pois naquelas também se distribui o pão do corpo (o

[19]Nas reuniões mediúnicas, sob a orientação do Espiritismo, as entidades infelizes, inclusive as dedicadas ao mal, recebem instruções, socorro, consolo, numa palavra, são evangelizadas, de forma a se convencerem da necessidade de modificarem, espontaneamente, o seu modo de pensar e proceder, para que se *afastem* de sua vítima, perdoando-a, conforme o caso, prática totalmente diferente do *exorcismo*, que consiste na "expulsão", por meio de rituais complicados e inúteis, dos Espíritos rebeldes, como se estes fossem "demônios" eternamente voltados para o mal.

alimento, a sopa) e o pão da alma (instrução evangélica e promoção social).

Com efeito, a partir do século III, o Cristianismo viria a sofrer grande desfiguração. *Vários motivos contribuíram para que isso acontecesse.* Um deles foi a estatização da "igreja" primitiva. Até então, quanto mais cristãos os césares trucidavam nas arenas do circo romano, mais se criavam *mártires* a fortalecer a crença na excelência dos ensinos de Jesus.

Utilizando-se, talvez, da estratégia política "*se não puder com o seu adversário, una-se a ele*", o Império Romano, que já se encontrava em franco declínio, fragilizado pelos próprios abusos *decorrentes de suas conquistas sanguinárias*, concedeu *liberdade de culto aos cristãos primitivos*, materializada na assinatura do Édito [decreto] de Milão, assinado por Constantino e por Licínio, imperadores romanos do Oriente e do Ocidente.

A partir daí, muito embora os cristãos não fossem mais perseguidos *pela sanha assassina dos césares*, lenta e sutilmente o Estado foi interferindo na vida religiosa do povo e, no decorrer dos séculos, contribuiu para as *graves deturpações dos ensinos do Cristo*, com a introdução de *dogmas*[20] humanos destinados a manter o

[20]Segundo a origem grega e latina, *dogma* tinha o significado de convicção, pensamento firme, inabalável. Posteriormente, a palavra assumiu conotação pejorativa, em virtude dos abusos de certos segmentos religiosos que passaram a propagar como verdades conceitos humanos falíveis e provisórios, ao

povo na ignorância e a preservar os interesses temporais dos "donos da verdade".

Estabeleceu-se a crença do *temor*, como nas religiões pagãs[21] que o Cristianismo destronara, deturpando totalmente a *simplicidade* e a *sabedoria* dos ensinos de Jesus, sem embargo dos costumes religiosos herdados dos judeus.

José Herculano Pires (1914-1979), no livro *Revisão do Cristianismo*,[22] menciona alguns dos fatos que contribuíram para a desfiguração do Cristianismo:

> Suprimido o culto pneumático [*"sessões mediúnicas"*] do Cristianismo primitivo, quando as entidades espirituais se comunicavam com os apóstolos e discípulos de Jesus através da *mediunidade*, interrompeu-se o intercâmbio cristão entre os Espíritos e os homens. Jesus terminara sua missão e retornara ao mundo espiritual. A *Casa do Caminho*, em Jerusalém, que era ao mesmo tempo um centro de devoção religiosa de assistência aos pobres, modificara-se sob a influência de Tiago, que se apegava fanaticamente aos *princípios judaicos*. Expandia-se o movimento cristão pelo mundo como a rede da parábola, colhendo em suas malhas peixes de todas as procedências. Com isso, práticas *judaicas*

sabor de interesses materialistas, dando-os como pontos fundamentais de doutrina religiosa, apresentados como certos e indiscutíveis, cuja "verdade" se espera que as pessoas aceitem sem questionar.

[21]Considerava-se *pagão* o indivíduo originário dos *povos politeístas*, isto é, os adoradores de vários deuses e ídolos. Na linguagem religiosa atual, *pagão* é o indivíduo não-batizado.

[22]Cap. IX, "Os mandatários de Jesus".

e *pagãs* infiltraram-se no meio cristão, desfigurando-o. O culto cristão se enriquecia com falsas pedrarias e se empobrecia espiritualmente. Os fenômenos mediúnicos eram asfixiados pelo afluxo de elementos que se deixavam fascinar por *teorias e práticas de revivescência mágica.*

No quarto século, as antigas igrejas cristãs já adotavam as aras pagãs em forma de *altares* em que os ídolos surgiam, adaptados pelos cristãos desviados do Cristo. Argumentava-se: "*Se os sacerdotes dos deuses falsos dispunham de templos suntuosos e vestiam roupagens e paramentos de esplendente riqueza, como admitir-se que o culto do Deus verdadeiro continuasse obscuro e pobre?*".

A tentação da riqueza, do esplendor fictício, das investiduras divinas, da *hierarquia sacerdotal* liquidava as últimas esperanças da sobrevivência da *humildade primitiva.* As *ligações políticas* lançaram a última pá de terra nas esperanças mortas. O Cristianismo fora absorvido pelo mundanismo. (Destacamos)

Depois de vários outros insucessos, vieram as Cruzadas,[23] em que era permitido matar, em nome de Deus; as *vendas de indulgências*, que permitiam comprar um lugar no "Céu"; a *instituição do celibato* (ver item 5.3.1.5.2); a *infalibilidade papal*, entre tantas outras deturpações. Como reação a esse estado de coisas, surgiu a

[23]Por *Cruzadas* entendemos as expedições empreendidas pelos cristãos do Ocidente, no século XI, para libertar do domínio muçulmano o Santo Sepulcro do Cristo, em Jerusalém.

tentativa de reforma religiosa, com Martinho Lutero (1483-1546), que foi combatida pela *Inquisição*.[24]

Jayme Andrade, em seu excelente livro *O Espiritismo e as Igrejas Reformadas*,[25] fala um pouco mais sobre a trajetória da deturpação dos ensinos do Cristo e as razões pelas quais certos conhecimentos, antigamente restritos aos mosteiros da Igreja oficial, foram introduzidos no seio do povo:

> Mas das trevas da Idade Média não surgiu somente a *Reforma*. Num trabalho lento e progressivo, a *Renascença*[26] libertou o espírito humano dos grilhões que o aprisionavam. O homem procurou avançar em conhecimento, começou a investigar os *mistérios da existência*.
>
> Tudo isso explica porque somente em época relativamente recente os fatos que a Ciência rotula hoje de "paranormais" encontraram ambiente propício à sua manifestação e divulgação. Na *Idade Média* os sensitivos eram acusados de *feitiçaria* e freqüentemente levados à morte pelas cortes inquisitoriais. A emancipação do espírito não se fez de imediato, e nem se pode afirmar que tenha terminado ainda.

[24]A *Inquisição* representou a instituição, pela Igreja Católica Romana, de um Tribunal Eclesiástico (Tribunal do Santo Ofício), para julgamento dos "crimes" cometidos pelos hereges (aqueles que professavam outra doutrina que não a Católica). Em uma época em que o poder religioso se confundia com o poder real, o Papa Gregório IX, em 20 de abril de 1233, editou duas bulas [cartas solenes], que marcaram o início da Inquisição, que durou vários séculos, período em que se perseguiu, torturou e matou aqueles que eram considerados inimigos da Igreja.

[25]Cap. IX, "Breve história do Espiritismo".

[26]A *Renascença* representou o movimento artístico e científico dos séculos XV e XVI, que pretendia resgatar os valores da Antigüidade Clássica.

Os ranços da intolerância religiosa ainda se fazem sentir por toda parte. Mas o Pai Celestial vela pelos destinos dos homens e de vez em quando – sempre que lhe parece oportuno – permite o despontar de novas verdades, ou melhor, de novos aspectos da Verdade [...].

A Ciência também se emancipou com as teorias evolucionistas de Laplace e Darwin, e procurou rumos próprios, colocando-se em posição antagônica à da *teologia ortodoxa*. Eis aí ainda mais indubitável a premência de um reajuste conceptual que ensejasse a conciliação das idéias em choque.

Finalmente *a expansão do livro e da imprensa, dos meios de comunicação, a eclosão da era industrial, o desenvolvimento da educação*, todos estes fatores concorreram para vulgarizar a cultura, disseminando conhecimentos que eram anteriormente privilégio de uma elite. *Eis a terceira justificativa da adequação da mensagem espiritual a um mundo que já amadurecia intelectualmente para receber ensinamentos mais completos.* (Realçamos)

Foi nesse contexto histórico que surgiu o Espiritismo, como um conjunto de leis e princípios destinados à Humanidade, a qual já estava amadurecida para receber o Consolador, a nova *Revelação* prometida por Jesus.

Como se viu, o *esquecimento da Verdade* e as *distorções* premeditadas que a mensagem evangélica sofreu ao longo dos tempos também foram determinantes para o advento do *Consolador*[27] (GE, I:26 a 28).

Tais ensinos foram revelados pelos Espíritos superiores, em meados do século XIX, através de médiuns, e reunidos e organizados pelo educador francês Allan Kardec, pseudônimo de Hippolyte Léon Denizard Rivail (veja biografia no cap. 4).

O Espiritismo revela conceitos novos e mais aprofundados a respeito de Deus, do Universo, dos homens, dos Espíritos e das Leis que regem a vida. Proporciona, enfatize-se, o que Jesus disse do Consolador Prometido: conhecimento das coisas, fazendo que o homem saiba quem é, donde vem, para onde vai e por que está na Terra; qual o objetivo da existência e qual a razão da dor e do sofrimento; atrai para os princípios da Lei de Deus e consola pela fé e pela esperança.

O Espiritismo abrange todas as áreas do conhecimento, das atividades e do comportamento humanos, abrindo uma nova era para a regeneração da Humanidade. Estuda as leis físicas e morais sob tríplice aspecto: religioso, filosófico e científico (itens 5.1 a 5.3).

---

[27] *Consolador* é o nome pelo qual também é conhecido o *Espiritismo*, como está registrado no Novo Testamento (João, 14:15 a 17), porque as leis por ele reveladas nos mostram as causas de nossos sofrimentos e nos dão o roteiro seguro para a conquista da felicidade.

O Espiritismo, partindo das próprias palavras do Cristo, como este partiu das de Moisés, é conseqüência direta da sua doutrina. Acrescenta a revelação da existência do mundo invisível que nos rodeia e povoa o espaço. Define os laços que unem a alma ao corpo. Traz toda uma gama de informações que revoluciona o pensamento da Humanidade, estabelecendo novos paradigmas, novos padrões de conduta social, moral e intelectual.

O Espiritismo diferencia-se das religiões conhecidas (ver item 5.3), pois demonstra a lógica de seus ensinos, entre eles a existência e a natureza do mundo espiritual e as suas relações com o mundo corporal, por meio de experiências científicas, registradas por um grande contingente de pesquisadores e estudiosos respeitados no mundo todo (OQE, cap. II e III).

Além de confirmar os ensinamentos básicos de todas as religiões, o Espiritismo não pretende demolir ou combater as crenças que surgiram antes. Pelo contrário, reconhece a necessidade da existência delas para grande parte da Humanidade, cuja evolução se processa lenta e gradualmente.

O Espiritismo nada diz em contrário do que ensinou Jesus, *não vem destruir a lei ou os profetas*,[28] mas

[28] Mateus, 5:17.

desenvolve, *completa* e *explica*, em termos claros, a toda gente, o que foi dito sob forma de *parábolas*,[29] uma vez que Jesus não podia falar, abertamente, ao povo da época, ainda muito ignorante, sobre leis que só mais tarde, com o progresso das ciências, seriam descobertas e compreendidas (LE, 627; ESE, XXIV:1 a 7). Já não existe mais espaço para o "sobrenatural" e o "mistério", pois o Consolador vem desvendar as leis para todos.

Certamente, foram estas circunstâncias que levaram Jesus a dizer, como está registrado no Novo Testamento: "*Ainda tenho muito que vos dizer, mas vós não o podeis suportar agora*"[30] e "*quem tem ouvidos para ouvir, ouça*",[31] isto é, ouçam aqueles que já têm condições de compreender.

O Espiritismo conclama os homens à *observância das Leis Divinas*, fazendo compreender o que Jesus só disse por parábolas. O Espiritismo vem abrir os olhos e os ouvidos, porquanto levanta o véu intencionalmente lançado sobre certos mistérios, *cumprindo a promessa de Jesus de que não mais nos falaria por comparações*.[32]

[29] As *parábolas* eram recursos pedagógicos ou técnicas de ensino, consistentes em histórias ou *comparações* feitas por Jesus, sempre revestidas de fundo moral, para que as verdades evangélicas fossem mais bem compreendidas pelas pessoas, uma vez que nem todos tinham condições de assimilá-las em sua profundidade.

[30] João, 16:12.

[31] Marcos, 4:9.

[32] João, 16:25.

Vem, finalmente, trazer a *consolação* suprema aos deserdados da Terra e a todos os que sofrem, atribuindo *causa justa* e *fim útil* a todas as *dores* (ESE, VI).

Em suma, o Espiritismo materializa o cumprimento da promessa de Jesus, relativamente ao *Consolador* (GE, I:26 a 28), uma vez que permite ao homem saber de onde vem, o que está fazendo na Terra e para onde vai; enfim, desvenda a essência dos princípios e das Leis de Deus, consolando e esclarecendo pela fé raciocinada e pela esperança.

3.1. Como, quando e onde surgiu o Espiritismo?

> *"E nos últimos dias acontecerá, diz Deus, que do meu Espírito derramarei sobre toda a carne, e os vossos filhos e as vossas filhas profetizarão, os vossos mancebos terão visões, e os velhos sonharão sonhos."*
>
> (Atos, 2:17.)

Revelado pelos Espíritos superiores – mensageiros de Jesus, através de médiuns, e codificado por Allan Kardec –, o Espiritismo também é conhecido como a Doutrina da Terceira Revelação (1857 d.C.), porque surgiu depois de Moisés (±1500 a.C.) e do próprio Jesus, estas as duas primeiras Revelações.

A Doutrina Espírita não está personalizada em um indivíduo, como aconteceu com Moisés e com Jesus, nas duas primeiras revelações, mas se trata de um *Ser*

Coletivo,[33] do qual Kardec foi o *instrumento* de que se serviu o mundo espiritual para completar a mensagem do Cristo, que ele mesmo havia prometido.

A *mediunidade* e os *fenômenos psíquicos* são tão antigos quanto o mundo, mas só despertaram a atenção dos intelectuais e pesquisadores, quando sucederam *os fatos no vilarejo de Hydesville, estado de Nova Iorque, Condado de Wayne, em 31-12-1848*, na América do Norte, época em que as irmãs Fox, que eram médiuns (Margareth e Katherine), de família adepta da religião metodista, fizeram contato com o Espírito Charles Rosma, fato testemunhado, investigado e registrado por dezenas de pessoas.

Charles Rosma, um vendedor ambulante (mascate), fora assassinado pelos donos de uma antiga hospedaria por interesses materiais, e seu corpo foi sepultado no subsolo do imóvel, que, mais tarde, viria a ser ocupado pela família Fox.

O Espírito, imantado, isto é, preso, psicologicamente, àquele lugar, devido ao trauma sofrido, tentava chamar a atenção dos novos moradores para o seu drama, por meio de pancadas e ruídos, provocados nos móveis e nas paredes, pelo que se acreditava que a casa fosse "assombrada".

---

[33] O Espiritismo representa um *Ser Coletivo*, porque seus ensinos, concordantes entre si, originaram-se de vários Espíritos, através de diversos médiuns não--conhecidos entre si, esparramados por todas as partes do mundo, o que confere à nova Doutrina a autoridade da coerência e da universalidade.

Várias pessoas e depois até mesmo as autoridades locais foram convocadas para investigar a origem daqueles fenômenos desconcertantes, mas em vão, até que, casualmente, uma das meninas Fox estabeleceu contato com o Espírito mencionado por meio de *toques* provocados nos móveis ou nas paredes. A partir daí, convencionou-se a adoção de um meio rústico de comunicação, semelhante ao *Código Morse*,[34] em que cada número de toques simbolizaria uma letra do alfabeto: um toque: letra "A"; dois toques: letra "B"; três toques: letra "C", e assim por diante. Estava criada a *telegrafia espiritual* ou *tiptologia*.[35]

O acontecimento de Hydesville ecoou pela Europa, despertando as consciências e, ao lado dos fenômenos chamados de *mesas girantes e falantes*,[36] ocorridos a partir de 1853, preparou o aparecimento do Espiritismo (LM, Segunda parte, II). Naquela época, em cumprimento às profecias, o mundo assistia, perplexo, a uma *verdadeira "invasão" organizada dos Espíritos*, uma inacreditável *revolução das leis físicas*. Estabeleceu-se, então, o *período de curiosidade*.

[34]*Código Morse* é a linguagem ou abecedário telegráfico inventado por Samuel Breese Morse, em que as letras são representadas por pontos e traços.

[35]*Tiptologia* – do grego – *tipto*, eu bato, e – *logos*, discurso. Linguagem por pancadas ou batimentos, modo de comunicação (LM, Segunda parte, XI).

[36]*As mesas girantes e falantes* consistiam em fenômenos provocados por Espíritos, sob a supervisão da Espiritualidade Superior, com a finalidade de chamar a atenção dos estudiosos dos fenômenos psíquicos, a respeito da sobrevivência dos Espíritos e a possibilidade de sua comunicação com o plano físico.

Virou moda as pessoas comparecerem aos salões sociais, nas cidades da Europa, para assistir aos interessantes fenômenos das mesas, por meio das quais os Espíritos se comunicavam por batidas, movimentos bruscos ou suaves, levitações e ruídos. Mais tarde, o processo de comunicação com o mundo invisível foi, gradualmente, se aperfeiçoando. Os pesquisadores passaram a utilizar-se de cestas de vime de bico ou de pranchetas, em cuja extremidade se prendia um lápis, apoiado sobre uma pedra de ardósia, o que deu surgimento às primeiras comunicações rudimentares, por escrito, vinda dos Espíritos. Posteriormente, descobriu-se que não havia necessidade desses instrumentos, pois eles funcionavam apenas como prolongamento dos braços. Bastava o(a) médium tomar de um lápis sobre uma folha, concentrar-se e o Espírito se comunicava, utilizando a própria mão daquele(a) (LM, Segunda parte, III:71).

Dir-se-ia que o suposto episódio da queda da maçã observada por Newton[37] estaria para a lei física da gravidade, identificada pela força gravitacional da Terra, assim como os fatos das mesas girantes estão para as leis espirituais investigadas por Kardec. Com efeito, eventos corriqueiros do dia-a-dia já levaram muitos

[37]Reza a tradição que o notável físico inglês Isaac Newton (1642-1727) descansava sob a copa de um pé de maçãs, quando, de repente, um dos frutos caiu sobre a sua cabeça, o que o levou a deduzir a descoberta da lei da gravidade, que vinha sendo objeto de seus estudos.

cientistas, observadores por excelência, a descobrir diversas Leis da Natureza. Foi o que aconteceu, também, com Galvani,[38] quando pesquisava sobre os fluidos elétricos.

A época oficial do aparecimento do Espiritismo, como corpo de doutrina, somente aconteceu em 18-4--1857, data do lançamento de O Livro dos Espíritos, *codificado por Kardec, a partir da revelação dos Espíritos superiores. A Doutrina Espírita não veio pronta e acabada, como muitos podem pensar, num primeiro momento.* Embora tenha sido revelada pelos Espíritos superiores, a sua codificação foi elaborada *em conjunto com o esforço humano*, num trabalho árduo e meticuloso de pesquisa, observação, registro e dedução de fatos, com o auxílio da metodologia científica mais avançada que a época comportava.

É importante reafirmar que o surgimento do Espiritismo no planeta só se deu no momento certo, quando a mentalidade humana estava mais receptiva e madura para compreender estes fatos, à luz de conhecimentos novos, o que se deu após o *Renascimento*[39] e

---

[38] *Luigi Galvani* (1737-1798), médico e físico italiano, descobriu a *eletricidade dinâmica* e sua ação fisiológica, a partir de experiências realizadas com uma rã.

[39] O *Renascimento* intensificou, na Europa, a produção artística e científica, nos séculos XV e XVI, sob a inspiração cultural da Antigüidade Clássica. Como *movimento anticlerical*, o Renascimento colocou o homem como centro das decisões (antropocentrismo) e retirou da Igreja o monopólio da explicação das coisas do mundo.

após o *Iluminismo*,[40] épocas que marcaram a Humanidade pelo advento de profundas transformações nas Ciências, nas Artes e nas idéias.

Frise-se que o aperfeiçoamento dos transportes e das comunicações, bem como das descobertas científicas em geral, com destaque para o magnetismo estudado por *Mesmer*,[41] para a eletricidade e para o desenvolvimento da imprensa escrita, impulsionaram enormemente a pesquisa, o estudo, o debate e a divulgação dos fenômenos psíquicos e espíritas.

Tais eventos intensificaram-se na primeira metade do século XIX, no auge do *movimento positivista*,[42] esposado pelo filósofo francês Auguste Comte (1798-1857), ocorrido na Europa, período em que imperavam profundo ceticismo [incredulidade] e materialismo nos meios sociais e científicos, devido ao insucesso das religiões tradicionais na tarefa de espiritualizar o homem.

---

[40] Com raízes no Renascimento, o *Iluminismo* surgiu a partir do século XVII, caracterizando-se pela confiança no *progresso* e na *razão*, pelo desafio à tradição e à autoridade e pelo *incentivo à liberdade de pensamento*. Nesse período, surgiram os *grandes filósofos* que abalaram os alicerces do pensamento humano (Locke, Montesquieu, Voltaire, Rousseau, etc.).

[41] *Franz Anton Mesmer* (1733-1815), médico alemão, era um estudioso do *magnetismo*, fluido ou energia de que os seres vivos são dotados, com capacidade para se transmitir de um para outro indivíduo, estabelecendo-se, assim, influências psicossomáticas recíprocas, inclusive de efeito curativo.

[42] O *Positivismo* representou um sistema filosófico que tinha por objetivo o estudo da natureza pelos sentidos, pela observação, pela análise e pela experimentação, sem cogitar, entretanto, do lado espiritual das coisas.

3.2. CARÁTER DA REVELAÇÃO ESPÍRITA

"O Espiritismo é uma ciência que trata da natureza, origem e destino dos Espíritos, bem como de suas relações com o mundo corporal."

(OQE, "Preâmbulo".)

Prezado leitor, consideramos este item um dos mais importantes para a compreensão correta do que é o Espiritismo. Não sem razão o Codificador Allan Kardec iniciou o estudo do caráter da Revelação Espírita na "Introdução" de *O Livro dos Espíritos*, desenvolvendo-o em capítulo específico (o primeiro) da quinta obra básica, *A Gênese*, e desdobrando-o, com destaque, na obra *O que é o Espiritismo.*

Sendo assim, por mais que nos pareça enfadonho o estudo deste tema, ele certamente nos auxiliará a evitar muitos dissabores, que decorrem da ignorância da estrutura teórica que embasa a *Ciência da Alma* ou a *Ciência do Infinito*, que é o *Espiritismo.*

Na obra *Crônicas de Além-túmulo*, cap. 16, ditada ao médium Francisco Cândido Xavier pelo Espírito Humberto de Campos, encontramos interessante narrativa sobre a vida de Charles Robert Richet (1850-1935), o renomado cientista francês, que, em 1913, ganhou o Prêmio Nobel de Medicina, autor da famosa obra *Tratado de metapsíquica.*[43]

---

[43]Metapsíquica, segundo o seu criador, Richet, é a *"ciência que tem por objeto fenômenos mecânicos ou psicológicos, devido a forças que parecem inteligentes, ou a poderes desconhecidos, latentes na inteligência humana".*

O autor maranhense dá a entender, em sua crônica, denominada "A passagem de Richet", que, em meados do século XIX, muitos servidores da Ciência reencarnaram, prometendo construir uma ponte entre a ciência e a religião, entre a fé e a razão (ver, no item 5.2., as reflexões de Allan Kardec em torno da "Aliança da Ciência e da Religião", ESE, I:8), e com isso utilizá-las para levantar o moral do homem, dar-lhe esperança, suavizando-lhe as lutas,[44] mas muitos desses pesquisadores se desviaram de seus deveres. Richet teria sido um desses, embora não tenha necessariamente falido, do ponto de vista moral.

Segundo a referida crônica, em meio às extraordinárias conquistas no campo da ciência, a nota marcante da vida de Richet na Terra, com relação às coisas espirituais, teria sido a dúvida cruel, o ceticismo dissolvente, numa expressão, a falta de fé. Richet viu nas expressões fenomenológicas, de que foi atento observador, apenas a exteriorização das possibilidades de um *sexto sentido* nos organismos humanos.

De acordo com a narrativa de Humberto de Campos, ao retornar à pátria espiritual, aos 85 anos, após cumprir apenas parcialmente sua missão, Richet vê-se no mundo dos verdadeiros vivos, sendo levado à presença de Jesus, que lhe indaga, misericordioso:

> Richet, por que não afirmaste a Imortalidade e por que desconheceste o meu nome no teu apostolado de mis-

---

[44] *"O trabalho salvacionista não é exclusividade da religião: constitui ministério comum a todos, porque dia virá em que o homem há de reconhecer a Divina Presença em toda a parte."* (*No Mundo Maior*, André Luiz. Psicografia de Francisco Cândido Xavier. Cap. 2, "Preleção de Eusébio". Rio de Janeiro: FEB.)

sionário da ciência e do labor? Abri todas as portas de ouro que te poderia reservar lá no mundo. Perquiriste todos os livros. Aprendeste e ensinaste, fundaste sistemas novos do pensamento, à base das dúvidas dissolventes. Oitenta e cinco anos se passaram, esperando eu que a tua honestidade me reconhecesse, sem que a fé desabrochasse em teu coração. Todavia, decifraste com o teu esforço abençoado muitos enigmas dolorosos da ciência do mundo, e todos os teus dias representaram uma sede grandiosa de conhecimentos... Mas, eis, meu filho, onde a tua razão positiva é inferior à *revelação divina da fé.* Experimentaste as torturas da morte com todos os teus livros e diante dela desapareceram os teus compêndios, ricos de experimentações no campo das filosofias e das ciências. E agora, premiando os teus labores, eu te concedo os tesouros da fé que te faltou, na dolorosa estrada do mundo!

O autor de *Crônicas de Além-túmulo*, fazendo jus à cadeira que o "imortalizou" perante os homens, na Academia Brasileira de Letras, arremata sua narrativa, em grande estilo, dizendo:

> Sobre o peito do abnegado apóstolo desce do Céu um punhal de luz opalina, como um venábulo maravilhoso de luar indescritível.
>
> Richet sente o coração tocado de luminosidade infinita e misericordiosa, *que as ciências nunca lhe haviam dado.* Seus olhos são duas fontes abundantes de lágrimas de reconhecimento ao Senhor. Seus lábios, como se voltassem a ser os lábios de um menino, recitam o "*Pai Nosso que estais no Céu...*".
>
> Formas luminosas e aéreas arrebatam-no pela estrada de éter da eternidade e, entre prantos de gratidão e de alegria,

o apóstolo da ciência caminhou da grande esperança para a certeza divina da Imortalidade.

Alguns cientistas, amiúde individualmente e, às vezes, representando determinadas academias, têm grandes dificuldades de se desvencilhar das escolas materialistas que negam a existência de Deus.

Como dito, muitos deles reencarnam com missão semelhante à de Richet, mas, ao retornarem à arena terrestre, pelas portas da reencarnação, intimidam-se e sucumbem ante os preconceitos e a arrogância de determinados setores da comunidade científica, com medo de se ridicularizarem, de perderem seus postos, de colocarem em xeque seus títulos acadêmicos.

Felizmente, para todos nós, isso não aconteceu com o Codificador do Espiritismo, Allan Kardec, que – embora vivendo num século de profundo ceticismo, o século XIX, no auge do chamado Positivismo, período em que a Ciência, inutilmente, fora chamada para substituir Deus – suportou todas as pressões, todas as dificuldades, legando-nos a impecável Codificação Espírita, que, complementando e restaurando os ensinos de Jesus, nos faz recordar de nossos deveres de amar e de aprender sempre, sob o signo das emblemáticas sentenças: *"Fora da caridade não há salvação"* e *"Espíritas: amai-vos e instruí-vos"*.

Embalados nessas graves reflexões, passamos a abordar, nos subitens seguintes, os caracteres da Revelação Espírita, tema de profundas implicações científicas, que exige um trato menos emotivo, mais didático e técnico, para cujo desenvolvimento nos apoiamos nos memoráveis artigos do físico e filósofo Silvio Seno Chibeni, publicados na revista *Reformador*, da Federação Espírita Brasileira, nos meses de julho de 1999 a janeiro de 2000, sob o título "Questões acerca da natureza do Espiritismo", e em outros correlacionados, encontráveis igualmente na revista *Reformador* (de autoria do mesmo autor e dos cientistas Ademir L. Xavier Jr. e Aécio Pereira Chagas); na Internet, no *site* do GEEU – Grupo de Estudos Espíritas da Unicamp (*http://www.geocities.com/athens/academy/8482*); na *Revista Internacional do Espiritismo*, da editora "O Clarim", bem como nos Boletins do GEAE – Grupo de Estudos Avançados Espíritas (*http://www.geae.inf.br*).

Desejamos salientar que, entre os colaboradores e membros do Conselho Editorial do GEAE, acima referido, encontramos os amigos Antonio Cunha Lacerda Leite (Nova Iorque-EUA) e Alexandre Fontes da Fonseca (Dallas-EUA), os quais também nos emprestaram e vêm nos emprestando irrestrito apoio em nossa tarefa de bem divulgar a Doutrina Espírita, sobretudo no aspecto científico.

3.2.1. CONCEITO DE REVELAÇÃO

> *"Há mais mistérios entre o céu e a Terra do que supõe a nossa vã Filosofia."*
> WILLIAM SHAKESPEARE

A característica essencial de qualquer Revelação tem que ser a verdade. Revelar um segredo é tornar conhecido um fato;

> se é falso, já não é um fato e, por conseqüência, não existe revelação. Toda revelação desmentida por fatos deixa de o ser, se for atribuída a Deus. Não podendo Deus mentir, nem se enganar, ela não pode emanar dele: deve ser considerada produto de uma concepção humana (GE, I:3).

A Revelação Espírita tem natureza dúplice: é *divina*, por um lado, porque a sua iniciativa é dos Espíritos superiores; é *científica*, por outro, porque depende do esforço de investigação dos homens, mesmo com o auxílio do Mundo Maior (Espiritualidade). Pode-se dizer que a revelação implica num verdadeiro *trabalho de parceria* entre os Espíritos e os homens.

Kardec, em *A Gênese*,[45] explica em detalhes essa característica do Espiritismo:

> 13. Por sua natureza, a revelação espírita tem *duplo caráter*: participa ao mesmo tempo da *revelação divina* e da *revelação científica*. Participa da primeira, porque foi providencial o seu aparecimento e não o resultado da iniciativa, nem de um desígnio premeditado do homem; porque os pontos fundamentais da Doutrina provêm do ensino que deram os Espíritos encarregados por Deus de esclarecer os homens acerca de coisas que eles *ignoravam*, que *não podiam aprender por si mesmos* e que lhes importa conhecer, hoje que estão aptos a compreendê-las. Participa da segunda, por não ser esse ensino *privilégio* de indivíduo algum, mas *ministrado a todos do mesmo modo*; por não serem os que o transmitem e os que o recebem seres *passivos*, dispensados do *trabalho da observação*

---

[45] Obra citada, cap. I, item 13, "Caráter da Revelação Espírita" (FEB).

e da pesquisa, por não renunciarem ao *raciocínio* e ao *livre--arbítrio*; porque não lhes é *interdito* o exame, mas, ao contrário, *recomendado*; enfim, porque *a Doutrina não foi ditada completa*, nem imposta à crença cega; porque é deduzida, pelo trabalho do homem, *da observação dos fatos* que os Espíritos lhe põem sob os olhos e das *instruções* que lhe dão, *instruções que ele estuda, comenta, compara, a fim de tirar ele próprio as ilações e aplicações.* Numa palavra, o que caracteriza a Revelação Espírita é o ser divina a sua origem e da iniciativa dos Espíritos, sendo a sua elaboração fruto do trabalho do homem. (Destacamos)

Em síntese, revelar, do latim *revelare*, significa tirar o véu de sobre alguma coisa, isto é, descobrir, dar a conhecer algo secreto ou desconhecido, sob o signo da verdade.

Todavia, ao examinarmos a autenticidade de uma revelação, nunca nos devemos esquecer do sábio conselho do Espírito Erasto, contido em *O Livro dos Médiuns*:[46]

> Na dúvida, abstém-te, diz um dos nossos velhos provérbios. Não admitais, portanto, senão o que seja, aos vossos olhos, de manifesta evidência. Desde que uma opinião nova venha a ser expendida, por pouco que vos pareça duvidosa, fazei-a passar pelo crisol da razão e da lógica e rejeitai desassombradamente o que a razão e o bom senso reprovarem. Melhor é repelir dez verdades do que admitir uma única falsidade, uma só teoria errônea.

---

[46]Obra citada, 2ª parte, cap. XX, "Da influência moral do médium" (FEB).

3.2.2. A natureza do Espiritismo e o seu aspecto tríplice

"Tudo então se liga, tudo se encadeia, desde o alfa até o ômega."

(LE, "Introdução", XVII, parte final.)

O *Aspecto tríplice do Espiritismo* (filosofia, ciência e religião) será desenvolvido no cap. 5. Aqui, limitar-nos-emos a trazer algumas considerações que pertinem à natureza do Espiritismo.

Silvio Seno Chibeni, em seu artigo "O Espiritismo em seu tríplice aspecto: científico, filosófico e religioso", publicado na revista *Reformador*, de agosto a outubro de 2003 (FEB), informa que Kardec, ao preparar a segunda edição de *O Livro dos Espíritos*, em 1860, inseriu, na folha de rosto, a seguinte frase: "Filosofia Espiritualista", com o objetivo de dar ao leitor um esboço sucinto do caráter do Espiritismo, em cujas bases a obra se assentava.

Ao se deparar com esta frase, no frontispício da primeira obra básica, o leitor menos afeito à história da Filosofia, crê estar diante de uma incongruência. Como é possível afirmar que o Espiritismo possui tríplice aspecto (filosofia, ciência e religião), se na sua obra fundamental está escrito que se trata de uma "Filosofia Espiritualista"? (Consultar, no item 2.1., a diferença entre Espiritismo e Espiritualismo).

No último parágrafo do "Preâmbulo" da obra *O que é o Espiritismo*, Kardec o define (o Espiritismo) como "*uma* <u>*ciência*</u> *que trata da natureza, origem e des-*

tino dos Espíritos, bem como de suas relações com o mundo corporal". Essa definição, ao contrário do que parece, à primeira vista, não conflita com a que está no início da primeira obra básica do Espiritismo.

Entreguemos a palavra ao prof. Chibeni, que nos explica as origens desse fato:

> Não obstante aparentemente simples, as questões de que é e para que serve a Filosofia – no sentido acadêmico do termo – estão entre as que mais dificuldades e divergências causam entre os próprios filósofos profissionais. Esse mero fato, porém, já indica algo importante sobre a natureza da Filosofia: o questionamento sistemático, incessante e profundo de tudo o que se afirma.
>
> As origens da Filosofia remontam à Grécia Antiga. Pela própria etimologia do termo, notamos que a Filosofia era entendida como o *amor do saber*, ou a *busca da verdade*. Naquela época e, em certa medida, por muitos séculos da era cristã, a Filosofia englobava todos os ramos do conhecimento puro (em contraste com as artes e ofícios, o conhecimento "aplicado").
>
> Gradualmente, alguns desses ramos foram se tornando autônomos, como a Matemática, a Astronomia, a História, a Biologia, a Física. Mais ou menos a partir do século XVII, alguns deles começam a ser agrupados sob outra denominação: a de *Ciência*.
>
> "[...] no tempo de Kardec", o sentido original, amplo, da palavra "Filosofia" ainda prevalecia, em boa medida. Assim, ao dizer que o Espiritismo era uma filosofia, Kardec não estava excluindo seu caráter científico, muito pelo contrário.
>
> Além disso, como a ética ou moral é uma das áreas da Filosofia – e isso até hoje –, aquela designação também não excluía o aspecto

moral do Espiritismo, que é a essência da chamada Religião Espírita.[47]

Muitas vezes, analisando um texto ou observando um fenômeno, não é fácil separar, de forma estanque, os chamados três aspectos do Espiritismo, por se encontrarem intimamente ligados. Portanto, se no cap. 5 abordaremos, separadamente, os aspectos tríplices do Espiritismo, o faremos apenas por conveniência didática.

3.2.3. O Espiritismo não é da alçada da Ciência

"O Espiritismo e a Ciência se completam reciprocamente."
(GE, I:16.)

No item VII da "Introdução" de *O Livro dos Espíritos*, Kardec anunciou que *"o Espiritismo não é da alçada da Ciência"*. O que será que ele quis dizer com isso?

Ao que tudo indica, o aspecto científico do Espiritismo preconizado por Kardec ainda não foi corretamente assimilado pelo Movimento Espírita (ver cap. 6 sobre a distinção entre Movimento Espírita e Doutrina Espírita). Grande parte desse desentendimento é atribuído à *polissemia*,[48] nome dado ao fenômeno lingüístico em

[47] *O Espiritismo em seu tríplice aspecto: científico, filosófico e religioso.* Revista *Reformador*, agosto de 2003, p. 37 (FEB).

[48] Ver artigo de Aécio Pereira Chagas, sob o título *Polissemias no Espiritismo*, veiculado na *Revista Internacional do Espiritismo*, setembro de 1996, pp. 247 a 249.

que uma palavra possui diversos significados, dependendo do contexto em que for inserida, como é o caso das palavras ciência, matéria, religião, filosofia, energia, magnetismo, força, fluidos etc. O fato é que a linguagem humana ainda é muito estreita para explicar os fenômenos estudados pela própria ciência ordinária. O que dirá da ciência do Espírito, que nos apresenta fatores tantas vezes mais complexos e significativos?

A palavra "ciência", utilizada por Kardec na mencionada frase ("O Espiritismo não é da alçada da Ciência") refere-se às ciências ordinárias como um todo, que estudam os fenômenos puramente materiais e tratam das propriedades da matéria, que se pode examinar e manipular livremente. Em outras palavras, a Ciência, no sentido comum, é o conjunto das ciências ordinárias "oficiais", das academias, tal como a Física, a Química e a Biologia, etc.

Já "O Espiritismo –, reitere-se, como bem asseverou Kardec, no 'Preâmbulo' da obra *O que é o Espiritismo* – é uma ciência que trata da natureza, origem e destino dos Espíritos, bem como de suas relações com o mundo corporal", cujos fenômenos repousam na ação de inteligências dotadas de vontade própria e livre-arbítrio, as quais, geralmente, não estão dispostas a se submeterem ao papel de cobaias nem permanecem ao sabor das exigências e dos caprichos dos investigadores humanos.

Ora, se a Ciência e o Espiritismo são independentes, não é lógico admitir-se que os cientistas (falo daqueles que nada sabem do Espiritismo), estejam mais autorizados a se pronunciar sobre ele.

Em *O que é o Espiritismo*, Kardec esclarece melhor esta questão, dizendo:

> Não se pode fazer um curso de Espiritismo experimental como se faz um de *Física* ou de *Química*, atento que nunca se é senhor de produzir os fenômenos espíritas à vontade, e que as inteligências desses agentes fazem, muitas vezes, frustrarem-se todas as nossas previsões. [...][49]
>
> Concordai, também, que ninguém pode ser bom juiz naquilo que está fora da sua competência.
>
> Se quiserdes edificar uma casa, confiareis esse trabalho a um músico? Se estiverdes enfermo, far-vos-eis tratar por um arquiteto? Quando estais a braços com um processo, ides consultar um dançarino? Finalmente, quando se trata de uma questão de Teologia, alguém irá pedir a solução a um químico ou a um astrônomo? Não; cada um tem a sua especialidade.
>
> As ciências vulgares repousam sobre as propriedades da matéria, que se pode, à vontade, manipular; os fenômenos que ela produz têm por agentes forças materiais.
>
> Os [fenômenos] do Espiritismo têm, como agentes, inteligências que têm independência, livre-arbítrio e não estão sujeitas aos nossos caprichos; por isso eles escapam aos nossos processos de *laboratório* e aos nossos *cálculos* [...]. A Ciência enganou-se quando quis experimentar os Espíritos, como o faz com uma *pilha voltaica*; foi malsucedi-

---

[49]Obra citada, cap. I, "Pequena conferência espírita. Primeiro diálogo. O Crítico" (FEB).

da como devia ser, porque agiu pressupondo uma *analogia* que não existe.[50]

Da mesma forma, Kardec reforça esta idéia em *O Livro dos Espíritos*:

"[...] [As manifestações espíritas] escapam à competência da ciência material, visto não poder expressar-se por algarismos, nem pela força mecânica".[51]

Como bem alerta Ademir L. Xavier Jr., em seu esclarecedor artigo denominado "Algumas considerações oportunas sobre a relação Espiritismo-Ciência",[52] "*a Doutrina Espírita já possui uma base científica própria*" e "*a natureza do fenômeno que ela estuda, bem como o estado atual de nosso conhecimento sobre a matéria não permitem uma conexão tão direta entre a Física, por exemplo, e o Espiritismo*".

Apesar disso, a Ciência Espírita (que estuda os princípios espirituais) e a Ciência, no sentido genérico do termo (que estuda os princípios materiais), completam-se reciprocamente, uma vez que espírito e matéria são duas forças ou elementos gerais do Universo a reagirem incessantemente entre si, guardando, por isso, determinados pontos de contato que não podem ser ignorados. Na quadra atual de nossa evolução, porém, ainda não sabemos onde termina a matéria e onde começa o Espírito, tal é a sua interdependência.

---

[50]*O que é o Espiritismo*, Cap. I, "Oposição da Ciência" (FEB).

[51]Obra citada, "Introdução", item VII (FEB).

[52]Revista *Reformador*, agosto de 1995, pp. 24 a 26 (FEB).

No item 8.2., sobre a *Matéria,* teremos oportunidade de aprofundar um pouco mais este assunto, estudando o excelente artigo do físico Alexandre Fontes da Fonseca, sob o título "Ciência e Espiritismo: um alerta de Allan Kardec e André Luiz", publicado na *Revista Internacional de Espiritismo*, de outubro de 2003.

Entretanto, nada impede que cientistas e estudiosos espíritas possam investigar os pontos de contato entre o Espiritismo e as ciências, como, por exemplo, a questão da interação espírito-matéria, o estudo sobre os efeitos da prece, do passe e outras terapias na saúde, etc. Contudo, é preciso método e critério, além de muito bom senso, para a realização de tais pesquisas.

Neste ponto, abrimos um parênteses para lembrar que é na Medicina, muito mais do que na Física, onde tem havido grandes progressos na aplicação dos métodos científicos no estudo das questões espíritas. Sugerimos aos estudiosos que visitem o *site* da Revista de Psiquiatria da USP – Universidade de São Paulo, acessando (*http://www.hcnet.usp.br/ipq/revista/vol34/s1/index.html*), no qual poderão encontrar rica fonte de consulta.

Não é à toa que a Metapsíquica e a Parapsicologia malograram no seu propósito de interpretar os fenômenos psíquicos, pois tentaram fazê-lo fora do paradigma[53]

---

[53]Paradigma: o mesmo que exemplo, aquilo que serve como modelo ou padrão. Termo utilizado pelo filósofo norte-americano Thomas Kuhn, no livro de sua autoria *A estrutura das revoluções científicas*, aplicado à história do *fazer científico*. Está associado à atividade da *busca da verdade*, visando à transformação e à ampliação do conhecimento. Cada ciência tem um para-

espírita, utilizando metodologia inadequada, pertinente às ciências ordinárias, mais centradas em aparelhos e em recursos quantitativos (cálculos numéricos e estatísticas), quase sempre sujeitos a equívocos.

3.2.4. O CARÁTER PROGRESSIVO DA REVELAÇÃO ESPÍRITA

> *"Os Espíritos não ensinam senão justamente o que é mister para guiar o homem no caminho da verdade, mas abstêm-se de revelar o que o homem pode descobrir por si mesmo, deixando-lhe o cuidado de discutir, verificar e submeter tudo ao cadinho da razão, deixando mesmo, muitas vezes, que adquira experiência à sua custa. Fornecem-lhe o princípio, os materiais; cabe-lhe a ele aproveitá-los e pô-los em obra."*
>
> (GE, I:50.)

Muitos se perguntam: tendo o Espiritismo surgido em meados do século XIX, após o que houve um espantoso surto de progresso científico, não estaria a Doutrina Espírita desatualizada?

---

digma, isto é, um *conjunto de leis básicas* que explica o comportamento de determinado *conjunto de fenômenos pertencentes ao domínio desta ciência.* Kuhn explica como um novo paradigma surge a partir daquilo que se chama "crise" do paradigma anterior, que nada mais é do que a descoberta de novos fenômenos, cujo paradigma atual não dá conta de explicar. Até que se descubra um novo paradigma, ou outro conjunto de leis básicas, diferente do primeiro, vive-se um momento de "crise". Isso, porém, não torna o paradigma antigo sem utilidade. Apenas mostra os limites de validade do paradigma anterior. Por exemplo, ninguém usa Mecânica Quântica para estudar a estabilidade e aerodinâmica de um veículo.

Esta é uma questão que freqüentemente se ouve dos leigos e até de alguns espíritas, o que demonstra estar sendo mal compreendida por alguns setores do Movimento Espírita. Efetivamente, o Espiritismo, como doutrina essencialmente progressiva, não termina com Kardec, começa com ele, a partir do paradigma que nos legou: o *paradigma espírita.*

Kardec lançou as bases, os fundamentos, que nos compete decifrar, elaborar, desenvolver, ou seja, colocar em prática, em parceria com os amigos espirituais.

Como se viu pelo exame da quinta obra básica *A Gênese*, "*a Doutrina Espírita não foi ditada completa, nem imposta à crença cega; porque é deduzida, pelo trabalho do homem, da observação dos fatos que os Espíritos põem sob os olhos e das instruções que lhe dão, instruções que ele estuda, comenta, compara, a fim de tirar ele próprio as ilações e aplicações*".[54]

Os Espíritos não chegaram a Kardec, pedindo a ele que anotasse, por mero ditado, revelações gratuitas, tais como: "*todos os seres vivos evoluem; a reencarnação é uma lei natural, por meio da qual progredimos. Existe a lei de causa e efeito, etc*". Não! Kardec, como bom pesquisador, utilizando de metodologia adequada, teve que observar, investigar, experimentar e tirar suas próprias conclusões, baseadas na mais rigorosa lógica e no bom senso.

---

[54]Obra citada, cap. I, item 13, "Caráter da Revelação Espírita" (FEB).

Ademais, a revelação é gradual e apropriada ao estágio evolutivo da Humanidade. De Moisés ao Espiritismo, passando por Jesus, temos cerca de 4.000 anos de saga evolutiva, e ainda não superamos totalmente os instintos animais que nos prendem à retaguarda, dos quais, muitas vezes, abusamos, por falta da necessária renovação moral, que exige profundas mudanças por meio da educação, "*que é o conjunto dos hábitos adquiridos*" (LE, 485a).

Nenhuma ciência existe que haja saído prontinha do cérebro de um homem, pois que este também deve fazer a sua parte para merecer e compreender a Revelação que lhe é franqueada pela Espiritualidade.

Não sem razão, as conquistas científicas constituem, sem exceção, fruto de observações sucessivas, apoiadas em observações precedentes, sem qualquer desprezo pelas conquistas dos pesquisadores pioneiros, ainda que eles tenham se equivocado na formulação de suas teorias, em um ou outro ponto.

Desse modo, é preciso muita cautela no entendimento da *progressividade* do Espiritismo. Não há necessidade de ajustar, a todo custo, os postulados do Espiritismo com os avanços da Ciência ordinária contemporânea, uma vez que esta, como a experiência tem ensinado, freqüentemente, se vê a braços com enganos e retificações.

Não raro, vemos muitos dos modernos modelos de Física e de outras ciências sofrerem radicais revisões. Só para citar um exemplo clássico: durante muito tempo acreditou-se que o átomo fosse indivisível. Volvendo ao passado, verificamos que os anais da história registram como os homens defenderam, ardorosamente, a teoria de que a Terra era o centro do Universo.

Graças ao seu tino científico e filosófico, bastante avançado para o seu tempo, muito antes de sucederem as grandes revoluções científicas ocorridas no século XX, Kardec percebeu nesses detalhes o preço a se pagar pela conquista do progresso da Ciência, fazendo jus, merecidamente, ao adjetivo que recebeu de "bom senso encarnado". Por isso, sempre fez questão de ressalvar suas opiniões pessoais, para não serem confundidas com as revelações dos fundamentos espíritas.

O prof. Silvio Seno Chibeni, em outro memorável artigo, intitulado "A excelência metodológica do Espiritismo",[55] deixou assentado, com bastante tirocínio, que:

> [...] se Kardec não tivesse imprimido ao programa de pesquisa espírita a *independência* e a *autonomia* que lhe imprimiu, ajustando-o, ao invés, de modo irrestrito, a graves teorias científicas da época, ele teria, como conseqüência das aludidas revoluções [científicas], soçobrado irremediavelmente.

Aparentemente, os que em nossos dias advogam a tese do "ajuste à Ciência" ainda não se deram conta desse fato, nem perceberam que, no referido parágrafo de *A Gênese*, Kardec deixou clara uma ressalva vital ao falar desse ajuste:

---

[55]Revista *Reformador*, novembro de 1988, pp. 328 a 333, e dezembro de 1988, pp. 373 a 378 (FEB).

> "*Entendendo com todos os ramos da economia social, aos quais dá apoio das suas próprias descobertas,* [o Espiritismo] *assimilará sempre todas as doutrinas progressivas, de qualquer ordem que sejam, desde que hajam atingido o* estado de verdades práticas *e abandonado o* domínio da utopia, *sem o que ele se suicidaria*".[56]

Notemos que o "suicídio" do Espiritismo adviria, segundo Kardec, não só de sua *estagnação* (aspecto esse sempre lembrado), mas também de sua *assimilação de doutrinas que não hajam atingido o estado de "verdades práticas*" (o que em geral passa despercebido, por ter ficado implícito no texto). Agora é certo que não há nenhum princípio científico estável, nenhuma "verdade prática", que o Espiritismo não tenha ou assimilado, ou mesmo antecipado, sendo, portanto, improcedentes os pruridos [tentações] de reforma e atualização da Doutrina.

Já no artigo "Ciência Espírita",[57] o prof. Chibeni é mais incisivo, ainda:

> Kardec não se aventurou, por exemplo, a formular modelos para o perispírito, ou explicações técnicas para os fenômenos mediúnicos, em termos de conceitos e princípios vulneráveis das ciências de seu tempo.

Como bem destacado pelo prof. Silvio Seno Chibeni, em outro consistente artigo de sua lavra, denominado "O paradigma espírita",[58]

---

[56]Obra citada, cap. I, "Caráter da Revelação Espírita", item 55 (FEB).

[57]*Revista Internacional de Espiritismo*, março de 1991, pp. 45 a 52.

[58]Revista *Reformador*, junho de 1994, pp. 176 a 180 (FEB).

[...] a obra de Kardec constitui um genuíno *paradigma científico* e esse paradigma representa, até hoje, *a única diretriz segura* ao longo da qual se podem desenvolver pesquisas científicas acerca dos fenômenos espíritas e do aspecto espiritual do ser humano em geral. [...]

Ele [Kardec] nos legou um paradigma admiravelmente coerente, abrangente, empiricamente adequado e *heuristicamente*[59] fértil, que não deixa nada a desejar aos mais bem-sucedidos paradigmas das ciências ordinárias, tais como a *termodinâmica,*[60] o *eletromagnetismo,*[61] a *teoria da relatividade,*[62] a *mecânica quântica,*[63] etc.

[...] dada a natureza específica do paradigma espírita, não se deve esperar que este tenha um dia que ser abandonado ou modificado em seus princípios fundamentais. A razão disso

[59]Heurística: derivado do grego *heuristiké*, que significa descobrir ou achar. Mas o significado da palavra vai um pouco além da raiz etimológica. *Método indutivo* de solução de problemas baseado em regras derivadas do senso comum ou da experiência, que contribui para o desenvolvimento do conhecimento. Deu origem também ao termo "heureca", tão comum na expressão popular: "*heureca: descobri!*".

[60]Termodinâmica: ramo da Física que investiga os efeitos da alteração na temperatura, pressão e volume de sistemas físicos macroscópicos.

[61]Eletromagnetismo (fís.): Nome dado à teoria unificada desenvolvida por James Maxwell para explicar a relação entre a eletricidade e o magnetismo. Esta teoria baseia-se no conceito de campo eletromagnético.

[62]A Teoria Restrita (ou Especial) da Relatividade (abreviadamente, TRR), publicada pela primeira vez por Albert Einstein, em 1905, descreve o comportamento de objetos que se movem a velocidades próximas à velocidade da luz, ou que são vistos a partir de referenciais inerciais que se movem a velocidades próximas à velocidade da luz.

[63]Mecânica quântica: É ramo da Física que investiga o comportamento dos átomos e das partículas subatômicas.

é que, exceto por alguns princípios reguladores abstratos, tais princípios encontram-se muito próximos do *nível fenomênico*, de modo que, utilizando-nos da nomenclatura filosófica, poderíamos classificar a teoria espírita como essencialmente fenomenológica. O exemplo mais claro de uma teoria desse tipo nas teorias ordinárias é a *termodinâmica*, desenvolvida em meados do século XIX. Por ser fenomenológica, ela goza de uma alta estabilidade diante do progresso de outras áreas da Ciência, havendo atravessado incólume as radicais mudanças de paradigma ocorridas na Física nas primeiras décadas de nosso século [século XX]. Essa característica da termodinâmica exerceu grande atração sobre Einstein (entre outros), que procurou desenvolver sua teoria especial da relatividade em moldes fenomenológicos.

Em termos simplificados, podemos tentar esclarecer esse ponto dizendo que nas teorias não-fenomenológicas (ditas *teorias construtivas*), que são a maioria das teorias da Física e da Química, o "*grau de teoricidade*" dos princípios é muito maior; eles estão bem mais distantes da observação empírica direta. Em tal caso, o caminho que vai dos fenômenos até os princípios teóricos é bastante tortuoso, passando por uma série de *teorias auxiliares* necessárias, por exemplo, para tratar do funcionamento e interpretação dos dados fornecidos pelos aparelhos. Nessas circunstâncias, a *segurança* com que os princípios podem ser asseridos [afirmados] fica evidentemente *reduzida*; há, em geral, possibilidades plausíveis de explicação dos mesmos fenômenos por princípios teóricos diferentes. A história da Física e da

Química ilustra bem a *vulnerabilidade de suas teorias construtivas*, que vão sendo substituídas de tempos em tempos.

No caso dos princípios espíritas básicos, como *a existência e a sobrevivência do espírito, o livre-arbítrio, a lei de causa e efeito, a reencarnação, etc.*, a situação é bastante diversa. Sua confirmação independe totalmente de aparelhos, conforme bem enfatizou Kardec, o que é uma enorme vantagem do ponto de vista *epistemológico*,[64] pelas razões esboçadas acima. São proposições da mesma classe epistêmica que, digamos, as proposições de que *o Sol existe, de que o fogo queima, a cicuta envenena*, etc.

As pessoas que, inadvertidamente, acreditam que o Espiritismo esteja desatualizado, comentam sobre a suposta necessidade de substituir os termos técnicos utilizados na Doutrina, tais como "fluidos" e "mediunidade", entre outros, porque eles prejudicariam a posição científica do Espiritismo.

Novamente nos socorremos das sensatas explicações do prof. Silvio Seno Chibeni, que, à luz dos fundamentos da Filosofia da Ciência, elucida:

[...] Sendo uma ciência independente, dedicada ao estudo dos fenômenos que escapam ao escopo das ciências clássicas, o Espiritismo não teria a liberdade de definir seus próprios termos? Historicamente, o Espiritismo precede à Metapsíquica e à Parapsicologia, sendo também anterior às

[64] Epistemologia (filos.): o mesmo que *teoria do conhecimento* ou *teoria da ciência*, consistente nos estudos dos postulados, conclusões e métodos dos diferentes ramos do saber científico.

novas concepções de matéria e energia da Física atual. Isso não lhe daria a posição de pioneiro no estudo e definição dos fenômenos espíritas, cabendo-lhe o direito de estabelecer sua própria nomenclatura? [...]

De fato, propostas de revisão do vocabulário técnico do Espiritismo são bastante comuns hoje, especialmente por parte de pessoas com alguma familiaridade com disciplinas acadêmicas. Os termos mencionados como exemplo parecem, em particular, causar-lhes certo incômodo, sendo freqüentemente substituídos por palavras como "energia" e "paranormalidade", "sensibilidade", etc. Imagina-se estar assim conferindo maior cientificidade ao Espiritismo, livrando-o de noções "ultrapassadas" do século XIX. Ora, o mais elementar *senso filosófico* mostra que não é no vocabulário que assenta o caráter científico ou não de uma disciplina.

As palavras são, como foi lembrado no artigo anterior, meros símbolos para a expressão de conceitos; se estes não encontrarem respaldo em uma teoria científica coerente, abrangente e empiricamente adequada (isto é, adaptada aos fatos), de nada adiantará modificá-las. Por outro lado, uma teoria científica não será substancialmente alterada pela modificação de seu vocabulário. Logo, qualquer alegação de que o Espiritismo tem de passar por uma atualização não pode limitar-se à substituição de palavras, como ingenuamente se procura fazer. [...]

Constitui fato reconhecido entre os filósofos da ciência contemporâneos que as substituições de conceitos e teorias fundamentais numa ciência somente se justificam pela *degeneração global do programa de pesquisa* no qual se inserem, juntamente com o fornecimento efetivo de um *programa alternativo* que o suplante em coerência, abrangência, precisão e fertilidade heurística. Ora, não padece dúvida para qualquer estudioso isento que *nada disso sequer esboçou-se no caso do Espiritismo.*

[...] como não houve mais do que *analogia* e *apropriação* de um símbolo lingüístico para construir uma expressão nova – "fluidos espirituais", que em geral se simplificava para "fluidos", dentro do contexto espírita –, não se segue que a teoria espírita tenha de ser modificada terminológica ou substancialmente na caracterização dos referidos processos porque as teorias físicas que sugeriram as analogias tenham sido alteradas ou substituídas no curso evolutivo da física. [...]

Ainda com relação à noção de fluido, deve-se notar que ela não e tão abominada na Física como parecem crer os reformistas.

[...] os próprios pais da teoria eletromagnética, como Faraday e Maxwell, não dispensaram o conceito de fluido quando se tratava de *explicar* – e não simplesmente calcular – os fenômenos. [...]

Apenas para concluir, vale mencionar que virou moda nos meios espíritas e semi-espíritas a substituição da palavra "fluido" por "energia", sempre no pressuposto de que é por aí que vai a ciência. Ora, assim como as noções de espaço, tempo, força, massa, carga elétrica, campo, etc., a noção de energia é objeto de *inúmeras dificuldades conceituais,* não se ganhando nada em clareza, precisão e cientificidade com a sua utilização, muito pelo contrário.[65]

---

[65]"Revisão da terminologia espírita?" Revista *Reformador*, agosto de 1999, pp. 30 a 32 (FEB).

Sem prejuízo da utilização combinada, pela Ciência Espírita, dos métodos indutivo[66] e dedutivo,[67] preconizados pelas ciências positivas, a imutabilidade e a perpetuidade dos fundamentos espíritas estão garantidas, também, pelo *ensino coletivo concordante dos Espíritos* (universalidade ou generalidade do ensino dos Espíritos).

Na "Introdução" de *A Gênese*,[68] colhemos os seguintes esclarecimentos do Codificador, a respeito dessa característica da Revelação Espírita:

> Sem embargo da parte que toca à atividade humana na elaboração desta Doutrina, a iniciativa da obra pertence aos Espíritos, porém, não a constitui a opinião pessoal de nenhum deles. *Ela é, e não pode deixar de ser, a resultante do ensino coletivo e concorde por eles dado.* Somente sob tal

---

[66]Método indutivo: É o processo de raciocínio pelo qual de uma experiência particular ou análise das partes se passa a generalizações, isto é, partindo-se do conhecido, alcançamos o desconhecido. O mesmo que *método analítico.* Ex: A partir da experiência "todas as maçãs que comi são doces", posso concluir que "as maçãs são doces", contudo, a maçã seguinte pode não ser doce. O método indutivo leva a *probabilidades*, não a *certezas*. Usando apenas a *dedução*, o homem ignora a *experiência*. Empregando apenas a *indução*, ignora as *relações entre os fatos*. Pela combinação destes dois métodos, a ciência estabelece uma *união entre a teoria e a prática* (Enciclopédia Delta Universal, v. 6, p. 3.154, *apud* "Apostila do ESDE", Programa Fundamental, mód. II, rot. 3, p. 61, FEB).

[67]Método dedutivo: é o processo de raciocínio pelo qual tiramos conclusões por inferência lógica de premissas dadas. Ex: A partir das premissas "Todos os gregos têm barba" e "Zenão é grego", podemos concluir, validamente, que "Zenão tem barba".

[68]Obra citada. "Introdução" (FEB).

> condição se lhe pode chamar Doutrina dos Espíritos. *Doutra forma, não seria mais do que a doutrina de um Espírito e apenas teria o valor de uma opinião pessoal.*
>
> Generalidade e concordância no ensino, esse o caráter essencial da Doutrina, a condição mesma de sua existência, donde resulta que todo *princípio* que ainda não haja recebido a consagração do controle da generalidade não pode ser considerado parte integrante dessa mesma doutrina. Será uma simples opinião isolada, da qual não pode o Espiritismo assumir a responsabilidade.

Esse ensino surgiu, espontaneamente, ao mesmo tempo, de inúmeros lugares distantes, inclusive países separados por milhares de quilômetros, e de médiuns desconhecidos entre si. Sem dúvida que essa característica (da universalidade) confere grande autoridade e força moral à Revelação Espírita, imprimindo-lhe marcantemente o caráter divino.

De fato, a verificação universal do ensino dos Espíritos constitui uma garantia para a unidade futura do Espiritismo, porquanto tende a neutralizar todas as *teorias contraditórias*, constituindo caráter legítimo da Verdade.

Portanto, ao nos depararmos com uma teoria espiritual nova, submetamo-la ao exame do seguinte crivo: Não devemos considerar parte integrante da Doutrina Espírita qualquer princípio que decorra dessa teoria e que ainda não haja recebido o "selo" do *controle da generalidade*, à luz da lógica e do bom senso.

Vez por outra, deparamo-nos com artigos veiculados em publicações espíritas, precipitadamente, associando certas "novidades científicas" aos postulados espíritas. Devemos ter muito cuidado com essas conclusões, que nos parecem prematuras, uma vez que tendem a comprometer o bom conceito de que goza a Doutrina Espírita, na hipótese de tais teorias virem a ser substituídas, como veremos no item 8.2 sobre a *Matéria*.

Como advertem os estudiosos espiritistas, jamais devemos nos esquecer de que, entre todos os princípios espíritas, exceto o da existência de Deus, o mais importante é o da existência do Espírito, isto é, da existência de algo no homem, que é a sede do pensamento e dos sentimentos, que sobrevive à morte corporal.

Por isso, nunca é demais enfatizar: se o pesquisador espírita quiser ter êxito em suas tarefas, deve priorizar, antes de tudo, o próprio aperfeiçoamento moral, circunstância que lhe dará os meios necessários para alcançar os seus objetivos, o que exige, de sua parte, muita prudência, humildade, perseverança e estudo.

Como adverte Ademir L. Xavier Jr., inspirado em André Luiz, "*experimentações científicas* detalhadas *no campo espírita só podem ser feitas com a expressa colaboração do mundo espiritual superior que, para isso, exige uma definitiva demonstração desses valores divinos em nós*".[69] Não dá para fazer Ciência Espírita sem os Espíritos superiores.

---

69 "Algumas considerações oportunas sobre a relação Espiritismo-Ciência", *Reformador*, agosto de 1995, p. 26 (FEB).

A propósito, existe interessante metáfora que ilustra bem a assertiva do trabalho realizado entre os planos visível e invisível. Trata-se da idéia de que os Espíritos estão "cavando um túnel" de lá para cá e nós, encarnados, daqui para lá, até nos encontrarmos, num autêntico trabalho de parceria, como ocorreu na construção do famoso túnel submarino construído entre a França e a Inglaterra, em que ambas as nações iniciaram a escavação, partindo de seus respectivos territórios até se encontrarem em alto mar, o que exigiu grande esforço de entrosamento e trabalho de equipe entre os engenheiros e operários dos dois países, sob pena de pôr a perder todo o trabalho encetado.

Convém salientar, porém, que dignos de todos os elogios são os esforços dos pesquisadores espíritas sinceros, que, acompanhando o progresso das ciências em geral, procuram decifrar, à luz dos princípios básicos espíritas, determinadas indagações que ainda se apresentam como desafiadores enigmas para os estudiosos em geral. Os resultados de tais empreendimentos, porém, devem ser colocados como hipóteses a serem confirmadas, no futuro, à espera da maturação de suas respectivas teorias, o que nos remete ao conselho de Kardec, publicado na *Revista Espírita*, de julho de 1868, tradução de Evandro Noleto Bezerra:

> Pelo fato de o Espiritismo assimilar todas as idéias progressistas, não se segue que se faça campeão cego de todas as concepções novas, por mais sedutoras que sejam à primeira vista, com o risco de receber, mais tarde, um desmentido da experiência e de se expor ao ridículo de haver patrocinado uma obra inviável.[70]

[70]Obra citada, "A geração espontânea e a Gênese", 1ª ed., 2005, p. 286 (FEB).

Aqui, também, é pertinente o exame da essência da recomendação de Erasto, reportada no item 3.2.1., ao conceituarmos Revelação: "*Desde que uma opinião nova venha a ser expendida, por pouco que vos pareça duvidosa, fazei-a passar pelo crisol da razão e da lógica e rejeitai desassombradamente o que a razão e o bom senso reprovarem. Melhor é repelir dez verdades do que admitir uma única falsidade, uma só teoria errônea*".[71]

3.2.5. Finalidade do Espiritismo

"Não peça ao Espiritismo o que ele não te pode dar."

(LM, XXVII:303.)

O Espiritismo, não tenhamos dúvida, é chamado a desempenhar imenso papel na Terra, por meio de seus adeptos conscientes, inclusive em auxílio de outras religiões, as quais não combate, pois reconhece que, igualmente, exercem importante papel na sociedade. Assim como Jesus, o Espiritismo não vem revogar a lei nem os profetas, vem complementá-los e adaptá-los em sintonia com os novos tempos (ESE, I).

Partindo dessa e das outras premissas anteriormente levantadas, verificamos, como nunca, a necessidade premente de aprofundarmos os estudos do

---

[71] *O Livro dos Médiuns*, 2ª parte, cap. XX, "Da influência moral do médium" (FEB).

Espiritismo em nossas fileiras, sobretudo no que diz respeito aos seus aspectos básicos, preocupação constante da Federação Espírita Brasileira, que, além do ESDE – Estudo Sistematizado da Doutrina Espírita, vem implantando, gradualmente, nos núcleos espíritas o EADE – Estudos Avançados da Doutrina Espírita.

Lembrando o eminente Espírito Vianna de Carvalho, no capítulo 28, sob o título "Hora da Divulgação Espírita", de sua obra *Reflexões Espíritas*, psicografada por Divaldo Pereira Franco, "*na gênese dos males que afligem o homem e a Humanidade, permanece a ignorância*" e "*há muita angústia aguardando a contribuição espírita, e muita loucura necessitada de socorro espírita*".[72]

Sendo assim, é muito importante ter em mente o conselho de Kardec, ministrado em *O Livro dos Médiuns*, na questão 303, 1ª resposta: *não devemos pedir ao Espiritismo o que ele não nos pode dar.* Eis um meio preventivo excelente para nos livrar das armadilhas da caminhada, para não sermos vítimas da mistificação, para não sermos ludibriados por nós mesmos nem pelos falsos profetas encarnados e da erraticidade.

De triste memória é o caso do "Processo dos Espíritas", ocorrido logo após a desencarnação de Kardec, que, em virtude da fraqueza de um médium e da invigilância de algumas pessoas, levou um inocente à prisão, no rumoroso caso das "fotografias espíritas". No caso, o injustiçado foi o gerente da *Revista Espírita*, fundada por Allan Kardec, o Sr. Pierre-Gaëtan Leymarie.

---

[72]Obra citada, cap. 28, "Hora da Divulgação Espírita", LEAL.

Assim se expressa Kardec em *O Livro dos Médiuns*, na questão 303:

> [O fim do Espiritismo] é o melhoramento moral da Humanidade; se vos não afastardes desse objetivo, jamais sereis enganados, porquanto não há duas maneiras de se compreender a verdadeira moral, a que todo homem de bom senso pode admitir.
>
> Os Espíritos vos vêm instruir e guiar no caminho do bem e não no das honras e das riquezas, nem vêm para atender às vossas paixões mesquinhas.

É por isso que as revelações sempre obedecem a um fim útil, nunca para satisfazer a vã curiosidade, como lembrado por Kardec em nota à questão 399 de *O Livro dos Espíritos*, ao tratar da necessidade do esquecimento do passado, quando o Espírito reencarna.

Se nos fosse pedido para resumir em um parágrafo o caráter da Revelação Espírita, diríamos que:

O Espiritismo não tem por objetivo produzir "milagres" e "fenômenos" nem competir com as ciências ordinárias, mas, insista-se, contribuir para que a Humanidade adquira a emancipação espiritual pelo conhecimento de si mesma, melhorando, gradualmente, sua condição moral.

Na certeza da imortalidade da alma, conjugada com a reencarnação que permite o progresso infinito do Espírito, repousam as nossas melhores esperanças. Sempre vale a pena recordar a memorável observação do mestre lionês [de Lyon, terra natal de Kardec, cuja biografia se encontra reportada no cap. 4], contida no item 37, cap. I, de *A Gênese*:

"Tirai ao homem o Espírito livre e independente, sobrevivente à matéria, e fareis dele uma simples máquina organizada, sem finalidade, nem responsabilidade".

Jesus é o nosso paradigma maior. Confiemos nele, sigamos o seu exemplo, fazendo a nossa parte, e tudo o mais virá por acréscimo. Enfim, atendamos aos sagrados deveres que ele nos designou para cada dia, perseverando até o fim!

4. Alguns dados biográficos de Allan Kardec

"Nascer, morrer, renascer ainda e progredir sempre, tal é a Lei."
KARDEC

O CONHECIMENTO da biografia dos grandes homens auxilia muito o entendimento e a interpretação de suas obras e de suas mensagens. Não poderia ser diferente com Kardec (OP, "Biografia de Allan Kardec").

Hippolyte Léon Denizard Rivail, nome civil de Allan Kardec, reencarnou em Lyon, França, aos 3 de outubro de 1804, como filho de Jean-Baptiste Antoine Rivail (juiz de Direito) e de Jeanne Louise Duhamel, ambos católicos.

Aproximadamente aos dez anos, foi encaminhado a Yverdon, cidade da Suíça, a fim de completar seus estudos na então escola-modelo da Europa, que funcionava em regime de internato, dirigida pelo célebre pedagogo Johann Heinrich Pestalozzi (1746-1827).

Aos dezoito anos, retornou à França, fixando-se em Paris, *centro da cultura mundial*, onde predominava a corrente filosófica do *Positivismo* defendida por Auguste Comte. Rivail dedicou-se à instrução e à educação durante aproximadamente trinta anos, tendo sido, inclusive, diretor de escola e professor. Escreveu vários livros didáticos sobre diversos assuntos, entre os quais Aritmética, Gramática francesa, Química, Física, Astronomia e Anatomia Comparada.

Influenciado pelas idéias de Pestalozzi, também escreveu livros sobre a reforma do ensino. Mais tarde, foi compelido a deixar o magistério em virtude do regime educacional implantado na época do imperador Napoleão I, que restringia a liberdade de ensino. Em 1852, teve problemas de vista e quase ficou cego.

Estudou, durante 35 anos, o magnetismo (veja item 5.3.3.3), adquirindo sólidos conhecimentos a respeito. Exerceu ainda a função de contabilista e tradutor de obras estrangeiras. No vol. I, cap. 30, sob o título "Vasta erudição polimática", da obra *Allan Kardec*, de Zêus Wantuil e Francisco Thiesen esclarecem que o Codificador era "poliglota, conhecia bem o alemão, sua língua adotiva, o inglês, o holandês, assim como eram sólidos seus conhecimentos de latim e do grego, do gaulês e de algumas línguas novilatinas, nas quais se exprimia corretamente".

Zêus Wantuil e Francisco Thiesen, na obra *Allan Kardec*,[73] esclarecem que, aos 24 anos, sua preocupação científica e seu caráter eminentemente positivo o fariam escrever numa obra sobre Educação Pública: "Aquele que houver estudado as ciências rirá, então, da credulidade supersticiosa dos ignorantes. Não mais crerá em espectros e fantasmas. Não mais aceitará fogos-fátuos por Espíritos".

Foi, portanto, como racionalista estudioso, avesso ao misticismo, que ele se pôs a examinar os fatos relacionados com as "mesas girantes e falantes", fenômeno que eclodiria, mais tarde, na Europa, chamando a atenção do mundo inteiro (OP, Segunda parte, "A minha primeira iniciação no Espiritismo").

A esse respeito, analisemos o pensamento transparente do próprio Kardec:

> Tendo adquirido, no estudo das ciências exatas, o hábito das coisas positivas, sondei, perscrutei esta nova ciência (o Espiritismo) nos seus mais íntimos refolhos; busquei explicar-me tudo, porque não costumo aceitar idéia alguma, sem lhe conhecer o como e o porquê (OQE, cap. I, "Oposição da Ciência").

Aos 28 anos, casou-se com Amélie-Gabrielle Boudet, também professora e escritora, nove anos mais velha que ele. Não tiveram filhos, o que permitiu ao casal dedicação intensa à nobre missão de educar.

---

[73]Obra citada, 2004, v. I, parte segunda, cap. I, item 4. Antigo v. II, cap. I, item 4.

Aos cinqüenta anos, o professor Rivail tomou conhecimento, pela primeira vez, da existência das mesas girantes e falantes, por meio do Sr. Fortier (outro estudioso do Magnetismo). Certa vez, Rivail encontra-se com um amigo (Sr. Carlotti) e este lhe conta a novidade: compareceu a uma reunião em que as mesas não apenas se movimentavam, mas também se comunicavam.

Rivail não levou a sério tal notícia, em virtude do temperamento brincalhão do informante. Entretanto, ao avistar-se novamente com o Sr. Fortier, homem sério e profundo estudioso do Magnetismo, este lhe confirma as observações do Sr. Carlotti. Diante de tão incrível informação, esta foi a reação "positivista" de Rivail:

> Só acreditarei quando o vir e quando me provarem que uma mesa tem cérebro para pensar, nervos para sentir e que possa tornar-se sonâmbula. Até lá, permita que eu não veja no caso mais do que um conto da carochinha.[74]

A maioria dessas reuniões, praticada nas rodas sociais, era pública e de caráter leviano, em que as pessoas faziam perguntas fúteis aos Espíritos, com relação ao passado, ao futuro e aos fatos corriqueiros da vida particular de cada um.

Levado pelo Sr. Fortier a uma reunião privada, de caráter sério, na residência da Sra. Plainemaison, Rivail

[74] WANTUIL, Zêus e THIESEN, Francisco. *Allan Kardec*. Atual v. I, parte segunda, cap. I, item 3. Antigo v. II, cap. I, item 3.

> a minha fraqueza diante de tão grande tarefa; a minha boa vontade não desfalecerá, as forças, porém, talvez me traiam. Supre a minha deficiência; dá-me as forças físicas e morais que me forem necessárias. Ampara-me nos momentos difíceis e, com o teu auxílio e dos teus celestes mensageiros, tudo envidarei para corresponder aos teus desígnios.[77]

Antes das confirmações de sua missão, Rivail não estava muito motivado com o trabalho que se lhe antepunha, pois não se sentia à altura de exercer tarefa de tamanha magnitude, o que demonstra, mais uma vez, a humildade e a grandeza moral do Codificador.

Nessa época, alguns amigos e intelectuais insistiram para que aceitasse a tarefa. Eles, que já coletavam material há mais de cinco anos, passaram-lhe *cinqüenta cadernos com centenas de comunicações de inúmeros Espíritos*, colhidas por meio de diferentes médiuns, que cabia a Rivail *estudar*, *classificar*, *coordenar*, *organizar e deduzir-lhes as conseqüências*.

E assim o fez, continuando a freqüentar as reuniões mediúnicas sérias, ocasião em que fazia várias perguntas, submetendo ao crivo da razão e da lógica os ensinamentos dos Espíritos. Quando se deu conta, estava totalmente envolvido no projeto, época em que teve a inspiração de reunir aquelas informações em livros, sendo o primeiro deles *O Livro dos Espíritos*, em

---

[77] *Idem.*

forma de perguntas e respostas, finalmente publicado em 18 de abril de 1857, data que marcou, em definitivo, a *vitória do espírito sobre a matéria*!

A Doutrina Espírita revolucionou o pensamento científico, filosófico e religioso da Humanidade. Faz-se relevante mencionar que Kardec teve, a princípio, grande dificuldade de aceitar o *princípio da reencarnação* (item 7.4), que não lhe passava pela idéia. Vejamos a sua opinião a respeito:

> [...] esta teoria [*da Reencarnação*] estava tão longe do nosso pensamento quando os Espíritos no-la revelaram, que ela nos surpreendeu de maneira estranha, porque, confessamo-lo com toda a humildade, o que *Platão* havia escrito sobre esse assunto especial nos era totalmente desconhecido, mais uma prova, entre mil outras, de que *as comunicações que nos têm sido dadas não refletem, absolutamente, a nossa opinião pessoal.* "A Doutrina dos Espíritos acerca da reencarnação nos surpreendeu, pois; diremos mais: contrariou-nos, porque lançava por terra nossas próprias idéias."[78] (Destacamos)

Por ser o seu nome muito conhecido no mundo científico, em virtude dos seus trabalhos anteriores, e podendo originar confusão, talvez mesmo prejudicar o êxito do empreendimento de formular a Codificação, adotou o pseudônimo de *Allan Kardec*, nome que, segundo lhe revelara o seu Orientador *espiritual*, ele tivera em uma encarnação recuada. Adotando o

[78]Obra citada, v. I, parte primeira, cap. 24.

pseudônimo de Allan Kardec, o professor Hippolyte Léon Denizard Rivail deu grande demonstração não somente de *fé*, mas igualmente de *humildade*, considerando que seu nome civil era bastante conhecido e respeitado na França, não somente em virtude de suas obras publicadas, mas também porque descendia de antiga e conceituada família, cujos membros brilharam na advocacia e na magistratura.

Na busca da Verdade, Kardec utilizou-se do *método intuitivo-racionalista*, divulgado por Pestalozzi, na investigação dos fatos, considerando o valor da *análise experimental*, através da *observação* e do *uso do raciocínio*, da *analogia*, para daí se extraírem, por *indução*, os resultados e se chegar a *enunciados gerais*. Dora Incontri, em sua obra *Educação e ética*,[79] elucida em que bases se deu a metodologia utilizada pelo Codificador:

> Procedei do conhecido para o desconhecido; do particular para o geral; do concreto para o abstrato; do mais simples para o mais complicado; primeiro, a síntese, depois a análise. Não a ordem do assunto, mas sim a ordem da natureza.

Foi com base nessa metodologia, observada com rigor científico, que Kardec compilou e codificou as cinco obras básicas do Espiritismo, que foram publicadas nos seguintes anos:

[79] "Conclusão", "Pestalozzi no Brasil" – *O método intuitivo no século XIX.*

1857	*O Livro dos Espíritos*	Cunho filosófico: contém a síntese das quatro obras abaixo.
1861	*O Livro dos Médiuns*	Cunho prático-experimental: estuda e orienta a técnica da comunicação responsável com o mundo invisível.
1864	*O Evangelho segundo o Espiritismo*	Cunho moral: explica os ensinos evangélicos do Cristo.
1865	*O Céu e o Inferno*	Cunho penalógico: estuda a situação da alma durante e após a morte; penalidades e recompensas futuras (Justiça Divina).
1868	*A Gênese*	Cunho científico: estuda a origem do Universo segundo as Leis da Natureza; e os "milagres" e predições do Cristo.

Kardec fundou, em Paris, a 1º-1-1858, a *Revista Espírita*, palco de maturação e divulgação das idéias espíritas, e, a 1º-4-1858, a Sociedade Parisiense de Estudos Espíritas, onde, durante mais de onze anos, com o concurso de estudiosos e cientistas de renome, se dedicou à pesquisa e ao estudo dos fenômenos psíquicos (OP, Segunda parte, "Fundação da Sociedade Espírita de Paris").

Passada a fase de curiosidade dos fenômenos, o Espiritismo foi muito *perseguido*, de todas as maneiras. Destaca-se, entre as perseguições, a inclusão das obras espíritas no *Index Librorum Prohibitorum*[80] e a queima de livros espíritas na Espanha, pela Igreja Católica, no famoso episódio conhecido por *Auto-de-fé de Barcelona*[81] (OP, Segunda parte, "Auto-de-fé em Barcelona. Apreensão dos livros" e "Auto-de-fé em Barcelona, 9 de outubro de 1861").

Kardec sabia, por orientação da Espiritualidade Maior, que não teria tempo nem saúde (OP, Segunda parte, "Instrução relativa à saúde do Sr. Allan Kardec") para dar seqüência à imensa tarefa de divulgação da Doutrina Espírita e que outros trabalhadores valorosos continuariam o seu empreendimento. Ele estava consciente, também, de que, se quisesse aprofundar o trabalho que começou, necessitaria mesmo de uma nova encarnação. *As Leis Naturais teriam que se cumprir sem privilégio algum para ele* (OP, Segunda parte, "Primeira notícia de uma nova encarnação").

Depois de intensa atividade, à qual se dedicou com amor, lealdade, afinco e esforço heróico à causa, Allan Kardec desencarnou, com 65 anos incompletos. O

[80]Em 1º-5-1861, as obras espíritas codificadas por Kardec também foram incluídas no rol dos *livros proibidos* ou censurados, pela Igreja Católica, como forma de combater a doutrina nascente.

[81]O *Auto-de-fé de Barcelona* (Espanha) foi o nome dado à cerimônia oficial, em que foram queimados vários livros espíritas, em 9-10-1861, prática que ressuscitou o velho método da Inquisição praticada pela Igreja Católica, ato de *intolerância religiosa* que serviu para chamar ainda mais a atenção para as graves questões espirituais, o que teria levado Kardec a exclamar: *Pode-se queimar os livros, mas não se queimam as idéias neles contidas, que serão multiplicadas ainda mais pelas cinzas dessa fogueira.*

desenlace aconteceu em Paris, a 31 de março de 1869, quando estava trabalhando nos preparativos para mudança de endereço. Ao atender a um caixeiro-viajante, que estava comprando um número da *Revista Espírita*, caiu fulminado por um *aneurisma cerebral* (acidente cardiovascular). Narram os seus biógrafos que o desenlace do mestre de Lyon ocorreu de forma bastante serena.

O corpo do Codificador foi sepultado no Cemitério Montmartre, em Paris, na França. Durante o sepultamento, Kardec foi aclamado pelo astrônomo e escritor francês Camille Flammarion (1842-1925) como o "bom senso encarnado", devido à sua grande inteligência, imparcialidade, discernimento, coerência, zelo e equilíbrio emocional que sempre orientou a sua vida particular e, especialmente, na condução da magna tarefa da codificação da Doutrina Espírita (OP, "Discurso pronunciado junto ao túmulo de Allan Kardec por Camille Flammarion").

Posteriormente, numa homenagem dos amigos mais íntimos, seus restos mortais foram transferidos para o Cemitério do Père-Lachaise, conhecido como "Cemitério do Leste", na mesma cidade, onde foi construído, em granito bruto, um dólmen (monumento ao estilo dos costumes dos povos druidas, com os quais partilhara uma de suas encarnações), com a seguinte inscrição em seu pórtico, que bem resume a Doutrina Espírita: "*Nascer, morrer, renascer ainda e progredir sem-*

pre, tal é a Lei". Este monumento encontra-se, até hoje, no mesmo local, aberto à visitação do público.

Sem dúvida, as obras dos grandes homens, invariavelmente, recebem grande influência do meio. Com Allan Kardec não foi diferente. O Codificador, humanista temperado com as idéias iluministas, ainda em voga no século XIX, de René Descartes (1596-1650), John Locke (1632-1704), Isaac Newton, Montesquieu (1689-1755), Voltaire (1694-1778), Jean-Jacques Rousseau (1712-1778), entre tantos outros, também recebeu grande influência de seu meio, principalmente do Positivismo, no auge das grandes conquistas humanas, no campo das idéias e das invenções, o que valorizou grandemente a Terceira Revelação (Espiritismo), que passou no rigoroso teste dos sábios, pensadores, filósofos, cientistas e inventores de renome, os quais relutavam em aceitar princípios espirituais, muitos deles defendidos pela desacreditada religião oficial, que havia falido no propósito de espiritualizar o ser humano.

5. Aspecto tríplice do Espiritismo

"Em Espiritismo, a Ciência indaga, a Filosofia conclui e o Evangelho ilumina. Com a primeira, há movimento de opiniões; com a segunda, temos a variedade de pontos de vista em matéria interpretativa; e, com o terceiro, encontramos renovação da alma para a eternidade. A Ciência e a Filosofia são os meios, o Evangelho é o fim."

EMMANUEL

NO ITEM 3.2. *CARÁTER DA REVELAÇÃO ESPÍRITA*, a cujo capítulo remetemos o leitor, estudamos as razões históricas pelas quais, na página de rosto da primeira obra básica, o Codificador denominou o Espiritismo de "Filosofia Espiritualista", detalhe imprescindível à compreensão do aspecto tríplice da Doutrina Espírita.

Não há dúvida de que o conhecimento humano, na atualidade, luta para se desvencilhar das *escolas ma-*

terialistas, seguindo o inevitável caminho do progresso, que impulsiona os pesquisadores para as mais altas conquistas. Como assevera Emmanuel, "os enigmas profundos (que cercam as ciências terrenas) são os mais nobres apelos à realidade espiritual e ao exame das fontes divinas da existência" (CONS, 2).

Todavia, Emmanuel localiza a *origem dos desvios da razão humana* na defecção (deserção) do sacerdócio, nas várias igrejas que se fundaram nas concepções do Cristianismo.

> Ocultando a verdade para que prevalecessem os interesses econômicos de seus transviados expositores, as seitas religiosas operaram o desvirtuamento da fé, fixando a sua atividade, por absoluta ausência de colaboração com o raciocínio, no caminho infinito de conquistas da vida (CONS, 200). (Destacamos)

Nos últimos tempos, talvez na tentativa de reparar este clamoroso erro, a Igreja Católica, por seu pontífice máximo, Papa João Paulo II (Papa entre 1978 e 2005), lançou determinada encíclica, propugnando pela *união entre a fé e a ciência.*

> A *razão* sem o *sentimento* é fria e implacável como os números, e os números podem ser fatores de observação e catalogação da atividade, mas nunca criaram a vida. A *razão* é uma base indispensável, mas *só o sentimento cria e edifica.* É por esse motivo que as conquistas do humanismo jamais

poderão desaparecer nos processos evolutivos da Humanidade (CONS, 198). O *sentimento* e a *sabedoria* são as duas asas com que a alma se elevará para a perfeição infinita (CONS, 204).

Graças a essa dicotomia (divisão) entre a *fé* e *razão*, temos hoje os *"doutores mortes" da vida*, tais como o Dr. Peter Singer, este último um "filósofo" australiano, responsável pela cátedra de Bioética na Universidade americana de Princeton (EUA), que defendem o *extermínio de bebês deficientes e de idosos enfermos*, conforme noticiado na revista eletrônica *Veja on-line*[82] (ver itens 7.4.3 a 7.4.6).

O Espiritismo, cuidando principalmente da natureza, da origem e do destino dos Espíritos, bem como de suas relações com o mundo corpóreo, não se detém simplesmente na análise empírica[83] das coisas.

O estudo de assunto tão grave e tão complexo não dispensa a abordagem científica, filosófica e religiosa – *aspectos muitas vezes entrelaçados* –, o que empresta à Doutrina Espírita uma visão profunda, imparcial e ampla do seu objeto de investigação, projetando-a como um *sublime campo de conhecimentos*, como sói ocorrer

[82] 2002, 24 de julho.

[83] *Empirismo* é o sistema segundo o qual todas as idéias e conhecimentos têm sua origem na experiência. Emprego exclusivo da experiência sem o uso do raciocínio e da teoria.

com outros setores da atividade intelectual, que têm por escopo o aperfeiçoamento da Humanidade.

Se analisarmos a Doutrina Espírita com desprezo dessa tríplice visão, fatalmente amesquinharemos a sua grandeza, o que muito contribuirá para que seja mal estudada, mal compreendida e mal vivenciada.

Apesar dessa enorme abrangência, a Doutrina Espírita tem condições de ser assimilada por qualquer pessoa, mesmo que não seja dotada de muita instrução. Para nossa reflexão, invocamos a memorável frase publicada no jornal *Lavoura e Comércio*,[84] atribuída ao médium Francisco Cândido Xavier, a personificação da humildade, da bondade e da sabedoria:

> Não sou homem de ciência... Respeito profundamente os homens de ciência, mas sou um homem de fé. Nada sei do átomo e do Cosmo... Sei que precisamos de Deus no coração, pois, caso contrário, vamos incendiar a Terra...

Tudo vai depender da habilidade pedagógica dos divulgadores encarnados, que são os grandes responsáveis pela multiplicação adequada e eficiente da mensagem espírita, em concurso com os Espíritos superiores, que sempre se comunicam de maneira clara e objetiva, por mais complexo seja o tema.

[84] 2002, 2 de julho, p. B-03, *apud Reformador*. Rio de Janeiro, julho de 2002, p. 9, edição especial em homenagem ao médium Francisco Cândido Xavier.

5.1. FILOSOFIA

"Disse-vos isto por parábolas: chega, porém, a hora em que vos não falarei mais por parábolas [...]."
(JOÃO, 16:25.)

O termo *filosofia*, derivado de "philos" e "sophia" (*amigo do saber*), teria sido criado por Pitágoras, filósofo e matemático grego da Antigüidade. Reza a tradição que, devido às suas elevadas qualidades intelectuais e morais, lhe teriam perguntado se ele se considerava um sábio, ao que ele, recusando o título de grandeza e declarando o seu amor aos estudos, teria dito: "Sou apenas um amigo do saber", originando-se daí o título "filósofo" (*amigo da sabedoria*).

O conhecimento filosófico, por meio da *investigação racional*, sem desprezar a *intuição*, preocupa-se em captar a *essência imutável do real*, através da *compreensão das Leis da Natureza.*

A Filosofia caracteriza-se como *indagação* ou *busca perene do conhecimento*, mediante a investigação dos *princípios* e das *causas*. O espírito filosófico não se satisfaz com a leitura dinâmica dos fatos ou com simples observações. Ele questiona sempre e, a cada resposta obtida, passa a novas perguntas, até alcançar *a essência das coisas*. O seu papel não é apenas fazer a leitura do mundo objetivo, mas também *desenvolver a crítica da conduta humana e do saber acumulado.*

A Filosofia tem uma visão *holística*[85] da vida, considera a universalidade das coisas, revela o sentido da vida, indica aos homens os seus valores fundamentais e orienta os caminhos da Humanidade. Na expressão de Will Durant, em *A história da Filosofia*, "*a Ciência nos dá o conhecimento, mas só a Filosofia pode nos dar a sabedoria*".[86]

O filosofar é um *interrogar*, é um constante questionar a si e à realidade, em que a *dúvida* é utilizada como *instrumento da busca da verdade*, como ensinou o filósofo Descartes e Kardec praticou. *Nem recusar de pronto, nem admitir gratuitamente*: *é o critério da verdadeira sabedoria.* Duvidar, não para desprezar, mas para observar e experimentar. *Essa é a obrigação do cientista e de qualquer homem de bom senso.*

---

[85]A visão holística (de holismo) é a forma de perceber a realidade de uma maneira mais ampla ou integral, em que não deve ser desprezada, na análise das coisas e dos fatos, a interação das partes com o todo e do todo com as partes. Na teoria holística, o homem, por exemplo, é considerado um todo indivisível e que não pode ser explicado pelos seus distintos componentes, separadamente (físico, psicológico, moral, espiritual). Resumindo, o holismo é a visão integral ou macrocósmica das coisas, sem desprezar as partes, em oposição ao procedimento analítico, em que seus componentes são examinados isoladamente. Este entendimento encontra ressonância nos ensinos das obras básicas de KARDEC: "*A Natureza jamais se encontra em oposição a si mesma.* Uma só é a divisa do brasão do Universo: unidade-variedade". (GE, VI:11) "*Tudo no Universo se liga, tudo se encadeia; tudo se acha submetido à grande e harmoniosa* lei de unidade, *desde a mais compacta materialidade, até a mais pura espiritualidade*" (GE, XIV:12). "*Tudo está em tudo*" (LE, 33).

[86]"Introdução", "Sobre os usos da Filosofia".

Enfim, a missão fundamental da Filosofia resume--se na *reflexão*. O filosofar moderno e contemporâneo tem destacado sobremaneira o ser humano como centro de todas as preocupações. Apreender o *sentido da vida* é uma questão profundamente *existencial*, pois a solução desta problemática é a solução do problema fundamental para o ser humano. "*A verdade*" – enfatizou Will Durant, na obra citada,[87] inspirado em Bacon – "*não nos fará ricos, mas nos tornará livres.*"

O Espiritismo – como acentuou *Bezerra de Menezes*,[88] ainda em vida, na obra *Estudos Filosóficos*[89] – é, como Filosofia, um *sistema completo e harmônico*; é, como Moral, o fac-símile da doutrina de Jesus.

> A Filosofia constitui, de fato, a súmula das atividades evolutivas do Espírito encarnado na Terra. Suas equações são as energias que fecundam a Ciência, espiritualizando-lhe os princípios, até que, unidas uma à outra, indissoluvelmente, penetrem o átrio divino das verdades eternas (CONS, 115).

Toda doutrina que dá uma interpretação da vida, uma concepção própria do mundo, é uma filosofia.

---

87 "Introdução", "Sobre os usos da Filosofia".

88 *Adolfo Bezerra de Menezes* (1831-1900) foi um dos pioneiros e baluartes do Movimento Espírita no Brasil, aclamado como o "Médico dos Pobres", devido à sua inesgotável bondade para com os sofredores de todos os matizes. Atuou durante largo tempo na carreira política. Foi um dos presidentes da Federação Espírita Brasileira. Seu trabalho em prol da Doutrina Espírita no Brasil pode ser comparado, em importância, ao do notável médium Francisco Cândido Xavier, embora atuassem em áreas diferentes.

89 Primeira parte, cap. I, "A dúvida como instrumento da verdade".

Enquanto a Ciência procede à análise das coisas, decompondo-as em suas unidades isoladas, a *Filosofia as examina em seu conjunto, de forma integral, conjuntural (de forma holística)*, chegando a uma síntese, a uma interpretação dos fatos e da realidade.

O Espiritismo é filosofia porque, a partir dos fenômenos e dos fatos, *dá uma interpretação da vida*, explicando o porquê das dores, dos sofrimentos e das desigualdades entre as criaturas.

Neste aspecto, enquadra-se o estudo dos problemas da *origem* e da *destinação* dos homens, bem como a existência de uma Suprema Inteligência, causa primeira de todas as coisas (DEUS). *Para todo efeito existe uma causa, para todo efeito inteligente existe uma causa inteligente.*

Segundo o escritor espírita Herculano Pires, em *O Espírito e o tempo*,[90] "a Filosofia Espírita apresenta-se, no quadro geral das doutrinas filosóficas, e conseqüentemente na própria História da Filosofia, como uma das formas do Espiritualismo". A tradição filosófica é espiritualista e não materialista, como pode parecer, à primeira vista. No seu aspecto filosófico, o Espiritismo enquadra-se rigorosamente na tradição filosófica. E conclui: "É uma filosofia do espírito, que parte da essência espiritual para explicar a existência material".

[90]Terceira parte, cap. III, "A filosofia do Espírito".

Como alerta Herculano Pires, na referida obra,[91] a *Filosofia Espírita é dialética*,[92] uma vez que *explica* a realidade através de suas próprias contradições. O Espiritismo se apresenta, assim, como uma *forma especial do processo de conhecimento*. Com o progresso moral e intelectual do homem, este se torna apto a captar a realidade de maneira mais precisa.

Dessa forma, a Filosofia Espírita, irmanada com a Ciência, auxilia o homem a vencer a superstição, o temor de Deus e do "demônio",[93] superando, com isso, o mistério da morte, e desvendando um novo caminho para o seu crescimento individual.

> Ambas (Ciência e Filosofia) se completam no campo das atividades do mundo, como dois grandes rios que, servindo a regiões diversas na esfera da produção indispensável à manutenção da vida, se reúnem em determinado ponto do caminho para desaguarem, juntos, no mesmo oceano, que é o da sabedoria (CONS, 201).

Gonzáles Soriano, mencionado no *Dicionário técnico e crítico da Filosofia*, de André Lalande, reportado

[91] Terceira parte, cap. III, "A filosofia do Espírito".

[92] *Dialética* é a arte do diálogo, da discussão, em que se resolvem problemas pela oposição de idéias.

[93] O Espiritismo não admite a existência do *diabo* ou do *demônio*, como seres devotados eternamente para o mal. O diabo é o Espírito imperfeito, ainda não purificado, que um dia deixará essa condição, progredindo para o bem, como todos os outros. Nesse sentido, o "diabo" somos nós mesmos, quando estamos apartados das Leis Divinas (ver item 5.3.1.4).

no livro *Introdução à Filosofia Espírita*, de Herculano Pires, define a Filosofia Espírita como a "síntese essencial dos conhecimentos humanos aplicada à investigação da Verdade".[94]

Ainda na obra citada,[95] Herculano Pires elucida:

> A História da Filosofia é um *continuum*, que nasce da primeira indagação do homem sobre a Natureza e depois sobre a vida e sobre ele mesmo. [...] Na mesma época em que surgiam os dois últimos grandes sistemas filosóficos: o Positivismo – de Auguste Comte – e o Marxismo,[96] os Espíritos diziam a Kardec que era necessário apresentar ao mundo uma filosofia racional, '*livre dos prejuízos do espírito de sistema*'. E lhe davam as linhas mestras do novo pensamento, através do processo dinâmico do *diálogo*, que hoje está consagrado em todo o mundo. A forma de perguntas e respostas de *O Livro dos Espíritos*... é hoje a forma preferida para a busca de soluções em todos os setores das atividades humanas. *O diálogo é a maiêutica*[97] *de Sócrates e a dialética de Platão e de Hegel ressuscitadas em nosso tempo*. É o instru-

---

[94]Cap. II, "Filosofia e Espiritismo" – 1. *O que é Filosofia?*

[95]Cap. I, "Introdução" – Perfil da Filosofia Espírita; e cap. III, "Teoria Espírita do conhecimento" – 2. *O que conhecemos?*

[96]*Marxismo* é um sistema filosófico-materialista, fundado por Marx e Engels, no século XIX. Para esse sistema, a História não passa de uma *luta de classes* e o Estado é encarado como sendo apenas o *representante das classes dominantes*. Considera que o homem encontra-se ainda na pré-história social e que a história verdadeira só será iniciada ao conseguirmos uma sociedade sem classes.

[97]*Maiêutica* é a denominação dada pelo filósofo Sócrates à sua dialética (arte do diálogo) como a arte de partejar Espíritos, isto é, *levar o interlocutor a descobrir a verdade por si mesmo*, fazendo-lhe numerosas perguntas.

mento mais prático de conhecimento no plano social. E foi através dele que surgiu a Filosofia Espírita, *no diálogo mediúnico de Kardec com os Espíritos.* [...] O diálogo mediúnico que fez a Donzela de Orléans [Joana D'Arc] a empunhar a espada e salvar a França, que levou Sócrates a impulsionar o conhecimento, que fez Lincoln assinar a lei de libertação dos escravos nos Estados Unidos [...], e assim por diante, levou Kardec a formular a Doutrina Espírita e oferecer ao *mundo a maior síntese filosófica de todos os tempos, que é a Filosofia Espírita.* (Destacamos)

A Filosofia Espírita, enfim, ensina o homem a *conhecer-se a si mesmo*, mostrando-lhe um novo caminho para *a busca da felicidade real.*

5.2. Ciência

"O saber ensoberbece, mas o amor edifica."

(Paulo, I Cor., 8:1.)

Antes de iniciar este item, recomendamos ao leitor que tenha em mente o alcance da expressão "o Espiritismo não é da alçada da Ciência", utilizada no item 3.2. *Caráter da Revelação Espírita*, bem como de outras considerações de suma importância, feitas no mesmo item, notadamente aquela que situa o Espiritismo como tendo base científica própria, cujos princípios guardam natureza fenomenológica.

"Tem o Espiritismo absoluta necessidade da ciência terrestre?"

Com essa pergunta (nº 1), o Benfeitor espiritual Emmanuel inicia a obra sob o título *O Consolador*, que assim é respondida:

> Essa necessidade de modo algum pode ser absoluta. O concurso científico é sempre útil, quando oriundo da consciência esclarecida e da sinceridade do coração. Importa considerar, todavia, que a ciência no mundo, se não deseja continuar no papel de comparsa da tirania e da destruição, tem absoluta necessidade do Espiritismo, cuja finalidade divina é a iluminação dos sentimentos, na sagrada melhoria das características morais do homem.

É público e notório que a Ciência tem grande prestígio na sociedade contemporânea. Na expectativa de dar credibilidade a um produto, a uma afirmação, a uma descoberta, as pessoas ou as empresas costumam dizer que ela é "científica", como se a ciência fosse algo absoluto e infalível. Um mínimo de reflexão sobre essa questão desmente tal assertiva.

Como não há espaço, nesta obra, para aprofundar este tema ou explicar as raízes históricas desse comportamento, limitamo-nos a sugerir ao leitor algumas referências, dentre outras de ótima qualidade, que serão muito úteis no esclarecimento deste assunto. São elas: "Espiritismo e Ciência. Esboço de uma análise do Espiritismo à luz da moderna Filosofia da Ciência", artigo do prof. Silvio Seno Chibeni, publicado na revista *Reformador*, maio de 1984, pp. 20 a 35; "A Ciência Oficial", do mesmo autor, publicado na revista *Reformador*, outubro de 1999, pp. 28 e 29; "A

Ciência confirma o Espiritismo? (Um recado aos espíritas)", do químico Aécio Pereira Chagas, publicado na revista *Reformador*, julho de 1995, pp. 20 a 23; "O que é a Ciência?, também de autoria de Aécio Pereira Chagas, publicado na revista *Reformador*, março de 1984, pp. 20 a 23 e 33 a 35; "Algumas considerações oportunas sobre a relação Espiritismo-Ciência", de autoria do físico Ademir L. Xavier Jr., publicado na revista *Reformador*, agosto de 1995, pp. 24 a 26; e "Curso de Ciência e Espiritismo", em 18 (dezoito) aulas ou módulos, de autoria do físico Alexandre Fontes da Fonseca, publicadas no Boletim Eletrônico do GEAE – Grupo de Estudos Avançados Espíritas, do nº 483 ao 500 (*http://www.geae.inf.br*).

Entretanto, a Ciência não é o único caminho de acesso ao conhecimento e à verdade. O conhecimento científico é real (factual), porque lida com ocorrências e fatos. Suas hipóteses têm a veracidade ou falsidade conhecida através da *experiência* e não apenas pela *razão*.

Segundo Eva Lakatos e Marina de Andrade Marconi, na obra *Fundamentos da metodologia científica*,[98] o conhecimento científico

> possui a característica da *verificabilidade*, a tal ponto que as afirmações (hipóteses) que não podem ser comprovadas não pertencem ao âmbito da ciência. Constitui-se em *conhecimento falível*, em virtude de não ser definitivo, absoluto ou final e, por este motivo, é *aproximadamente exato*: novas proposições e o desenvolvimento de técnicas podem reformular o acervo de teoria existente. (Destacamos)

[98] 1991, p. 80.

A vertiginosa *aceleração do tempo* e a *integração do espaço* são traços fundamentais da nossa época. Na era da eletricidade e do vapor, a década substituiu o século. Na era atômica, trocamos a década pelo ano e, agora, na era do computador, estamos substituindo semanas por minutos e dias por segundos. Dia a dia, surpreendemo-nos com as novas descobertas científicas. *Uma guerra de informações e contra-informações invade nossos lares.* Muitas vezes ficamos estupefatos, em sérias dificuldades para joeirar [separar] da realidade aquilo que nos parece fantasia.

A Doutrina Espírita, dada a sua abrangência, abarca todas as áreas de conhecimento, oferecendo ao homem *meios seguros de discernimento*, nos tempos que correm. A *visão holística* que ela nos apresenta é um porto seguro, para avaliarmos a nossa conduta e os nossos objetivos, diante da avassaladora *competição* que esmaga o ser, na *era da globalização. Quando bem compreendida e praticada, alivia as angústias e as depressões que afligem o homem moderno.*

O Espiritismo é ciência porque, à luz da razão e de critérios lógicos e metodológicos, demonstra experimentalmente a existência da alma e sua imortalidade, principalmente através do *intercâmbio mediúnico entre os encarnados e os desencarnados*, isto é, entre o plano físico e o plano espiritual (OP, Primeira parte, "Profissão de fé espírita raciocinada", § II).

Não existe o *sobrenatural* e o *milagre* no Espiritismo. Todos os fenômenos, por mais estranhos que pareçam, têm explicação lógica. Sendo de ordem natural, derivam, via de conseqüência, das Leis Divinas, que são imutáveis. Assim, não é necessário que Deus revogue suas próprias Leis, físicas e morais, para convencer os homens – incrédulos ou não –, os quais, sem exceção, terão de fazer o seu trabalho, a sua parte, para descobri-las e vivenciá-las.

Não há privilégio no concerto divino! Toda conquista espiritual depende do trabalho no bem e do concurso do tempo, numa palavra, depende do *merecimento* (LE, 114 a 127 e 898; OP, Primeira parte, "As aristocracias").

O Espiritismo, termo empregado por Kardec, para distinguir a Doutrina dos Espíritos de outras correntes espiritualistas, não é uma concepção pessoal, nem o resultado de um sistema preconcebido. É a resultante de *milhares de observações em todos os pontos do globo*, com o auxílio de inúmeros médiuns desconhecidos entre si, e que convergiram para um centro que as coligiu e coordenou (codificou). Todos os seus princípios constitutivos, sem exceção de nenhum, são deduzidos da *experiência*. Esta sempre antecedeu a teoria. A partir dessa metodologia (ver cap. 4), os princípios da Doutrina Espírita foram sendo compilados, de modo que idênticos princípios fluíam uniformes e coerentes entre si de todas as partes. A *concordância universal do ensino dos Espíritos* vem robustecer ainda mais os postulados científicos do Espiritismo. Se a Doutrina

Espírita fosse uma concepção puramente humana, não ofereceria por garantia senão as luzes daquele que a houvesse concebido. E ninguém poderia alimentar fundadamente a pretensão de possuir, com exclusividade, a verdade absoluta (ESE, "Introdução", II).

Lamentavelmente, há muitos *preconceitos* e *orgulho* nos meios científicos, obstáculos que impedem o homem moderno de enxergar-se a si mesmo e as maravilhas que o rodeiam. O exame atento e meticuloso dos fenômenos espirituais guarda informações preciosas para a Humanidade, devido às suas *conseqüências morais e filosóficas libertadoras*, que auxiliarão o homem a solucionar, definitivamente, problemas que o afligem há milênios, entre eles, a questão da *violência* e das *desigualdades* sociais que tanta infelicidade nos traz.

Conscientes de que o progresso espiritual se realiza de forma lenta e imperceptível, fazemos coro com Francisco Cândido Xavier:[99]

> Os princípios da reencarnação, quando forem aceitos pela ciência da Terra, conseguirão liquidar aflitivas questões do espírito humano; entretanto, *não seria justo, de nossa parte, impor a verdade ou exigi-la em bases de violência.* Enquanto na experiência física, saibamos recolher da ciência os benefícios que ela nos consiga prestar, sem reclamar-lhe realizações que ela própria considere de caráter prematuro. (Destacamos)

[99]Edição histórica da revista *Planeta*, editora Três, julho de 2002, p. 49.

É certo que a receita para a solução dos problemas que afligem a Terra, Jesus a deixou em seu Evangelho de verdade e luz há cerca de dois mil anos. Entretanto, como o próprio Cristo prometeu, ele nos enviaria outro Consolador (GE, I:26 a 28), identificado com o nosso tempo, para nos falar, clara e abertamente, sem o concurso de parábolas e simbologias, sobre outras faces da Verdade que já podemos suportar (ESE, XXIV:1 a 7).

Agora, são os próprios Espíritos que nos vêm falar, abertamente, sobre as suas experiências, suas desditas, sua felicidade, de acordo como tenham bem ou mal vivido sua existência na Terra. A questão da *imortalidade* e da *reencarnação* nunca foi tão importante para a *felicidade* do homem como atualmente.

A esse respeito, reflitamos com o Codificador, em *O Evangelho segundo o Espiritismo*,[100] e tiremos nossas próprias conclusões:

> **Aliança da Ciência e da Religião.**
>
> 8. A Ciência e a Religião são as duas alavancas da inteligência humana: uma revela as leis do mundo material e a outra as do mundo moral. *Tendo, no entanto, essas leis o mesmo princípio, que é Deus*, não podem contradizer-se. Se fossem a negação uma da outra, uma necessariamente estaria em erro e a outra com a verdade, porquanto Deus não pode pretender a destruição de sua própria obra. A incompatibilidade que se julgou existir entre essas duas ordens de idéias

[100] Cap. I, item 8.

provém apenas de uma *observação defeituosa* e de excesso de exclusivismo, de um lado e de outro. Daí o conflito que deu origem à incredulidade e à intolerância.

São chegados os tempos em que os ensinamentos do Cristo têm de ser *completados*; em que o véu intencionalmente lançado sobre algumas partes desse ensino tem de ser levantado; em que a Ciência, *deixando de ser exclusivamente materialista*, tem de levar em conta o *elemento espiritual* e em que a Religião, deixando de ignorar as leis orgânicas e imutáveis da matéria, como duas forças que são, apoiando-se uma na outra e *marchando combinadas*, se prestarão mútuo concurso. Então, não mais desmentida pela Ciência, a Religião adquirirá inabalável poder, porque estará de acordo com a razão, já se lhe não podendo mais opor a irresistível lógica dos fatos.

A Ciência e a Religião não puderam, até hoje, entender-se, porque, encarando cada uma as coisas do seu ponto de vista exclusivo, reciprocamente se repeliam. Faltava com que encher o vazio que as separava, um traço de união que as aproximasse. *Esse traço de união está no conhecimento das leis que regem o Universo espiritual e suas relações com o mundo corpóreo, leis tão imutáveis quanto as que regem o movimento dos astros e a existência dos seres.* Uma vez comprovadas pela experiência essas relações, nova luz se fez: *a fé dirigiu-se à razão*; esta nada encontrou de ilógico na fé: *vencido foi o materialismo.* Mas, nisso, como em tudo, há pessoas que ficam atrás, até serem arrastadas pelo movimento geral, que as esmaga, se tentam resistir-lhe, em vez de o acompanharem. É toda uma *revolução* que neste momento se opera e trabalha os Espíritos. Após uma elaboração que durou mais de dezoito séculos, chega ela à sua plena realização e vai marcar uma nova era na vida da Humanidade. Fáceis são de prever as conseqüências: acarretará para as relações sociais *inevitáveis modificações*, às quais ninguém terá força para se opor, porque elas estão nos desígnios de Deus e *derivam da lei do progresso*, que é Lei de Deus. (Destacamos)

Com Albert Einstein, dizemos que a *Religião sem a Ciência é cega e a Ciência sem a Religião é paralítica* e, com José Herculano Pires, exaltamos: "a Religião sem a Ciência é *superstição* e a Ciência sem Religião é *loucura*".

O Espiritismo não é uma obra de imaginação, mas sim o resultado de longas e pacientes pesquisas, o fruto de inúmeras investigações, que não se perde em teorias obscuras, desprendendo-se dos dogmas e das superstições para apoiar-se na base inabalável da observação científica (OP, Primeira parte, "Ligeira resposta aos detratores do Espiritismo").

A respeito do mundo espiritual, ouçamos do Espírito Aniceto, em conversa com André Luiz, repórter da Espiritualidade, no livro *Os Mensageiros*,[101] psicografado pelo médium Francisco Cândido Xavier, uma pequena amostra do que a Ciência Espírita vem desvendando aos homens que têm *"olhos de ver e ouvidos de ouvir"*:

[101] Cap. 15, "A viagem".

Todo este mundo que vemos [mundo espiritual] *é continuação de nossa Terra.* Os olhos humanos vêem apenas algumas expressões do vale em que se exercitam para a verdadeira visão espiritual, como nós outros que, observando agora alguma coisa, não estamos igualmente vendo tudo.

Este, André, é um domínio diferente. A percepção humana não consegue apreender senão determinado número de vibrações. Comparando as restritas possibilidades humanas com as grandezas do Universo Infinito, os sentidos físicos são muitíssimo limitados. O homem recebe reduzido noticiário do mundo que lhe é moradia. É verdade que tem devassado com a sua ciência problemas profundos. A Astronomia terrena conhece que o Sol, por medidas aproximadas, é 1.300.000 vezes maior que a Terra e que a estrela Capela é 5.800 vezes maior que o nosso Sol; sabe que Arcturo equivale a milhares de sóis, iguais ao que nos ilumina; está informada de que Canópus corresponde a 8.760 sóis idênticos ao nosso, reunidos; mediu as distâncias entre o nosso planeta e a Lua; acompanha certos fenômenos em Marte, Saturno, Vênus e Júpiter; sonda os milhões de sóis aglomerados na via-láctea; conhece as estrelas variáveis, as nebulosas espirais e difusas. E não param as observações humanas na grandeza ilimitada do Macrocosmo. A Ciência vai, igualmente, aos círculos atômicos; analisa a materialização da energia, o movimento dos elétrons, estuda o bombardeio de átomos e esquadrinha corpúsculos diversos. Mas todo esse trabalho, com a colaboração das lunetas de alta potência e dos geradores de milhões de volts, ainda é serviço que apenas identifica os *aspectos exteriores da vida.* Há, porém, André, outros mundos sutis, dentro dos mundos grosseiros, *maravilhosas esferas que se interpenetram.* O olho

> humano sofre variadas limitações e todas as lentes físicas reunidas não conseguiriam surpreender *o campo da alma, que exige o desenvolvimento das faculdades espirituais para tornar-se perceptível.* A *eletricidade* e o *magnetismo* são duas correntes poderosas que começam a descortinar aos nossos irmãos encarnados alguma coisa dos infinitos potenciais do invisível, mas ainda é cedo para cogitarmos de êxito completo. Somente ao homem de *sentidos espirituais desenvolvidos* é possível revelar alguns pormenores das paisagens sob nossos olhos. A maioria das criaturas ligadas à Crosta não entende estas verdades, senão após perderem os laços físicos mais grosseiros. *É da Lei, que não devemos ver senão o que possamos observar com proveito.* (Destacamos)

Assim, o Espiritismo é ao mesmo tempo uma ciência de observação e uma doutrina filosófica. Como ciência prática, ele consiste nas *relações* que se podem estabelecer com os Espíritos; como Filosofia, ele compreende todas as *conseqüências morais* que decorrem dessas relações, que nada mais são do que a *Religião* pura, livre de sectarismos que nos "religa" ao Criador.

A Ciência tem por missão constituir a verdadeira gênese, de acordo com as Leis da Natureza, com apoio nos fatos, de *modo progressivo*. Como afirmou Kardec, no item 55, cap. I, de *A Gênese*, "[...] O Espiritismo jamais será ultrapassado, porque, se novas descobertas lhe demonstrarem que está em erro acerca de um ponto, ele se modificará nesse ponto. Se uma verdade nova se revelar, ele a aceitará".

E, no item 16 do cap. I da mesma obra,

> Assim como a Ciência propriamente dita tem por objeto o estudo das leis do princípio material, o objeto especial do Espiritismo é o conhecimento das leis do princípio espiritual. Ora, como este último princípio é uma das forças da Natureza, a reagir incessantemente sobre o princípio material e reciprocamente, segue-se que o conhecimento de um não pode estar completo sem o conhecimento do outro. *O Espiritismo e a Ciência se completam reciprocamente; a Ciência, sem o Espiritismo, se acha na impossibilidade de explicar certos fenômenos só pelas leis da matéria; ao Espiritismo, sem a Ciência, faltariam apoio e comprovação.* O estudo das leis da matéria tinha de preceder o da espiritualidade, porque a matéria é que primeiro fere os sentidos. Se o Espiritismo tivesse vindo antes das descobertas científicas, teria abortado, como tudo quanto surge antes do tempo. (Destacamos)

Em conclusão, "o Espiritismo caminha ao lado da Ciência, no campo da matéria: admite todas as verdades que a Ciência comprova; mas não se detém onde esta última pára; prossegue nas suas pesquisas pelo campo da espiritualidade" (OP, Primeira parte, "Ligeira resposta aos detratores do Espiritismo").

Além da Ciência, o homem tem na *Revelação Divina* (veja cap. 3) outra fonte para aumentar os seus conhecimentos. Essa revelação é feita por intermédio dos Espíritos superiores, no domínio exclusivo da *ciência pura*, sem qualquer pretensão de *lucros* ou *objetivos utilitaristas, aplicações práticas ou tecnológicas.*

Esse conhecimento, entretanto, só é desvendado ao homem à medida que este progride e se depura, uma vez que, para apreender certos conhecimentos, *são-lhe precisas faculdades que ainda não possui* (cap. 8).

5.3. Religião

"Que é preciso cristianizar a Humanidade é afirmação que não padece dúvida; entretanto, cristianizar, na Doutrina Espírita, é raciocinar com a Verdade e construir com o bem de todos, para que, em nome de Jesus, não venhamos a fazer sobre a Terra mais um sistema de fanatismo e negação."

Emmanuel

Atribui-se a Platão (ESE, "Introdução", IV) a seguinte afirmativa: "Aquele que despreza a religião, suprime os alicerces da sociedade humana". Logo se vê que o grande filósofo da Antigüidade tinha um conceito totalmente diferente do que se tem hoje a respeito de religião. Assim também acontece com a Doutrina Espírita.

O Espiritismo não pode ser considerado religião, no sentido comum, isto é, como culto instituído e formal, com templo ou igreja, imagens, rituais, hierarquia sacerdotal, dogmas, mitos e crendices.

Entretanto, o Espiritismo pode ser considerado religião, no aspecto filosófico, se analisado pela finalidade que tem de proporcionar a *transformação moral do homem*, retomando os ensinamentos do Cristo, para que sejam aplicados na vida diária de cada pessoa, revivendo o Cristianismo na sua verdadeira expressão de amor e caridade, em suma, *religando a criatura à sua origem divina.*

Do excelente artigo do prof. Silvio Seno Chibeni, extraímos os seguintes ensinamentos:

Em diversas de suas obras, Kardec deu grande importância ao estabelecimento da moral espírita, abordando o assunto em profundidade. Mostrou que com o conhecimento científico espírita a moral deixa de ser uma questão de especulações abstratas ou de opiniões, estando indissociavelmente ligada ao estudo das conseqüências das ações humanas, em conexão com a busca da felicidade, objetivo comum de todos os seres humanos. Ressaltou ainda que o corpo de princípios morais obtidos por essa via da razão e da experiência coincide com aquele proposto por Jesus. Conforme registrou no item 56, cap. I de *A Gênese,* o Espiritismo "[dá] por sanção à doutrina cristã as próprias Leis da Natureza".

Ora, na medida em que fornece ao homem conhecimento seguro das regras de conduta capazes de harmonizá-lo consigo mesmo e com os demais seres, o Espiritismo torna-se "*o mais potente auxiliar da religião*", conforme anota Kardec nos lúcidos comentários adidos às questões 147 e 148 de *O Livro dos Espíritos.* A religião aqui aludida não se confunde, evidentemente, com as doutrinas religiosas tradicionais, com suas hierarquias, dogmas inquestionáveis e práticas exteriores, sendo antes uma religião no sentido próprio do termo, a religação da criatura ao Criador.

A velha questão de se o Espiritismo é ou não uma religião não admite, pois, resposta unívoca, dada a duplicidade semântica do termo "religião". Esse ponto foi lucidamente estudado e, a meu ver, esgotado, no artigo de Kardec intitulado justamente "*Le Spiritisme est-il une religion?*", que apareceu na *Revue Spirite* de [dezembro de] 1868. Para encerrar, vejamos estes parágrafos do famoso texto:

> [...] o Espiritismo é, assim, uma religião? Sim, sem dúvida, senhores: No sentido filosófico o Espiritismo é uma religião, e disso nos honramos, pois que é a doutrina que funda os laços da fraternidade e da comunhão de pensamentos não em uma simples convenção, mas sobre a mais sólida das bases: as próprias Leis da Natureza.
>
> Por que então declaramos que o Espiritismo não era uma religião? Pela razão de que há apenas uma palavra para exprimir duas idéias diferentes, e que, segundo a opinião geral, o termo religião é inseparável da noção de culto, evocando unicamente uma idéia de forma, com o que o Espiritismo não guarda qualquer relação. Se se tivesse proclamado uma religião, o público nele não veria senão uma nova edição, ou uma variante, se quisermos, dos princípios absolutos em matéria de fé, uma casta sacerdotal com seu cortejo de hierarquias, cerimônias e privilégios; não o distinguiria das idéias de misticismos e dos enganos contra os quais se está freqüentemente bem instruído.

> Não apresentando nenhuma das características de uma religião, na acepção usual da palavra, o Espiritismo não poderia nem deveria ornar-se de um título sobre cujo significado inevitavelmente haveria mal-entendidos. Eis por que ele se diz simplesmente uma doutrina filosófica e moral.[102]

A fé espírita (ESE, XIX) é a fé raciocinada, iluminada pelos sentimentos elevados e pela bondade. A base do esclarecimento e da conscientização do adepto espírita faz-se não só pela prática da caridade, da oração e da adoração a Deus, mas também e principalmente pelo *estudo*.

A proposta do Espiritismo é resgatar a fé do homem pela educação, que ajuda o indivíduo a se libertar das superstições derivadas da ignorância. Logo, a fé espírita não é uma fé cega do "*creio porque creio*". O espírita convicto diz "*creio porque sei*". Daí a recomendação do Espírito Verdade: "*Amai-vos e instruí-vos*". Não sem razão, destacou-se a seguinte frase no início da obra *O Evangelho segundo o Espiritismo*: "Fé inabalável só o é aquela que pode encarar frente a frente a razão, em todas as épocas da Humanidade".

"Para crer, não basta ver, é preciso sobretudo compreender", já advertia o mestre de Lyon, enfatizando a prioridade que deve ser dada à *parte moral* da Dou-

[102]*Reformador*. "A religião espírita", setembro de 1999, pp. 29 e 30 (FEB).

trina e não ao seu *aspecto fenomênico*, que geralmente atrai mais curiosos do que estudiosos sinceros (OQE, cap. I, "Não basta que os incrédulos vejam para que se convençam"). Seu lema é *"fora da caridade não há salvação"* (ver item 5.3.1.10) ou seja, *"fora da caridade não há progresso espiritual"* (ESE, XV; OP, Segunda parte, "Fora da caridade não há salvação"). Não diz *"Fora do Espiritismo não há salvação"*, porque a Doutrina dos Espíritos admite que não está numa crença, pura e simplesmente, a condição indispensável para alguém ser "salvo", pois qualquer um – seja qual for sua crença ou mesmo não tendo crença alguma – pode alcançar sua própria redenção, *desde que observe as Leis de Deus, que estão impressas na consciência de cada um* (LE, 621 e 964). Existe, entretanto, necessidade de se revelar essas leis, visto que o homem a tem negligenciado (LE, 621a).

O Espiritismo, portanto, não possui culto material, não tem rituais nem cerimônias, não possui sinais cabalísticos ou símbolos, não admite o uso de imagens, de uniformes, não possui sacerdotes nem ministros. Não admite nenhuma rotulação. Assim, não existem "Espiritismo de Umbanda", "Espiritismo de Mesa Branca", "Baixo Espiritismo", "Espiritismo Kardecista". *É Espiritismo, simplesmente. O que fugir da Codificação deixa de ser Espiritismo.*

José Herculano Pires, um dos mais ardorosos defensores da pureza doutrinária, enfatiza, na obra *Curso dinâmico de Espiritismo – O grande desconhecido*:[103]

> A situação atual é curiosa: só a Filosofia Espírita goza de cidadania oficial, enquanto a Ciência Espírita e a Religião Espírita continuam em posição marginal. Essa *marginalização* é a mesma que o Cristianismo sofreu no mundo romano, agora atenuada pelas conquistas do mundo moderno no tocante aos direitos humanos. O Espiritismo não é nem pode fazer-se religião institucionalizada e muito menos oficializada em parte alguma, porque *os seus princípios são contrários a toda sistemática fingida e fechada.* O que importa no Espiritismo, como Kardec acentuou desde o início, não é a forma, mas a substância. Toda tentativa de institucionalização exige *hierarquia*, que implica autoridade e ação autoritária. *O fundamento ético do Espiritismo é a* liberdade, *sem a qual não há atividade criadora nem responsabilidade individual.* Por isso, só a associação livre convém ao Espiritismo, que perde com isso em representação social, mas ganha em compensação no tocante à *responsabilidade individual.*
>
> Em suas relações com as instituições sociais e políticas da atualidade, o Espiritismo encontra muitas dificuldades, mas *a liberdade tem o seu preço.* É preferível lutar com dificuldades externas a expor-se ao perigo das congestões internas. Por toda parte, em nosso mundo, pululam os *mestres pretensiosos e os tiranetes vaidosos*, prontos a servir-se de títulos e cargos oficiais para esmagar a liberdade.

[103]Cap. VII, "Medicina e Espiritismo".

> *Muitos espíritas não compreendem esse problema e tentam sujeitar o Movimento Espírita*[104] *a cúpulas pretensiosas.* Tratando desse tipo de institucionalização, fatalmente dogmática, *Kardec recomendou a multiplicidade dos* centros espíritas pequenos, *unidos por laços de fraternidade,* e Emmanuel, através da mediunidade de Francisco Cândido Xavier, declarou numa mensagem orientadora: *A religião organizada é o cadáver da religião.* Isso porque a organização religiosa está sempre sujeita à dominação dos fanáticos e ambiciosos. A ambição do poder asfixia o espírito democrático. *O Espiritismo iniciou no campo religioso a era democrática que Jesus lançara no seu tempo, mas que morreu asfixiada com o fracasso da Comunidade Apostólica.* (Destacamos)

Paulo de Tarso São Thiago, em brilhante artigo publicado na revista *Reformador*,[105] sob o título "Missão Maior do Movimento Espírita", adverte:

> Dois são os objetivos principais (da Doutrina Espírita):
>
> 1) Resgatar o Cristianismo, ou seja, a doutrina de Jesus, em sua pureza original.
>
> 2) Complementar as informações trazidas à Humanidade pelo Cristo, já que Ele não podia dizer tudo, em face do grau de receptividade e entendimento do povo na época. *Eis por que Ele se utilizou freqüentemente de linguagem figurada e de parábolas.*
>
> [...]

---

[104]O tema *Movimento Espírita* será abordado no cap. 6.

[105]Fevereiro de 2001, pp. 24 e 25.

Os espíritas não devem permanecer reclusos nos Centros Espíritas, transformando-os em *templos* ou *igrejas*. Há o risco de institucionalizar o Movimento e transformar o Espiritismo em mais uma religião, com todas as conseqüências que a história das religiões nos tem mostrado.

Os novos conhecimentos que o Espiritismo traz devem ser divulgados no seio das massas, nas instituições religiosas, nas universidades, nas associações civis. E essa divulgação deverá ser feita por todos os meios disponíveis: jornais, revistas, rádio, televisão, palestras públicas, panfletos, conversas reservadas.

É preciso ter presente, contudo, que *divulgar não é fazer proselitismo ostensivo, destituído de bom senso e de critério*. É propalar a mensagem de maneira singela e despretensiosa, sem os ranços do intelectualismo vaidoso e sem farisaísmo fora de moda.

Para finalizar, voltamos a insistir que o Espiritismo não se deve institucionalizar, transformando-se em mais uma religião. Os conhecimentos e as verdades que ele trouxe ao Mundo devem penetrar e permear os cânones e os princípios filosófico-teológicos das diferentes religiões. O Espiritismo deve ser *fator de transformação* e o que realmente importa é que os princípios básicos da Doutrina sejam incorporados um dia às diferentes religiões, *mesmo que ele, como entidade definida, venha a desaparecer*. Nesse dia, a Doutrina dos Espíritos terá cumprido o seu papel. (Destacamos)

Em suma, *ninguém é dono do Espiritismo*, porque ele deve repousar na *liberdade de consciência das pes-*

soas, liberdade essa que é proporcional à *responsabilidade* de cada um.

É no aspecto religioso que reside a sublimidade do Espiritismo, em virtude de possibilitar o *resgate do Evangelho de Jesus*, que proporciona a renovação definitiva do homem, para a magnitude de seu futuro espiritual e que nos remete à advertência do apóstolo Paulo:

> Ainda que eu falasse as línguas dos homens e dos anjos; e não tivesse caridade, seria como o metal que soa ou como o sino que tine. E ainda que tivesse o dom de profecia, e conhecesse todos os mistérios e toda a ciência, e ainda que tivesse toda a fé, de maneira tal que transportasse os montes, e não tivesse caridade, nada seria. E ainda que distribuísse toda a minha fortuna para sustento dos pobres, e ainda que entregasse o meu corpo para ser queimado, e *não tivesse caridade*, [ver item 5.3.1.10] *nada disso me aproveitaria.*[106] (Realçamos)

5.3.1. Leis Morais (Constituição Divina)

> *"Sede vós, pois, perfeitos, como é perfeito o vosso Pai que está nos céus."*
> (Mateus, 5:48.)

Se os homens aprendessem a observar melhor a Natureza, em seus quatro reinos (mineral, vegetal, animal e hominal – ver item 8.3), se fossem mais atentos

[106] I Coríntios, 13:1 a 3.

aos fenômenos que os cercam, principalmente os de ordem social, buscariam nas Leis Divinas a base fundamental dos seus códigos.

Todos os Espíritos, encarnados e desencarnados, estão submetidos à *Lei Natural* que governa o Universo, que é a Lei de Deus (LE, 614), eterna e imutável como o Criador (LE, 615). Ela se divide em *leis físicas* e *leis morais*, sendo que ambas estão acima das legislações humanas, transitórias e imperfeitas. "O sábio estuda as leis da matéria, o homem de bem estuda e pratica as da alma" (LE, 617; ESE, XVII).

Consoante os Espíritos superiores, a *moral* é a regra de bem proceder ou a capacidade de distinguir o bem do mal. A moral repousa na observância da Lei de Deus. Sendo assim, o homem procede bem, quando tudo faz pelo bem de todos, porque então cumpre a Lei de Deus (LE, 629).

> O bem é tudo o que é conforme a Lei de Deus; mal tudo o que lhe é contrário. Assim, fazer o bem é proceder de acordo com a Lei de Deus. Fazer o mal é infringi-la (LE, 630). A Lei de Deus é a mesma para todos, porém, o mal depende principalmente da *vontade* que se tenha de o praticar. O bem é sempre o bem e o mal sempre o mal, qualquer que seja a posição do homem. Diferença só há quanto ao grau de responsabilidade (LE, 636).

Deus não criou o mal! Ele estabeleceu leis perfeitas, porque é soberanamente bom e perfeito (LE, 121; CI, Primeira parte, VIII:12). Se observássemos as Leis Divinas, seríamos felizes. Tendo, porém, o livre-arbítrio, nem sempre os Espíritos observam estas leis (OQE, cap. III, "O homem durante a vida terrena").

A sublimidade da virtude (ESE, XVII:8) está no *sacrifício do interesse pessoal*, pelo bem do próximo, sem pensamento oculto. A mais meritória é a que assenta na mais desinteressada caridade (LE, 893). Por outro lado, o sinal mais característico da imperfeição é o *interesse pessoal*.

O *orgulho* e o *egoísmo* constituem as duas imperfeições que mais impedem o progresso do homem (LE, 785; ESE, XI:11 e 12), mas, das duas, a mais difícil de se desenraizar é o *egoísmo*, porque deriva da influência da matéria.

> *O egoísmo assenta na importância da personalidade*. Ora, o Espiritismo, bem compreendido, mostra as coisas de tão alto que o *sentimento de personalidade desaparece*, de certo modo, diante da imensidade. Destruindo essa importância, ou, pelo menos, *reduzindo-a às suas legítimas proporções*, ele necessariamente combate o egoísmo (LE, 917).

"O Espírito *prova* a sua elevação, quando todos os atos de sua vida corporal representam a prática da Lei de Deus e quando antecipadamente compreende a vida espiritual" (LE, 918).

Na terceira parte de *O Livro dos Espíritos*, Allan Kardec, em concurso com os Espíritos superiores, desenvolve estudo interessante a respeito dessas leis, por aquele classificadas (LE, 648) em:

Lei de adoração.

Lei de trabalho.

Lei de reprodução.

Lei de conservação.

Lei de destruição.

Lei de sociedade.

Lei de progresso.

Lei de igualdade.

Lei de liberdade.

Lei de justiça, amor e caridade.

As *leis físicas*, que pertencem ao domínio da Ciência, regulam o movimento e as relações da matéria, enquanto as *leis morais* dizem respeito ao *homem considerado em si mesmo e nas suas relações com* Deus *e com os seus* semelhantes. Estas últimas contêm as *regras da vida do corpo*, bem como as da *vida do Espírito*.

As Leis Divinas independem de fiscalização externa, pois estão gravadas na intimidade de cada consciência (LE, 621 e 964). *Por isso, somos felizes ou infelizes, quando agimos de acordo ou em desacordo com essas leis.*

Sendo assim, *o* sofrimento, *na sua essência, decorre da inobservância dessas leis*, inobservância essa causada pela nossa *ignorância* e pelas nossas *imperfeições*.

Todos os homens têm potencial para conhecer a Lei Natural, mas nem todos estão em condições evolutivas de compreendê-la. "*Os homens de bem e os que se decidem a investigá-la são os que melhor a compreendem*" (LE, 619).

O Sermão da Montanha[107] contém síntese magistral das Leis Morais e dos princípios básicos que regem a evolução humana, majestoso ensino popular proferido por Jesus, denominado de "*bem-aventuranças*".

Atribui-se ao respeitado líder hindu, Mahatma Gandhi, a afirmativa de que *o Sermão da Montanha é a mais bela "página" da Humanidade*, ressaltando que, mesmo que se perdessem todos os livros sagrados das religiões, a preservação dessa preciosa doutrina garantiria os patrimônios espirituais humanos para a posteridade.

5.3.1.1. Lei de Adoração

"[...] o Reino de Deus está entre vós."
(Lucas, 17:21.)

A Lei de Adoração é o sentimento de elevação do pensamento a Deus, atitude que nos aproxima dele (LE, 649). A adoração está na Lei Natural, pois resulta de um sentimento inato (preexistente ou que nasceu com o homem). "A consciência de sua fraqueza leva o homem a curvar-se diante daquele que o pode proteger" (LE, 650). *A adoração verdadeira é a do coração,*

[107] Mateus, 5:3 a 11.

que independe de atos exteriores. Deus não privilegia este ou aquele, pela maneira ou forma de adorar (LE, 653 e 654). A adoração exterior tem a sua utilidade, quando não se reveste de falsidade ou simulação. *O que vale é a intenção* (LE, 653a e 655).

A crença na divindade é inata no ser humano, pois, tendo sido criados por Deus, todos alimentamos, no âmago de nosso ser – mesmo sem qualquer tipo de orientação religiosa – a vaga intuição[108] da existência de um ser superior.

Atrasados em moralidade, os homens primitivos adoravam a Deus por meio de *sacrifícios* e *coisas materiais.* Ainda na atualidade, encontramos muitas formas ritualísticas de se adorar a Deus, por meio de *símbolos* e *imagens* (LE, 667 a 673).

Muitas pessoas, presas aos *atavismos*[109] religiosos do passado, "comercializam" com o mundo espiritual, fazendo *promessas* e *sacrifícios*, em troca de benefícios pessoais, tais como auxílios financeiros, casamentos, entre tantos outros interesses terrenos imediatistas. Os Espíritos superiores, entretanto, não recomendam esse tipo de conduta, porque ele representa uma *escravização aos interesses materiais.*

---

[108]No sentido comum, a *intuição* pode ser definida como *a percepção clara e imediata de um fato, sem necessidade de demonstração.*

[109]Os *atavismos*, no sentido psíquico enfocado no texto, constituem os costumes ou hábitos religiosos profundamente enraizados no comportamento dos Espíritos e que se manifestam durante várias encarnações.

O *sacrifício* pode ser entendido como renúncia ou privação voluntária de alguma coisa. A esse respeito, a Doutrina Espírita esclarece que as *privações voluntárias meritórias são aquelas representadas pela privação dos gozos inúteis*, porque desprende o homem da matéria e lhe eleva a alma, e que meritório é resistir à tentação que arrasta ao excesso ou ao gozo das coisas inúteis; *é o homem tirar do que lhe é necessário para dar aos que carecem do bastante* (LE, 720 e 720a).

Por outro lado, as *penitências*, com o objetivo de obter bens materiais ou determinadas graças também não conduzem ao "reino dos céus", isto é, não contribuem para a evolução do Espírito. Tais atitudes, destituídas dos requisitos *abnegação* e *desinteresse*, pelo contrário, retardam o encontro da criatura com o Criador, uma vez que impedem a sublimação do Espírito.

Por seu turno, as *autoflagelações* físicas também não alcançam o efeito desejado, porque, nesse caso, a destruição inútil do corpo – instrumento de evolução do Espírito – conspira contra as Leis Naturais, e o Espírito infrator será responsabilizado pelos abusos cometidos, que podem até provocar o desgaste prematuro do corpo físico (ver itens 5.3.1.6. *Lei de Conservação [instinto e inteligência]*; e 7.4.6. *Suicídio*).

Entretanto, como advertem os Espíritos superiores, são chegados os tempos em que as idéias morais devem se desenvolver para cumprir os progressos que estão nos desígnios do Criador, para que aprendamos a adorá-lo em espírito e em verdade.

Por isso, não devemos buscar a Deus em artigos de fé, cristalizados em altares e templos de pedra, pois *as Leis Divinas estão impressas na consciência de cada um* (LE, 621 e 964).

5.3.1.1.1. A Prece

"Vigiai e orai, para que não entreis em tentação."
(Mateus, 26:41.)

Há várias formas de adorarmos a Deus, sendo a prece uma delas. A prece, como ato de adoração, é a invocação a Deus através do pensamento (ESE, XXVII e XXVIII).

A prece torna melhor o homem, quando ele ora com fervor e confiança, visto que se faz mais forte contra as tentações do mal, no que é assistido pelos bons Espíritos (LE, 660).

Segundo o Espírito André Luiz, *a prece é uma das maiores forças do Universo*. A nossa prece chega até Deus por meio do pensamento e da vontade, que atuam sobre o *Fluido Universal*,[110] elemento equivalente ao ar que banha todo o Cosmos. Assim como o som se propaga por meio do ar, o pensamento, que, de acordo com o ensino de André Luiz, é mais rápido do

---

[110] *Fluido Universal*, segundo os Espíritos, é a *matéria elementar primitiva* que deu origem ao Universo. Ver melhores explicações no item 5.3.3.1.

que a velocidade da luz,[111] locomove-se por meio do Fluido Universal, em busca do seu alvo. *A mente atua como estação receptora e emissora de ondas magnéticas.* Por isso, não há distância para a prece. Deus supre as deficiências do Espírito, de acordo com o seu grau evolutivo. *Os Espíritos do bem com freqüência se fazem mensageiros de nossas preces.*

O objetivo da prece é elevar o espírito a Deus. Por meio dela, podemos fazer três coisas: *louvar*, *pedir* e *agradecer* (LE, 659). Devemos louvar sempre a oportunidade de termos sido criados, agradecer a chance de experimentarmos a vida e ser por ela experimentados, pedir aquilo de que necessitamos. *O pedido mais importante que fazemos em nossas preces é aquele destinado à nossa própria transformação moral* (LE, 661).

Não existem fórmulas para a prece. Ela não precisa ser feita com palavras bonitas e complicadas, mas deve ser inteligível, clara, objetiva e concisa. Não precisa ser longa. Devemos evitar as preces decoradas, pois elas tendem a se tornar mecânicas, destituídas de sentimento, o que bloqueia a comunicação com o mundo espiritual. Não é pelo tamanho e pela quantidade de preces que nos aproximamos de Deus (LE, 660a).

Orar é uma coisa, rezar é outra. Sendo a prece um processo de comunicação com o mundo espiritual,

---

[111]Consulte *Ação e reação*, obra ditada pelo Espírito André Luiz ao médium Francisco Cândido Xavier, cap. IV, "Alguns recém-desencarnados". Rio de Janeiro, FEB.

podemos compará-la a uma *carta*, a um *telefonema*, a uma *conversa* em que nos colocamos em *processo de diálogo*, de comunicação com outra pessoa. Esse é o motivo pelo qual devemos evitar as fórmulas prontas, sob o risco de transformá-la em rezas, que são as preces decoradas, repetidas sem o correspondente sentimento, hábito esse que dificulta o ato de ligação com o mundo espiritual. Embora Deus saiba de tudo que precisamos, a prece é indispensável, uma vez que por ela estabelecemos um *processo de interação com as forças divinas*, sendo a nossa participação fundamental no processo de espiritualização.

Para ter eficácia, a prece deve ser feita com *sentimento*, *sinceridade*, *humildade* e *espontaneidade*. No momento da prece, devemos *perdoar* os nossos inimigos (ESE, XII) e examinar nossos próprios *defeitos*, propondo-nos a melhorar cada vez mais.

Entretanto, aqueles que levam uma vida apenas contemplativa, consistente apenas de *oração* e ou de *isolamento* não têm mérito perante Deus (LE, 657, 769 e seguintes), uma vez que *não basta não fazer o mal, é preciso ser útil na vida em sociedade, fazer o bem no limite de nossas forças.* Do contrário, responderemos por todo mal que haja resultado de não havermos praticado o bem (LE, 642).

Quando, onde e como fazer a oração? A qualquer hora, em qualquer lugar, só ou acompanhado. "*Porque onde estiverem dois ou três reunidos em meu nome, aí estarei eu no meio deles*",[112] disse Jesus, enaltecendo a excelência da prece.

Muitas pessoas reclamam que Deus não atende às suas preces. Com certeza, Deus, que tudo sabe, sempre nos concede *paciência*, *alívio*, *coragem*, *resignação* e principalmente *boas idéias* para solucionarmos nossos problemas. É que nem sempre a súplica pode ser atendida, considerando o merecimento, o bem-estar futuro do solicitante e as necessidades evolutivas do próprio Espírito (LE, 663). A criança inocente reclama ou resiste quando é levada ao dentista ou é obrigada a tomar o remédio amargo, mas os pais, bem mais experientes e conscientes dos problemas da vida, sabem o que é bom para ela, deixando, nesses casos, de atender aos seus caprichos. Assim também acontece conosco. Somos ainda *crianças espirituais* em processo de crescimento perante as Leis Divinas. *Nem sempre nos conhecemos o suficiente para saber o que é bom ou mau para o nosso desenvolvimento espiritual.*

Ademais, Deus não vem pessoalmente responder ou atender às nossas preces. Ele atua por meio das *Leis Naturais* e por intermédio de seus *mensageiros*, os Espíritos, encarnados ou desencarnados (LE, 244b). *Deus auxilia a criatura através das criaturas!* Processo semelhante se dá na Terra, quando um administrador de uma empresa ou um chefe de repartição pública é soli-

[112]Mateus, 18:20.

citado para executar uma tarefa. O superior hierárquico aciona os seus prepostos, os seus subordinados, nos departamentos respectivos, que por sua vez encaminharão os operários para realizar a obra. E nós também integramos esses grupos de operários, em parceria com os Espíritos desencarnados, motivo pelo qual *muitas vezes somos utilizados como instrumentos divinos para auxiliar o próximo, em todos os setores da vida comum*, desde as tarefas mais simples, como dar um copo de água a um necessitado, socorrer um acidentado na rua, exercitar a solidariedade no trabalho, até a realização de tarefas mais complexas, geralmente atribuídas a missionários bem mais evoluídos como Francisco Cândido Xavier, Divaldo Pereira Franco, Madre Teresa de Calcutá, Irmã Dulce e outros.

É muito importante que oremos também pelos desencarnados e pelos sofredores. Eles sentem muito alívio quando recolhem as nossas preces. O desejo de melhorar-se, despertado pela prece, atrai junto da entidade sofredora Espíritos melhores, que a vão esclarecer, consolar e dar-lhe esperanças (LE, 664). Jesus recomendou-nos o "*amai-vos uns aos outros*". Logo, os desencarnados não estão fora do alcance de nossas preces (LE, 665). Os *suicidas* (ver item 7.4.6) são os que mais precisam das nossas rogativas, em virtude do grande sofrimento que encontram, ao desertarem do bem mais precioso do Universo – a vida (ESE, XXVIII:71 e 72).

5.3.1.1.2. O Evangelho no lar

> *"Onde duas ou mais pessoas estiverem reunidas em meu nome, aí estarei no meio delas."*
> (Mateus, 18:20.)

O Evangelho no lar é a reunião semanal entre os familiares, para o cultivo da oração e o estudo do Evangelho de Jesus. A sua implantação revela-se como um poderoso instrumento de espiritualização e entrosamento dos componentes do lar, Espíritos afins ou não, que *na maioria das vezes* voltam a se encontrar para a *reconciliação* e a *reeducação* (ver item 5.3.1.2.1. *Família*).

As pessoas, unidas por laços consangüíneos, compreenderão a necessidade da vivência harmoniosa e, dentro de suas possibilidades, buscarão, pouco a pouco, superar possíveis barreiras, desentendimentos e desajustes que possam existir entre pais e filhos, cônjuges e irmãos.

Com o estudo do Evangelho de Jesus, aprende-se a compreender e a conviver na família humana, filtro de melhoramento e depuração da sociedade.

O Evangelho no lar proporciona aos seus participantes o estudo constante das *leis morais* e dos *princípios básicos do Espiritismo*, entre eles a reencarnação, facilitando a compreensão de que dividem o teto com Espíritos irmãos, cujas tarefas individuais, muitas vezes, dependerão da convivência sadia no ambiente em que vieram a renascer.

Aqueles que, desde cedo, orientam sua vida pela conduta cristã estarão realizando *educação preventiva*, pois terão mais instrumentos para combater os *embriões das imperfeições morais* que jazem latentes (ocultos) em seus espíritos, sanando, desta forma, o mal antes que ele cresça.

O Evangelho no lar propicia, também, no caso de as tendências negativas aflorarem nos componentes da família, em especial nos filhos pequeninos, que os seus praticantes encontrem elementos morais seguros para superá-las.

Uma das vantagens dessa prática é *conscientizar* os participantes de que são Espíritos imortais, devedores perante as Leis Divinas, o que os estimulará a conduzir-se dentro de atitudes exemplares, *amando e perdoando, suportando e compreendendo os reveses da vida.*

Quando o Evangelho no lar é praticado com *regularidade* e *disciplina*, em data e horário preestabelecidos, atrai-se para o convívio doméstico Espíritos superiores, que orientam e amparam, estimulam e protegem a todos, com mais eficiência (consulte, no item anterior e no item 7.3, a maneira como os Espíritos se comunicam com os encarnados). É que os Espíritos superiores, que são muito ocupados, sabendo do hábito salutar das reuniões familiares semanais, planejam-se para atender ao grupo familiar de maneira mais eficiente.

As pessoas mais habituadas à oração, ao estudo e à vivência cristã tornam-se mais sensíveis e passíveis às inspirações dos mentores espirituais.

Os procedimentos para realização do Evangelho no lar são muito simples.

Elege-se um dia da semana, sempre no mesmo horário, de preferência no período noturno, em que todos os membros da família possam estar presentes.

O tempo de duração deve ser, para os iniciantes, em torno de 15 a 30 minutos. Se possível, meia hora antes, procurar o silêncio e a ambientação, para melhor entrosamento com os visitantes espirituais. Colocar, também, um recipiente com água[113] que no final será servida aos presentes, destinada a receber as energias benéficas dos bons Espíritos.

A direção do Evangelho do lar deve ser entregue, de preferência, a um dos cônjuges ou pessoa que disponha de maiores conhecimentos doutrinários. É importante ressaltar, entretanto, que por se tratar de um *estudo em grupo* não é necessária a presença de pessoas com cultura doutrinária profunda. Na pureza dos ideais e na sinceridade das intenções, *todos aprenderão juntos*, auxiliando-se mutuamente.

A *abertura* poderá ser feita com uma *prece* e ou com a *leitura edificante de algum texto, em voz alta*, por apenas uma pessoa. Os demais acompanham a oração, *mentalmente*, vibrando pela paz e harmonia do ambiente.

[113] A água é um excelente veículo para os fluidos de qualquer natureza.

Após, abrir o Evangelho ao acaso e fazer a leitura do texto, em voz alta, pausadamente. Os Espíritos presentes auxiliarão na escolha do texto que melhor se adequar à situação vivida pela família naquela determinada ocasião.

A seguir, proceder aos *comentários* da lição escolhida, solicitando a participação dos presentes, *em que todos podem expor suas dúvidas, seus temores e dificuldades sentimentais.*

A *equipe familiar* pode optar, também, pelo *estudo sistemático do Evangelho*, do começo ao fim, como forma de apreender, na integralidade, as belas lições deixadas por Jesus.

O *encerramento* também é feito com uma *prece de agradecimento*.

Recomenda-se não adiar o encontro por questões aparentemente insuperáveis, tais como solicitações de urgência, recados, passeios, aniversários, mal-estar passageiro, etc. Além disso, convém desligar o telefone. Se isso não for possível e ele tocar, explicar, com franqueza, que não pode atender no momento, em razão do Evangelho, mas que retornará a ligação depois.

No caso de aparecerem visitas, inesperadas ou não, convidá-las, sem receio, para participar da reunião, independentemente da religião que professem.

O Evangelho no lar não comporta manifestações mediúnicas, que encontrarão ambiente adequado na Casa Espírita.

Durante a reunião, recomenda-se ao dirigente dos trabalhos proporcionar a todos os presentes a oportunidade de participação nas atividades desenvolvidas, principalmente as crianças.

Após o Evangelho, se for realizado no período noturno, evitar sair à rua, conservando-se em vigilância. Na maioria das vezes, o trabalho realizado durante a vigília prolonga-se no mundo espiritual, durante o sono, com possibilidades de *complementar* o aproveitamento das lições estudadas.

Em hipótese alguma forçar a participação dos familiares adultos que não se interessarem pela reunião, para evitar constrangimentos decorrentes da violação do livre-arbítrio e da consciência. *As atividades deverão transcorrer dentro de um clima de respeito mútuo, simplicidade, naturalidade e humildade.* O ideal de todos é criar um ambiente amistoso e saudável, pois *viver e estudar o Evangelho de Jesus é uma oportunidade que não podemos desprezar*!

Aqueles que perseveram nesta prática ou vivem em clima de amor, independente da religião que professem, constroem em torno do lar *barreiras magnéticas* (proteção vibratória) seguras contra as sombras e contra muitos males, fazendo com que a luz espiritual se expanda cada vez mais forte, a ponto de contagiar a vizinhança e até um quarteirão ou um edifício inteiro. O lar que não dispõe dessa *proteção magnética* está sujeito à invasão de *Espíritos intrusos* menos afeiçoados à prática do bem, uma vez que as paredes de matéria não constituem obstáculo para eles. Não devemos esquecer, porém, que é a conduta íntima de cada um que determina a qualidade de nossas companhias espirituais.

Como ensina o Espírito André Luiz, no livro *Os Mensageiros*,[114] por meio da psicografia de Francisco Cândido Xavier, "o culto familiar do Evangelho não é um curso de iluminação interior, mas também um *processo avançado de defesa exterior*, pelas claridades espirituais que acende em torno".

Encerramos este item, com a reprodução desta bela mensagem do Espírito Emmanuel, mentor espiritual de Francisco Cândido Xavier, contida no livro *Família*, Ed. CEU – Cultura Espírita União:

> O lar é o santuário em que a bondade de Deus te situa. *Dentro dele, nos fios da consangüinidade, recebes o teu primeiro mandato de serviço cristão.*
>
> É aí que te avistas com o *adversário de ontem*, convertido em *parente próximo*, e que retomas o contato de afeições queridas que o tempo não apagou.
>
> O mundo é a grande ribalta dos teus ideais e convicções, mas o lar é o espelho para os testemunhos de tua fé.
>
> Não olvides a necessidade de Cristo no cenáculo de amor em que te refugias.

[114] Cap. 37, "No santuário doméstico".

Escolhe alguns minutos por semana e reúne-te com os laços domésticos que te possam acompanhar no cultivo da lição de Jesus.

Quanto seja possível, na mesma noite e no mesmo horário, faze teu círculo íntimo de *meditação* e de *estudo*.

Depois da prece com que nos cabe agradecer ao Senhor o pão da alma, abre as páginas do Evangelho e lê, em voz alta, algum dos seus trechos de verdade e consolo para o que receberás a inspiração dos amigos espirituais que te assistem.

Não é necessária a leitura por mais de dez minutos.

Em seguida, na intimidade da palavra livre e sincera, todos os companheiros devem expor suas dúvidas, seus temores e dificuldades sentimentais.

Através da conversação edificante, emissários da Esfera Superior distribuirão idéias e forças, em nome do Cristo, para que horizontes novos iluminem o Espírito de cada um.

Aprenderás que semelhante prática vale por visita de nossos corações ao Eterno Benfeitor, que nos tomará o esforço por trilho de acesso à sua divina luz, transformando-nos o culto da Boa Nova em fonte de bênçãos, *dissolvendo em nosso campo de trabalho todas as sombras da discórdia e da ignorância, do desequilíbrio e da irritação.*

Dizes-te amigo de Cristo, afirmas-te seguidor de Cristo e clamas, com razão, que Cristo é o caminho redentor da Terra, mas não te esqueças de erigir-lhe assento constante à mesa do próprio lar, para que a luz do Evangelho se te faça vida e alegria no coração. (Destacamos)

5.3.1.2. Lei de Sociedade

"Sigamos, pois, as coisas que servem para a paz e para a edificação de uns para com os outros."
(Romanos, 14:19.)

A vida em sociedade é uma *necessidade básica* do ser humano. Trata-se de uma Lei da Natureza (LE, 766). Atribui-se a Aristóteles, o grande filósofo da Antigüidade, a frase *"o homem é um animal social"*. E com razão! Ser gregário por natureza, o homem sempre viveu em sociedade, sociabilidade que é instintiva em todos nós. Não conseguimos viver sem o outro. A pessoa que se isola da sociedade, deliberadamente, sem objetivos elevados, está sujeita a distúrbios psicológicos.

Entretanto, a vida em sociedade tem suas imposições. Onde vivem duas ou mais pessoas, existem limites a serem respeitados, regras a serem observadas, porque *o direito de um indivíduo termina onde começa o do outro*. Para isso, o homem criou normas de conduta (ver itens 5.3.1.9 e 5.3.1.10), de acordo com as suas necessidades, sua cultura e evolução, de modo a regular os conflitos de interesse que surgem dessas relações sociais, que dependem de um processo de comunicação cada vez mais eficaz.

Demonstrando falta de sintonia com as Leis Naturais, alguns segmentos religiosos adotam o chamado "voto de silêncio absoluto", sem considerar que a palavra é uma faculdade necessária à vida de relação concedida ao homem por Deus, que condena o abuso e não o seu uso. Não se nega, porém, a *utilidade do silêncio*, nas meditações, com a finalidade de proporcionar contato mais proveitoso com os mentores espirituais (LE, 772).

O progresso enorme dos meios de comunicação, a expansão do comércio, a globalização e a concentração do número de pessoas nas cidades, entre outros fatores, têm exigido do homem moderno a necessidade cada vez maior de adequar as suas leis, tendo em vista o aprimoramento das relações sociais, constituindo mesmo um gigantesco e constante desafio dos governos, dos estudiosos e especialistas, entre eles os sociólogos. Entretanto, as instituições humanas, isoladamente, não são suficientes para resolver todos os conflitos decorrentes dos problemas apresentados.

A convivência social, para ser harmônica, deve realizar-se em clima de *fraternidade*, de modo a criar oportunidades para que todos se ajudem mutuamente, superando dificuldades e resolvendo problemas.

Como os seres humanos possuem aptidões desiguais (LE, 804) e *homem nenhum possui faculdades completas*, precisamos uns dos outros para nos realizar, em todos os sentidos, inclusive no lazer, no trabalho, nos estudos, união social que nos assegura bem-estar e progresso. Podemos dizer, *utilizando-se de uma analogia*, que somos parte de um grande quebra-cabeças, sem cujas peças, devidamente unidas, não lograremos alcançar os objetivos a que nos propomos.

Permutando afeições, conhecimentos e experiências, os indivíduos desenvolvem as faculdades intelectuais e morais, ao mesmo tempo em que desenvolvem as virtudes do coração, tais como a paciência, a humildade e a tolerância. Enfim, a vida em sociedade, gostemos ou não dela, é uma imposição da natureza que nos impulsiona ao progresso intelectual e moral, enquanto o isolamento sufoca a cidadania, embrutece o homem e impede-lhe a evolução, em todos os sentidos (LE, 768 e 769).

5.3.1.2.1. Família

> "*A melhor escola* (de preparação das almas reencarnadas) *ainda é o lar, onde a criatura deve receber as bases do sentimento e do caráter.*"
>
> (CONS, 110.)

No *sentido comum*, a família é a reunião de pessoas do mesmo sangue. No *sentido espiritual*, a família é o grupamento de Espíritos com afinidades morais e intelectuais. Os vínculos de sangue não criam forçosamente os laços entre os Espíritos. O corpo origina-se do corpo, mas o Espírito não se origina do Espírito, porque *o Espírito preexistia à formação do corpo*. Ou seja, não são os pais que criam os Espíritos de seus filhos. Os pais apenas fornecem o vestuário de carne ao Espírito, cumprindo-lhes, entretanto, auxiliar o desenvolvimento moral e intelectual dos filhos, para fazê-los progredir (LE, 203 a 206 e 582; e ESE, XIV:8).

A família é instituição antiqüíssima que varou os milênios e vem lentamente se aperfeiçoando com o passar dos tempos. *Não está em decadência, como muitos pensam.* Pelo contrário. É que a construção das bases da fraternidade depende do esforço de cada um e do concurso do *tempo.*

De acordo com pesquisa divulgada pela Internet,[115] com base nos resultados publicados pelo jornal francês *Futuribles*, os valores familiares continuam em alta na Europa. Oitenta e seis por cento dos entrevistados apresentaram a família como prioridade em suas vidas. O trabalho ficou em segundo lugar, com 54%, e a amizade em terceiro, com 47%.

Como ensinam os mentores da Vida Maior, em *O Evangelho segundo o Espiritismo*, os que encarnam numa família, sobretudo como parentes próximos, são, no mais das vezes, Espíritos simpáticos, ligados por relações anteriores, que se expressam por uma afeição recíproca na vida terrena. Mas também pode acontecer que sejam completamente estranhos uns aos outros esses Espíritos, afastados entre si por antipatias igualmente anteriores, que se traduzem na Terra por mútuo antagonismo, que aí lhes serve de provação. Portanto, *os verdadeiros laços de família não são os da consangüinidade, mas sim os da simpatia e da comunhão de idéias.*

Desse modo, *as famílias pelos laços espirituais são duráveis* e se fortalecem no aprendizado, purificando-

[115] *Folha on-line*, 18.07.2002.

-se cada vez mais e perpetuando-se no mundo dos Espíritos, por meio das sucessivas encarnações, enquanto *as famílias pelos laços corporais, frágeis como a matéria, extinguem-se com o tempo e muitas vezes se dissolvem moralmente na própria existência atual* (ESE, XIV:8).

A família também é conhecida como a representação da sociedade em miniatura ou a célula-mãe, a base da sociedade, o berço da civilização de um povo, a *escola do amor*, a agente educadora da sociedade, local de encontro das gerações. Assim como a célula é a unidade básica dos seres orgânicos, *a família é a unidade básica da sociedade.*

A família, representando um pequeno núcleo da Humanidade, tem papel fundamental na organização social. Tal como a célula, que, mesmo dotada de certa autonomia, interage nos tecidos do corpo orgânico, a família também interage com a sociedade, porque é interdependente dela. Tudo que acontece na sociedade é um *reflexo* do que se passa ou foi semeado nos núcleos familiares. Nesse caso, a *família pode ser considerada um termômetro da sociedade*, motivo pelo qual merece toda nossa atenção e zelo, a fim de que assentemos uma sólida base para a edificação de uma sociedade melhor.

O papel da família é estreitar os laços sociais, o que é feito por meio da *reencarnação*, que vem a ser o *filtro* pelo qual os Espíritos se aprimoram, progridem, de modo que, gradualmente, a sociedade vai se depurando, pois os elos consangüíneos, além de solidificarem os laços de afeto entre os que se amam, permitem o reencontro e a conseqüente reconciliação de velhos inimigos de outras vidas, de modo que assim se cumpre a *lei de amor*, num aprendizado permanente.

Devido à categoria espiritual inferior do nosso globo, a maioria das ligações sentimentais entre os casais é de ordem expiatória (ver item 7.5), em face de compromissos negativos assumidos em outras encarnações. Esse o motivo de tantos desentendimentos entre os casais, cuja união se destina a proporcionar oportunidade de reeducação para os antigos desafetos.

O adversário de ontem, muitas vezes, renasce como um filho querido, agora embalado no colo do antigo desafeto, sob as misteriosas vibrações da maternidade e da paternidade, palco no qual os homens aprendem a amar-se e a compreender-se.

Muitas pessoas confundem casa com lar. A *casa* é a edificação material: o alicerce, as paredes, o telhado, etc. Já o *lar* é a edificação espiritual, a reunião de pessoas, com finalidades evolutivas, simbolizadas pela renúncia, dedicação, silêncio, zelo, perdão, trabalho.

A família é formada por *pai*, *mãe* e *filhos*, sejam adotivos ou não. Eventualmente, pode ser acrescida de parentes, tais como avós, tios, primos, padrastos, madrastas, sogros, sogras, genros e outros, mas o seu núcleo será sempre formado pelos três primeiros (pai, mãe e filhos).

Tendo o colégio familiar suas origens sagradas nas esferas espirituais, em seus laços reúnem-se todos aqueles que se comprometeram, no Além, a desenvolver na Terra uma *tarefa construtiva de fraternidade real e definitiva*. Prevalecem nesse instituto divino os elos do amor, fundidos nas experiências de outras eras. Todavia, aí acorrem, igualmente, os ódios e perseguições do passado obscuro, a fim de se transfundirem em solidariedade fraternal, com vistas ao futuro (CONS, 175).

Reportando-se ao *dever de cada um*, perante o núcleo familiar, Jesus ensinou que "*todo aquele que faz a vontade de Deus* [isto é, que observa a lei de amor, consagrada nas leis morais] *este é meu irmão, minha irmã e minha mãe*",[116] independentemente dos laços consangüíneos.

Pesquisa científica mencionada no livro *Inteligência emocional – a arte de educar nossos filhos*,[117] realizada no ano de 1986, durante 10 anos, pelo psicólogo Dr. John Gottman, junto a 56 casais, com filhos de 4 a 5 anos, em que os psicólogos passavam 14 horas por dia com cada família, revela que a chave para o sucesso na criação de um filho não está em teorias complexas, regras familiares elaboradas, nem em fórmulas de tratamento complicadas. Ela se baseia em seus sentimentos mais profundos de *amor* e *afeição* por seu

[116]MATEUS, 12:46 a 50.

[117]"Introdução."

filho e é demonstrada de maneira simples através da empatia[118] e da compreensão.

Essa pesquisa apenas vem confirmar a exatidão e a excelência dos ensinos de Jesus, ministrados há vários séculos.

Ensinam os Espíritos superiores que *a família é o nosso dever imediato* (I TIMÓTEO, 5:4) e que a *Humanidade é o nosso campo de serviço*. Fugir do lar em nome da Humanidade é abandonar o dever, dando como desculpa o dever. Desprezar a Humanidade em nome do lar é implantar o egoísmo onde devemos estender a caridade. Abandonar o lar para criar novos vínculos, sem melhores reflexões, é comprometimento para o futuro (veja item 5.3.1.5.1. *Casamento e divórcio*).

Nesse aspecto, a responsabilidade maior cabe aos pais, que têm por missão velar pelos seus rebentos. Se os filhos sucumbirem por culpa dos pais, estes suportarão os desgostos resultantes dessa queda e partilharão dos sofrimentos deles na vida futura, por não terem feito o que lhes estava ao alcance para que os filhos avançassem na estrada do bem (LE, 582).

Reflitamos, prezados leitores, sobre os nossos deveres em relação à família, e verifiquemos se não estamos nos omitindo, mas cuidemos para não nos transformarmos em tiranos, em dominadores, porque

[118] *Empatia* é a apreciação emocional dos sentimentos alheios ou a capacidade de uma pessoa colocar-se, hipoteticamente, no lugar da outra, como forma de exercitar a compreensão em relação aos sentimentos do próximo.

a esposa não pertence ao marido, o marido não pertence à esposa, os pais não são proprietários dos filhos, e estes não são propriedade dos pais, mas todos pertencemos a Deus, compondo a grande família universal.

Somente após a desencarnação é que os atores do drama familiar compreenderão, com mais acerto, os vínculos do passado que os ligam na vida presente. Por isso, *o sentimento de gratidão e compreensão* deve animar pais e filhos, esposos e esposas, por mais difícil seja a convivência, para que, no futuro, colham os frutos de seu esforço conjunto, que lhes devolverá, finalmente, a *paz de consciência definitiva.*

5.3.1.3. Lei de Trabalho

"[...] meu Pai trabalha até agora, e eu trabalho também."
(João, 5:17.)

O trabalho é qualquer atividade intelectual ou material, destinada a alcançar algum objetivo ou produzir alguma coisa. O trabalho, sendo uma Lei Natural, "constitui uma necessidade, e a civilização obriga o homem a trabalhar mais, porque lhe aumenta as necessidades e os gozos" (LE, 674).

Por trabalho se entendem não só as ocupações materiais executadas com o auxílio do corpo físico, mas também as de natureza intelectual. *Aliás, "toda ocupação útil é trabalho"* (LE, 675). O trabalho, para o homem, visa à *conservação do corpo e ao desenvolvimento da faculdade de pensar* (LE, 677).

Nenhum indivíduo será capaz de atingir a redenção moral e intelectual sem o esforço próprio, que é necessário ao equilíbrio humano. Sem o trabalho, viria o caos. Com o seu poder co-criador, isto é, em parceria com as Leis Divinas, o homem avança cada vez mais em busca da solução de seus problemas físicos e morais. O trabalho representa ação, movimento, que impulsiona ao progresso.

Tudo na Natureza é trabalho. Os próprios animais, sob a influência do instinto, "trabalham" em benefício de sua própria conservação e do ecossistema (LE, 677). Em cada mundo, a natureza do trabalho está relacionada à natureza das necessidades. Quanto menos materiais são estas, menos material é o trabalho, sem que exista ociosidade, o que seria um suplício, em vez de ser um benefício (LE, 678).

Ser gregário por natureza, o homem sempre viveu em sociedade. Nas eras primitivas, o homem era nômade, isto é, não tinha morada fixa, pois vivia de lugar em lugar, à procura de alimentos vegetais (coleta) e da caça, morava em cavernas e vivia em bandos, para se proteger das intempéries e de outros inimigos naturais. As habitações, as terras, as águas e os bosques eram utilizados coletivamente. Daí que, para sobreviver, o homem sempre dependeu do próprio esforço, do trabalho.

O trabalho deriva da raiz grega (*érgon*), com o sentido de *ação* e do latim (*tripalium*), antigo *instrumento de tortura*, por isso a idéia primitiva do trabalho estava associada ao *sofrimento*, o que era muito comum entre os povos submetidos à *escravidão*, que se viam obrigados a trabalhar sem nada receber em troca. Com o progresso da civilização, esse sentido modificou-se, evoluindo para *esforço* e depois para *obra*. Hodiernamente, trabalhar, para muitas pessoas, é motivo de prazer, de realização, o que leva muitos a dizer *"o importante não é fazer o de que se gosta, mas gostar do que se faz"*.

Mediante o trabalho, o homem modifica o seu meio, transforma o seu habitat, cria melhores condições de conforto, cria necessidades novas. O trabalho, portanto, é um veículo de renovação, uma necessidade econômica e social outorgada ao homem para a construção de sua própria felicidade.

Sem o trabalho, o homem permaneceria estacionado na infância moral e intelectual, no estado de natureza (LE, 676). Com o trabalho, o homem provê o seu alimento, a sua segurança e o seu bem-estar. *O trabalho e a oração constituem a mais poderosa proteção contra o mal, uma vez que possibilitam ao Espírito corrigir as imperfeições e disciplinar a própria vontade.*

As conseqüências para o Espírito que permanece no ócio são a estagnação da inteligência, a rotina, a sensação de inutilidade, o tédio e o crescimento do mal.

O limite do trabalho é o das forças de cada um (LE, 683). O *repouso* também decorre da Lei Natural – descanso necessário ao refazimento do corpo físico e do intelecto –, que não se confunde com a *ociosidade*, que é o descanso inoperante (LE, 682 e 685). A *aposentadoria*, por exemplo, vem a ser um prêmio ao esforço despendido pelo homem, que lhe proporciona o indispensável sustento nos dias de velhice, época em que se esvaem as forças, o poder criativo e a agilidade na execução das tarefas de subsistência.

É importante salientar que o declínio das atividades na velhice se deve ao desgaste do corpo físico, mas o Espírito continua senhor de suas faculdades e do progresso alcançado.

O *terceiro mandamento da lei moisaica*, que determina a santificação do *sábado*, representa a instituição do *descanso semanal*, medida útil destinada a proteger o corpo do esgotamento resultante do excesso de trabalho. Esta recomendação de Moisés, por intuição dos Espíritos superiores, foi assimilada pelos hebreus como um dia sagrado, místico, um dia específico da semana para descansar. Os judeus, descendentes dos hebreus, conservaram a tradição, a ponto de considerarem um atentado contra Deus trabalhar no sábado.

Jesus, entretanto, que trabalhava (e ainda trabalha) aos sábados, curando e consolando os enfermos, deixou bem claro que o "*o sábado foi feito por causa do homem e não o homem por causa do sábado*",[119] querendo dizer

[119] Marcos, 2:27.

com isso que não é preciso um dia específico para descansar, pois que, mesmo descansando, trabalhamos: a natureza trabalha, o corpo humano trabalha sem cessar, o cérebro, o coração não param de trabalhar um minuto sequer. Os hospitais não fecham, estão sempre trabalhando, os bombeiros, os meios de transporte, etc.

Impossível, pois, parar o mundo por causa de um dia do calendário humano. O que importa é que todos descansemos, embora em dias alternados, de acordo com as necessidades e conveniências de cada um, de sua profissão, de suas atividades, de seus limites.

Atualmente, com o progresso da Medicina e das condições sociais, o homem vem aumentando cada vez mais sua expectativa de vida. Sendo assim, mesmo quando se aposenta, o homem não deve paralisar totalmente suas atividades. Deve, aproveitando-se da experiência adquirida, procurar substituir a sua rotina por alguma atividade edificante, embora mais leve e mais adequada às suas aptidões e gostos, de preferência em benefício do próximo, para que suas energias não venham a apodrecer, lançando-o na *depressão* e na *sensação de inutilidade.*

Poucas pessoas estão conscientes da importância dessa fase da vida. Muitas param de trabalhar na plenitude de suas forças físicas, sem qualquer preparo psicológico para administrar o seu tempo livre, e acabam adoecendo ou enveredando-se em vícios perniciosos à saúde física e moral.

5.3.1.4. Lei de Progresso (Evolução)

"Nenhuma das ovelhas que o Pai
me confiou se perderá."

A evolução, o *progresso contínuo e ordenado dos seres e dos mundos*, tanto no aspecto físico quanto no intelectual e no moral, é a base das civilizações, constituindo um dos princípios da Lei Divina a que está sujeita toda a Criação (ESE, III:19).

Contudo, o progresso moral nem sempre acompanha o progresso intelectual, embora decorra deste (LE, 780), isto é, geralmente, o progresso intelectual acontece antes do progresso moral (OP, Primeira parte, "As aristocracias").

Se as Leis Naturais fossem bem compreendidas, o homem poderia reger-se exclusivamente por elas, sem necessidade de leis escritas. Entretanto, a sociedade tem exigências, que retratam o seu grau evolutivo. Daí por que as leis humanas, mutáveis, em sua essência, são necessárias para reger as relações na sociedade (LE, 794 a 797). Disse um pensador, alhures, que *é preciso que os homens bons cumpram leis más, para que os homens maus cumpram as leis boas.*

A Doutrina Espírita contribui com o progresso, porque *destrói o materialismo*, uma das chagas da sociedade (LE, 799; OP, Primeira parte, "Influência perniciosa das idéias materialistas"). Futuramente, o Espiritismo se tornará *crença comum porque está assentado nas Leis Naturais.* "[...] Terá, no entanto, de sustentar grandes lutas, mais contra o interesse, do que contra a convicção [...]" (LE, 798). Os Espíritos não ensinaram, no passado, tudo o que ensinam hoje, porque os homens ainda não estavam maduros para compreender as coisas. "*Tudo tem o seu tempo*" (Eclesiastes, 3:1 a 8). Agora, os Espíritos vêm completar esses ensinos, porque o terreno está preparado para recebê-los. Ademais, muito do que foi ensinado, restou adulterado pelo homem, o que o Espiritismo vem agora retificar.

Os Espíritos não permanecem, para sempre ou perpetuamente, na mesma categoria (LE, 783). Todos se melhoram passando pelos diferentes graus de evolução. Como visto, esta melhora se efetua por meio das encarnações sucessivas, pois a vida material é uma prova que lhes cumpre sofrer *repetidamente*, até que alcancem a perfeição moral.

> Há o progresso regular e lento, que resulta da força das coisas. Quando, porém, um povo não progride tão depressa quanto devera, Deus o sujeita, de tempos a tempos, a um abalo físico ou moral que o transforma (LE, 783). Por falta de uma visão de conjunto, muitas pessoas acreditam que o mundo está piorando, mas não é assim. Faz-se mister que o mal chegue ao excesso, para tornar compreensível a necessidade do bem e das reformas (LE, 784).

Os maiores obstáculos ao progresso moral do homem são o *orgulho* e o *egoísmo*, porém, o progresso intelectual se efetua sempre (LE, 785 e 913; OP, Primeira parte, "O egoísmo e o orgulho").

No item 100 e seguintes de *O Livro dos Espíritos,* Kardec, o grande pedagogo, partindo de suas observações e experiências, classificou os Espíritos, para efeitos meramente didáticos, com base *no grau de adiantamento deles*, nas *qualidades* que já adquiriram e nas *imperfeições* de que ainda terão de despojar-se. Incluiu-os em três categorias principais ou em três grandes divisões. Na *terceira*, colocada na parte inferior da escala, estão os *espíritos imperfeitos*, caracterizados pela *predominância da matéria sobre o espírito e pela propensão para o mal* (impuros, levianos, pseudo-sábios, neutros, batedores e perturbadores). Os da *segunda* caracterizam-se pela *predominância do espírito sobre a matéria* e pelo desejo do bem: são os *bons Espíritos* (benévolos, sábios, de sabedoria ou prudentes e superiores). A *primeira*, finalmente, compreende os *Espíritos puros*, os que atingiram o grau supremo da perfeição (classe única), que *não sofrem influência nenhuma da matéria* e não estão mais sujeitos à encarnação. Eles realizam a vida eterna no seio de Deus, mas não permanecem ociosos. *Continuam trabalhando em benefício da Humanidade em todos os cantos do Universo* (LE, 112 e 113).

Sendo as diferentes existências corporais do Espírito sempre progressivas, conseqüentemente, *não há retrocesso na evolução.* Os Espíritos superiores negam validade à tese da metempsicose (retorno do Espírito ao corpo do animal). Pensar o contrário seria negar o atributo divino da perfeição (item 7.1), pois assim não haveria estabilidade e segurança nas Leis do Criador (LE, 118, 612 e 778).

Reflitamos sobre as seguintes questões e respectivas respostas de *O Livro dos Espíritos*:

115. *Dos Espíritos, uns terão sido criados bons e outros maus?* "Deus criou todos os Espíritos simples e ignorantes, isto é, sem saber. A cada um deu determinada missão, com o fim de esclarecê-los e de os fazer chegar progressivamente à perfeição, pelo conhecimento da verdade, para aproximá-los de si. Nesta perfeição é que eles encontram a pura e eterna felicidade. Passando pelas provas que Deus lhes impõe é que os Espíritos adquirem aquele conhecimento. Uns aceitam submissos essas provas e chegam mais depressa à meta que lhes foi assinada. Outros só a suportam murmurando e, pela falta em que desse modo incorrem, permanecem afastados da perfeição e da prometida felicidade."

a) *Segundo o que acabais de dizer, os Espíritos, em sua origem, seriam como as crianças, ignorantes e inexperientes, só adquirindo pouco a pouco os conhecimentos de que carecem com o percorrerem as diferentes fases da vida?*

"Sim, a comparação é boa. A criança rebelde se conserva ignorante e imperfeita. Seu aproveitamento depende da sua maior ou menor docilidade. Mas, a vida do homem tem termo, ao passo que a dos Espíritos se prolonga ao infinito."

116. *Haverá Espíritos que se conservem eternamente nas ordens inferiores?*

"Não; todos se tornarão perfeitos. Mudam de ordem, mas demoradamente, porquanto, como já doutra vez dissemos, um pai justo e misericordioso não pode banir seus filhos para sempre. Pretenderíeis que Deus, tão grande, tão bom, tão justo, fosse pior do que vós mesmos?"

189. *Desde o início de sua formação, goza o Espírito da plenitude de suas faculdades?*

"Não, pois que para o Espírito, como para o homem, também há infância. Em sua origem, a vida do Espírito é apenas instintiva. Ele mal tem consciência de si mesmo e de seus atos. A inteligência só pouco a pouco se desenvolve."

190. *Qual o estado da alma na sua primeira encarnação?*

"O da infância na vida corporal. A inteligência então apenas desabrocha: a alma se ensaia para a vida."

607. *Dissestes (190) que o estado da alma do homem, na sua origem, corresponde ao estado da infância na vida corporal, que sua inteligência apenas desabrocha e se ensaia para a vida. Onde passa o Espírito essa primeira fase do seu desenvolvimento?*

"Numa série de existências que precedem o período a que chamais Humanidade."

a) *Parece que, assim, se pode considerar a alma como tendo sido o princípio inteligente dos seres inferiores da Criação, não?*

"Já não dissemos que tudo na Natureza se encadeia e tende para a unidade? *Nesses seres, cuja totalidade estais longe de conhecer, é que o princípio inteligente se elabora, se individualiza pouco a pouco e se ensaia para a vida*, conforme acabamos de dizer. É, de certo modo, um trabalho preparatório, como o da germinação, por efeito do qual *o princípio*

> *inteligente sofre uma transformação e se torna Espírito.* Entra então no período da humanização, começando a ter consciência do seu futuro, capacidade de distinguir o bem do mal e a responsabilidade dos seus atos. Assim, à fase da infância se segue a da adolescência, vindo depois a da juventude e da madureza. Nessa origem, coisa alguma há de humilhante para o homem. Sentir-se-ão humilhados os grandes gênios por terem sido fetos informes nas entranhas que os geraram? Se alguma coisa há que lhe seja humilhante, é a sua inferioridade perante Deus e sua impotência para lhe sondar a profundeza dos desígnios e para apreciar a sabedoria das Leis que regem a harmonia do Universo. Reconhecei a grandeza de Deus nessa admirável harmonia, mediante a qual *tudo é solidário na natureza.* Acreditar que Deus haja feito, seja o que for, sem um fim, e criado seres inteligentes sem futuro, fora blasfemar da sua bondade, que se estende por sobre todas as suas criaturas." (Destacamos)

Como se vê, pelo ensinamento contido na primeira obra fundamental codificada por Kardec, o *Espírito não é criado pronto e acabado.* Ele passa por um processo de elaboração que demanda milênios. Basta investigar a história da formação da Terra e de seus habitantes, para analisarmos a lógica desses ensinamentos.

A respeito do assunto, prezado leitor, analisemos os ensinamentos do Espírito André Luiz, contidos na obra *No Mundo Maior*,[120] também psicografada pelo

[120]Cap. 3, "A casa mental".

médium Francisco Cândido Xavier, e tire suas próprias conclusões:

> [...] Não somos criações milagrosas, destinadas ao adorno de um paraíso de papelão. Somos filhos de Deus e herdeiros dos séculos, conquistando valores, de experiência em experiência, de milênio a milênio. Não há favoritismo no Templo Universal do Eterno, e todas as forças de Criação aperfeiçoam-se no Infinito. *A crisálida de consciência, que reside no cristal a rolar na corrente do rio, aí se acha em processo liberatório*; as árvores que por vezes se aprumam centenas de anos, a suportar os golpes do inverno e acalentadas pelas carícias da primavera, estão conquistando a memória; a fêmea do tigre, lambendo os filhinhos recém-natos, aprende rudimentos do amor; o símio, guinchando, organiza a faculdade da palavra. Em verdade, Deus criou o mundo, mas nós nos conservamos ainda longe da obra completa [...]. Somos criação do Autor Divino e devemos aperfeiçoar-nos integralmente. O Eterno Pai estabeleceu como lei universal que seja a perfeição obra de cooperativismo entre Ele e nós, os seus filhos. (Destacamos)

O homem de bem é um Espírito bom encarnado e o homem perverso é um Espírito encarnado, ainda atrasado.

Cada um de nós é um Espírito encarnado a caminho de Deus. Embora a escolha entre o bem e o mal nos pertença, o retorno a Deus é uma *fatalidade*, porque trazemos em *gérmen* muito dos atributos da perfeição, em todos os sentidos, que compete a nós desenvolvê-los, como filhos de Deus. Como ensinam os Espíritos superiores, *o mal em si é transitório, ainda que perdure milênios.* Achamo-nos ainda em luta contra a inferioridade do "eu" em nossas vidas, mas toda ignorância é fictícia diante da sabedoria eterna. As inumeráveis reencarnações terrestres que acontecem durante os milhares de séculos representam escasso tempo para reeducar inteligências pervertidas no crime.

Em síntese, Deus, em sua suprema sabedoria e imparcialidade, bondade e misericórdia, criou-nos a todos *iguais, simples e ignorantes* (LE, 115 e 634), dotando-nos do *livre-arbítrio.* Vamos construindo as diferenças pelo bom ou mau uso que fazemos desse livre-arbítrio (LE, 274 a 279). Os Espíritos que perseverarem na sua transformação moral, mais cedo atingirão o alvo da perfeição a que foram destinados.

Os "anjos" (CI, Primeira parte, VIII) e "demônios" (CI, Primeira parte, IX) são, respectivamente, os Espíritos superiores e inferiores, isto é, *criaturas em estágios evolutivos diferentes*, estes últimos também a caminho da perfeição. Os bons se tornando cada vez melhores e os maus se regenerando. Assim é que, também, devemos encarar os nossos semelhantes encarnados, irmãos de jornada evolutiva. Deus, em sua majestosa perfeição e vontade, não deseja que nenhum de seus filhos se perca.

Sendo *o Bem o fim supremo da Natureza* (LE, 116), quem não aderir a Ele por amor voltará impulsionado pelo aguilhão da dor, do tédio, da angústia, por estar em desacordo com as Leis Divinas.

Se o destino do ser humano estivesse inapelavelmente selado após a morte, todos estaríamos perdidos, visto termos sido muito mais maus do que bons e quase ninguém, no estágio atual de nossa evolução, mereceria um futuro espiritual melhor.

Por outro lado, uma vida, por mais longa que seja, não é suficiente para nos esclarecer a respeito dos planos de Deus. Muitos não têm sequer como garantir a própria sobrevivência e muito menos ainda oportunidade de uma boa educação. Muitos não foram orientados para o bem. Outros desencarnam cedo demais, antes mesmo de se esclarecerem sobre o melhor caminho a seguir.

Para medirmos o quanto de absurdo existe na idéia de inferno como pena eterna (veja item 7.5), basta que respondamos às seguintes perguntas:

Como é que Deus, sendo o Supremo Poder, conhecedor inclusive do nosso futuro, criaria um filho sabendo que ele iria para um "inferno" para toda a eternidade? Que Deus seria esse? Onde estaria a sua bondade e a sua misericórdia? E como ficaria no "céu" uma mãe amorosa, sabendo que seu filho querido arderá para sempre no fogo do "*inferno*"? Com certeza, ela preferiria ir para junto de seu filho rebelde a permanecer, aflita, num "céu" contemplativo e egoísta. O argumento utilizado por alguns religiosos de que, ao "ressuscitarmos" (veja item 7.4. *Pluralidade das existências*), o passado seria esquecido não se coaduna com a lógica e o amor divino. O que teria sido de Jesus e de nós, se Ele olvidasse todo o passado, ao ressuscitar?

Portanto, *ninguém está perdido*. Cada qual tem a oportunidade que merece. Se um pai humano, que é imperfeito e mau, não é capaz de condenar eternamente um filho, por pior que seja, quanto mais Deus, que é o Pai Misericordioso e Perfeito, que faz chover sobre os bons e os maus, que faz com que a luz do Sol ilumine os justos e os injustos, indistintamente.

5.3.1.5. LEI DE REPRODUÇÃO

"Obstar a reprodução, para satisfação da sensualidade, constitui prova da predominância do corpo sobre a alma."
(LE, 694.)

A Lei de Reprodução é uma Lei Natural indispensável, pois, sem ela, o mundo corporal pereceria (LE, 686). Destina-se à perpetuação das espécies ao mesmo tempo em que permite a encarnação dos seres sujeitos ao progresso.

Muitas pessoas se preocupam com o excesso de população da Terra, o que poderia trazer um colapso social, em virtude da falta de espaço e de alimento. Entretanto, Deus, em sua suprema sabedoria, nunca desguarneceu a Humanidade dos recursos necessários para esta vencer os seus desafios (LE, 687).

Embora o homem seja responsável pela boa ou má utilização de seu livre-arbítrio, as Leis Divinas, em seu planejamento infalível, têm meios de resolver, pela força natural das coisas, estes problemas. Tanto é verdade que as conquistas das Ciências, com suas inovações tecnológicas, têm oferecido meios de o homem controlar, responsavelmente, a natalidade e aumentar a produtividade dos alimentos. As pesquisas e experiências no campo da *biogenética* ainda trarão muitas contribuições, nesse campo. Se há miséria no planeta, ela se deve mais ao egoísmo do que à falta de recursos materiais do homem para vencê-la (LE, 692a).

Os habitantes atuais da Terra não formam uma criação nova, mas, antes, são descendentes aperfeiçoados dos seres primitivos (LE, 689 a 691). Se a população do globo tem aumentado, é porque o número de habitantes do mundo espiritual é muito superior ao número de encarnados, e a evolução moral e intelectual do homem, em obediência ao *planejamento divino*, permite que haja o aumento do fluxo de reencarnações. Não se esqueça, também, que a jornada evolutiva do Espírito não se dá somente na Terra, mas também em outros planetas e que há um *intercâmbio incessante entre os mundos*, de modo que enquanto uns estão imigrando para a Terra, outros estão emigrando para outros mundos, conforme tenham estacionado ou ascendido em seu progresso (veja item 7.6. *Pluralidade dos mundos habitados*).

Kardec tratou desse assunto no cap. IV de *O Livro dos Espíritos*, quando perguntou, na questão 692: "Será contrário à Lei da Natureza o aperfeiçoamento das raças animais e vegetais pela Ciência? Seria mais conforme a essa lei deixar que as coisas seguissem seu curso normal?".

Os Espíritos superiores, antevendo os avanços que a Ciência haveria de fazer, responderam:

> Tudo se deve fazer para chegar à perfeição e o próprio homem é um instrumento de que Deus se serve para atingir seus fins. Sendo a perfeição a meta para que tende a Natureza, favorecer essa perfeição é corresponder às vistas de Deus.

Desde que o homem não abuse do poder que tem sobre os demais seres vivos (LE, 693 e 694), pode regular a reprodução de acordo com as necessidades e os princípios éticos. Os avanços da Ciência, tais como a doação de órgãos e transplantes (item 7.4.7), a clonagem terapêutica (item 7.4.8), os alimentos transgênicos,[121] o projeto Genoma (item 7.4.9), a fertilização *in vitro*, entre outros, são campos importantes da Engenharia Genética que devem ser analisados e regulamentados com muita atenção pelos órgãos governamentais, para que não ocorram abusos das grandes corporações, interessadas nos lucros astronômicos, sem levar em conta critérios rígidos de proteção à saúde humana.

---

[121] *Alimentos transgênicos* são aqueles originários de organismos que contêm um ou mais genes transferidos artificialmente de outras espécies.

5.3.1.5.1. Casamento e divórcio

"Toda pessoa que lesa outra, nos compromissos do coração, está fatalmente lesando a si própria."
André Luiz

Este assunto guarda relação íntima com o tema "família". Por isso, recomendamos ao leitor uma nova olhada no item 5.3.1.2.1, antes de iniciar o estudo deste tópico, pois ali enfocamos os laços de família sob dois aspectos (físico e espiritual), destacando, consoante o ensino das entidades superiores, que *os vínculos do sangue não criam forçosamente os laços entre os Espíritos.*

Muitas pessoas acreditam que o casamento – assim entendida a união do homem e da mulher, com o objetivo de construir uma família – esteja em declínio. Sob o ponto de vista material ou institucional, esta afirmação poderia fazer sentido, visto que *a indissolubilidade do casamento* (ESE, XXII) é uma ficção, uma criação puramente humana, como se verá mais adiante.

Os Espíritos superiores ensinam que o *estado de natureza* é o da união livre e fortuita (casual ou acidental) dos sexos, como acontecia nas eras primitivas, em que o ser humano, ainda pouco evoluído, não tinha o senso moral desenvolvido. O casamento constituiu um dos primeiros atos de progresso nas sociedades humanas, porque estabelece a *solidariedade fraterna.* "*[...]* A abolição do casamento seria, pois, regredir à infância da Humanidade e colocaria o homem abaixo mesmo de certos animais que lhe dão o exemplo de uniões constantes" (LE, 696).

Portanto, do ponto de vista espiritual, a análise de que o casamento está fadado à decadência é falha, porque não leva em conta uma série de fatores relacionados às Leis Divinas. Muitos casamentos têm curta duração, porque a maioria das uniões conjugais está subordinada à *Lei de causa e efeito* (ver item 7.5), a qual aproxima seres que contraíram graves compromissos no passado e se casam para resgatar erros pretéritos, para dar continuidade a relacionamentos anteriores – numa expressão –, para se reabilitarem moralmente e progredirem. São as *ligações expiatórias*, isto é, de resgate de débitos morais. Passada a *fase de encantamento e afetividade* que ocorre no início do casamento, a vida apresentará ao casal, nessas condições, *desafios enormes*, tendo em vista o progresso e as necessidades de cada um. Desconhecendo a origem verdadeira de seus dramas, cujas raízes estão fincadas no passado reencarnatório, muitos casais, ao se depararem com os primeiros problemas, em nome do *comodismo* e da *falsa liberdade*, desertam do compromisso assumido. Mal sabem, entretanto, que estão apenas adiando compromissos e que em futura encarnação acabarão por encontrar novamente o seu parceiro ou parceira para acertar as diferenças, para *recomeçar*, talvez numa situação muito pior.

Raros são os casais que se unem por laços de afinidade pura, visto que *o amor completo não é uma mer-*

cadoria à disposição dos interessados nas "prateleiras" da vida. Trata-se de uma *construção*, de um processo de *aprendizado* e *crescimento permanente* que desemboca no relacionamento e no entrosamento entre os seres, através da prática da caridade (item 5.3.1.10), numa expressão, da compreensão, do perdão e da bondade. Se não nos gostamos, hoje, poderemos aprender a nos amar, no futuro, mesmo que apenas uma das partes esteja decidida a *trabalhar as diferenças, a renunciar ao egoísmo e ao orgulho.* Será o primeiro grande passo dado em direção da harmonia futura dos seres.

Esse *trabalho de entrosamento* entre os cônjuges ganha um grande aliado no Espiritismo, uma vez que o casal terá meios de detectar a origem de seus problemas e enfrentá-los com as *armas da razão e do sentimento.* Nesse sentido, o Evangelho de Jesus se apresenta como um repositório imprescindível de ensinamentos. A realização do Evangelho no lar (item 5.3.1.1.2) e as preces constituem excelente terapêutica, nesse esforço de entrosamento.

A união não deve ser apenas pelos laços da carne, isto é, por interesses físicos e/ou *materiais*, sob pena de ter duração muito curta, mas sobretudo pelos da alma, para dar suporte moral aos filhos e ao próprio casal, que, com renúncia, sacrifício, compreensão e mútuo respeito, irá construindo os alicerces do verdadeiro amor. Nem a lei civil nem a lei religiosa meramente formal são capazes de suprir os verdadeiros alicerces do casamento que devem ser construídos na união conjugal.

Ou seja, não é preciso que os parceiros de luta sejam casados no religioso ou no civil, para que a sua união seja abençoada por Deus. A união civil, embora sujeita às instabilidades humanas, é mais útil e mais prática até que a "religiosa formal", devido às exigências da civilização, com as implicações dos interesses materiais que daí decorrem, mas a união que vale mesmo é a dos sentimentos dos que procuram fundir-se no *amor verdadeiro*.

A mera satisfação dos *instintos* e de *interesses financeiros* conduz os parceiros a uma *saturação mútua* e a um *isolamento* que proporcionam, em pouco tempo, o *deterioramento* da relação conjugal.

O casamento é compromisso que implica, naturalmente, em *responsabilidade de parte a parte*, em que um deve *assistência* ao outro, em todos os aspectos. Como alertam os Benfeitores espirituais, antes de optarem por um passo tão sério, homem e mulher devem refletir maduramente, para que não venham a ser infelizes nem promovam a infelicidade de outras pessoas, principalmente dos filhos.

É indispensável que os pais, conscientes de seus deveres perante Deus, perante os filhos, perante a sociedade e perante si mesmos, dêem exemplos de moralidade, de devotamento e de equilíbrio. *Bem compreendido e vivenciado, o casamento é a mola propulsora do progresso da Humanidade*, uma vez que proporciona a *estabilidade da família* e, conseqüentemente, o *estreitamento dos laços sociais*, a solidariedade, o aprendizado constante.

Segundo ensinam os Espíritos, "O *divórcio* (ESE, XXII:5) é lei humana que tem por objeto separar legalmente o que já, de fato, está separado". Por isso, é um erro considerá-lo como contrário às Leis Divinas. *O divórcio só existe devido à dureza dos corações humanos.* Muitas vezes, é mesmo necessário, para evitar que o casamento se transforme numa tragédia e que o casal agrave os débitos contraídos em encarnações anteriores. Daí se afirmar, com segurança, que *a indissolubilidade do casamento é apenas uma lei humana* (LE, 697; ESE, XXII:1 a 4).

5.3.1.5.2. Celibato

"Mas, se não podem conter-se, casem-se.
Porque é melhor casar do que abrasar-se."
(1ª Epístola do apóstolo Paulo aos Coríntios, 7:9.)

Celibato, a rigor, é a condição da pessoa que optou pela *abstinência* [jejum] *em matéria de sexo*, que decidiu não se casar para assumir outro compromisso, como acontece, por exemplo, no caso de certos religiosos.

No terreno religioso, especialmente na doutrina Católica, o celibato tem sido imposto, de forma geral, aos padres e freiras, sem considerar as *necessidades íntimas de cada um*, o que também atenta contra as Leis Naturais. Nem todas as pessoas têm suporte moral (consulte a lei moral do progresso, no item 5.3.1.4) para assumir o celibato, devido à sua condição evolutiva. Somente os Espíritos mais evoluídos podem renunciar ao casamento, para o cumprimento de tarefas nobres, seja no campo intelectual ou religioso, sem que isso lhes cause descompensações na área sentimental.

Cite-se, como exemplo, Francisco Cândido Xavier, Divaldo Pereira Franco, Madre Teresa de Calcutá e Irmã Dulce, entre tantos outros missionários das mais diversas atividades humanas, inclusive na área científica, os quais renunciaram à vida conjugal em benefício da Humanidade. Nesses missionários, não se estancou o fluxo das energias criadoras, que foram direcionadas ou canalizadas para outros objetivos nobres. Qualquer pessoa, principalmente o jovem solteiro, o homem ou a mulher solitária, o viúvo, independente de sua evolução, pode canalizar suas energias criadoras para o esporte, as artes, a caridade, o trabalho edificante, em qualquer setor, como forma de atenuar a potência dos instintos que ainda dormitam no animal racional.

O entendimento dessa Lei Natural é que levou o apóstolo Paulo a afirmar que "*Mas, se não podem conter-se, casem-se. Porque é melhor casar do que abrasar-se*" (1ª Epístola aos CORÍNTIOS, 7:9).

O celibato imposto é uma distorção que tem levado muitos religiosos a abandonar as fileiras do sacerdócio. Outros, apesar de permanecerem reclusos nos conventos e nas igrejas, por conveniências e interesses inconfessáveis ou ainda por pressão dos familiares e da sociedade, tornam-se *infelizes* e acabam caindo em desregramentos sexuais lamentáveis, com grande desprestígio para o movimento religioso a que se ligaram e em prejuízo dessas próprias criaturas, cujo extremismo provoca desarmonias e perturbações de toda ordem e que podem até se estender após a morte física.

Isso não quer dizer que a união conjugal seja algo indigno para os Espíritos mais evoluídos, ou que estejam impedidos de se casar ou tenham que, forçosamente, renunciar às alegrias da família, visto que a união dos sexos, com base no amor, também oferece grandes condições de aprendizado ao Espírito missionário reencarnante. Muitas vezes, o casamento pode fazer parte do planejamento da reencarnação desses missionários, dependendo da natureza da tarefa que irão desempenhar. Tome-se como exemplo o professor Rivail, que se casou com a professora Amélie-Gabrielle Boudet (veja biografia de Allan Kardec, no cap. 4), ela também ligada ao ramo do magistério, que foi a grande colaboradora e incentivadora nos seus trabalhos antes e depois da Codificação. Verifica-se, entretanto, que não tiveram filhos, circunstância que lhes proporcionou dedicarem-se com maior amplitude ao mister para o qual reencarnaram.

Portanto, o celibato em si não é um ato meritório (LE, 698), podendo sê-lo, entretanto, quando a opção é tomada em prol da Humanidade, com a finalidade de ser útil ao próximo, sem idéias egoístas (LE, 699).

5.3.1.5.3. Poligamia

> "*[...] Na poligamia não há afeição real: há apenas sensualidade.*"
> (LE, 701.)

A *poligamia*, como o nome indica, é a união de um homem com várias esposas. O seu antônimo, embora mais raro, é a *poliandria*, mulher de muitos maridos. A *monogamia* expressa a união de um homem com apenas uma mulher.

No planeta, ainda existem povos que cultuam essa prática, cuja extinção vem ocorrendo gradualmente, com o passar dos milênios, o que caracteriza o vencimento de etapas do progresso humano.

Embora, muitas vezes, imposta sob rótulos religiosos, trata-se de uma cultura mantida à custa de leis humanas, mutáveis por natureza, costume proveniente das eras antigas, inclusive das sociedades patriarcais, em que prevaleciam nas criaturas humanas os instintos animais, o que favorecia a promiscuidade sexual.

O *casamento monogâmico* deve fundar-se na *afeição* dos seres que se unem, o que já não ocorre na *poligamia* e na *poliandria*, em que não existe afeição real, mas apenas *sensualidade.*

A monogamia, portanto, é a união mais em consonância com a lei de progresso (item 5.3.1.4), porque favorece o aperfeiçoamento dos laços de sentimento entre o casal.

Kardec, em anotações à resposta da questão 701 de *O Livro dos Espíritos*, esclarece que se a poligamia fosse conforme à Lei da Natureza, forçosamente tornar-se-ia universal, o que seria materialmente impossível, em virtude da relativa igualdade numérica existente entre os sexos.

Ainda nesta questão, o mestre de Lyon assinala, conforme dito acima, que a poligamia deve ser considerada como um uso ou legislação especial apropriada a certos costumes e que o aperfeiçoamento social vem fazendo com que desapareça pouco a pouco.

5.3.1.5.4. HOMOSSEXUALIDADE

> *"Todas as coisas me são lícitas,*
> *mas nem todas as coisas convêm."*
> (I CORÍNTIOS, 6:12.)

Quando se usa o termo *homossexualidade*, pensamos, imediatamente, em *relacionamento físico íntimo de uma pessoa com outra do mesmo sexo*. Entretanto, as preferências sentimentais de pessoas por outras do mesmo sexo nem sempre traduzem a prática sexual. Esse talvez tenha sido um dos motivos pelos quais a homossexualidade deixou de ser considerada doença por organismos internacionais, tal como reconhecido pela Associação Psiquiátrica Norte-americana (desde 1980) e mais recentemente no Brasil, por resolução baixada pelo Conselho Federal de Psicologia.

De acordo com a teoria psicanalítica preponderante na Psiquiatria, *a homossexualidade é uma tendência universal do ser humano decorrente de uma predisposição bissexual, biologicamente determinada.*

A *pederastia* e o *lesbianismo* são os termos que designam, respectivamente, os homens e as mulheres que praticam, costumeiramente, relações sexuais com parceiros do mesmo sexo, comportamento catalogado no CID-10 sob o título "*transtornos psicológicos e de comportamento associados ao desenvolvimento e orientação sexuais*".

Como se vê, esse campo pertence à Psicologia, à Psiquiatria, motivo por que nenhum leigo ou religioso, seja de que segmento for, está autorizado a fazer *diagnósticos*[122] ou *prognósticos*[123] em pessoas que apresentem esse tipo de conduta.

Com efeito, tanto no aspecto *físico* quanto no *espiritual*, há muita ignorância e preconceito a respeito deste assunto. *As causas reais desses comportamentos são praticamente desconhecidas dos especialistas encarnados.*

A Espiritualidade Superior, sempre respeitando as limitações evolutivas dos encarnados e *graduando a revelação*, veio lançar um pouco mais de luz sobre o tema *sexualidade*, auxiliando-nos a compreender os problemas daí associados, inclusive a homossexualidade.

---

[122] *Diagnóstico* é o conhecimento ou a determinação de uma doença, com base nos sintomas dela.

[123] Prognóstico é o juízo médico, com base no diagnóstico, acerca da duração, evolução e fim da doença.

As pessoas devem ser tratadas com respeito como qualquer ser humano, por mais equivocado nos pareça o seu comportamento ou *opção sexual*. Não nos é lícito *generalizar* conceitos a respeito da atitude das pessoas, rotulando-as como se fossem isso ou aquilo.

O Livro dos Espíritos, ao tratar do tema sexualidade, nas questões 200 e 201, deixa claro que *os Espíritos não têm sexo como o entendemos e que podem encarnar ora como homem e ora como mulher*.

Ocorre, muitas vezes, que um Espírito, depois de encarnar diversas vezes num corpo do mesmo sexo, renasce em outro do sexo contrário, para continuar o seu progresso, trazendo, no entanto, devido ao *condicionamento mental ou psicológico moldado durante séculos*, os atavismos, os traços e trejeitos do sexo anterior. Entretanto, essas características que as pessoas apresentam em sua personalidade não as transformam, automaticamente, num pederasta ou numa lésbica.

Outros Espíritos, com a finalidade de *expiarem erros do passado* ou *exercerem tarefas de auxílio e/ou aprendizado*, renascem em corpos incompatíveis com o seu psiquismo, pelo que enfrentam severas *rejeições* de seus próprios familiares e acabam sendo marginalizados pela sociedade, terminando por desvirtuar e viciar as suas sublimes faculdades reprodutoras.

Muito disso se deve ao *desconhecimento da nossa origem espiritual, radicada nos seres inferiores da Criação*, ao desconhecimento da *reencarnação* e dos reflexos das *experiências pretéritas* na vida atual (ver itens 7.5 e 8.3 e cap. 8).

O fato é que ainda nos situamos em trânsito, da faixa dos instintos para a faixa da *emancipação intelectual*; somos ainda seres desabrochando do campo *animal* para o *espiritual*, personalizados na figura mítica do centauro, monstro da Mitologia,[124] cujo corpo até a cintura se apresenta como homem e a outra metade como animal (cavalo).

A maioria dos pais não tem condições psicológicas nem experiência para tratar de um assunto desse, quando ele surge, inesperadamente ou não, no seio familiar, e o que é pior, nem sempre têm uma *orientação psicológica segura* para enfrentar o problema, o que levou a psicóloga paulista Ana Bock, então presidente do Conselho Federal de Psicologia, a afirmar, em uma entrevista, nas páginas amarelas da revista *Veja*:[125]

> As famílias têm sempre que preservar o afeto. Mas o filho não pode exigir que, de repente, o pai passe a aceitar e achar bonitinha sua condição de homossexual. Juntos, todos têm de procurar a compreensão mútua e quem esconde sua identidade sexual acaba numa espécie de mundo subterrâneo, que não contribui para reduzir o problema, torna-se cúmplice do *preconceito*, ao mesmo tempo em que é *vítima*.

[124] *Mitologia* é a coletânea dos mitos (relatos fantasiosos) dos povos antigos.
[125] 26 de abril de 2000, p. 14.

O homossexual, devido ao *desconhecimento de si mesmo* e devido à incompreensão da sociedade, é um *candidato ao sofrimento por excelência*, o qual, pelas emoções em desequilíbrio, quase sempre se torna um ser solitário, com dificuldades de relacionamento, e, quando as *pressões sociais* são mais exigentes, geralmente desemboca nos *conflitos neuróticos*, apresentando caráter bastante *inseguro* e *oscilante*.

Qualquer pessoa, *mesmo que não seja pederasta ou lésbica*, jamais se realizará no campo sentimental se buscar no sexo, freneticamente, apenas a satisfação física, sem responsabilidade. Nesses casos, o indivíduo adquire hábitos nocivos, caindo em aberrações da luxúria, que atentam contra as Leis Naturais, que o convidarão a corrigir nas próximas encarnações. Então, o Espírito reaparecerá no cenário físico portando lesões típicas da alma enferma, que se exteriorizarão em *disfunções genésicas*, em *anomalias* e *doenças do aparelho genital*, ou na *área moral*, mediante *dolorosos conflitos*, circunstância em que o ser íntimo difere totalmente do ser físico.

Os Benfeitores espirituais esclarecem, ainda, que *o sexo é, na essência, a soma das qualidades passivas ou positivas do campo mental do ser*, sendo natural, por isso, que o Espírito acentuadamente feminino se demore séculos e séculos nas linhas evolutivas da mulher e que o Espírito marcadamente masculino se detenha por longo tempo nas experiências do homem. O sábio Espírito Emmanuel, na obra *Vida e sexo*,[126] psicografada pelo médium Francisco Cândido Xavier, ensina:

[126]Cap. 21, "Homossexualidade".

A vida espiritual pura e simples se rege por afinidades eletivas essenciais; no entanto, através de milênios e milênios, o Espírito passa por fileira imensa de reencarnações, ora em posição de feminilidade, ora em condições de masculinidade, o que sedimenta o fenômeno da *bissexualidade*, mais ou menos pronunciado, em quase todas as criaturas.

O homem e a mulher serão, desse modo, de maneira respectiva, acentuadamente masculino ou acentuadamente feminina, *sem especificação psicológica absoluta.* [...]

Observadas as tendências homossexuais dos companheiros reencarnados nessa faixa de prova ou de experiência, é forçoso se lhes dê o amparo educativo adequado, tanto quanto se administra instrução à *maioria heterossexual.*[127]

E para que isso se verifique em linhas de justiça e compreensão, caminha o mundo de hoje para mais alto entendimento dos problemas do amor e do sexo, porquanto, à frente da vida eterna, os erros e acertos dos irmãos de qualquer procedência, nos domínios do sexo e do amor, são analisados pelo mesmo elevado gabarito de Justiça e Misericórdia. Isso porque *todos os assuntos nessa área da evolução e da vida se especificam na intimidade da consciência de cada um.* (Destacamos)

A verdade é que este enigma sempre acompanhou a Humanidade, mas vinha sendo abafado pelo *tabu das convenções sociais.*[128] Atualmente, com o avanço das ciências sociais e dos direitos humanos, os fatos estão vindo à tona, como um grande lago, cuja pressão das

[127] *Heterossexual* é todo aquele indivíduo que mantém relação sexual ou amorosa com pessoa do sexo oposto.

[128] ROMANOS, 14:14.

águas, represadas durante muito tempo, faz romper o dique da censura.

Com o aumento da população encarnada e sua correspondente aglomeração nos grandes centros urbanos, as relações sociais tornaram-se mais complexas e desafiadoras. Os legisladores são chamados a criar normas para reger os direitos e deveres das chamadas minorias, inclusive dos homossexuais, entre eles a *união civil*, a *adoção* e os *direitos de herança* (sucessórios).

Assim como falar em *divórcio* (veja item 5.3.1.5.1), no passado, causava escândalo, mas era um fato consumado, como o é hoje, que dependia de regulamentação legal, o mesmo está acontecendo com o problema da *homossexualidade*.

Reconhecemos que assunto tão grave merece ser estudado com maior profundidade, à luz dos ensinos da Doutrina Espírita e do Evangelho de Jesus, visto que o homem (sentido lato) é um ser integral, formado de corpo e alma e como tal deve ser estudado.

As *teorias humanas reducionistas*, que enxergam a criatura apenas como a expressão da matéria, têm que ser revistas urgentemente, para que semeemos um futuro melhor para a Humanidade, em consonância com as Leis Divinas.

Segundo informações veiculadas pela *Folha on-line*,[129] de responsabilidade de Fernanda Nardelli, da

[129] 2002, 16.08.

sucursal de Brasília (DF), a má-formação dos órgãos sexuais – que pode impossibilitar a definição do sexo – atinge, em média, um a cada 16 mil bebês nascidos no país. Atualmente, só no Hospital Universitário de Brasília (HUB) – informa a articulista, no referido noticiário –, dez crianças precisam se submeter à cirurgia, acrescentando que o endocrinologista Luís Cláudio Castro, também do HUB, citou o caso de uma menina de um ano e quatro meses que foi registrada como se fosse do sexo masculino, mas desenvolveu todas as características do sexo feminino. Em casa, já é chamada por um nome feminino, que não consta em sua certidão de nascimento. Os pais não pretendem colocá-la em escola por causa do registro civil e da possível discriminação que ela possa sofrer por parte dos colegas.

Geralmente, essas crianças, portadoras de "ambigüidade genital" dependem de autorização judicial para se submeterem à cirurgia corretiva, sob pena de os médicos serem processados por lesão corporal, correção que, em regra, deve ser feita antes de o paciente completar dois anos.

A questão é muito grave e séria. O profissional da Medicina que desconhecer os ascendentes psíquico-espirituais que influem nessas má-formações não está habilitado, no aspecto ético, a fazer uma opção cirúrgica desse porte. Daí surge a necessidade de uma equipe multidisciplinar para analisar cada caso, em particular, inclusive com o auxílio dos estudiosos espíritas da área.

Para as pessoas e familiares que têm que lidar com esse tipo de problema, *o estudo da Doutrina Espírita, por si só, já é uma excelente terapêutica*, uma vez que o conhecimento das Leis Naturais, além de facilitar a compreensão, auxilia a libertação de muitos *conflitos*, encaminhando os seres para a tomada de atitudes mais *coerentes* e *seguras* diante da vida e da sociedade.

5.3.1.6. Lei de Conservação (instinto e inteligência)

> "*[...] Deus imprimiu a esse uso o atrativo do prazer, porque assim é o homem impelido ao cumprimento dos desígnios providenciais. Mas, além disso, dando àquele uso esse atrativo, quis Deus também experimentar o homem por meio da* tentação, *que o arrasta para o abuso, de que deve a* razão *defendê-lo.*"
>
> (LE, 712.)

Quando enunciamos a expressão *lei de conservação*, imediatamente a associamos ao *instinto de sobrevivência*, pensamos na preservação da vida, que é um dos bens mais preciosos dos seres em evolução. Trata-se, como não poderia deixar de ser, de outra Lei Natural, à qual todas as criaturas estão submetidas. "[...] Todos os seres vivos o possuem, qualquer que seja o grau de sua inteligência. Nuns, é puramente maquinal, raciocinado em outros" (LE, 702).

No cap. V de *O Livro dos Espíritos* e no cap. III de *A Gênese*, Kardec aborda esta questão, explicando, com fundamento nos ensinos dos Espíritos elevados, que *Deus outorgou o instinto de conservação a todos os seres, porque têm que concorrer para o cumprimento dos desígnios da Providência, por meio da vida, que é indispensável ao aperfeiçoamento desses mesmos seres* (LE, 703 a 710). Em outras palavras, a manutenção da vida orgânica é necessária ao desenvolvimento físico, intelectual e moral dos seres, conforme o estágio evolutivo em que se encontrem. Não é por outro motivo que *o instinto de conservação se constitui em um dos mais eficientes mecanismos da evolução* (item 5.3.1.4).

O *princípio inteligente*[130] – que *dormita no vegetal, agita-se no animal e desperta no homem*, na frase poética de Léon Denis, em *O problema do ser, do destino e da dor*[131] –, desde sua origem e em suas primeiras manifestações no plano físico, automatiza, por meio de experiências incontáveis, repetitivas e sucessivas, vivenciadas em organismos progressivamente mais complexos, reações aos impulsos exteriores ao meio físico, que se vão gravando no perispírito (item 7.4.1), com o fim de proporcionar a adaptação desses seres ao meio ambiente.

Quando, por exemplo, a planta finca suas raízes no solo, em busca de alimento e alça seus galhos à procu-

[130] *Princípio inteligente* ou *princípio espiritual* ou ainda espírito (com "e" minúsculo) pode ser também entendido como o gérmen ou estágio anterior do Espírito, isto é, ainda não individualizado, não elaborado. Alguns autores costumam utilizar os termos alma, princípio inteligente, espírito e Espírito (encarnado ou desencarnado) como sinônimos (ver no capítulo "Primeiras palavras", a reprodução do artigo de Durval Ciamponi).

[131] Primeira parte, cap. IX, "Evolução e finalidade da alma".

ra dos raios solares; quando o animal predador dá o bote, abocanhando animais de outras espécies, para se nutrir; e quando a criança chora, avisando que está com dor ou com fome, temos a manifestação do *instinto.*

"O *instinto* é a força oculta que solicita os seres orgânicos a atos espontâneos e involuntários, tendo em vista a conservação deles" (GE, III:11).

Paralelamente ao instinto, temos "A inteligência (que) se revela por atos voluntários, premeditados, combinados, de acordo com as circunstâncias" (GE, III:12). O *instinto* é considerado como um *guia seguro, que jamais se engana*, enquanto a *inteligência*, pelo fato de ser livre, *está sujeita a erros.* À medida que a criatura se desenvolve e progride, lentamente o instinto vai dando lugar à inteligência. Entretanto, mesmo no homem evoluído, o instinto ainda se manifesta como uma *força auxiliar*, com a finalidade de preservar a vida física. As Leis Divinas são sábias em tudo. Enquanto na fase infantil as reações instintivas do Espírito encarnado são muito fortes, no adulto, também se fazem presentes, embora de forma mais atenuada (suavizada), como acontece, por exemplo, quando piscamos os olhos, quando respiramos, quando utilizamos movimentos espontâneos para fugir a um perigo, etc.

Observe-se que, no *animal*, o instinto predomina, não dispondo ele do *livre-arbítrio*, razão por que não tem *vida moral*, ao contrário do que acontece com o homem, que, a par do livre-arbítrio, é dotado de *razão* e *vontade* (LE, 909), sendo, por isso, *responsável* por seus atos, tanto que se encontra sujeito à lei de causa e efeito (item 7.5).

Ao lado da *necessidade de viver*, Deus concedeu ao homem os recursos indispensáveis para suprir essa necessidade e torná-la mais digna. Toda a matéria-prima necessária à alimentação e ao desenvolvimento da indústria e do comércio encontra-se disponível na Natureza e, à medida que experimenta a vida e exercita sua inteligência, por meio do trabalho (item 5.3.1.3), o homem vai descobrindo e ampliando meios de satisfazer suas necessidades.

Todavia, o homem, ainda ignorante das realidades espirituais, abusa desse poder, antepondo o seu *orgulho* e o seu *egoísmo*, causadores da fome, da miséria e das desigualdades sociais, fazendo com que haja grande desequilíbrio no uso dos recursos naturais e na distribuição dos bens e serviços gerados pelo uso da inteligência.

Não se contentando com o *necessário*, o homem lança-se, avidamente, à busca do *supérfluo*, criando necessidades novas em busca de outras satisfações, que lhe trazem muitas angústias e aflições. Ressalve-se, entretanto, que é muito natural que o homem busque o seu bem-estar, desde que não incorra em abusos, sempre contrários à Lei de Conservação (LE, 719).

Em nota à questão 717 de *O Livro dos Espíritos*, o Codificador ressalva que

> Nada tem de absoluto o limite entre o necessário e o supérfluo. A civilização criou necessidades que o selvagem desconhece, e os Espíritos que ditaram os preceitos acima não pretendem que o homem civilizado deva viver como o selvagem. Tudo é *relativo*, cabendo à *razão* regrar as coisas. A civilização desenvolve o senso moral e, ao mesmo tempo, o sentimento de caridade, que leva os homens a se prestarem mútuo apoio. Os que vivem à custa das privações dos outros exploram, em seu proveito, os benefícios da civilização [...].

Por outro lado, algumas pessoas, no afã de *agradarem* a Deus, privam-se, voluntariamente, das coisas, ou afligem o próprio corpo, sem que isso tenha qualquer *finalidade útil* ou *elevada*. Esse tipo de privação pouco valor tem, perante Deus, pois existe muito mais mérito em fazer bem aos semelhantes, como advertem os Espíritos nas questões 720 e 721 da primeira obra da Codificação.

As privações voluntárias meritórias são aquelas em que o homem evita os gozos inúteis, que o desprendem da matéria e lhe elevam a alma. O grande mérito do homem está em privar-se do que lhe é necessário para auxiliar outros mais necessitados que ele mesmo.

Aqueles, porém, que se mortificam, que se auto-agridem no intuito egoísta de ganharem o "céu", numa espécie de *mercantilismo religioso*, cada vez mais se afastam de Deus, uma vez que estão infringindo a Lei Natural que nos solicita a conservação do corpo, instrumento indispensável ao progresso do ser.

O hábito de não se alimentar da *carne animal*, por exemplo, não nos conduz a uma santificação compulsória, visto que é a *bondade do coração* que nos eleva a Deus, até porque muitos ainda dependem dessa necessidade alimentar, devido à constituição orgânica e às atividades mais rudes (LE, 722 a 724). Todavia, grande merecimento têm aqueles que puderem moderar a alimentação comum, inclusive a carne, em sua dieta, substituindo-a por outros nutrientes mais saudáveis, com a finalidade de preservar o seu corpo para atividades em benefício do próximo. Neste aspecto, oportuna é a consulta ao item seguinte, que trata da *Lei de Destruição*.

A propósito, no tocante aos hábitos diários, devemos sempre substituir os menos felizes por outros mais saudáveis, eliminando de nossa dieta tudo aquilo que prejudica a nossa saúde, inclusive o fumo e a bebida alcoólica excessiva, porque assim estaremos agindo, *racionalmente*, de acordo com a Lei de Conservação.

5.3.1.7. Lei de Destruição

> *"Preciso é que tudo se destrua para renascer e se regenerar. Porque, o que chamais destruição não passa de uma* transformação, *que tem por fim a renovação e melhoria dos seres vivos."*
> (LE, 728.)

Uma das maiores preocupações do homem moderno tem sido a *preservação do meio ambiente*. Os debates e pesquisas em torno da Ecologia têm chamado a atenção dos estudiosos, visto que há um consenso em torno da necessidade de proteger o planeta do progresso desordenado. É o chamado *desenvolvimento sustentável*, que tem por divisa progredir, sem destruir.

Quando se fala em Ecologia, imediatamente imaginamos os animais e o verde das florestas, a exuberância da Natureza. Esquecemo-nos de nos incluir na paisagem do *ecossistema*. Isso mostra como estamos desconectados das Leis Naturais que nos governam.

Segundo texto publicado na Internet,[132] atribui-se ao famoso cientista Albert Einstein (1879-1955) o seguinte pensamento:

> *Um ser humano é parte de um todo...* Ele percebe a si mesmo, seus pensamentos e sentimentos, como algo separado do resto [...] um tipo de ilusão de ótica de sua consciência. Esta ilusão é uma espécie de *prisão* para nós, restringindo nossos desejos pessoais e a nossa afeição a umas poucas pessoas próximas a nós. Nossa tarefa deve ser nos libertarmos dessa prisão, expandindo nossa *compaixão* para abranger todas as criaturas vivas e toda a Natureza em seu esplendor. Ninguém é capaz de conseguir isso completamente, mas apenas o empenho por tal conquista é, em si próprio, uma parte da libertação e uma base sólida para nossa *segurança interior*. (Destacamos)

Realmente, o ser humano é apenas uma parte do todo e devemos, enquanto é tempo, nos integrar à

[132] *http://orbita.starmedia.com/~limaesilva/*

harmonia divina, estudá-la com mais afinco, para compreendê-la melhor, analisar todas as peças desse "quebra-cabeças", numa visão de conjunto que também não exclua o espírito. Bem disse o Codificador que *"A Natureza jamais se encontra em oposição a si mesma. Uma só é a divisa do brasão do Universo: unidade-variedade"* (GE, VI:11). Sem compreender isso, o homem jamais dominará a Natureza, com sabedoria, porque não terá dominado a si mesmo.

Destruição, no sentido comum, é sinônimo de demolição, extinção, desaparecimento, aniquilamento. Sob o ponto de vista espírita, contudo, a Lei de Destruição tem significado diferente, que é o de *transformação*, de metamorfose, "[...] que tem por fim a renovação e a melhoria dos seres vivos" (LE, 728).

Para se alimentarem, os seres vivos destroem-se reciprocamente. É a chamada *cadeia alimentar*. Esta destruição tem dupla finalidade, que é a *manutenção do equilíbrio na reprodução*, que poderia tornar-se excessiva, e a *utilização dos despojos do invólucro exterior* (corpo físico) que sofre a destruição. A parte essencial do ser pensante (elemento inteligente) é distinta do corpo físico e não se destrói com a desintegração deste (LE, 693a e 728a).

Conforme ensinam os Espíritos, no capítulo VI da obra básica retromencionada, *o instinto de destruição coexiste com o de conservação* (ver cap. anterior), a título de contrapeso, de equilíbrio (LE, 731),

> A fim de que a destruição não se dê antes do tempo. Toda destruição antecipada obsta ao desenvolvimento do princípio inteligente. Por isso foi que Deus fez que cada ser experimentasse a necessidade de viver e de se reproduzir (LE, 729).

O homem teme a morte (destruição), graças ao *instinto de conservação*, que lhe proporciona o prolongamento da vida, para que cumpra sua tarefa e aprenda cada vez mais (LE, 730). Grande parte do temor da morte, porém, reside na noção insuficiente que o homem tem sobre a *vida futura*, que advém do *receio da destruição total*, do aniquilamento do ser (LE, 941 e 958; CI, Primeira parte, II; OP, Primeira parte, "A vida futura").

A necessidade de destruição, contudo, tende a desaparecer, à medida que ocorre a evolução, tanto no aspecto *intelectual* quanto no *moral*, ou seja, "[...] à medida que o espírito sobrepuja a matéria" (LE, 733). A partir dessa afirmação, deduz-se que a destruição não é idêntica em todos os mundos, porque isso depende da evolução ou do estado mais ou menos material desses orbes (LE, 732).

Constitui violação das Leis Divinas o *abuso da destruição dos animais* pelo homem, a pretexto de prover o seu sustento alimentar ou para satisfazer as suas necessidades supérfluas (LE, 734 e 735), como ocorre nas *caçadas de aves, de raposas, de animais em geral, nas touradas, etc.*

Os animais, por terem no instinto um guia seguro, somente destroem para satisfação de suas próprias necessidades, mas o homem, dotado de *livre-arbítrio*, nem sempre sabe utilizar, com sabedoria, de sua liberdade. Mas ocorrem também abusos no outro extremo, quando os homens, em certos lugares, levam ao excesso o escrúpulo quanto à destruição dos nossos irmãos menores, mais por superstição do que por bondade, enquanto as pessoas experimentam a fome (LE, 736).

Toda vez que o homem ultrapassa os limites fixados pela Natureza, terá de prestar contas do abuso de liberdade que lhe foi concedida, mesmo quando esse abuso ocorre nos *experimentos científicos* para o bem da Humanidade.

Nesse caso, entra em funcionamento a infalível Lei de Causa e Efeito (item 7.5). *O desequilíbrio das condições ambientais e a ameaça à sobrevivência física do homem, aliados aos problemas morais complexos daí decorrentes, podem ser algumas das conseqüências da violação dessas leis.*

Em síntese, a *destruição natural* é aquela que ocorre, com obediência das Leis Divinas, isto é, dentro da normalidade e da ordem das coisas, *de acordo com as necessidades.*

Os *flagelos destruidores* constituem outra modalidade da Lei de Destruição. Os flagelos podem ser naturais (provocados pela Natureza, tais como vulcões, terremotos, tempestades, etc.) ou provocados pelos homens (guerras, revoluções, guerrilhas, etc.).

Os *flagelos destruidores*, segundo os Espíritos, têm a finalidade de impulsionar a Humanidade ao progresso, tanto no aspecto moral, como no físico e intelectual. Os flagelos constituem provas que ensejam ao homem exercitar a inteligência, demonstrar paciência, resignação, solidariedade e amor ao próximo (LE, 737, 739 e 740).

Tal como acontece com a terra, ferida pelas lâminas afiadas do arado, que, revolvida, encontra meios de se regenerar mais rápido, a destruição que aflige a Humanidade, embora pela *dor*, também serve de *estímulo* para a *busca de soluções* para seus problemas de ordem intelectual e moral.

Outros meios emprega Deus para melhorar a Humanidade, porém, o homem nem sempre se aproveita dessas oportunidades, seja pelo seu comodismo, seja pelo seu egoísmo e orgulho (LE, 738 e 785). Entretanto, é dado ao homem, em parte, conjurar (evitar, prevenir) os flagelos que o afligem, por meio dos avanços da Ciência (LE, 741).

A *guerra* é resultado das paixões exacerbadas do homem, em virtude da "[...] predominância da natureza animal sobre a natureza espiritual [...]". Entre os povos bárbaros, predomina a lei do mais forte, porém, à medida que progredirem, menos necessidade terão de lutar entre si (LE, 742). Por isso que *a guerra também um dia desaparecerá da Terra, "[...] quando os homens compreenderem a justiça e praticarem a Lei de Deus*" (LE, 743). Apesar do alto preço que se paga pela guerra, ela tem impulsionado o homem aos *ideais de liberdade e à conquista do progresso* (LE, 744). Isso não quer dizer que estão isentos de culpa aqueles que lançam a Humanidade em guerras sangrentas, por ambição. Neste caso, "[...] muitas existências lhes serão necessárias para expiar todos os assassínios de que haja sido causa [...]" (LE, 745).

Ressalve-se, porém, que, se constrangido pela força das coisas, pela necessidade, pela defesa legítima, o homem não tem culpa dos assassínios que pratica durante a guerra. Responderá, entretanto, pelos *excessos* e *crueldades* que cometa, nesse mister, assim como lhe será levado em conta o *sentimento de humanidade* com que proceda, nessas ocasiões (LE, 749).

Os *flagelos naturais* são uma imposição das Leis soberanas de Deus e visam à felicidade do homem, enquanto os flagelos provocados pelo homem constituem um desrespeito às Leis Divinas e trazem sofrimento às criaturas. Saliente-se que os flagelos provocados pelo homem serão computados na *contabilidade cármica* (item 7.5), que o homem terá de reparar com muito mais sofrimento e esforço do que acontece nos casos dos flagelos naturais, os quais não impõem às suas vítimas o *remorso* e a *crise de consciência*. Apesar disso, depois de se arrepender, expiar e reparar o mal, o homem sairá mais fortalecido e experiente. O *escândalo* é necessário – disse Jesus –, mas ai daquele que for instrumento dele (Mateus, 18:7).

Isso quer dizer que há outros meios de se obter progresso sem que seja pelo egoísmo, pela violência e pelas armas, meios esses que o homem deixa de utilizar devido ao estágio moral em que se encontra.

Deus não erra! As Leis Divinas são perfeitas. As *expiações coletivas*, em que grande multidão sofre os efeitos da guerra, dos trágicos acidentes, dos terremotos e da miséria social, entre outras catástrofes, podem representar *resgate de faltas passadas*, porque atingem grande número de pessoas, boas ou más. Ninguém sofre imerecidamente em um planeta de provas e expiações (atrasado moralmente) como o nosso (ESE, III:13 a 15), em que a dor (item 7.4.4) *também serve de meio de purificação dos Espíritos, em processo de reequilíbrio e educação* (OP, Primeira parte, "Questões e problemas").

Conforme lembra o notável escritor francês Léon Denis (1846-1927), no livro *O problema do ser, do destino e da dor*,[133] "[...] pode ela [a dor] ser um benefício se, causada por nossos abusos e vícios, nos ensinar a detestá-los e a corrigir-nos deles" e que "é necessário sofrer para nos conhecermos e conhecermos bem a vida". O *sofrimento*, nesses casos, pode ser um fator de elevação moral. A *dor* proporciona o entendimento do real significado da vida e a criatura, ainda que palidamente, percebe a grandeza da herança divina (ver no item 5.3.3, o artigo de Gebaldo José de Souza, publicado na revista *Reformador*, sobre o passe).

[133]Terceira parte, cap. XXVI, "A dor".

Os abalos sísmicos não são simples acidentes da Natureza. O mundo não está sob a direção de forças cegas. As comoções do globo são instrumentos de provações coletivas, ríspidas e penosas. Nesses cataclismos, a multidão resgata igualmente os seus crimes de outrora e cada elemento integrante da mesma quita-se do pretérito na pauta dos débitos individuais (CONS, 88).

Muitos homens bons, nesta vida, já foram maus em outras e resgatam seus erros na presente existência. Enxergando a vida do ponto de vista espiritual (macrovisão), o homem concluirá que o corpo, a matéria, não é tudo, e perceberá as coisas de outro modo. Os sofrimentos representam, além do resgate, um ensino aos homens justos de hoje, que evoluirão mais depressa, sendo compensados, no futuro, por tudo o que passaram, enquanto o homem mau sofrerá pelos seus erros, mas terá novas oportunidades de reparar seus débitos do passado e evoluir para o bem, mesmo que essa reparação se dê em planetas menos adiantados, para onde poderão ser desterrados ou exilados, se mantiverem conduta rebelde para com as Leis Divinas (LE, 178a).

O que é um século na vida física? Apenas uma pequenina fração de tempo perante a eternidade. Seja por flagelo ou por uma causa comum, ninguém deixa, por isso, de morrer. A diferença é que, em caso de flagelo, maior número de pessoas parte ao mesmo tempo.

5.3.1.8. Lei de Igualdade

"A desigualdade das condições sociais é obra do homem e não de Deus."
(LE, 806.)

Esta é outra lei moral de suprema importância para o desenvolvimento dos Espíritos. Por ela se pode aferir quanto à *Justiça* e à *Bondade* do Criador, que *a nenhum homem concedeu superioridade natural*, seja pelo nascimento, seja pela morte. Na trajetória rumo à perfeição, *todos partimos do mesmo ponto, isto é, fomos criados simples e ignorantes* (LE, 115 e 189).

As diferenças que existem entre as criaturas humanas repousam em causas diferentes. A primeira delas está na *idade do Espírito*. Criando Deus, incessantemente, é natural que existam Espíritos mais antigos, que reencarnaram mais vezes e, portanto, mais experientes que outros (LE, 804).

Outra circunstância, que exprime certas diferenças entre os Espíritos, mesmo que tenham idêntica idade espiritual, é o *bom ou mau uso que fazem do seu livre-arbítrio*. Aqueles que se esforçam em seguir as Leis Divinas, mais rápido sobem na escala do progresso. Associem-se ao livre-arbítrio a *vontade* e o *trabalho*, que constituem fatores determinantes na construção das diferenças evolutivas dos Espíritos. Quem mais se esforça, *quem mais busca superar a si mesmo*, perseverando no combate das imperfeições, pela iluminação espiritual, fundamentada no Evangelho de Jesus, mais rapidamente chega ao destino de felicidade que o Pai reservou a todos (CI, Primeira parte, VIII:12).

Ou seja, todos os homens estão submetidos às mesmas Leis da Natureza. Todos nascem igualmente fracos, acham-se sujeitos às mesmas dores, tanto que o corpo do rico se destrói como o do pobre. *Não existem privilégios nem distinções na Criação divina!* Todos recebem, em *gérmen*, o mesmo poder, a mesma sabedoria e os mesmos *estímulos evolutivos*, bem assim as mesmas *oportunidades*, no longo percurso que demanda à árdua ascensão dos Espíritos (OP, Primeira parte, "Liberdade, Igualdade, Fraternidade").

Não se confunda, porém, a igualdade, no seu sentido *natural*, com a almejada *igualdade socioeconômica*. Se, ao longo de nossa trajetória evolutiva, estacionamos ou nos elevamos, isso se deve ao mau ou bom uso que fazemos de nosso livre-arbítrio, numa expressão, é obra do homem (LE, 806). Nesse caso, as *desigualdades sociais e econômicas são produto das opções voluntárias dos homens e nunca resultam das preferências de Deus.*

Deus concede as provas da riqueza a uns e as da pobreza a outros, para experimentá-los de modos diferentes, *muitas vezes por escolha do próprio Espírito*, que muito freqüentemente sucumbe nessas experiências (LE, 814). *Tanto a pobreza quanto a riqueza extremas são provas difíceis.* No primeiro caso, porque o Espírito sofre a *tentação da revolta* e no segundo, porque *ten-*

de a abusar dos bens que lhe foram concedidos por empréstimo.

Muitas vezes, o mau uso da riqueza em uma existência leva o Espírito a pedir, na próxima encarnação, a condição de pobreza, na esperança de corrigir os abusos cometidos e escapar das tentações que a primeira oferece. Outros fatores, porém, podem conduzir o homem às dificuldades econômicas, tais como a *preguiça*, a *imprevidência* e a *falta de coragem* e/ou *estímulo* para enfrentar os problemas da vida.

Os Espíritos ensinam que a *pobreza* é, para os que a sofrem, a prova da *paciência* e da *resignação*, e a *riqueza*, a prova da *caridade* e da *abnegação* (LE, 814 a 816).

A riqueza, em si, não é um mal. O problema existe quando fazemos mau uso dela. *O dinheiro é neutro*; tanto pode comprar o alimento que mata a fome da criança, como pode comprar a arma que tira a vida do próximo. Na verdade, a riqueza constitui grande *elemento de progresso*, visto que proporciona a melhora da situação *material* do planeta em que vive o homem, seja pelo aumento da produção, do conforto, dos recursos tecnológicos que enseja (LE, 896).

Não se nega, entretanto, que *a riqueza constitui uma prova muito mais difícil em relação à pobreza*, em virtude das *tentações* que gera e da *fascinação* que exerce, sendo mesmo considerada o *supremo excitante do orgulho, do egoísmo e da sensualidade*. Essa característica da riqueza levou Jesus a pronunciar a parábola *"é mais fácil um camelo passar pelo fundo duma agulha do que entrar um rico no Reino de Deus"*,[134] não significando que o rico não possa alcançar a perfeição, mas sim que *a prova da riqueza é repleta de riscos para quem a escolhe* (ESE, XVI).

Não somente as desigualdades sociais, mas todas as outras mazelas, provenientes das mais variadas condições dos vários povos da Terra, são sempre obra do homem e não de Deus. Elas podem ser originárias da vida presente ou da vida passada.

A existência de leis injustas e até cruéis, para regular as relações da sociedade, constituem o reflexo das imperfeições morais dos homens, fazendo com que surjam desigualdades sociais acentuadas. Uma delas, de graves conseqüências, foi a que autorizou a escravidão do homem pelo próprio homem, como se a cor da pele ou a condição social fossem determinantes do grau de nobreza do Espírito (ver *Lei de Liberdade*, item 5.3.1.9).

Entretanto, o progresso segue o seu curso implacável e, pouco a pouco, essas injustiças desaparecerão, conforme o ritmo dos esforços individuais, que se refletirão inevitavelmente na coletividade, pelo *progresso moral*, quando então restará apenas a *desigualdade de merecimento*, alijando, para sempre, os privilégios de casta, sangue, posição, sexo, raça, religião, etc.

Esclareça-se, porém, que a igualdade não significará a *uniformização* entre todos os Espíritos, como se

[134]Mateus, 19:24.

fôssemos uma sociedade de máquinas ou robôs, uma vez que somos *seres singulares*. Os homens se orientarão pelas Leis Divinas, situação que permitirá o desabrochar natural de seus pendores, de sua criatividade. Cada um ocupará os postos de menor ou maior responsabilidade, *conforme as necessidades e as condições apropriadas ao momento de cada um*, sem os prejuízos das imperfeições morais, tais como o egoísmo, o orgulho, a inveja e o preconceito.

Perante as Leis de Deus, não se justifica que o homem tenha privilégios ou superioridade em relação à *mulher*, como ainda acontece na atualidade. Entretanto, por força do progresso, essas desigualdades entre homem e mulher vêm diminuindo cada vez mais. E com justa razão, pois Deus outorgou a ambos a inteligência e a faculdade de progredir, motivo por que possuem os mesmos direitos e deveres. Conforme ensina o Codificador, o estágio do Espírito em sexos e em posições sociais diferenciadas proporciona-lhe provações e deveres especiais, com vistas ao aprendizado e ao aperfeiçoamento. "Aquele que só como homem encarnasse só saberia o que sabem os homens" (LE, 202).

Aliás, *o Espírito, a rigor, não possui sexo* (LE, 200), sob o ponto de vista da organização fisiológica que define o que é masculino e o que é feminino. Pode-se dizer mesmo que *os sexos só existem na organização física*, visto que os Espíritos podem encarnar tanto num como noutro (LE, 201), motivo pelo qual, sob esse aspecto, *nenhuma diferença existe entre eles*, devendo, por isso, gozar dos mesmos direitos.

A desigualdade que existe entre homem e mulher é de *funções* e não de *direitos*. Homem e mulher devem interpretar o seu *papel*, tendo em vista as aptidões, características, responsabilidades e pendores de cada um (LE, 817 a 822). A própria legislação humana reconhece essa distinção de funções. Sem embargo dessas diferenciações funcionais, previstas explicitamente em nossa *Constituição Federal*, as leis trabalhistas, no Brasil, por exemplo, levando em conta a organização física dos trabalhadores de sexos diferentes, estabelecem o *limite de peso que a mulher deve suportar*, em relação ao homem (art. 390, *caput*, da CLT – Consolidação das Leis do Trabalho).

Por derradeiro, *a diversidade das aptidões humanas* (LE, 804) não pode ser levada à conta de alguma falha nas Leis Divinas. Essa diversidade de situações e diferença de aptidões, como já visto, resultam da multiplicidade de experiências vividas nas sucessivas encarnações, de acordo com as *preferências* e a *vontade* de cada Espírito.

É por tal razão que é *uma utopia a igualdade absoluta de riquezas*, a qual não se realiza devido à diversidade das faculdades e dos caracteres dos homens (LE, 811 e 812). Como se diz, no ditado popular, o que seria do vermelho, se todos gostassem só do amarelo. Daí por que é necessário que os homens vivam em sociedade e aprendam a respeitar as suas diferenças.

Sendo assim, as várias aptidões humanas são necessárias, a fim de que cada um possa concorrer com a sua parte para a execução dos desígnios divinos, de acordo com o limite do desenvolvimento alcançado e de acordo com as forças físicas e intelectuais de cada ser. O que aquele não faz, este pode fazer, de modo que um precise do outro, contribuindo para um inter-relacionamento saudável. Dessa união, dessa *diversidade* resulta um *equilíbrio de forças natural* que impulsiona as criaturas ao progresso, do qual muitas vezes o homem nem suspeita, fazendo com que cada qual desempenhe papel útil na vida de relação (ver *Lei de Sociedade*, item 5.3.1.2).

À medida que o *egoísmo* e o *orgulho* forem sendo extirpados do coração do homem, por força do progresso, em seu sentido amplo, as misérias sociais, econômicas e morais irão cedendo lugar à fraternidade e à justiça.

5.3.1.9. Lei de Liberdade

"A liberdade é a certeza do dever cumprido."
Anônimo

Criado simples e ignorante (LE, 115 e 189), o Espírito é quem decide e cria o seu próprio futuro. Para isso, é dotado de *livre-arbítrio*, ou seja, *capacidade de escolher entre o bem e o mal*. Desse modo, ele tem a possibilidade de se desenvolver, evoluir, aperfeiçoar-se, de tornar-se cada vez melhor, mais perfeito, como um *aluno* na escola, passando de uma série para outra, através dos diversos graus.

A nossa liberdade, porém, não é absoluta, porque vivemos em sociedade, onde devemos respeitar os direitos de outras pessoas (LE, 826 e 827; OP, Primeira parte, "Liberdade, Igualdade, Fraternidade"). Não se deve, pois, confundir *liberdade com libertinagem* (indisciplina ou licenciosidade de costumes), pois *o direito de um indivíduo termina onde começa o do outro.* Existe, porém, uma exceção: *a liberdade de pensar e de consciência.* Não há como impedir que alguém pense livremente. Somente perante Deus o homem é responsável pelo que pensa (LE, 833 e 834). "*Constranger os homens a proceder em desacordo com o seu modo de pensar é fazê-los hipócritas.* A liberdade de consciência é um dos caracteres da verdadeira civilização e do progresso" (LE, 837).

No sentido filosófico-moral, liberdade *é a faculdade de pensar, falar e agir, livremente, sem desrespeitar a liberdade de outras pessoas.*

Já *o livre-arbítrio é a capacidade do Espírito de autodeterminar-se*, é o instrumento que Deus concede à criatura humana, para que ela tenha *merecimento* na conquista da própria *felicidade.* Se não tivéssemos o livre-arbítrio, seríamos meros autômatos, sem responsabilidade por nossos atos (LE, 780a e 843). Sendo assim, os acontecimentos da vida não estão todos predeterminados.

> A *fatalidade* existe unicamente pela escolha que o Espírito fez, ao encarnar, desta ou daquela *prova para sofrer.* [...] Falo das

> provas físicas, pois, pelo que toca às provas morais e às tentações, o Espírito, conservando o livre-arbítrio quanto ao bem e ao mal, é sempre senhor de ceder ou de resistir (LE, 851).

O livre-arbítrio é proporcional à nossa evolução. Nossa responsabilidade aumenta, à medida que ampliamos o nosso conhecimento e o nosso livre-arbítrio (LE, 844).

Alguns autores espíritas definem o livre-arbítrio como sendo *a faculdade que permite ao homem edificar, conscientemente, o seu próprio destino, possibilitando--lhe a escolha, na sua trajetória ascensional, do caminho que desejar.*

O *futuro*, em princípio, está vedado ao homem. Se ele conhecesse o futuro, negligenciaria o presente e não obraria com liberdade, perturbando-se, porque ficaria paralisado diante dos acontecimentos, acreditando que seria inútil ocupar-se com eles, ou então procuraria impedi-los de acontecer (LE, 868 a 871). Não se despreze, também, o fato de que, de acordo com o emprego do livre-arbítrio, podemos influenciar o nosso futuro, de modo que a liberdade de fazer ou não fazer, de seguir este ou aquele caminho para seu adiantamento, constitui um dos atributos essenciais do Espírito.

Todo excesso que cometermos em nome da liberdade será debitado em nossa contabilidade cármica (item 7.5). Como lembram os Espíritos superiores, *a liberdade é a certeza do dever cumprido; ser livre é respeitar a liberdade dos outros.*

5.3.1.10. Lei de Justiça, Amor e Caridade

"A justiça consiste em cada um respeitar os direitos dos demais."
(LE, 875.)

De todas as Leis Morais, esta é a mais importante, uma vez que o progresso da Humanidade tem seu princípio na sua aplicação, que se funda na certeza do futuro espiritual das criaturas e encerra todas as condições da *felicidade do homem*. Como alertam os Espíritos superiores, esta "[...] lei é a mais importante, por ser a que faculta ao homem adiantar-se mais na vida espiritual, visto que resume todas as outras" (LE, 648).

Por si só, a existência e o funcionamento das outras leis morais constituem a maior prova da Justiça, do Amor e da Caridade com que a Providência Divina distingue as suas criaturas.

Entretanto, quis Deus que também os homens praticassem essas leis entre si. Por isso, devemos procurar em nosso relacionamento com os semelhantes e mesmo conosco o ideal de Justiça, Amor e Caridade.

Entre os ocidentais, *a Justiça*, na definição herdada do Direito Romano, de cunho pragmático, material, *é a constante e firme vontade de dar a cada um o que é seu.* A definição dada pelos Espíritos, a nosso ver, contudo, é mais abrangente e precisa: "*A justiça consiste em cada um respeitar os direitos dos demais*" (LE, 875).

O sentimento de Justiça é inato (preexistente) no homem, o qual se revolta com a simples idéia de uma injustiça, entretanto, esse sentimento precisa ser aprimorado e desenvolvido pelo progresso moral de cada um de nós, *pela prática do bem e da compreensão dos problemas alheios*. Muitas vezes, em meio ao sentimento de justiça natural, misturam-se as *paixões humanas* que induzem as pessoas ao erro.

Por isso se diz que as leis humanas ainda são um pálido reflexo da Justiça verdadeira, porque, sendo *mutáveis*, elas apenas refletem os costumes e os caracteres da sociedade de uma determinada época. Assim, *a justiça terrena é do tamanho da evolução do homem*, o que já não acontece com a Justiça Divina, que é *imutável*.

Jesus, o Mestre dos mestres, legou-nos a base da verdadeira Justiça, consagrada na sublime lição: "*Queira cada um para os outros o que quereria para si mesmo*", o que significa dizer que Deus imprimiu no coração do homem a regra da verdadeira justiça, fazendo com que cada um deseje ver respeitados os seus direitos. *Afinal, em condições normais, ninguém desejaria o próprio mal*.

Quando estivermos em dúvida quanto ao nosso procedimento em relação ao semelhante, procuremos saber como gostaríamos que o semelhante procedesse em relação a nós, em circunstância idêntica. A resposta que encontrarmos será a que deverá ditar nosso comportamento em qualquer circunstância da vida.

O primeiro de todos os direitos naturais do homem é o de *viver*, motivo pelo qual ninguém tem o direito de agir contra a vida do semelhante.

O desejo de *possuir*, no homem, é natural, mas se transforma em egoísmo quando este deseja possuir somente para sua satisfação pessoal. A propriedade legítima é aquela que foi adquirida sem prejuízo de outrem. Todavia, a acumulação de bens sem utilidade para ninguém, ou apenas para saciar as paixões, constitui um atentado contra a Lei de Justiça, de Amor e de Caridade (LE, 881 a 885).

Caridade não é, como muita gente imagina, pura e simplesmente prestar auxílio material aos necessitados.

O Espírito Neio Lúcio, no livro *Jesus no lar*, psicografado pelo médium Francisco Cândido Xavier, no cap. 16, traz uma linda história, cuja autoria é atribuída a Jesus, que bem resume o espírito da *Caridade*:

> Em zona montanhosa, através de região deserta, caminhavam dois velhos amigos, ambos enfermos, cada qual a defender-se, quanto possível, contra os golpes do ar gelado, quando foram surpreendidos por uma criança semimorta, na estrada, ao sabor da ventania de inverno.
>
> Um deles fixou o singular achado e clamou, irritadiço:
>
> – Não perderei tempo. A hora exige cuidado para comigo mesmo. Sigamos à frente.
>
> O outro, porém, mais piedoso, considerou:
>
> – Amigo, salvemos o pequenino. É nosso irmão em humanidade.

– Não posso – disse o companheiro, endurecido –, sinto-me cansado e doente. Este desconhecido seria um peso insuportável. Temos frio e tempestade. Precisamos ganhar a aldeia próxima sem perda de minutos.

E avançou para diante em largas passadas.

O viajor de bom sentimento, contudo, inclinou-se para o menino estendido, demorou-se alguns minutos, colando-o paternalmente ao próprio peito e, aconchegando-o ainda mais, marchou adiante, embora menos rápido.

A chuva gelada caiu, metódica, pela noite adentro, mas ele, sobraçando o valioso fardo, depois de muito tempo atingiu a hospedaria do povoado que buscava. Com enorme surpresa, porém, não encontrou aí o colega que o precedera. Somente no dia imediato, depois de minuciosa procura, foi o infeliz viajante encontrado sem vida, num desvão do caminho alagado.

Seguindo à pressa e a sós, com a idéia egoística de preservar-se, não resistiu à onda de frio que se fizera violenta e tombou encharcado, sem recursos com que pudesse fazer face ao congelamento, enquanto que o companheiro, recebendo, em troca, o suave calor da criança que sustentava junto ao próprio coração, superou os obstáculos da noite frígida, guardando-se indene de semelhante desastre. Descobrira a sublimidade do auxílio mútuo... *Ajudando ao menino abandonado, ajudara a si mesmo. Avançando com sacrifício para ser útil a outrem, conseguira triunfar dos percalços da senda, alcançando as bênçãos da salvação recíproca.* (Destacamos)

Concitados por Kardec a falarem sobre a *esmola*, os Espíritos mostraram-se enfáticos:

> Condenando-se a pedir esmola, o homem se degrada física e moralmente: embrutece-se. Uma sociedade que se baseie na Lei de Deus e na justiça deve prover à vida do *fraco*, sem que haja para ele humilhação. Deve assegurar a existência dos que não podem trabalhar, sem lhes deixar a vida à mercê do acaso e da boa vontade de alguns (LE, 888).

O que os Espíritos reprovam não é a esmola ou o auxílio material em si, que pode ser muito útil e indispensável numa *emergência*, "[...] mas a maneira por que habitualmente é dada. O homem de bem, que compreende a caridade de acordo com Jesus, vai ao encontro do desgraçado, sem esperar que este lhe estenda a mão" (LE, 888a).

A legislação humana, inclusive a brasileira, nesse aspecto, vem sendo aperfeiçoada cada vez mais. Atualmente, prestigia-se muito o *promover* o ser humano menos afortunado, dar-lhe condições de garantir por si mesmo o seu próprio sustento, por meio da educação, do ensino profissionalizante e de outras atividades úteis que o auxiliem na manutenção e lhe dêem condições de vida digna. Não se concebe o auxílio material puro e simples a uma pessoa, durante vários anos, tornando-a dependente de nossa ajuda, como a prática da caridade legítima. Foi muito feliz e verdadeiro certo autor (anônimo para nós), ao enunciar tão grande máxima: "Dê um peixe a um homem e o estará alimentando por um dia; ensine-o a pescar e o estará alimentando por toda a vida".

Felizmente, a *cidadania* e o *voluntariado* estão caminhando rumo à maioridade, no Brasil. Nota-se a existência de uma *revolução social silenciosa*, neste sentido, que está apenas ensaiando os primeiros passos. Muitas famílias estão sendo beneficiadas com iniciativas desse gênero, por parte de organizações não-governamentais. As pessoas estão se sentindo mais úteis e mais felizes. Estão crescendo mais, em todos os sentidos. A doutrina jurídica cunhou o termo "Terceiro Setor" (o primeiro setor é o Governo, o segundo, as empresas e o terceiro, a sociedade civil) para identificar as instituições de direito privado, sem fins lucrativos, criadas e qualificadas com vistas ao exercício da *solidariedade* em favor do próximo. É a própria sociedade a ocupar o espaço deixado pelo Estado, em busca de uma qualidade de vida melhor para os cidadãos, em todos os aspectos.

Não sem motivo, 2001 foi escolhido pelas Nações Unidas como o "ano internacional do voluntariado", que encontrou grande repercussão no Brasil, graças à sua vocação espiritual, o que é uma grande oportunidade para se fortalecer em nossas terras as tradições de solidariedade que proporcionarão a construção de uma cultura de responsabilidade social enorme, inclusive nas empresas, uma vez que *a Economia não deve ser um fim em si mesma, mas sim um instrumento de engrandecimento humano, em todos os aspectos.*

Como diz Stephen Kanitz,[135] no suplemento do *Guia da cidadania*,[136] editado pela Abril,

> Para resolvermos nossos problemas sociais, é *necessário o envolvimento individual de cada um*. Empresas podem doar recursos, o Estado pode recolher impostos, mas é o *indivíduo* em última instância que faz a diferença. (Destacamos)

Entretanto, não podemos nos esquecer de que *a fé sem obras é irmã das obras sem fé*, posto que as atividades de benemerência constituem apenas um *meio*, uma vez que o *fim* almejado pelo trabalho social coletivo – que é a promoção do ser humano – repousa na *espiritualização* desse mesmo ser, de edificação paciente e progressiva, motivo pelo qual não pode basear-se apenas sobre a preocupação individualista dos seus empreendedores, sob o risco de degenerar em personalismo destruidor.

Como sabemos, há muito tempo os Centros Espíritas estão praticando esta modalidade de trabalho, sem estardalhaços, de forma silenciosa, fornecendo não somente o pão material e a instrução, mas principalmente a formação moral e espiritual dos seus freqüentadores, com fundamento no Espiritismo, um contributo à conquista não só dos direitos de cidadão comum, mas também da *cidadania espiritual*, tornando-os pessoas conscientes da *necessidade de seu engajamento na era espiritual que se avizinha*.

[135] *www.filantropia.org*

[136] 2001, p. 74.

O apego às coisas materiais denuncia a nossa inferioridade, porque, quanto mais nos apegamos aos bens deste mundo, tanto menos compreendemos o nosso "destino". Pelo *desinteresse*, ao contrário, demonstramos vislumbrar o futuro de um ponto mais elevado (LE, 895 e 897).

Ressalve-se, porém, que o desinteresse caracterizado pela prodigalidade (gasto excessivo) revela *irresponsabilidade* daquele que assim age.

> A riqueza representa um *depósito* de que uns e outros terão de prestar contas, porque terão de responder por todo o bem que podiam fazer e não fizeram, por todas as lágrimas que podiam ter estancado com o dinheiro que deram aos que dele não precisavam (LE, 896).

Conforme ensina Jesus, a Caridade (LE, 886) abrange três requisitos essenciais:

a) *benevolência* para com todos (inclusive auxílio material, em casos emergenciais);
b) *indulgência*, isto é, compreensão para com as imperfeições do próximo (LE, 903 e 904), o que não significa cumplicidade com o erro; e
c) *perdão* às faltas alheias.

A *Caridade* é a maior das virtudes, porque proporciona aos homens colocar em prática o mandamento essencial que consubstancia os demais: "*amar ao próximo como a si mesmo*" (ESE, XI:1 a 10). A essência desse amor visa, acima de tudo, à regeneração do homem pela *educação*, pela *conquista de si mesmo*. Essa a proposta do Consolador (GE, I:26 a 28) prometido por Jesus (LE, 876 e 878). Consciente de que o progresso moral e intelectual liberta a criatura humana, o Espírito Emmanuel chegou a afirmar que *a maior caridade que se faz é a divulgação da Doutrina Espírita.*

Como ensinam os Espíritos, *o amor e a caridade são o complemento da lei de justiça*, pois amar ao próximo é fazer-lhe todo o bem que nos seja possível e que desejáramos nos fosse feito.

Jesus também ensinou que devemos amar aos inimigos, assim entendido não o amor terno e sem jaça [sem mácula] que ainda não sabemos dar, devido à nossa falta de evolução, mas que, pelo menos, nos esforcemos em perdoá-los e lhes retribuamos o mal com o bem (LE, 887). Quem assim procede é o primeiro beneficiado, pois, além de não se nivelar ao erro do adversário, libera as suas tensões e torna-se mais livre. Trata-se de um procedimento científico, de uma terapêutica infalível, que nos assegura saúde física, psíquica e equilíbrio moral.

5.3.2. O Centro Espírita

> *"O Espiritismo não está nos templos ou nas igrejas, mas nos corações de todos aqueles que desejam progredir e servir ao próximo."*
>
> José Herculano Pires

O que deve ser o Centro Espírita e qual o seu papel?

A Casa Espírita, como uma das forças do Movimento Espírita (cap. 6), deve ser um *núcleo de estudos*, de *fraternidade*, de *oração* e de *trabalho*. O seu papel, que igualmente tem grande alcance social, é o de *auxiliar os indivíduos a progredir*, tanto no *aspecto moral* como no *intelectual*, não importando a sua idade, sexo, raça, condição social, religião, bem como a *se conscientizar de seus deveres e responsabilidades perante* Deus, *perante o* próximo *e perante* si mesmo.

De modo específico e primordial, o papel do Centro Espírita é a divulgação da Doutrina Espírita, à luz dos ensinos do Mestre Jesus, alavanca que resgatará a Humanidade de sua *infância espiritual*, contribuindo para a tão sonhada paz no mundo, atualmente mergulhado em graves crises e tormentosas convulsões sociais, mas que já começa a dar sinais de renovação.

Portanto, o Centro Espírita, mais que um templo material, deve ser uma abençoada *escola de almas*, destituída daquele sentido institucional, onde temos a oportunidade de nos espiritualizar e de compreender melhor a nossa condição de Espírito imortal, o que favorecerá o nosso autoconhecimento e a descoberta do verdadeiro sentido da vida.

Conforme ensina Herculano Pires, no livro *O Centro Espírita*,[137] "o mundo humano e o mundo espiritual se fundem no processo de relações mediúnicas, na troca de experiências entre os Espíritos e os homens, que mutuamente se ajudam na escalada da transcendência". Ali, no Centro Espírita – prossegue o autor, à

[137] Cap. XI, "Metamorfose religiosa".

mesma página da obra citada, referindo-se ao Centro Espírita – "caem as barreiras de raças, de condições sociais, posses e culturas, seitas e partidos, mortos e vivos, pois todos aprendem que a fraternidade universal das criaturas decorre da paternidade universal de Deus".

O Centro Espírita não deve ser lugar de *profissionalismo religioso*; por isso, deve ser simples, desprovido de aparatos, de imagens, de velas, de rituais, de paramentos, de sacramentos, de atos religiosos pagos, deve ser dedicado ao serviço da Caridade em seu amplo sentido, *sem preferências*, onde a religião deve ser vivenciada *sem compromissos políticos, comerciais e financeiros*.

Por conseguinte, devemos ter o cuidado de não transformar o Centro Espírita numa igreja, nem devemos *competir* com certas religiões que procuram manter os seus adeptos alienados de suas obrigações de Espíritos imortais, filhos de Deus. É muito cômodo receber tudo mastigado, tudo pronto, sem que seja preciso raciocinar ou trabalhar pelo nosso crescimento íntimo.

O Espírita convicto, que encontrou no Espiritismo uma fonte de consolo para as suas dores, para os seus problemas, não vai ao Centro apenas para receber passes ou beneficiar-se de favores ou privilégios, mas sim imbuído da *vontade de aprender*, de *se educar* e *reeducar*, para melhor se ajudar e também servir, em torno do *ideal de transformação da sociedade*, que passa, necessariamente, pela transformação individual de cada um.

Isso não significa que o Centro Espírita deva se colocar à margem da legislação humana. É preciso *"dar a César o que é de César e a Deus o que é de Deus"* (ESE, XI:5; Mateus, 22:15 a 22). Sendo assim, no plano material, é aconselhável que as Casas Espíritas se oficializem, para os efeitos fiscais, de modo a poderem gozar dos direitos e cumprir as obrigações administrativo-fiscais que lhes são inerentes, se possível, dentro dos moldes de gerenciamento moderno.

Preocupada com esses aspectos, a Federação Espírita Brasileira editou o livro *Orientação ao Centro Espírita*, onde são traçadas diretrizes éticas e administrativas de grande alcance.

5.3.2.1. Evangelização infanto-juvenil

> *"Educai as crianças, para que não seja preciso punir os adultos."*
> Pitágoras

A evangelização infanto-juvenil é um setor extremamente importante, que deve ser tratado com especial atenção e prioridade pelos dirigentes das Casas Espíritas.

Atendendo ao convite de Jesus, podemos e devemos investir, sem receio, na educação das crianças e dos jovens. Não nos esqueçamos de que eles nos substituirão em nossas tarefas e, no futuro, em outras encarnações, certamente retornaremos ao cenário do plano físico como filhos deles.

Tudo que fizermos por eles, hoje, estaremos fazendo, antes de tudo, a nós mesmos, amanhã. Portanto, negligenciar esse setor é conspirar contra nosso próprio futuro espiritual.

Estamos, no presente, lançando as bases do Reino de Deus, as bases de um mundo melhor. E para este mundo progredir, coletivamente, precisamos progredir no plano individual, e isto se faz por meio da Educação, nossa e de nossos rebentos. Não falamos apenas da instrução, da cultura livresca, mas sobretudo da Educação Moral.

Se as nossas crianças são rebeldes, se nossos jovens estão delinqüindo, grande parte da culpa é nossa, porque tais desvios refletem os equívocos da própria sociedade, da madureza, que não está sabendo educá-los.

Como advertem os Protetores espirituais, o lar é a primeira escola, os pais são os primeiros professores, os filhos são os primeiros alunos e o primeiro dia de uma criança, no mundo físico, é o primeiro dia de aula.

Há muitas técnicas de ensino, que podem ser aplicadas pelos pais e pelos professores, contudo, jamais poderemos prescindir do Amor, que ainda é a melhor técnica, em qualquer parte do mundo. Como bem dizia Pestalozzi, *"o amor é a base do ensino"*.

Muitos pais perguntam se devem ou não obrigar seus filhos a freqüentarem as aulas de evangelização. Equivocadamente, alguns afirmam: "*não interferirei na escolha da religião de meu filho. Ele próprio vai escolhê-la, quando crescer*". Este é um equívoco muito grave.

Os pais não perguntam ao filho se ele quer ir à escola, se ele deseja ir ao médico, se ele prefere ir ao dentista ou se ele precisa ou não tomar banho. Simplesmente impõem a ele essas providências imprescindíveis ao seu bem-estar físico e intelectual.

Com o ensino moral, a religião, é a mesma coisa. Os pais devem, sim, encaminhar seus filhinhos, compulsória, enérgica e amorosamente, às aulas de evangelização espírita, para que eles, desde cedo, passem a ter contato com os ensinos do Cristo.

Implantar o Evangelho no lar (item 5.3.1.1.2), ensinar os filhos a orar desde pequeninos (item 5.3.1.1.1), orientá-los quanto ao dever de respeitar o próximo (item 5.3.1.10) e, sobretudo, exemplificar o que ensinam, constituem medidas complementares de profilaxia moral que os pais podem e devem implantar no seio da própria família (item 5.3.1.2.1), e que funcionam como prevenção contra muitos males, que auxiliarão em muito os filhos, quando tiverem que resolver seus próprios problemas.

Quando atingirem a fase adulta, aí sim, os filhos poderão optar, conscientemente, sobre o que é melhor para suas vidas, em termos de religião. Mesmo que adotem escola religiosa diferente da dos pais – e isso não deve causar nenhum escândalo, porque os Espíritos devem ser respeitados em sua individualidade –, eles terão uma base sólida que lhes dará condições de bem discernir perante as dificuldades do caminho.

Até lá, compete aos pais dar aos filhos o melhor que tiverem de si no campo moral, prepará-los para a vida, pois que esta é uma missão que lhes foi confiada por Deus.

Preocupado com essa magna questão, Kardec perguntou aos Espíritos superiores, no item 383 de *O Livro dos Espíritos*, qual a utilidade de o ser passar pelo estado de infância, ao que eles responderam com bastante precisão:

> Encarnando, com o objetivo de se aperfeiçoar, o Espírito, durante esse período, é mais acessível às impressões que recebe, capazes de lhe auxiliarem o adiantamento, para o que devem contribuir os incumbidos de educá-lo.

Pensando nisso, é urgente que priorizemos a educação de nossas crianças e jovens, sem qualquer desprezo para com os idosos que também merecem a proteção da sociedade, porque, segundo Kardec, “A educação, convenientemente entendida, constitui a chave do progresso moral” (LE, 917).

5.3.3. O QUE É O PASSE?

"E disse Pedro: Não tenho prata nem ouro; mas o que tenho isso te dou. Em nome de Jesus Cristo, o Nazareno, levanta-te e anda."
(ATOS, 3:6.)

O *passe*, conhecido na época da Codificação (século XIX) como *magnetismo* (LE, 424; e LM, Segunda parte, XIV:175 e 176), é uma *transferência de forças psíquicas (fluidos ou energias vitais)* de um Espírito para outro, que pode ocorrer de encarnado para desencarnado, de desencarnado para encarnado, de desencarnado para desencarnado e de encarnado para encarnado. É um processo semelhante *à transfusão de sangue*, em que se tem por objetivo substituir energias doentes por energias sadias. "*Passe*" vem da expressão *movimentar ou passar as mãos sobre alguém ou alguma coisa, sem necessidade de tocá-lo.*

A Doutrina Espírita não inventou o passe magnético nem criou a mediunidade. Ela, insiste-se, apenas tem revelado a existência de Leis Naturais às quais todos estamos submetidos desde a criação do Universo.

As origens da terapia do passe remontam à pré-história. O homem sempre conviveu com as doenças e enfermidades, mas nunca esteve órfão da Providência Divina, que lhe forneceu este precioso recurso para amenizar o sofrimento.

José Herculano Pires informa, no livro *Obsessão, o passe, a doutrinação*,[138] que o passe nasceu nas civilizações antigas e era utilizado como um ritual das crenças primitivas. A movimentação ágil das mãos induzia à crença na existência de *poderes mágicos*. Até hoje, o *beijo*, o *sopro* e a *fricção* das mãos sobre o lugar do corpo afetado representam *práticas intuitivas da terapêutica magnética*.

Enfim, a prática da cura por meio da *influência magnética* sempre fez parte da vida humana. Os seguidores de Jesus, absorvendo os ensinos do Mestre, exercitavam a técnica da cura fluídica através da imposição das mãos. O Novo Testamento está repleto de passagens, nesse sentido, a exemplo de Atos, 3:6 e Marcos, 5:23.

O magnetismo começou a ser reconhecido pela Ciência, graças a Franz Anton Mesmer, médico alemão residente em Viena, que, por volta de 1775, passou a fazer suas experiências com os fluidos, técnica a que deu o nome de *magnetismo*, exatamente pelo poder de atração e repulsão, semelhante ao ímã, que descobrira em certos metais e que tinham influência decisiva no tratamento do organismo físico.

O excelente livro *Terapia pelos passes*[139] – idealizado pelo "Projeto Manoel Philomeno de Miranda", equipe vinculada à *Mansão do Caminho*, em Salvador, Bahia, presidida pelo experiente médium Divaldo Perei-

[138] Segunda parte, "O passe", cap. II, "Magia e religião".

[139] Cap. I, "Breve histórico do Magnetismo".

ra Franco – informa que *Mesmer* divulgou uma série de técnicas relativas à utilização do magnetismo humano, instrumentalizado pela imposição das mãos em que ele admitia a existência de uma *força magnética* que se manifestava através da atuação de um "fluido universalmente distribuído, que se insinuava na substância dos nervos e dava, ao corpo humano, propriedades análogas ao do ímã, fluido esse que, sob controle, poderia ser usado com finalidade terapêutica".

Como a Ciência oficial – cautelosa, em alguns casos, com justa razão, e em outros preconceituosa – não aceitou o resultado de suas pesquisas, ele mudou-se para Paris, onde continuou suas investigações.

No século seguinte, por volta de 1828, Kardec, ainda moço, veio a tomar contato com esses estudos, aprofundando-os juntamente com outros pesquisadores, durante muitos anos. Posteriormente, o magnetismo foi assimilado pela Ciência oficial, com outras técnicas, agora denominado de *hipnotismo*, muito utilizado atualmente, no tratamento psíquico, como forma de *indução à cura*, entre outras aplicações.

Para compreender melhor a ação terapêutica do passe, há de se esclarecer que o Espírito não fica preso ao corpo como se fosse água dentro de um recipiente (LE, 420; GE, XIV:18; OQE, III:108). O Espírito está unido ao corpo por laços magnéticos, provenientes do perispírito (item 7.4.1), motivo pelo qual forma um *campo de força* à sua volta, popularmente conhecido como aura, a qual é também identificada pelos Espíritos como sendo o *halo vital* ou *hálito mental*, ou ainda atmosfera fluídica, campo magnético regulador e aglutinador da estrutura e das funções do corpo orgânico. Por tal razão, no caso do passe, *não há necessidade de se tocar no corpo do paciente, visto que o contato é feito na aura ou halo vital, que é o campo magnético formado pelas energias da própria pessoa.*

A transmissão dos fluidos dá-se pelo *pensamento*, que é uma força criadora gerada pelo Espírito, direcionada pela *vontade* do doador (OP, Primeira parte, "Introdução ao estudo da fotografia e da telegrafia do pensamento" e "Fotografia e telegrafia do pensamento"). Na obra mencionada (*Terapia pelos passes*),[140] os autores informam que "as mãos e os olhos do terapeuta [doador] funcionam quais *válvulas* (se assim nos podemos expressar) controladoras do fluxo de saída de energia, as quais se abrem durante o passe para dar vazão às 'virtudes' de que se faz instrumento".

Recomendam também os referidos instrutores que o passe seja aplicado sempre na Casa Espírita, que é o ambiente mais apropriado e preparado espiritualmente para esse tipo de operação, como acontece em um hospital, que é um local especialmente designado para atender aos enfermos. Em muitos casos, os Espíritos promovem interferências delicadas no perispírito do atendido, que mais tarde vão se refletir de forma positiva no organismo físico. Somente em casos especialís-

[140] Cap. 7, "A respeito das técnicas".

simos, emergenciais, é que o passe deve ser aplicado fora da Casa Espírita.

Os *requisitos básicos* para o doador *aplicar* o passe são, em resumo, ter *saúde física* e *equilíbrio moral e espiritual*, sem necessidade de ser médium ostensivo; ter *conhecimento básico da Doutrina Espírita*; e esforçar-se pela *transformação moral*, por meio dos pensamentos elevados, das atitudes corretas e do *estudo permanente da Doutrina Espírita.*

Os *requisitos principais* para se *receber* o passe são, primeiro, estar necessitado, isto é, ser portador de algum distúrbio físico ou emocional, pois o mal-estar, a doença nada mais é do que a desarmonia dos fluidos que compõem o organismo. Não se deve tomar passe desnecessariamente, apenas por *mania*, assim como ninguém deve tomar remédios sem estar doente.

Gebaldo José de Souza escreveu excelente artigo na centenária revista *Reformador*,[141] sob o título *O passe nas Casas Espíritas*, do qual extraímos os seguintes trechos, que representam um ensinamento valioso para todos nós, para que evitemos a deturpação quanto à utilização do passe:

> Conta-nos Irmão X [*Apud*, *Contos e apólogos*, Francisco Cândido Xavier, cap. 6, 8ª ed. Rio de Janeiro: FEB, 1995.] que Simão Pedro, secundado por Filipe, pediu ao Mestre que primeiro curasse os enfermos, para depois falar-lhes do Evangelho do Reino, pois, dizia o último [Filipe]:

[141] 1996, maio, pp. 31 e 32.

"[...] É quase impossível meditar nos problemas da alma, se a carne permanece abatida de achaques...".

No dia seguinte, enquanto Jesus, com o auxílio dos apóstolos, curava os enfermos, iam os discípulos convidando os beneficiados para que aguardassem a pregação do Médico Celeste, a qual seria um banquete de verdade e luz.

Estes, contudo, tão logo recebiam a cura, afastavam-se apressados, com breves agradecimentos e desculpas.

Quando o último ferido foi curado, permaneciam à margem do lago somente Jesus e os doze aprendizes...

"– Pedro, estuda a experiência e guarda a lição. Aliviemos a *dor*, mas não nos esqueçamos de que *o sofrimento é criação do próprio homem*, ajudando-o a esclarecer-se para a vida mais alta."

O conto ilustra o fato de que os homens são eternos egoístas, preocupados sobretudo com a saúde física e apenas em receber, jamais em doar. A aquisição da verdade e da luz exige esforço, mudanças e reformas, para as quais "não temos tempo".

Observamos que *na maioria das Casas Espíritas não há orientação adequada quanto à utilização do passe*. Ele é ministrado a todos os freqüentadores, indistintamente, de forma que, sobretudo os novatos entendem que, ao ouvirem uma exposição espírita, devem após, *sempre*, receber o benefício do passe. *Habituam-se, anos a fio*, a recebê-lo uma ou mais vezes por semana.

Os que se tornam trabalhadores do Centro ficam com o *hábito* não só de tomar os seus passes diários (chegando ao absurdo de recebê-los após aplicá-los), mas com o de induzir todos a recebê-los [...].

São os "*papa-passes*", que até demonstram estranheza quando alguém, por se sentir em harmonia, dispensa esse extraordinário recurso. Acham-no orgulhoso...

O estudo esclarece a questão. Os livros da Doutrina Espírita são fartos em ensinamentos. Vejamos o que dizem a propósito do tema.

O opúsculo *Orientação ao Centro Espírita* afirma, na página 27, que o passe e a fluidificação da água são "recursos terapêuticos do plano espiritual às pessoas carentes deste auxílio". E na página 28, com transparente clareza, registra:

"Após a explanação do Evangelho, à luz da Doutrina Espírita e atendendo à recomendação de Jesus '*se impuserem as mãos sobre os enfermos eles ficarão curados*', o passe será aplicado às pessoas que o desejarem, de acordo com o seguinte esquema:

a) O dirigente da reunião permitirá a saída do recinto, em silêncio, dos que não sentirem necessidade de receber os passes; (Grifamos)

b) O passe deverá ser transmitido com simplicidade, evitando-se a gesticulação exagerada, a respiração ofegante, o bocejo continuado e o toque direto no paciente". (Grifamos)

Ora, a proposta é generosa, pois deixa ao arbítrio de cada um recebê-lo, ou não. No caso, ninguém melhor do que o próprio paciente, se de posse de suas faculdades mentais, para avaliar-se.

Contudo, se a pessoa está com saúde física e mental, por que recebê-lo? [...]

Cremos que *a falha, aqui, é dos dirigentes das reuniões*, quando não liberam aqueles que não estão enfermos, quando não criam a oportunidade para que se retirem. Há até os que estimulam os presentes a recebê-los. Assim agindo, passam a impressão de que há obrigatoriedade na recepção de passes. O que não é verdade. Pois seria absurdo crer-se que todos estejam enfermos; sobretudo se são antigos freqüentadores dos Centros Espíritas.

Ou então os assistentes não estão recebendo – ou observando – a orientação das Casas Espíritas, quanto à necessidade da reforma íntima, da prática do bem, do Culto do Evangelho no Lar, indispensáveis à conquista do bem-estar físico e mental. O que seria outro absurdo: admitir que Instituições Espíritas deixem de orientar corretamente os que as freqüentam. *É claro que não se vai impedir alguém de receber o passe, mas todos devem ser orientados adequadamente.*

Nas reuniões públicas, antes do início da transmissão dos passes, a orientação deve ser repetida, pois que há sempre freqüentadores novos, a cada reunião.

Quando iniciamos a reforma íntima e aderimos ao trabalho em benefício do próximo, aprendemos a doar e naturalmente nos equilibramos. E os remédios, em muitos casos, se tornam dispensáveis. *O passe é um desses medicamentos que, a partir daí, será utilizado, quando absolutamente necessário, o que se dará raramente em pessoas saudáveis.*

É o que nos recomenda Emmanuel:

[...]

"Não abuses, sobretudo daqueles que te auxiliam. Não tomes o lugar do verdadeiro necessitado...

O passe exprime, também, gastos de forças e não deves provocar o dispêndio de energias do alto, com infantilidades e ninharias.

Se necessitas de semelhante intervenção... *Humilha-te...* e, recordando que alguém vai arcar com o peso de tuas aflições, *retifica o teu caminho...*". (Grifamos)

> O passe é recurso de emergência para tratamento de doenças físicas e mentais. Mas *a cura definitiva depende da cura do Espírito enfermo e se dará pela nossa reforma íntima, pela nossa Evangelização.*
>
> [...]
>
> Na passagem evangélica – "E rogava-lhe muito, dizendo: Minha filha está moribunda; rogo-te que venhas e lhe imponhas as mãos para que sare e viva" (Marcos, 5:23) – Jairo recorre ao passe de Jesus porque sua filha estava enferma [*Apud* citação de Emmanuel/Francisco C. Xavier, *Caminho, Verdade e Vida*, cap. 153, 15ª ed., FEB, Rio de Janeiro, 1994].
>
> Façamos o mesmo, quando enfermos, mas retifiquemos a conduta que desequilibra a saúde física, mental e espiritual. A felicidade, conquistá-la-emos ao adquirir a saúde espiritual.
>
> Não sobrecarreguemos, pois, o Divino Mestre, desnecessariamente. Nem tomemos "o lugar do verdadeiro necessitado". (Destacamos)

Em segundo lugar, o receptor das energias do passe deve estar em sintonia mental com Deus, com os Espíritos amigos, numa atitude de *humildade* e *confiança* (fé) no Criador.

Por fim, o receptor dos passes deve fazer uma "dieta espiritual", para que assimile bem as energias recebidas, procurando vigiar-se, melhorar-se sempre moralmente.

Ainda segundo a equipe do "Projeto Dr. Manoel Philomeno de Miranda", responsável pela edição do livro *Terapia pelos passes,*[142] *os princípios fundamentais a serem observados na técnica do passe são:*

a) Sentido das correntes energéticas:

As correntes energéticas circulam de cima para baixo, dos chacras[143] superiores para os inferiores, devendo ser este o sentido da movimentação das mãos. A movimentação em contrário pode ocasionar congestionamentos fluídicos no paciente.

b) Proteção do campo magnético:

O campo magnético é a área de irradiação das energias que se formam em torno do doador e do receptor, onde são dispersadas e veiculadas. Essa área deve ser preservada, para evitar que seja contaminada pelas energias de baixo teor deslocadas da atmosfera fluídica [ver item 7.4.1. *Perispírito*] de quem está recebendo o passe.

c) Ritmo:

Tudo na vida tem seu ritmo, obedece a um ciclo, o ciclo do dia, da noite, das estações do ano, da infância, da juventude, da velhice, do trabalho, do descanso. A ministração dos passes também tem o seu ritmo, consubstanciado em três etapas bem definidas: 1) dispersão dos fluidos malsãos; 2) pausa (repouso); e 3) assimilação ou doação dos fluidos sadios.

[142] Cap. 7, "A respeito das técnicas".

[143] Os *chacras* ou *centros vitais* são pontos estratégicos localizados no perispírito, por onde circulam as energias, e serão estudados no item 5.3.3.2.

d) Sintonia:

A sintonia é o *ajustamento inicial* ou *acoplamento fluídico* entre o doador e o receptor, também conhecido por "contato", na linguagem dos hipnotizadores modernos, o que é feito por uma preparação do receptor, por meio de uma palestra, um estudo, uma oração, um simples gesto de simpatia, etc., que predispõem o beneficiário ao recebimento do passe.

A *ação magnética*, segundo Kardec, pode ser de três tipos: *magnética pura, espiritual e mista.* Na *magnética pura*, o passista fornece os fluidos do seu próprio organismo, sem a interferência dos Espíritos. Na *ação espiritual*, os Espíritos agem, utilizando o médium apenas como intermediário dos fluidos espirituais manipulados por eles. No *passe misto*, o *fluido espiritual*[144] combina-se com o do encarnado e lhe confere propriedades que o fluido do passista não possui. Este último tipo de passe é chamado habitualmente de "mediúnico", porque há um Espírito interferindo, sem que o médium esteja necessariamente "incorporado"[145] (ver item 7.3.1).

[144] *Fluido espiritual* é a matéria ou energia do mundo espiritual (a mesma encontrada no plano físico, só que mais quintessenciada ou rarefeita). Nada há de realmente espiritual senão a alma ou princípio inteligente. Eles são assim designados por *comparação* e sobretudo em razão de sua afinidade com os *Espíritos* (GE, XIV:5).

[145] *Incorporação* é o nome popular que se dá à mediunidade da *psicofonia* (médium falante), em que o Espírito se comunica por meio do aparelho fonador do médium. O termo *incorporação* sugere a idéia de que o Espírito comunicante penetra o corpo do médium, o que, na realidade, não acontece. No

Não há necessidade de "incorporação mediúnica" para aplicação do passe, visto que se pode magnetizar pela própria energia, como faziam Allan Kardec e os magnetizadores do passado. A "incorporação mediúnica" tem outra finalidade. Ou seja, o passista pode se fazer intermediário das energias do plano espiritual, sem ser preciso esteja "incorporado". Os Espíritos espraiam sobre o *centro coronário*[146] do passista (ver item 5.3.3.2) as energias que por sua vez se esparramam pelo centro nervoso respectivo e vão atingir o beneficiário pelas mãos do passista, de acordo com o controle mental deste.

Ademais, durante o fenômeno de "incorporação", há um desgaste de energia ectoplásmica,[147] uma perda de energia curativa (ver item 7.3.1). Esses dois desgastes podem perturbar o equilíbrio psicossomático do doador. O grande orador e médium baiano, Divaldo Pereira Franco, para explicar esse tipo de desgaste fluídico desnecessário, compara o médium incorporado, no momento do passe, à imagem de uma *vela queimando dos dois lados.*

---

momento do transe mediúnico, há uma expansão do perispírito do médium, que se afasta parcial e temporariamente do corpo físico deste, favorecendo o acoplamento fluídico com o perispírito do Espírito comunicante.

[146] O *centro coronário* ou chacra coronariano é considerado o centro vital mais importante do perispírito, uma vez que distribui as energias para os demais centros. Será estudado no item 5.3.3.2.

[147] *Ectoplasma* é o nome do fluido oriundo dos médiuns de materialização (item 7.3.1) e do qual se servem os Espíritos para tornar-se visíveis e tangíveis aos olhos e tato humanos.

Nesse caso, a pessoa vai ter uma despesa de energia desnecessária, o que não acontece quando a pessoa não está "incorporada", porque o passista vai ter sempre um intervalo breve de repouso entre um passe e outro, ocasião em que o organismo se refaz, qual ocorre na transfusão do sangue.

No cap. XIV de *A Gênese*, Kardec explica como se dá o processo de cura na transfusão dos fluidos, por meio do passe magnético:

> 31. Como se há visto, o *fluido universal* é o elemento primitivo do corpo carnal e do perispírito, os quais são simples transformações dele. Pela identidade da sua natureza, esse fluido, condensado no perispírito, pode fornecer princípios reparadores ao corpo; o Espírito, encarnado ou desencarnado, é o agente propulsor que infiltra num corpo deteriorado uma parte da substância do seu envoltório fluídico. A cura se opera mediante a *substituição de uma molécula malsã por uma molécula sã*. O poder curativo estará, pois, na razão direta da pureza da substância inoculada; mas, depende também da *energia da vontade* que, quanto maior for, tanto mais abundante emissão fluídica provocará e tanto maior força de penetração dará ao fluido. Depende ainda das *intenções* daquele que deseja realizar a cura, *seja homem ou Espírito*. Os fluidos que emanam de uma fonte impura são quais substâncias medicamentosas alteradas.
>
> 32. São extremamente variados os efeitos da ação fluídica sobre os doentes, de acordo com as circunstâncias. Algumas vezes é *lenta* e reclama tratamento prolongado, como no magnetismo ordinário; doutras vezes é *rápida*, como uma corrente elétrica. Há pessoas dotadas de tal poder, que operam curas instantâneas nalguns doentes, por meio apenas

da imposição das mãos, ou, até, exclusivamente por ato de vontade. Entre os dois pólos extremos dessa faculdade, há infinitos matizes. *Todas as curas desse gênero são variedades do magnetismo e só diferem pela intensidade e pela rapidez da ação.* O princípio é sempre o mesmo: o fluido, a desempenhar o papel de agente terapêutico e cujo efeito se acha subordinado à sua *qualidade* e a *circunstâncias especiais.*

33. A ação magnética pode produzir-se de muitas maneiras:

1º pelo próprio fluido do magnetizador; é o magnetismo propriamente dito, ou *magnetismo humano*, cuja ação se acha adstrita à força e, sobretudo, à qualidade do fluido;

2º pelo fluido dos Espíritos, atuando diretamente e *sem intermediário* sobre um encarnado, seja para o curar ou acalmar um sofrimento, seja para provocar o sono sonambúlico espontâneo, seja para exercer sobre o indivíduo uma influência física ou moral qualquer. É o *magnetismo espiritual*, cuja qualidade está na razão direta das qualidades do Espírito;

3º pelos fluidos que os Espíritos derramam sobre o magnetizador, que serve de veículo para esse derramamento. É o *magnetismo misto, semi-espiritual* ou, se o preferirem, *humano-espiritual.* Combinado com o fluido humano, o fluido espiritual lhe imprime qualidades de que ele carece. Em tais circunstâncias, o concurso dos Espíritos é amiúde espontâneo, porém, as mais das vezes, provocado por um apelo do magnetizador.

34. É muito comum a faculdade de curar pela influência fluídica e *pode desenvolver-se por meio do exercício*; mas, a de curar instantaneamente, pela imposição das mãos, essa é mais rara e o seu grau máximo se deve considerar excepcional. No entanto, em épocas diversas e no seio de quase todos os povos, surgiram indivíduos que a possuíam em

> grau eminente. Nestes últimos tempos, apareceram muitos exemplos notáveis, cuja autenticidade não sofre contestação. Uma vez que as curas desse gênero assentam num princípio natural e que o poder de operá-las não constitui privilégio, o que se segue é que elas não se operam fora da Natureza e que só são miraculosas na aparência. (Destacamos)

O fluido magnético desempenha importante papel na cura. Muitas pessoas, inclusive, têm essa faculdade sem o saber. Entretanto, é comum, nos fenômenos de cura, a influência de uma potência oculta, que se dá por meio da interferência de um Espírito bom. Nesses casos, chama-se o magnetizador de "médium curador" (LM, Segunda parte, XIV:175 e 176).

5.3.3.1. A relação entre o Passe, os Fluidos e a Matéria

> *"E rogava-lhe muito, dizendo: Minha filha está moribunda; rogo-te que venhas e lhe imponhas as mãos para que sare, e viva."*
> (Marcos, 5:23.)

O tratamento com a utilização do *passe magnético*, também conhecido como *fluidoterapia* (tratamento pelas energias), tem relação estreita com os fluidos.

No sentido popular, os fluidos são conhecidos como o conjunto de substâncias gasosas ou líquidas, a exemplo da água, do ar e do gás. Inicialmente, a Ciência oficial identificou os fluidos como sendo *estados dife-*

renciados da matéria ou fases não sólidas desta, a qual apresenta os seguintes estados: sólido, pastoso, líquido, gasoso e radiante.

O professor de Física, Carlos de Brito Imbassahy, no livro *Arquitetos do Universo – O outro lado da Física à luz da Ciência Espírita*,[148] assim atualiza os *conceitos antecipados* pelos Espíritos da Codificação, quanto aos estados físicos da *energia*, época em que os conhecimentos da Física eram muito restritos:

> 1 – *Estado fundamental* – correspondente à energia amorfa [que não tem forma] em expansão e que, ao tempo de Kardec – nunca é demais repetir – chamava-se FCU;[149] 2 – *forma quântica*, também dita energia radiante, como era conhecida anteriormente (som, calor, ondas de rádio, luz, fontes catódicas, etc.); 3 – *energia condensada*, correspondente à matéria em si, propriamente dita e 4 – quarto estado, conhecido como *plasmagel*, ainda em estudo.
> A matéria, portanto, passou a ser considerada como sendo um estado físico que compreende duas fases respectivas, a *sólida*, que tem forma própria e a *fluida*, que apresenta a forma do vaso que a contenha. A fase fluida compreende os *líquidos* e os *gases* que, além dessa condição, quando não contido, expande-se. Além dessas fases, a matéria ainda pode se apresentar como *gel* e na *semifase pastosa*, intermediárias em relação às fundamentais, sendo que a última é considerada instável em decorrência da temperatura.

[148]Cap. 5, "Propriedades da matéria".
[149]FCU – Fluido Cósmico Universal.

A matéria, enquanto sob esse ponto de vista, não é senão *energia congelada* ou *luz coagulada*, como afirmam os Espíritos. Qualquer estudante de ensino médio já ouviu falar da fórmula concebida pelo genial cientista Einstein $E=m.c^2$ (a *energia* contida em um corpo é igual à sua *massa* multiplicada pelo quadrado da *velocidade* [*celeratis*, do latim] da luz), que logo se associa à fabricação de artefatos nucleares.

A matéria (item 8.2) é considerada, pela Ciência acadêmica, tudo aquilo que possui *massa* (quantidade de matéria de um corpo); *extensão* (volume ou porção do espaço ocupada pela matéria – GE, VI:3 a 7); *impenetrabilidade* (duas porções de matéria não podem ocupar o mesmo lugar, simultaneamente); *inércia* (para um corpo em repouso se movimentar e para um corpo em movimento repousar, é necessária uma força externa); *divisibilidade* (aquilo que pode ser dividido); e *ponderabilidade* (aquilo que pode ser medido e pesado).

Para o Espiritismo, entretanto, "*A matéria é o laço que prende o Espírito; é o instrumento, sobre o qual, ao mesmo tempo, exerce sua ação*" (LE, 22a). Já disse o Espírito Emmanuel, no "Prefácio" da obra *Nos domínios da mediunidade*, ditada pelo Espírito André Luiz a Francisco Cândido Xavier, que *o veículo carnal agora não é mais que um* turbilhão eletrônico, *regido pela consciência*.

Consultemos, no livro *A Gênese*,[150] os ensinamentos do Codificador a respeito da ação dos Espíritos sobre os fluidos:

> 13. Os fluidos espirituais, que constituem um dos estados do fluido cósmico universal, são, a bem dizer, *a atmosfera dos seres espirituais*; o elemento donde eles tiram os materiais sobre que operam; o meio onde ocorrem os fenômenos especiais, perceptíveis à visão e à audição do Espírito, mas que escapam aos sentidos carnais, impressionáveis somente à matéria tangível; o meio onde se forma a luz peculiar ao mundo espiritual, diferente, pela causa e pelos efeitos, da luz ordinária; finalmente, o veículo do pensamento, como o ar o é do som.
>
> 14. Os Espíritos atuam sobre os fluidos espirituais, não os manipulando como os homens manipulam os gases, mas empregando o *pensamento* e a *vontade*. Para os Espíritos, o pensamento e a vontade são o que é a mão para o homem. Pelo pensamento, eles imprimem àqueles fluidos tal ou qual direção, os aglomeram, combinam ou dispersam, organizam com eles conjuntos que apresentam uma aparência, uma forma, uma coloração determinadas; mudam-lhes as propriedades, como um químico muda a dos gases ou de outros corpos, combinando-os segundo certas leis. *É a grande oficina ou laboratório da vida espiritual.*
>
> Algumas vezes, essas transformações resultam de uma *intenção*; doutras, são produto de um *pensamento inconsciente*. Basta que o Espírito pense uma coisa, para que esta se

[150] Cap. XIV, "Os fluidos", *Ação dos Espíritos sobre os fluidos. – Criações fluídicas. – Fotografia do Pensamento.*

produza, como basta que modele uma ária [composição musical], para que esta repercuta na atmosfera.

É assim, por exemplo, que um Espírito se faz visível a um encarnado que possua a vista psíquica, sob as aparências que tinha quando vivo na época em que o segundo o conheceu, embora haja ele tido, depois dessa época, muitas encarnações. Apresenta-se com o vestuário, os sinais exteriores – enfermidades, cicatrizes, membros amputados, etc. – que tinha então. [...] Não quer isso dizer que haja conservado essas aparências, certo que não, porquanto, como Espírito, ele não é coxo, nem maneta, nem zarolho [...]; o que se dá é que, *retrocedendo o seu pensamento à época em que tinha tais defeitos, seu perispírito lhes toma instantaneamente as aparências, que deixam de existir logo que o mesmo pensamento cessa de agir naquele sentido.* Se, pois, de uma vez ele foi negro e branco de outra, apresentar-se-á como branco ou negro, conforme a encarnação a que se refira a sua evocação e à que se transporte o seu pensamento.

Por análogo efeito, o pensamento do Espírito cria fluidicamente os objetos que ele esteja habituado a usar. Um avarento manuseará ouro, um militar trará suas armas e seu uniforme, um fumante o seu cachimbo, um lavrador a sua charrua e seus bois, uma mulher velha a sua roca. *Para o Espírito, que é, também ele, fluídico, esses objetos fluídicos são tão reais, como o eram, no estado material, para o homem vivo; mas, pela razão de serem criações do pensamento, a existência deles é tão fugitiva quanto a deste.*

15. Sendo os fluidos o *veículo do pensamento*, este atua sobre os fluidos como o som sobre o ar; eles nos trazem o pensamento, como o ar nos traz o som. Pode-se pois dizer, sem receio de errar, que há, nesses fluidos, ondas e raios de pensamentos, que se cruzam sem se confundirem, como há no ar ondas e raios sonoros.

Há mais: criando *imagens fluídicas*, o pensamento se reflete no envoltório perispirítico, como num espelho; toma nele corpo e aí de certo modo se fotografa. Tenha um homem, por exemplo, a idéia de matar a outro: embora o corpo material se lhe conserve impassível, seu corpo fluídico é posto em ação pelo pensamento e reproduz todos os matizes deste último; *executa fluidicamente o gesto, o ato que intentou praticar*. O pensamento cria a imagem da vítima e a cena inteira é pintada, como num quadro, tal qual se lhe desenrola no espírito.

Desse modo é que os mais secretos movimentos da alma repercutem no envoltório fluídico; que uma alma pode ler noutra alma como num livro e ver o que não é perceptível aos olhos do corpo. Contudo, vendo a intenção, pode ela pressentir a execução do ato que lhe será a conseqüência, *mas não pode determinar o instante em que o mesmo ato será executado, nem lhe assinalar os pormenores*, nem, ainda, afirmar que ele se dê, porque circunstâncias ulteriores poderão modificar os planos assentados e mudar as disposições. *Ele não pode ver o que ainda não esteja no pensamento do outro*; o que vê é a preocupação habitual do indivíduo, seus desejos, seus projetos, seus desígnios bons ou maus.

QUALIDADES DOS FLUIDOS

16. Tem conseqüências de importância capital e direta para os encarnados a ação dos Espíritos sobre os fluidos espirituais. Sendo esses fluidos o veículo do pensamento e podendo este modificar-lhes as propriedades, é evidente que eles devem achar-se impregnados das qualidades boas ou más dos pensamentos que os fazem vibrar, modificando-se pela pureza ou impureza dos sentimentos. *Os maus pensamentos corrompem os fluidos espirituais, como os miasmas*

deletérios corrompem o ar respirável. Os fluidos que envolvem os Espíritos maus, ou que estes projetam são, portanto, viciados, ao passo que os que recebem a influência dos bons Espíritos são tão puros quanto o comporta o grau da perfeição moral destes.

17. Fora impossível fazer-se uma enumeração ou classificação dos bons e dos maus fluidos, ou especificar-lhes as respectivas qualidades, por ser tão grande quanto a dos pensamentos a diversidade deles.

Os fluidos não possuem qualidades *sui generis* [peculiares], mas as que adquirem no meio onde se elaboram; modificam-se pelos eflúvios desse meio, como o ar pelas exalações, a água pelos sais das camadas que atravessa. Conforme as circunstâncias, suas qualidades são, como as da água e do ar, temporárias ou permanentes, o que os torna muito especialmente apropriados à produção de tais ou tais efeitos.

Também carecem de denominações particulares. Como os odores, *eles são designados pelas suas propriedades, seus efeitos e tipos originais.* Sob o ponto de vista moral, trazem o cunho dos sentimentos de ódio, de inveja, de ciúme, de orgulho, de egoísmo, de violência, de hipocrisia, de bondade, de benevolência, de amor, de caridade, de doçura, etc. Sob o aspecto físico são excitantes, calmantes, penetrantes, adstringentes, irritantes, dulcificantes, soporíferos, narcóticos, tóxicos, reparadores, expulsivos; tornam-se força de transmissão, de propulsão, etc. O quadro dos fluidos seria, pois, o de todas as paixões, das virtudes e dos vícios da Humanidade e das propriedades da matéria, correspondentes aos efeitos que eles produzem.

18. Sendo apenas Espíritos encarnados, os homens têm uma parcela da vida espiritual, visto que vivem dessa vida tanto

quanto da vida corporal; primeiramente, *durante o sono* e, muitas vezes, no estado de *vigília*. O Espírito, encarnado, conserva, com as qualidades que lhe são próprias, o seu perispírito que, como se sabe, não fica circunscrito pelo corpo, mas *irradia ao seu derredor* e o envolve como que de uma *atmosfera fluídica*.

Pela sua união íntima com o corpo, o perispírito desempenha preponderante papel no organismo. Pela sua *expansão*, põe o Espírito encarnado em relação mais direta com os Espíritos livres e também com os Espíritos encarnados.

O *pensamento* do encarnado atua sobre os fluidos espirituais, como o dos desencarnados, *e se transmite de Espírito a Espírito pelas mesmas vias* e, conforme seja bom ou mau, saneia ou vicia os fluidos ambientes.

Desde que estes se modificam pela projeção dos pensamentos do Espírito, seu invólucro perispirítico, que é parte constituinte do seu ser e que recebe de modo direto e permanente a impressão de seus pensamentos, há de, ainda mais, guardar a de suas qualidades boas ou más. Os fluidos viciados pelos eflúvios dos maus Espíritos podem depurar-se pelo *afastamento* destes, cujos perispíritos, porém, serão sempre os mesmos, enquanto o Espírito não se modificar por si próprio.

Sendo o perispírito dos encarnados de natureza idêntica à dos fluidos espirituais, ele os assimila com facilidade, como uma esponja se embebe de um líquido. Esses fluidos exercem sobre o perispírito uma ação tanto mais direta, quanto, por sua expansão e sua irradiação, o perispírito com eles se confunde.

> Atuando esses fluidos sobre o perispírito, este, a seu turno, reage sobre o organismo material com que se acha em contato molecular. Se os eflúvios são de boa natureza, o corpo ressente uma impressão salutar; se são maus, a impressão é penosa. Se são permanentes e enérgicos, os eflúvios maus podem ocasionar desordens físicas; *não é outra a causa de certas enfermidades.*
>
> Os meios onde superabundam os maus Espíritos são, pois, impregnados de maus fluidos que o encarnado absorve pelos poros perispiríticos, como absorve pelos poros do corpo os miasmas pestilenciais. (Destacamos)

No aspecto espírita, portanto, os fluidos têm um sentido mais amplo. Os Espíritos superiores revelaram que o *fluido universal* ou *energia cósmica*, como é atualmente conhecido, é a *matéria elementar primitiva da qual derivam todos os demais tipos de fluidos, seja em que estado for, sendo, por isso, a origem de todos os corpos orgânicos e não-orgânicos.*

A essência do *fluido universal* ainda é muito pouco conhecida de nós, por se tratar de matéria penetrável, não-tangível, inacessível aos aparelhos humanos. O que nos foi permitido saber, pelos Espíritos, é que o fluido universal ou fluido cósmico universal (energia cósmica), também chamado de matéria cósmica, é o intermediário entre o espírito e a matéria, substância única, primitiva, geradora de todos os corpos existentes no Universo.

Na obra mencionada (*A Gênese*),[151] Kardec acrescenta informações, que nos auxiliam a entender as potências desse fluido:

> 10. Há um fluido etéreo que enche o espaço e penetra os corpos. Esse fluido é o *éter* ou *matéria cósmica primitiva*, geradora do mundo e dos seres. São-lhe inerentes as forças que presidiram às metamorfoses da matéria, as leis imutáveis e necessárias que regem o mundo. Essas *múltiplas forças*, indefinidamente variadas segundo as combinações da matéria, localizadas segundo as massas, diversificadas em seus modos de ação, segundo as circunstâncias e os meios, são conhecidas na Terra sob os nomes de *gravidade, coesão, afinidade, atração, magnetismo, eletricidade ativa* [...].
>
> 11. A Natureza jamais se encontra em oposição a si mesma. Uma só é a divisa do brasão do Universo: *unidade-variedade* [...].
>
> Não podeis apreciar esta lei em toda a sua extensão, por serem restritas e limitadas as forças que a representam no campo das vossas observações. Entretanto, a *gravitação* e a *eletricidade* podem ser consideradas como uma larga aplicação da *lei primordial*, que impera para lá dos céus. (Destacamos)

Não existe barreira para essa força cósmica, pois tal fluido interpenetra todos os corpos, sólidos ou não, inclusive também preenche o espaço (GE, VI:1 e 2) conhecido vulgarmente como *vácuo*, fora da atmosfera de

[151] Cap. VI, "Uranografia geral" – *As leis e as forças.*

nosso planeta. Não sem razão os Espíritos superiores revelaram ainda que tal fluido é *extremamente maleável à ação do pensamento e dos sentimentos*, daí por que se diz comumente que *o homem é aquilo que pensa*, porque, de certa forma, ele tende a materializar os seus pensamentos, enquanto Espírito, num ato de *co-criação*, em conjunto com Deus, o supremo criador.

> [...] O fluido universal estabelece entre eles [os Espíritos] constante comunicação; é o veículo da transmissão de seus pensamentos, [...] uma espécie de *telégrafo universal*, que liga todos os mundos e permite que os Espíritos se correspondam de um mundo a outro (LE, 282).

André Luiz, no livro *Evolução em dois mundos*,[152] psicografado pelo médium Francisco Cândido Xavier, desenvolve esses ensinamentos, nos seguintes termos:

> FLUIDO VIVO – No plano espiritual, o homem desencarnado vai lidar, mais diretamente, com um fluido vivo e multiforme, estuante e inestancável, a nascer-lhe da própria alma, de vez que podemos defini-lo, até certo ponto, por subproduto do fluido cósmico, absorvido pela mente humana, em processo vitalista semelhante à respiração, pelo qual a criatura assimila a força emanente (sic) do Criador, esparsa em todo o Cosmo, *transubstanciando-a sob a própria responsabilidade*, para influenciar na Criação, a partir de si mesma.
>
> Esse fluido é o seu próprio *pensamento contínuo*, gerando potenciais energéticos com que não havia sonhado.

[152] Primeira parte, cap. 13, "Alma e Fluidos".

> Decerto que na esfera nova de ação, a que se vê arrebatado pela morte, encontra a matéria conhecida no mundo, em nova escala vibratória. (Destacamos)

Já o *fluido vital* ou *princípio vital* (LE, 60 a 67 e GE, X:16 a 19), igualmente derivado do fluido universal (mãe de todos os fluidos), é o princípio que comunica aos vegetais, aos animais e ao homem a vida orgânica, possibilitando-lhes o exercício de todas as funções vitais. Ele aparece modificado de acordo com as espécies de *seres orgânicos*[153] (LE, 66). No homem (Espírito encarnado), o *fluido vital*, também denominado de "fluido elétrico animalizado" ou "fluido magnético" (LE, 65), se apresenta em quantidade diferente para cada pessoa, de acordo com a constituição física e espiritual de cada um, podendo ser transferido de um para outro, fenômeno que ocorre deliberadamente no processo de aplicação dos passes magnéticos (item 5.3.3), como pode ocorrer, de forma inconsciente, nas múltiplas relações entre as pessoas.

Destacamos, em *A Gênese*,[154] alguns comentários de Kardec sobre o princípio vital:

> Sem falar do princípio inteligente, que é questão à parte, há na matéria orgânica um princípio especial, inapreensível e que ainda não pode ser definido: o *princípio vital.* Ativo no ser vivente, esse princípio se acha *extinto* no ser morto; mas,

[153] *Seres orgânicos* são os que têm em si uma fonte de atividade íntima que lhes dá vida. Nascem, crescem, reproduzem-se e morrem.

[154] Cap. X, "Gênese orgânica" – *Princípio vital.*

nem por isso deixa de dar à substância propriedades que a distinguem das substâncias inorgânicas. A Química, que decompõe e recompõe a maior parte dos corpos inorgânicos, também conseguiu decompor os corpos orgânicos, porém jamais chegou a reconstituir, sequer, uma folha morta, prova evidente de que há nestes últimos o que quer que seja, inexistente nos outros.

5.3.3.2. Os centros de força ou "chacras"

> *"A integração Espírito-corpo processa-se mediante a ação recíproca entre a energia orgânica e a mental, no centro coronário, daí advindo todo o controle sobre os demais centros vitais (chacras) que, através de comandos apropriados, estimulará o sistema nervoso para, atuando em conjunto com o sistema de glândulas endócrinas e o circulatório, levar a ação fluídica do passe às células, em todo o corpo."*
>
> (*Terapia pelos passes*: Projeto Manoel Philomeno Miranda.)[155]

As energias do passe fluem pelo perispírito (elemento de ligação entre o Espírito e o corpo físico: ver item 7.4.1), através de pontos determinados, denominados pelo Espírito André Luiz de centros ou campos de força, conhecidos por certas correntes espiritualistas como "chacras" ou centros vitais.

O perispírito, que se conjuga, molécula a molécula, em processo de interpenetração, com o corpo físico

[155]Cap. 2, "Interação espírito, perispírito e corpo" – *Corpo Humano.*

(GE, XIV:7 a 10), está regido por *sete centros de força*, que vibram em sintonia uns com os outros, ao influxo do poder diretriz da mente, formando um *campo eletromagnético*, no qual o pensamento vibra em circuito fechado.

Os centros de força ou chacras são os seguintes:

1. Coronário: É considerado o mais importante dos chacras, pois *distribui as energias para os demais centros*. Por isso, está em ligação com *a parte superior do cérebro, da mente*, que é o "computador central" de nosso ser. *Sua função é ligar o plano espiritual com o plano físico*. Relaciona-se materialmente com a *epífise* ou *glândula pineal*, considerada pelo Espírito André Luiz, no livro *Missionários da luz*,[156] como "a glândula da vida mental", que funciona "como o mais avançado laboratório de elementos psíquicos da criatura terrestre".

2. Frontal: É o responsável pelo funcionamento dos *centros superiores da inteligência e do sistema nervoso central*. Relaciona-se materialmente com os *lobos cerebrais frontais*.

3. Laríngeo: É o chacra responsável pelo funcionamento das *glândulas do timo e da tireóide e da faculdade da palavra*. Está ligado fisicamente com a *garganta*.

[156] Cap. 2, "A epífise".

4. Cardíaco: É o responsável pelo funcionamento do *aparelho circulatório*. Está ligado materialmente com o *coração*.

5. Esplênico: Este centro de força responsabiliza-se pelo *funcionamento do baço*, com o qual está em contato físico. Tem grande importância na formação e reposição das *defesas orgânicas* através do *sangue*.

6. Gástrico: É o responsável pelo funcionamento do *aparelho digestivo ou com o plexo solar*, com o qual está em ligação material.

7. Genésico: Ou básico, é o centro responsável pelo funcionamento dos *órgãos de reprodução*, com os quais está em ligação material.

Os centros de força, análogos aos *transformadores de energia*, é que permitem nos sustentar no corpo físico ("*turbilhão eletrônico regido pela consciência*", nas palavras de Emmanuel), uma vez que somos *Espíritos imortais em trânsito pela carne*, e que servem de canais de entrada e saída das energias, inclusive as ministradas pelo passe magnético.

Enfim, os centros de força, conjugados com o perispírito, permitem a integração entre o Espírito e o corpo, união que torna possível a *ação recíproca entre a energia orgânica e a mental*, o que favorece a condução das energias fluídicas, movimentadas pelo passe, às células do corpo físico.

5.3.4. A *Bíblia* e o Espiritismo

"São chegados os tempos em que todas as coisas devem ser restabelecidas em seu sentido verdadeiro, para dissipar as trevas, confundir os orgulhosos e glorificar os justos."
O Espírito de Verdade

O Espiritismo, ao contrário do que muitos dizem, também estuda a *Bíblia*, não somente no aspecto religioso, mas também no aspecto histórico, cultural e sociológico, entre outros.

E por estudar e procurar conhecer a *Bíblia* é que o Espiritismo não a considera como um *livro mágico*, que teria sido escrito com os "dedos" de Deus. As leis morais nela contidas, à exceção das concepções puramente humanas ali encartadas, foram certamente inspiradas por Deus, por meio de seus mensageiros, os Espíritos superiores, como foi o caso dos dez mandamentos ditados a Moisés (um grande médium), no monte Sinai, aproximadamente 1500 anos antes de Cristo.

Em realidade, a "palavra de Deus" não está na *Bíblia*, mas na Natureza, traduzida em suas leis, tanto as físicas, estudadas pela ciência humana, como as morais, estudadas pela religião (item 5.3.1).

Não há dúvida de que a *Bíblia* é um monumento histórico valioso, de grande importância para a Humanidade. A melhor forma de cultuarmos a *Bíblia* é estudá-la, procurando levantar o véu das alegorias que ela encerra, como ensinam os Espíritos superiores: "*[...] a letra mata, e o espírito vivifica*". (II Coríntios, 3:6.)

Herculano Pires, em antiga crônica, publicada no jornal *Diário de São Paulo*, e depois republicada no livro, de sua autoria, *Visão espírita da Bíblia*,[157] comenta:

> *Qual a posição do Espiritismo diante do problema bíblico?* Os recentes debates na televisão entre espíritas, pastores protestantes e sacerdotes católicos deram motivo a algumas incompreensões, de que se aproveitaram adversários pouco escrupulosos da Doutrina Espírita, para lhe desfecharem novos e injustos ataques. Vamos procurar esclarecer, por estas colunas, a posição espírita, como já havíamos prometido.
>
> Kardec define essa posição, desde *O Livro dos Espíritos*, como a de estudo e esclarecimento do texto, à luz da *História* e na perspectiva da *evolução espiritual da Humanidade.* No cap. III deste livro, final do item 59, depois de analisar as *contradições* entre a *Bíblia* e as ciências, no tocante à criação do mundo, ele declara: "*Devemos concluir que a* Bíblia *é um erro? Não; mas que os homens se enganaram na sua interpretação*".
>
> Essas palavras de Kardec, sustentadas através de toda a Codificação, esclarecem a posição espírita. Devemos reconhecer na *Bíblia* a sua natureza profética (ou seja: mediúnica), encerrando a 1ª Revelação, no ciclo histórico das revelações cristãs. Esse ciclo começa com Moisés (1ª Revelação), define-se com Jesus (2ª Revelação) e encerra-se com o Espiritismo (3ª Revelação).
>
> Os leitores encontrarão explicações detalhadas a respeito em *O Evangelho segundo o Espiritismo*, de Allan Kardec, que é um *manual de moral evangélica.* O conceito espírita de Revelação, porém, não é o mesmo das religiões em geral. Revelar

[157] Cap. 2, "Sentido histórico da *Bíblia* e a sua natureza profética".

> é ensinar, e isso tanto pode ser feito pelos Espíritos (revelação divina) quanto pelos homens (revelação humana), mas não por Deus "em pessoa", *porque Deus age através de suas Leis e dos Espíritos.* A revelação bíblica, portanto, não pode ser chamada de "palavra de Deus". Ela é, apenas, a palavra dos Espíritos reveladores, e essa palavra é sempre adequada ao tempo em que foi proferida. Isto é confirmado pela própria *Bíblia*, como veremos no decorrer deste estudo.
>
> *A expressão "a palavra de Deus" é de origem judaica. Foi naturalmente herdada pelo Cristianismo, que a empregou para o mesmo fim dos judeus: dar autoridade à Igreja.* A *Bíblia*, considerada "a palavra de Deus", reveste-se de um poder mágico: a sua simples leitura ou simplesmente a audiência dessa leitura, pode espantar o demônio de uma pessoa e convertê-la a Deus. Claro que o Espiritismo não aceita nem prega essa velha crendice, mas não a condena. *A cada um, segundo suas convicções, desde que haja boa intenção.* (Destacamos)

Severino Celestino da Silva, profundo estudioso do hebraico, língua original em que foi escrita a *Bíblia*, no seu excelente livro *Analisando as traduções bíblicas*,[158] esclarece:

> A *Bíblia* é o livro mais lido no Ocidente e um dos mais aceitos do mundo. Nós acreditamos, plenamente, nas verdades existentes em suas páginas, *mas não nas alterações que nela fizeram os homens.* Muita coisa foi perdida em sua tradução e, por esta razão, precisa ser melhor analisada.
>
> *Sabemos que possui um conteúdo moral e sobretudo ecumênico, uma vez que aí não é citada nenhuma religião [...].*

[158] "Introdução."

Durante muito tempo, nós temos convivido com as informações dos textos bíblicos, que nos são trazidas por *tradutores ocidentais* e sobretudo *tradutores não espíritas*. O resultado é que ficamos à mercê dos que nos transmitem conceitos, dentro de suas interpretações pessoais. Temos ainda o desprazer de conviver com as informações tendenciosas que cada um coloca em suas traduções bíblicas, fazendo uma exegese puramente pessoal *e informando, categoricamente, que a* Bíblia *condena o Espiritismo*.

A *Bíblia* passou por muitas fases até chegar ao seu estágio atual. Desde a sua língua original até chegar ao Ocidente, passou do hebraico para o grego, na famosa tradução dos Setenta (LXX – *Septuaginta*), daí para o latim com a *Vulgata* de São Jerônimo, depois para os diversos idiomas ocidentais e, finalmente, para o português até as nossas mãos.

O interessante, nisto tudo, é que são encontradas muitas diferenças de tradução entre elas. E por quê? O texto que as originou não foi o mesmo? *Por que falta unanimidade em suas traduções?*

E a única resposta encontrada é esta: a questão pessoal *que cada corrente religiosa coloca em sua tradução*.

Sempre nos surpreendemos ao ouvir pessoas afirmarem que a *Bíblia* condena o Espiritismo. E gostaríamos de questionar com a seguinte pergunta: *qual a* Bíblia [dentre as inúmeras traduções] *que condena o Espiritismo?*

Não é difícil concluir que houve uma desnaturação dos conceitos mais evidentes da *Bíblia*, adulterando-se a sua verdadeira essência.

Na verdade, a *Bíblia*, em sua língua original, não condena o Espiritismo, pois este nem existia na época em que os profetas receberam os seus livros sagrados.

Os textos hebraicos do Tanách, os textos gregos da Septuaginta *(LXX –* Bíblia *em grego) e os textos da* Vulgata (Bíblia *em latim) também não trazem condenação ao Espiritismo, o que é lógico, visto que o Espiritismo não existia no período em que estas traduções foram realizadas.*

E de onde vêm, então, a condenação ao Espiritismo e a mediunidade citada em versículos dessas bíblias?

Fica fácil deduzir quem foram os responsáveis por estas introduções tendenciosas nos textos sagrados.

Na questão 1009 de *O Livro dos Espíritos*, Platão faz referência à necessidade de que se faça uma consulta aos textos sagrados em suas fontes originais, *mostrando que os gregos, os latinos e os modernos não deram a mesma significação aos textos originais hebraicos*, em específico com relação às penas eternas.

O rabino Moshe Grylak afirma, em sua obra *Reflexões da Torá*, que não é possível, para nenhum de nós, avaliar os eventos bíblicos, pois a distância física e de tempo impede uma avaliação objetiva e abrangente.

Como pode alguém julgar com tanta veemência textos do passado, adaptando-os às realidades do presente, bem como às suas crenças e convicções pessoais?

Os textos das Sagradas Escrituras [Velho Testamento], em sua língua original, o hebraico, não possuem, em nenhuma de suas páginas, condenação à Doutrina Espírita ou a qualquer outro princípio religioso. Todos sabem disto, inclusive os seus tradutores. *As citações que usam com referência à Doutrina Espírita são de livre responsabilidade deles.*

[...]

> Diante do que encontramos nos textos traduzidos, podemos concluir que, se eles conhecem os textos, não conhecem o Espiritismo e ainda possuem tendência contra a Doutrina Espírita, o que é lamentável, pois sabemos que o próprio Cristo perdoou as "prostitutas" e os "Zaqueus" da vida.
>
> No entanto, podemos observar ao longo da história que nossos irmãos tradutores ainda não aprenderam a respeitar aqueles que fazem parte de outro credo religioso, ainda que seja este um credo cristão, como é o caso do Espiritismo.
>
> Cabe aqui um questionamento: *por que precisam existir tantos tipos de bíblias em português, quando a* Bíblia *hebraica que as originou é uma só?*
>
> Os homens criaram, através dos tempos, conceitos e adaptações dos textos bíblicos às suas *conveniências pessoais*. E o resultado é que, ainda hoje, são encontradas, no Ocidente, muita discrepância, discordância e derivações da *Bíblia*. Começa pela diferença entre a *Bíblia* católica com 73 livros e a protestante com 66, quando a *Bíblia* hebraica tem apenas 24 livros. (Destacamos)

A *Bíblia*, que, originalmente, constituía a reunião de vários livros da religião hebraica, o Velho Testamento, não foi escrita de uma só vez, mas durante o espaço de mais de 1500 anos, desde Moisés, por diversas pessoas.

Os Evangelhos de Jesus não pertenciam à *Bíblia*. Eles foram incorporados a este livro pelas Igrejas Católica e Protestante, com o nome de Novo Testamento. O conjunto dos textos antigos passou então a ser chamado de Velho Testamento.

A *ação do tempo*, as *sucessivas reproduções para outras línguas*, pelas quais passaram os textos bíblicos, *adulteraram* muito o seu conteúdo, tendo sido modificadas ou acrescentadas várias expressões para satisfazer interesses pessoais ou temporais de organizações religiosas ou grupos de pessoas. Algumas versões da *Bíblia* acrescentaram, no Velho Testamento, a palavra "Espiritismo" e "mediunidade", como forma de sancionar a sua condenação pelos ditos textos sagrados. Entretanto, naquela época, essas palavras inexistiam, pois o Espiritismo surgiu apenas em 1857.

O Velho Testamento, cuja essência encontramos nas leis morais (os dez mandamentos de Moisés), representa a 1ª Revelação Espiritual de Deus para os homens (ESE, I:2). A 2ª Revelação, contida no Novo Testamento, está personalizada em Jesus, que resumiu "toda a lei e todos os profetas" em dois mandamentos básicos: *"Amar a Deus sobre todas as coisas e ao próximo como a si mesmo"*. A 3ª Revelação, fundamentada nos ensinos dos Espíritos superiores, sintetizada em *O Livro dos Espíritos*, representa a vinda do Consolador (GE, I:26 a 28), isto é, a restauração e a complementação dos ensinos de Jesus, que foram deturpados pelos equívocos humanos (ver cap. 3).

O Livro dos Espíritos, lançado na França, em 18.4.1857, pelo Codificador da Doutrina Espírita, o pedagogo e professor Hippolyte Léon Denizard Rivail (Allan Kardec), representa o *marco do aparecimento do Espiritismo na Terra*. Não vem combater as revelações anteriores, mas dar-lhes o verdadeiro sentido (levantar o véu da alegoria ou parábola), vem complementá-las, retificá-las, nos pontos em que foram adulteradas pelos homens. Um dia, quem sabe, teremos, como aconteceu nos livros anteriores, a unificação das três revelações em apenas um livro, sem os prejuízos humanos das traduções, respeitando-se o espírito que vivifica e não a letra que mata.

Toda revelação divina é feita por etapas, vem a seu tempo, à medida que a Humanidade evolui e amadurece para uma compreensão maior da vida, assim como a criança recebe os ensinos na escola, lenta e gradualmente, ano após ano, partindo das lições mais simples para as mais complexas (LE, 628 e 801).

Jesus estava muito à frente de nosso tempo quando desceu ao planeta, porque já havia alcançado a condição de Espírito puro. Por isso, deixou seus ensinos por meio de parábolas (ESE, XXIV:1 a 10), lançando as sementes das verdades, para que, um dia, o homem, mais experiente, com o apoio da Ciência e da Filosofia, pudesse descerrar a sublimidade de seus ensinos. É que, devido à pouca evolução da Humanidade, o homem ainda não suportava a Verdade toda de uma vez: "*Ainda tenho muito que vos dizer, mas vós não o podeis suportar*",[159] dizia Jesus.

Os chamados precursores de Jesus, tais como os filósofos Sócrates e Platão, que tinham a missão de

[159] João, 16:12.

preparar o terreno para a vinda do Messias, e mesmo outros que vieram após o Mestre, retornaram à Terra, com a missão de continuar a revelação da Lei Divina (LE, 622 e ESE, "Introdução", IV). A eles o nosso preito de gratidão por tudo que fizeram em benefício da Humanidade.

5.3.5. VISÃO ESPÍRITA SOBRE O BATISMO

"Porque Cristo enviou-me, não para batizar, mas para evangelizar."
(I CORÍNTIOS, 1:17.)

O batismo é necessário à salvação da alma ou do Espírito? Qual é a posição do Espiritismo sobre essa prática religiosa? Estas são perguntas que muitos fazem, com freqüência.

Reitere-se que o Espiritismo não adota como prática religiosa o batismo, o casamento, a extrema-unção e outras formas de rituais ou de culto exterior, muitos deles herdados do paganismo e de outras culturas religiosas da Antigüidade (item 5.3. *Religião*).

Relativamente ao batismo, julgamos por bem estendermo-nos um pouco sobre o assunto, porque este é um tema que desperta muito interesse nas pessoas, mesmo entre aquelas que não seguem religião alguma, considerando que há uma cultura arraigada de que a salvação da alma depende dessa prática exterior.

A lógica repele a idéia simplista de que a renovação espiritual se dê com a simples aplicação de água em recém-natos ou adultos. Tais cerimônias eram compreensíveis nas épocas recuadas em que foram empregadas, destinadas a impressionar a memória dos aprendizes, ainda baldos de conhecimentos, sobre o valor da renovação interior, da transformação moral do Espírito.

A palavra "batismo" vem do latim *baptismus*, com o significado de imersão ou mergulho. A cultura do batismo tem suas raízes muito antes do advento do Cristo.

Reza a tradição que foi João Batista, filho de Zacarias e Isabel, quem deu início à prática do batismo entre os judeus.

Therezinha Oliveira, em sua obra *Estudos espíritas do Evangelho* (Coleção: estudos e cursos), elucida que João Batista

> anunciava a vinda do Cristo e convidava o povo a se arrepender dos seus pecados e, aos que o atendiam e se propunham a uma renovação moral, ele batizava (mergulhava nas águas do rio Jordão). Por essa prática, ficou conhecido como 'o Batista', ou seja, que batiza.[160]

Logo se vê que o batismo era apenas a representação ou o testemunho público de arrependimento dos

---

[160] 3ª ed. Campinas (SP): EME. Unidade II, cap. 11, "Os três batismos: de água, fogo e espírito" – *Como surgiu na área cristã.*

erros e do propósito de se corrigir, isto é, de se "lavar dos pecados".

Segundo a tradição bíblica, Jesus, que provinha de família judaica, deixou-se batizar com água por João Batista, talvez para não afrontar ou chocar os costumes dos seguidores das leis moisaicas, mas sabia da puerilidade desse costume, tanto que não batizou ninguém.

Como adverte Therezinha Oliveira, na obra mencionada, os próprios apóstolos, que a princípio batizavam, com o tempo e a convivência com Jesus abandonaram essa prática, passando a entender que o batismo verdadeiro é o "Batismo do Espírito Santo", consistente na sintonia com os benfeitores do mundo espiritual, e o "Batismo de Fogo", isto é, as provas que experimentavam na prática do bem, no serviço ao próximo e com vistas ao próprio burilamento individual.[161]

Quando Jesus falava em "batizar", no Evangelho, ele não se referia à solenidade conhecida de nós, mas sim do "batismo das dificuldades" que o progresso espiritual exige de cada um de nós para atingir a perfeição.

Novamente tomamos de empréstimo o estudo precioso de Therezinha Oliveira, que arremata, em seus ensinos:

> Jesus, que os ensinou a adorar a Deus "em espírito e em verdade", jamais instituiu fórmulas materiais nem designou lugares especiais para o culto do Criador.

[161] *Idem, ibidem. – O batismo de fogo.*

Mas, pela pouca evolução, muitas pessoas acham falta de um meio material para expressar, tornar concretos os fatos espirituais. Foi assim que, em vez de conservarem a pureza e a simplicidade do Cristianismo, em vez de abolirem as antigas práticas externas de culto, acabaram por infiltrar no Cristianismo rituais, fórmulas, vestes especiais, etc. E o batismo de água, em vez de extinguir, assumiu uma importância maior (que não tinha), perdendo-se o seu significado espiritual, que era: a necessidade de arrependimento e desejo de renovação.[162]

Enfim, esta preocupação com o batismo, sem qualquer demérito às religiões que adotam esta e outras práticas exteriores, deve passar longe do pensamento do espírita convicto, o qual precisa fazer todos os esforços para, vencendo a influência do meio, se desvencilhar desses atavismos religiosos, sob pena de perpetuar costumes arraigados que em nada contribuem para a sua emancipação como Espírito imortal.

Em vez de se preocupar em batizar seus filhos, o espírita deve matricular-se e a seus filhos nos cursos de evangelização oferecidos, a todas as faixas etárias, pela Casa de Oração, com vistas a obter o seu esclarecimento e de seus familiares a respeito das Leis Divinas que nos regem.

[162]*Idem, ibidem. – Por quê, ainda, o batismo de água?*

6. Distinção entre Doutrina Espírita e Movimento Espírita

"Brasil, coração do mundo, pátria do Evangelho."
HUMBERTO DE CAMPOS

TODO ESPÍRITA consciente deve saber distinguir Doutrina Espírita de Movimento Espírita. Conforme registrado na excelente apostila[163] da FEB – Federação Espírita Brasileira,

> É de vital importância que não se confunda Doutrina Espírita com Movimento Espírita.
>
> *Doutrina Espírita* é o conjunto de princípios básicos codificados por Allan Kardec, que constituem o Espiritismo. Esses princípios estão contidos nas obras fundamentais que são: *O Livro dos Espíritos*, *O Livro dos Médiuns*, *O Evangelho segundo o Espiritismo*, *O Céu e o Inferno* e *A Gênese*. Todas as demais obras espíritas, por mais preciosas que sejam ou

[163]Cap. 1, "Distinção entre Movimento Espírita e Doutrina Espírita".

venham a ser, são e serão obras *complementares* [ou subsidiárias], sem que isso diminua o extraordinário valor de muitas delas, pois a Doutrina Espírita é, como a definiu o próprio Codificador, essencialmente progressiva.

Movimento Espírita é outra coisa, é o conjunto de atividades desenvolvidas organizadamente pelos espíritas, para pôr em prática a Doutrina Espírita, através de instituições, encontros fraternos, congressos, palestras, edições de livros, etc. *O Movimento Espírita é, portanto, um meio para se aplicar a Doutrina Espírita, em todos os sentidos, para se divulgar os seus princípios e se exercitar a vivência de suas máximas.*

A Doutrina Espírita está imune a deturpações, porque qualquer idéia ou conceito que se mostre incompatível com os princípios consagrados nas obras da Codificação poderá ser tudo, menos Espiritismo.

Já o Movimento Espírita, por ser movimento livre de pessoas e instituições humanas, sem obrigações de obediência compulsória a hierarquias religiosas que não possuímos, não goza da mesma imunidade, exigindo, em razão disso, de cada espírita em particular, e de cada grupo ou instituição espírita, uma vigilância permanente, no mais alto sentido, para que nenhuma deturpação comprometa a pureza dos ideais que abraçamos. (Destacamos)

Normalmente, há diferença entre os princípios de uma doutrina – seja ela qual for – e o comportamento de seus adeptos, porque, sendo Espíritos em evolução, estamos sujeitos a erros. Sendo assim, não devemos esperar *perfeição instantânea* dos adeptos ou dirigentes de qualquer religião, evitando, assim, transformá-los em *oráculos* [santuários de consulta espiritual] ou objeto de *idolatria* [admiração exagerada]. Somos espíritos falíveis, perfectíveis, ainda cursando as primeiras lições do alfabeto divino (OP, Primeira parte, "Os desertores").

De acordo com os Espíritos superiores, o Movimento Espírita, no Brasil, tem papel de grave responsabilidade no que se refere à missão do Consolador (GE, I:26 a 28) em nosso planeta (cap. 3), tanto que lhe foi incumbida – segundo anota o Espírito Emmanuel, ao prefaciar a obra de Humberto de Campos, no livro *Brasil, Coração do Mundo, Pátria do Evangelho* – no plano moral, a missão coletiva de difundir o Evangelho, tal como nos foi entregue por Jesus, em sua pureza original. Portanto, compete a cada espírita dar a sua cota de labor e sacrifício em prol da espiritualização do ser humano, com vistas à construção da sociedade do futuro.

O êxito dessa missão, entretanto, não está automaticamente assegurado, como muitos pensam, visto que depende de nosso livre-arbítrio, do esforço de cada um em prestar a sua colaboração, mínima que seja, para solidificar o ideal de Unificação do Movimento Espírita. Francisco Cândido Xavier afirmou, alhures, que "*o Brasil será o que seu povo (principalmente seus dirigentes) fizer dele*".

A grande baliza dos esforços da Unificação do Movimento Espírita (item 6.1) é, ainda, aquela palavra de ordem do Espírito de Verdade:

> "Espíritas! *Amai-vos*, este o primeiro mandamento; *Instruí-vos*, este o segundo."

Em suma, a razão de ser do Movimento Espírita repousa, principalmente, na divulgação e na prática da Doutrina Espírita. É nesse sentido que todas as potencialidades dos espíritas devem ser canalizadas, isto é, para a *difusão do Evangelho restaurado*, sob a ótica da imortalidade e da reencarnação, da justiça e do inesgotável amor divino.

6.1. UNIFICAÇÃO DO MOVIMENTO ESPÍRITA

"Dez homens sinceramente ligados por um pensamento comum são mais fortes do que cem que não se entendam."
(OP, Segunda parte, "Constituição do Espiritismo" – *X. Allan Kardec e a nova constituição.*)

No sentido comum, unificação é a união, a reunião em um todo ou em um só corpo. Bem diz o ditado popular que "a união faz a força". Porém, no sentido espírita, Unificação é mais do que união, é fazer convergir as forças dos espíritas para um mesmo fim.

O trabalho de Unificação do Movimento Espírita – esclarece a Federação Espírita Brasileira – é uma *atividade-meio* que tem por objetivo fortalecer e facilitar a ação do Movimento Espírita na sua *atividade-fim*, que é a de promover o estudo, a difusão e a prática da Doutrina. A implementação desse trabalho dá-se por meio da união dos Centros Espíritas e demais instituições espíritas, os quais, sem perder a sua *autonomia* e *liberdade de ação, conjugam esforços e somam experiências, com o objetivo de fortalecer e aprimorar as atividades do Movimento Espírita em geral.*

Obviamente que, se um automóvel enguiçar e várias pessoas se dividirem em dois grupos, cada uma empurrando o veículo para lados opostos, os esforços vão se anular. Na tarefa de unificação, os espíritas devem direcionar seus esforços para o mesmo sentido (OP, Segunda parte, "Projeto – 1868" e "Constituição do Espiritismo").

Unificação, no Movimento Espírita, não significa a uniformização de procedimentos, na prática do ideal espírita, mas tem o sentido de *unidade de ação doutrinária e coesão administrativa, com entrelaçamento de vontades e trabalho de equipe*, objetivando o alcance de objetivos comuns, entre eles o de divulgar, com precisão e clareza os princípios da Doutrina Espírita, assegurando, assim, o seu caráter essencialmente progressista, sem deturpação ou exclusão de quaisquer de seus princípios.

A essência da atividade unificadora do Movimento Espírita encontra-se sintetizada no item 334, cap. XXIX, de *O Livro dos Médiuns*, no qual Kardec alerta sobre a conveniência da formação de *pequenos grupos espíritas*, com o objetivo de facilitar o entendimento entre os adeptos, os quais, correspondendo-se entre si, visitando-se, permutando observações, poderão formar o núcleo da grande família espírita, que um dia consorciará todas as opiniões e unirá os homens em torno do sentimento da fraternidade cristã.

O relacionamento entre as instituições espíritas é indispensável, uma vez que proporciona a *troca salutar de experiências*, seja no campo doutrinário, seja no campo beneficente e até mesmo no administrativo, trazendo como resultado dessa aproximação e *convivência fraterna*, a *coesão* e o *progresso do Movimento Espírita*, em todos os aspectos. Sendo assim, é recomendável que todo Centro Espírita, organizado de acordo com a Codificação do Espiritismo, se filie ou se una ao órgão de unificação do Movimento Espírita, no seu respectivo estado.

O *Estudo Sistematizado da Doutrina Espírita – Esde*[164] tem sido um instrumento importantíssimo para a consecução das metas da Unificação, uma vez que, dotado de *metodologia apropriada*, proporciona o estudo organizado, sob segura orientação didática, que permite o correto entendimento das obras básicas e das que lhes são complementares, as quais constituem um vasto conjunto de conhecimentos profundamente renovadores do ser humano, de suma importância para a felicidade futura de cada um de nós.

---

[164]Mais informações sobre o Esde, seu funcionamento e finalidades podem ser colhidas nas Casas Espíritas ou diretamente nas Federações Espíritas de cada estado. A FEB e a FERGS – Federação Espírita do Estado do Rio Grande do Sul publicaram apostilas com informações detalhadas sobre o funcionamento do Esde, cuja leitura recomendamos.

O Esde implementa-se por meio de *reuniões em grupos* (o trabalho em equipe é uma de suas principais características), realizadas regularmente na Casa Espírita, para cumprir um programa de estudo previamente elaborado, *objetivando que cada participante adquira adequados, sólidos e gradativos conhecimentos a respeito do Espiritismo.*

A preocupação primeira com a criação de um curso regular do Espiritismo surgiu com Kardec, que a externou na introdução de *O Livro dos Espíritos*, item VIII:

> O que caracteriza um estudo sério é a *continuidade* que se lhe dá. [...] Quem deseje tornar-se versado numa ciência, tem que a *estudar metodicamente*, começando pelo princípio e acompanhando o encadeamento e o desenvolvimento das idéias. (Destacamos)

Por meio do Esde, o estudo da Doutrina Espírita é realizado de forma gradativa, permitindo que se tenha dela um aprofundamento constante, mas adequado aos mais variáveis níveis de entendimento dos participantes.

O estudo sistemático, gradativo e persistente, partindo de conceitos e princípios mais simples para os mais complexos, fará com que surjam ao longo do tempo *adeptos esclarecidos*, detentores de um conhecimento sólido e de uma fé raciocinada.

Como lembra André Luiz, no livro *Conduta Espírita*, psicografado pelo médium e médico Waldo Vieira, "*aprende mais, quem estuda melhor*".[165]

Não podemos deixar de citar, aqui, algumas das vantagens da integração do Centro Espírita no movimento de unificação, mencionadas, às pp. 91 e 92, da edição de 2007, da obra *Orientação ao Centro Espírita*,[166] que são:

a) Aproximar os espíritas, para que melhor se conheçam e mais se confraternizem;

b) tornar estável, homogêneo e eficaz o Movimento Espírita. "Dez homens sinceramente ligados por um pensamento comum são mais fortes do que cem que não se entendem" (Allan Kardec);

c) trocar experiências e conhecimentos, em todos os aspectos, sobre o Movimento Espírita;

d) aperfeiçoar, progressivamente, todos os setores das atividades espíritas;

e) tornar o Movimento Espírita uma força social cada vez mais útil e mais eficiente para a evolução humana, no sentido espiritualista e fraterno;

f) concorrer eficientemente para o desaparecimento do *personalismo individual* ou de *grupos* no meio espírita, facilitando o desenvolvimento da humildade e da renúncia, tão necessárias para a estabilidade dos trabalhos coletivos e para a vivência da felicidade permanente;

---

[165] Cap. 41.

[166] Cap. X, "Participação do Centro Espírita nas atividades de unificação do Movimento Espírita", 6.2. – *Vantagens da integração do Centro Espírita nas atividades de unificação do Movimento Espírita.*

g) garantir a *independência* do Movimento Espírita e sua *auto-suficiência*, em todos os seus setores de atividades, em qualquer época e em qualquer circunstância;

h) preservar, com segurança, a *pureza da Doutrina Espírita* e dar cabal desempenho às finalidades da Terceira Revelação;

i) afinar o Movimento Espírita para uma *sintonia* cada vez mais perfeita com as forças espirituais que dirigem o planeta e, em particular, o próprio Movimento Espírita;

j) fortalecer o Movimento Espírita, de forma constante e permanente, para que possa superar os naturais obstáculos à difusão da Doutrina Espírita.

A verdadeira Unificação Espírita – elucida Kardec, em *Obras Póstumas*[167] – em hipótese alguma, impõe um regime de disciplina hierárquica entre os vários grupos e adeptos espíritas. *A autoridade a ser exercida é a estritamente* moral *e não a* disciplinar, *pois cada parte componente do todo continua livre para dirigir-se por si mesma, vivenciando os ideais de seus estatutos e de suas programações.*

Em outras palavras, *a direção coletiva proposta pelo Movimento Unificador estuda, conclui,* sugere, aconselha, propõe, *mas não impõe e nem absorve.* Daí por que a adesão deve ser sempre *voluntária* e *consciente.*

Encerramos este item, destacando alguns tópicos das profundas advertências do venerável Espírito Bezerra de Menezes,[168] que bem resume o ideal da Unificação:

[167] Segunda parte, "Constituição do Espiritismo" – *IV. Comissão Central.*

[168] Mensagem recebida pelo médium Francisco Cândido Xavier, em reunião da *Comunhão Espírita Cristã*, em 20-4-1963, em Uberaba (MG).

O serviço da unificação em nossas fileiras *é urgente*, mas *não apressado*. Uma afirmativa parece destruir a outra. Mas não é assim. É urgente porque define o objetivo a que devemos todos visar; mas não é apressado, porquanto *não nos compete violentar consciência alguma*.

Mantenhamos o propósito de irmanar, aproximar, confraternizar e compreender, e, se possível, estabeleçamos em cada lugar, onde o nome do Espiritismo apareça por legenda de luz, um *grupo de estudo*, ainda que reduzido, da obra kardequiana, à luz do Cristo de Deus. [...]

A Doutrina Espírita possui os seus aspectos essenciais em configuração tríplice. Que ninguém seja cerceado em seus anseios de construção e produção.

Quem se afeiçoe à Ciência *que a cultive em sua dignidade, quem se devote à* Filosofia *que lhe engrandeça os postulados e quem se consagre à* Religião *que lhe divinize as aspirações, mas que a base kardequiana permaneça em tudo e todos, para que não venhamos a perder o equilíbrio sobre os alicerces em que se nos levanta a organização. Nenhuma hostilidade recíproca, nenhum desapreço a quem quer que seja. [...]*

Acontece, porém, que temos necessidade de preservar os fundamentos espíritas, honrá-los e sublimá-los, senão acabaremos estranhos uns aos outros, ou então cadaverizados em arregimentações que nos mutilarão os melhores anseios, convertendo-nos o movimento de libertação numa *seita estanque*, encarcerada em novas interpretações e teologias, que nos acomodariam nas conveniências do plano inferior e nos afastariam da Verdade. [...]

Libertação da palavra divina é *desentranhar o ensinamento do Cristo de todos os cárceres a que foi algemado* e [...] não se prender a interesses subalternos e efetuar a recuperação da luz que se derrama do verbo cristalino do Mestre, dessedentando e orientando as almas.

Seja Allan Kardec não apenas crido ou sentido, apregoado ou manifestado, a nossa bandeira, mas suficientemente vivido, sofrido, chorado e realizado em nossas próprias vidas. *Sem essa base é difícil forjar o caráter espírita-cristão que o mundo conturbado espera de nós pela unificação.*

Ensinar, mas fazer; crer, mas estudar; aconselhar, mas exemplificar; reunir, mas alimentar.

Falamos em provações e sofrimentos, mas não dispomos de outros veículos para assegurar a vitória da verdade e do amor sobre a Terra. *Ninguém edifica sem amor, ninguém ama sem lágrimas* [...].

É indispensável manter o Espiritismo, qual foi entregue pelos mensageiros divinos a Allan Kardec, sem compromissos políticos, sem profissionalismo religioso, sem personalismos deprimentes, sem pruridos de conquista a *poderes terrestres transitórios.*

Respeito a todas as criaturas, apreço a todas as autoridades, devotamento ao bem comum e *instrução do povo*, em todas as direções, sobre as Verdades do espírito, imutáveis, eternas.

Nada que lembre castas, discriminações, evidências individuais injustificáveis, privilégios, imunidades, prioridades.

Amor de Jesus sobre todos, verdade de Kardec para todos.

Em cada templo, o mais forte deve ser escudo para o mais fraco, o mais esclarecido a luz para o menos esclarecido, e sempre e sempre seja o sofredor o mais protegido e o mais auxiliado, como entre os que menos sofram *seja o maior aquele que se fizer o servidor de todos*, conforme a observação do Mentor Divino.

Sigamos para a frente, buscando a inspiração do Senhor. (Destacamos)

7. Princípios básicos da Doutrina Espírita

"Fé sólida é aquela que pode encarar a razão face a face, em todas as épocas da Humanidade."
KARDEC

A GRANDEZA, a lógica e a força da Doutrina Espírita repousam em seus *princípios* e na sua permanente possibilidade de comprovação. São eles: Deus; imortalidade da alma; comunicabilidade dos Espíritos; pluralidade das existências (reencarnação); causa e efeito (ação e reação); e pluralidade dos mundos habitados.

No sentido filosófico, o *princípio* contém as propriedades ou caracteres essenciais das coisas, constituindo, por isso mesmo, o fundamento das ciências. Caracteriza-se, ainda, como proposição inicial (afirmação ou negação de alguma coisa), obtida pelo conhecimento, da qual se deduzem outras proposições.

O princípio, então, pode ser definido, resumidamente, como sendo *a base, o* núcleo *de uma doutrina.*

A par desses *princípios*, temos as *leis morais*, que podem ser equiparadas aos primeiros. Integram o conjunto das Leis Divinas ou Naturais classificadas por Kardec em: 1) lei de adoração; 2) lei de sociedade; 3) lei de trabalho; 4) lei de progresso; 5) lei de reprodução; 6) lei de conservação; 7) lei de destruição; 8) lei de igualdade; 9) lei de liberdade; 10) lei de justiça, amor e caridade, todas tratadas em *O Livro dos Espíritos* e já examinadas no item 5.3.1 e seguintes.

A investigação dos *princípios básicos* e das *leis morais* é indispensável ao estudioso da Doutrina Espírita. A compreensão deles proporciona uma *visão de conjunto do Espiritismo* e nos leva a outras reflexões necessárias ao entendimento da vida e da nossa condição de herdeiros divinos.

Não sem razão, o cerne, a coluna vertebral desta obra está assentada sobre tais princípios, que serão estudados nos itens seguintes.

7.1. A existência de Deus

"Deus é a inteligência suprema, causa primária de todas as coisas."
(LE, 1.)

Desde os tempos remotos, a criatura humana guarda a intuição da existência de um ser superior, ao qual dá diferentes nomes: Deus, Alá, Jeová, etc. Os selvagens veneravam a divindade nos fenômenos da Natureza, fatos que estavam fora do seu controle e do alcance de sua inteligência embrionária.

Com o passar do tempo e o desenvolvimento científico, o homem, pela investigação e pela experiência, passou a compreender melhor o mundo à sua volta, mas a sua idéia sobre Deus continuou obscura e ininteligível. *O homem perdeu-se em complicados estudos teológicos, afastando-se cada vez mais das Leis Naturais que regem o Universo.*

Com o advento do Consolador (GE, I:26 a 28), uma luz nova brilhou aos olhos humanos. No momento certo, os Espíritos superiores lograram desvendar um pouco mais desse insondável mistério que atormenta o cérebro dos mais renomados filósofos.

Algumas pessoas, por ignorância, sustentam, levianamente, que o Espiritismo não professa a crença na existência de Deus. Entretanto, nós, espíritas, sabemos que isso é uma rematada inverdade.

Kardec reservou, em *O Livro dos Espíritos*, um capítulo (o primeiro) dedicado especialmente para tratar do Criador.

Enquanto a maioria das religiões tradicionais mostra Deus como um ser antropomórfico, isto é, dotado das mesmas características psicológicas e físicas que o homem, como se fosse um velho barbudo, de rosto sisudo e olhar acusador sobre as pessoas, o *Consolador* (GE, I:26 a 28) apresenta Deus como um ente supremo, a personificação da Bondade, da Justiça e do Amor, que trata os seres humanos da mesma forma que um pai amoroso e enérgico trata seus filhos.

Portanto, a História mostra-nos que a idéia sobre Deus sempre foi compatível com o nível intelectual e moral dos povos e de seus legisladores, manifestando-se de acordo com o progresso e a cultura dos diferentes povos.

À medida que o homem evolui moral e intelectualmente, desperta novos níveis de consciência, passando a entender melhor o Criador. A Doutrina dos Espíritos muito tem contribuído para a compreensão da divindade.

Na questão número 1 de *O Livro dos Espíritos*, Kardec perguntou: "*Que é Deus?*". E os Espíritos superiores responderam com magistral concisão: "Deus é a inteligência suprema, causa primária de todas as coisas".

A prova da existência de Deus os Espíritos superiores nos deram, na questão número 4 de *O Livro dos Espíritos*. "*Onde se pode encontrar a prova da existência de Deus?* R. – Num axioma [certeza] que aplicais às vossas ciências. Não há efeito sem causa. Procurai a causa de tudo o que não é obra do homem e a vossa razão responderá."

De fato, todo efeito inteligente decorre de uma causa inteligente (OP, Primeira parte, "Profissão de fé espírita raciocinada", I. *Deus*). Deus revela-se por sua providência, sabedoria e harmonia. Basta reparar à nossa volta: *a Natureza é a assinatura viva de Deus!* O nosso corpo é uma máquina maravilhosa que continua desafiando a Medicina.

O homem não é capaz de criar um inseto, por pequeno e insignificante que seja. *Logo, tudo o que o homem não fez, foi criado por Deus, a causa das causas.* Assim, Deus revela-se aos homens por meio de suas obras.

No atual estágio evolutivo, estamos longe de conhecer Deus em sua intimidade, mas já podemos vislumbrar, ainda que palidamente, que a essência divina constitui o *Amor*. A Doutrina Espírita deu-nos a conhecer alguns dos atributos divinos, apresentando-nos DEUS como ser "*eterno, imutável, imaterial, único, onipotente, soberanamente justo e bom*" (LE, 13).

Não podemos ainda conhecer a sua natureza, porque somos muito imperfeitos, não temos faculdades desenvolvidas para tanto, pois uma inteligência limitada e imperfeita como a nossa não poderia abranger o conhecimento ilimitado e perfeito, que é Deus, *apesar de vivermos e nos movermos nele,*[169] como afirmou o apóstolo Paulo, utilizando-se de uma bela figura poética.

[169] Atos, 17:28.

Como bem elucida o Espiritismo (LE, 14 a 16), doutrinas como a do Panteísmo (OP, Primeira parte, "As cinco alternativas da Humanidade", II) não fazem o menor sentido. O Panteísmo admite que Deus seria o conjunto ou a soma de todos os seres, de todos os corpos e de todos os globos do Universo, como se todos esses elementos fossem partes da Divindade. Segundo Kardec, esta doutrina faz de Deus um ser material que, embora dotado de suprema inteligência, seria em ponto grande o que somos em ponto pequeno. Se assim fosse, Deus não seria Deus, porque seríamos uma extensão do Pai, como se a criatura fosse uma parte do Criador.

Kardec, com a sua conhecida lucidez, bom senso e didática, destrói essa falsa idéia com uma simples comparação: "A inteligência de Deus se revela em suas obras como a de um pintor no seu quadro; mas, as obras de Deus não são o próprio Deus, como o quadro não é o pintor que o concebeu e executou" (LE, 16).

Se desejamos nos aproximar do Criador, trabalhemos pelo nosso aprimoramento espiritual, pois, quando não mais tivermos o Espírito obscurecido pela matéria, quando atingirmos a perfeição relativa que nos está destinada, veremos e compreenderemos Deus. É o que nos garantem os Espíritos superiores, nas questões 11 e 244 da primeira obra da Codificação.

7.1.1. JESUS NÃO É DEUS

"Se me amásseis, certamente exultaríeis por ter dito: Vou para o Pai; o Pai é maior do que Eu."
(JOÃO, 14:28.)

Segundo os historiadores de religião, a idéia da divinização de Jesus como Deus firmou-se no século IV, no tempo do imperador Constantino, e foi proclamada pela Igreja Católica, no século VII, quando foi aprovado o dogma da Santíssima Trindade. Contudo, desde os primeiros séculos do Cristianismo essa questão vem sendo debatida, divergência que deu origem à maioria das seitas que dividiram a Igreja há vinte séculos (OP, Primeira parte, "Estudo sobre a natureza do Cristo").

Entretanto, nem sempre a divinização de Jesus foi aceita por todos. Vez por outra, alguns setores, na tentativa de desmoralizar esse dogma, chegam ao extremo de apresentar Jesus como um ser humano de evolução mediana, revestido das fraquezas e inferioridades dos homens comuns de todas as épocas.

A Doutrina Espírita também veio lançar luzes sobre essa controvérsia, colocando as coisas em seu devido lugar.

Qual o tipo mais perfeito que Deus tem oferecido ao homem para lhe servir de guia e modelo? – perguntou Kardec. – E os Espíritos responderam, na questão 625 de *O Livro dos Espíritos*, com apenas uma palavra: – Jesus!

Portanto, Deus é criador; Jesus é criatura. Logo, *Deus é nosso Pai, e Jesus, nosso Irmão Maior*. A propósito da elevação espiritual de Jesus, merecem reflexão os ensinos de Kardec, contidos em *A Gênese*:[170]

> Como *homem*, tinha a organização dos seres carnais; porém, como *Espírito puro*, desprendido da matéria, havia de viver mais da vida espiritual do que da vida corporal, de cujas fraquezas não era passível. A sua superioridade com relação aos homens não derivava das qualidades particulares do seu corpo, mas das do seu Espírito, *que dominava de modo absoluto a matéria e da do seu perispírito, tirado da parte mais quintessenciada dos fluidos terrestres.* (Destacamos)

A Doutrina Espírita, por conseguinte, não discute a superioridade espiritual de Jesus, que foi alcançada durante os milênios, por seu próprio esforço, submetido, como os demais Espíritos, à Lei de Progresso, como um dia, num futuro remoto, também acontecerá conosco (ver item 5.3.1.4. *Lei de Progresso*), mas não nega o *aspecto humano do Mestre*, sujeito que estava às leis físicas e biológicas, como qualquer ser encarnado, embora tivesse os recursos necessários para controlá-las, de acordo com sua vontade superior.

[170]Cap. XV, "Os milagres do Evangelho", item 2.

A evolução de Jesus, entretanto, não se deu na Terra, mas sim em outros mundos, pois que, ao que se deduz, antes mesmo da criação de nosso planeta, o mestre já havia alcançado o estágio de Espírito puro.

As próprias palavras de Jesus destroem a afirmação de que ele seja Deus, tese essa que tem origem nas próprias imperfeições dos homens, que têm o hábito de transformar suas crenças em mitos e no maravilhoso, como forma de explicar o desconhecido ou aquilo que não compreendem: "*nada faço por mim mesmo; mas falo como o Pai me ensinou*" (JOÃO, 8:28), entre outras citações evangélicas (JOÃO, 5:30 e 36; 12:49 e 50; 14:28; 17:3; LUCAS, 22:42; 23:46; MATEUS, 20:23; 26:39).

Os "milagres" atribuídos a Jesus não provam a sua divindade. O Espiritismo demonstrou que tais fenômenos são de ordem natural, uma vez que resultam da ação espiritual sobre os fluidos, pelo pensamento e pela vontade (item 5.3.3.1), fenômenos que também podem ser produzidos por outras pessoas mais evoluídas, como o próprio Jesus afirmou: "*aquele que crê em mim também fará as obras que eu faço, e as fará maiores do que estas*" (JOÃO, 14:12), porque "*sois deuses*" (JOÃO, 10:34 e SALMOS, 82:6), com "d" minúsculo, deixando implícito que Ele poderia fazer coisas maiores ainda.

Intuitivo, também, é que Deus não necessita revogar as suas próprias Leis, por meio de feitos espetaculares, apenas para provar o seu poder e a sua existência, com o objetivo de convencer homens incrédulos, céticos e ignorantes.

Partilhamos também da convicção de que a concepção (geração ou fecundação) do corpo de Jesus ocorreu de forma normal, como acontece com todos os homens, isto é, não foi virginal, mas sim de forma natural, pela coabitação entre Maria e José, situação que não representa nenhum demérito para os Espíritos superiores da estirpe de Jesus, pois o sexo equilibrado é faculdade criadora da alma, a serviço do amor.

Sobre esse ponto, Kardec também foi categórico, ao afirmar, em *A Gênese*, cap. XV, itens 65 e 66, que "desde o momento da concepção até o nascimento, tudo se passa, pelo que respeita à sua mãe, como nas condições ordinárias habituais da vida" e que "Jesus, pois, teve, como todo homem, um corpo carnal e um corpo fluídico [perispírito]".

7.2. EXISTÊNCIA E SOBREVIVÊNCIA DOS ESPÍRITOS (IMORTALIDADE)

"Onde está, morte, o teu aguilhão?
Onde está, ó inferno, a tua vitória?"
(I CORÍNTIOS, 15:55.)

Há espíritos? Com esta pergunta, Kardec inicia *O Livro dos Médiuns*, desenvolvendo o assunto em capítulos bem coordenados entre si. Muitas pessoas dizem que não acreditam em Espíritos. É como se dissessem que não acreditam em sua própria existência, pois que também são Espíritos, com a diferença de que se encontram transitoriamente encarnados (OQE, II, "Dos Espíritos").

Todas as religiões pregam a imortalidade, mas a Doutrina Espírita foi além: comprovou, cientificamente, a imortalidade e resgatou o espírito da matéria, "matando a morte". Não se trata mais de convicção religiosa. Trata-se de estar bem ou mal informado, pois o Espírito já foi "pesado, medido e entrevistado", nos laboratórios científicos.

Os Espíritos superiores legaram-nos o entendimento de que o mundo espiritual é o mundo normal, primitivo, eterno, preexistente e que sobrevive a tudo (LE, 85).

Daí se infere que *a nossa pátria verdadeira é a espiritual*. O mundo físico é uma escola, um campo de provas, onde burilamos o Espírito. De lá viemos e para lá um dia retornaremos em definitivo, após sucessivas reencarnações, quando estivermos completamente depurados. Na parte segunda de *O Livro dos Espíritos*, cap. I a X, estão incluídos os estudos sobre o "*mundo espiritual ou mundo dos Espíritos*", que trata, entre outros assuntos, da vida espiritual, da escolha das provas, da intervenção dos Espíritos no mundo corporal, das ocupações e missões dos Espíritos.

Antes de sermos seres humanos, filhos de nossos pais, somos, na verdade, Espíritos, filhos de Deus. O espírito é o *princípio inteligente* do Universo, criado por Deus, simples e ignorante, para evoluir até a emancipação da alma e do intelecto, pelos seus próprios esforços, fazendo jus ao prêmio da autoconquista, pelas suas próprias obras.

A alma é um Espírito encarnado (veja cap. "Primeiras palavras"), sendo o corpo apenas o seu envoltório, o seu revestimento (LE, 134).

Por ocasião da desencarnação, o que se destrói é o corpo, invólucro material do Espírito, à semelhança de uma roupa velha que se descarta. No fenômeno da morte biológica, portanto, o organismo é restituído à Natureza, ou seja, desagrega-se, decompõe-se em seus elementos químicos, os quais serão reutilizados na composição de outros corpos, inclusive de animais. O Espírito, por sua vez, juntamente com o perispírito (item 7.4.1), transfere-se para outras dimensões vibratórias, compatíveis com o estágio evolutivo alcançado: "*Na casa de meu Pai há muitas moradas*".[171]

O Espírito nada leva consigo deste mundo, a não ser a experiência, as conquistas intelectuais e morais, a lembrança e o desejo de ir para um mundo melhor, lembrança plena de doçura ou de amargor, conforme o bom ou mal uso que fez da vida; quanto mais aperfeiçoado for, melhor compreenderá a futilidade do que deixou na Terra (LE, 150b; CI, Segunda parte).

Daí por que o *aborto*, a *eutanásia*, a *pena de morte* e o *suicídio* (ver itens 7.4.3 a 7.4.6) constituem erros gravíssimos, verdadeiros atentados contra as Leis Divi-

[171] João, 14:1 e 2.

nas ou Naturais, que envergonham as nações que os adotam como instituições legais, mesmo aqueles que se arvoram em *representantes da civilização tecnológica de primeiro mundo*, os quais se revelam profundamente ignorantes em termos de conhecimentos espirituais. Eliminar o corpo físico não resolve a questão transcendental do Espírito, o qual, mesmo sem o invólucro físico, não perde a sua individualidade, continua a influenciar o seu meio, pensando, sentindo, ainda com maior intensidade, porque estará livre das amarras que limitavam suas potencialidades.

Quando o Espírito anima o corpo, torna-se Espírito encarnado. Por isso que, ao nascer, dizemos que o Espírito reencarnou e, ao morrer, que desencarnou. Desencarnado, isto é, liberto da carne, volta para o plano espiritual ou espiritualidade, de onde veio ao nascer.

Se a morte fosse a destruição completa do homem, muito ganhariam com ela os maus, pois se veriam livres, ao mesmo tempo, do corpo, do Espírito e dos vícios. É uma idéia materialista que repugna o bom senso e a lógica. *A crença de que após a morte física vem o* nada *é incompatível com a Perfeição, a Justiça e a Bondade de Deus* (CI, Primeira parte, cap. I).

Todos aqueles que, durante a vida terrena, se esforçarem sinceramente por melhorar, mesmo errando durante o curso de sua existência, podem aguardar, serenos, a hora de seu retorno para o mundo espiritual, pois verão recompensados seus suores, suas dores, suas lágrimas.

Para o Espírito atrasado, a *vida material* prevalece sobre a *espiritual*. Muitos Espíritos sofrem, ao desencarnarem, por falta de preparo espiritual, por desconhecimento das Leis Divinas que regulam o trânsito da alma entre o "Céu" e a Terra (LE, 154, 159, 164, 253 a 257). Apegando-se às aparências, não distinguem a vida além do corpo, embora esteja na alma a vida real, pois, acreditando no aniquilamento completo do ser, tudo se lhes parece em vão, perdido, desesperado... (CI, Segunda parte, cap. II a VIII).

Portanto, o apego excessivo aos bens materiais nos distancia de Deus e da compreensão de nosso destino espiritual. Somos simples *usufrutuários*, meros detentores provisórios dos bens materiais, que nos são dados de empréstimo por DEUS, como instrumento do progresso intelectual e moral (LE, 573 e 898).

No livro *E a vida continua...*,[172] psicografado pelo médium Francisco Cândido Xavier, o Espírito André Luiz narra a experiência de um casal (Evelina Serpa, uma senhora muito religiosa, que desencarnou jovem, e o Sr. Ernesto Fantini, sem religião, que desencarnou na mesma época), os quais, por falta de preparo espiritual, ainda se acreditavam no mundo dos encarnados. Ao se encontrarem com um Instrutor de uma colônia espiritual (Irmão Cláudio) onde estavam internados, expuseram suas dúvidas e aflições ao Orientador.

[172]Cap. 9, "Irmão Cláudio".

Eis alguns trechos da narrativa, a iniciar pela pergunta de Ernesto Fantini, dirigida ao Orientador Cláudio:

– Evelina, quanto me ocorre, tem o espírito dominado por uma questão capital. Isso lhe parecerá, talvez, uma criancice de doentes mentais, que, às vezes, temos ambos a impressão de ser, mas temos escutado, em circunstâncias diversas, a afirmativa de que somos mortos em recuperação num ambiente que não mais pertence aos homens de carne e osso. [...] *Que nos diz a isso, professor?*

Irmão Cláudio esboçou significativa expressão facial, em que a admiração se misturava à piedade e obtemperou, sem cerimônia:

– Estarão vocês em condições de acreditar em minha palavra, se lhes ratificar a notícia de que respiramos em plena esfera espiritual?

– Mas professor... – clamou Evelina, lívida.

– Entendo – certificou ele, sorrindo –, a senhora, muito mais que o nosso Irmão Ernesto, opõe firme recusa mental à verdade, à vista de suas convicções religiosas, louváveis mas *provisórias*, convicções que jazem solidamente estruturadas em seu Espírito... Apesar de tudo, porém, tenho a obrigação de assegurar-lhes que não mais pisamos a Terra que nos era comum e sim um departamento da vida espiritual.

E ela:

– *Meu Deus, como pode ser isso?*

– Irmã Evelina, trabalhe com a própria mente. Se não abordássemos a crosta planetária pelo regaço materno, com o período da infância, logo após, constrangendo-nos a longos serviços de readaptação, não seria a mesma coisa?

– Mas a Terra... eu conheço.

– Puro engano. Classificamos a paisagem terrestre e os pertences que lhe dizem respeito, submetidos aos conceitos de quantos estiveram nela antes de nós, ocorrendo análogas circunstâncias no ambiente a que nos acolhemos agora, e onde contamos com geólogos e geógrafos eméritos... *Na realidade, porém, tanto lá quanto aqui, conhecemos, na essência, muito pouco acerca do meio em que vivemos.* Em suma, analisamos e reanalisamos coisas e princípios que já encontramos feitos...

– Entretanto, no mundo, como entendemos o mundo, *guardamos a certeza de permanecer sobre bases de matéria sólida...*

– Irmã Evelina, quem lhe disse que não moramos lá, na arena terrestre, detidos igualmente num certo grau da escala de impressão do nosso Espírito eterno? *Qualquer aprendiz de ciência elementar, no planeta, não desconhece que a chamada* matéria densa *não é senão a energia radiante condensada. Em última análise, chegaremos a saber* que a matéria é luz coagulada, *substância divina, que nos sugere a onipresença de Deus.*

– O senhor quer *afirmar mesmo* que não estamos agora domiciliados no plano físico? – voltou Fantini a manifestar-se.

– Chame-se a este mundo em que existimos, neste momento, "outra vida", "outro lado", "região extrafísica" ou "esfera do Espírito", estamos num centro de atividade *tão material* quanto aquele em que se movimentam os homens, nossos irmãos ainda encarnados, condicionados ao tipo de impressões que ainda lhes governam, quase que de todo, os recursos sensoriais. *O mundo terrestre é aquilo que o pensamento do homem faz dele.* Aqui, é a mesma coisa. A matéria se resume a energia. *Cá e lá, o que se vê é a projeção temporária de nossas criações mentais...* (Destacamos)

A experiência da morte física é única para cada Espírito! Nem todos a vivenciam do mesmo jeito. Depende da elevação de cada um. Para aquele que se esforçou em cumprir os seus deveres, que tem a consciência limpa, a morte nada tem de penosa, situação que pode ser facilitada ainda mais, se esta pessoa, além da consciência tranqüila, também conhece o Espiritismo, uma vez que a compreensão dos mecanismos das Leis Divinas, pelo Espírito desencarnante, facilita em muito a ação dos Benfeitores espirituais, no momento do desligamento do perispírito do corpo físico (LE, 165).

> O Espírito é sensível à lembrança e às saudades dos que lhe eram caros na Terra; mas, uma dor incessante e desarrazoada o toca penosamente, porque, *nessa dor excessiva, ele vê falta de fé no futuro e de confiança em Deus* e, por conseguinte, um obstáculo ao adiantamento dos que o choram e talvez à sua reunião com estes (LE, 936).

Informa o pesquisador Carlos de Brito Imbassahy, no livro *Arquitetos do Universo – O outro lado da Física, à luz da Ciência Espírita*,[173] que o cientista inglês, *Sir* William Crookes (1832-1919), membro da *Royal Society* de Londres, foi convocado pelo governo inglês para desmentir a existência do mundo espiritual. Diz ele, no mencionado livro, que:

[173]Cap. 8, "O mundo dos Espíritos".

> A aceitação da existência desse domínio [espiritual] foi cientificamente realizada por *Sir* William Crookes, convocado, em 1868, pela Rainha da Inglaterra para presidir a uma *comissão de sábios* com o fito de provar que os fantasmas alegados pelos moradores de castelos medievais não passavam de folclore e fantasia, e, como tal, não existiam, reuniu sua equipe e passou a realizar uma série de sessões mediúnicas – anteriormente conhecidas como de materialização – hoje ditas ectoplásmicas, ao terminar suas pesquisas, em consubstanciado relatório à Coroa britânica, foi conciso e preciso ao declarar: – *Se Vossa Majestade me convocou para provar que os fantasmas* [ghost] *não existem, eu sou obrigado a afirmar que eles existem.* [...]
>
> Foram inúmeras as tentativas vãs para frustrar tais resultados, com todos os recursos possíveis e imagináveis para demonstrar que os sábios haviam sido iludidos. *Sir* Cromwell Varley, engenheiro eletrônico, que montou todo o esquema de controle para detectar o fenômeno, foi cabal, ao prestar seu depoimento ante a *London's Dialectical Society*, numa série de sessões realizadas por essa academia, descendo às minúcias. (Destacamos)

É realmente consoladora a constatação da sobrevivência ou imortalidade da alma humana. Penetrar esses conhecimentos, adquirir essa convicção eleva a nossa condição de Espíritos, o que nos faz sentir herdeiros do Criador e nos dá mais forças para vencer as dificuldades do dia-a-dia, permitindo que valorizemos ainda mais a vida.

7.2.1. FINADOS

> *"Os Espíritos acodem nesse dia* [finados] *ao chamado dos que da Terra lhes dirigem seus pensamentos, como o fazem noutro dia qualquer."*
> (LE, 321.)

De acordo com alguns historiadores, o dia consagrado aos mortos originou-se dos antigos povos da Gália (atual França), os quais, então conhecedores da indestrutibilidade do ser, *honravam os Espíritos e não os cadáveres*, como, infelizmente, se faz na atualidade.

Esse dia, popularmente chamado de "finados", é uma tradição mundial, cuja origem se perde na noite dos tempos, e que revela a intuição do homem sobre a imortalidade da alma. Finado é o particípio passado do verbo "finar", que significa o indivíduo que morreu, findou, faleceu.

Trata-se de uma cultura adotada por todos os povos e quase todas as religiões. Esteve inicialmente muito ligada, na Antigüidade, aos cultos agrários ou da fertilidade. Acreditava-se que os mortos, como as sementes, eram enterrados com vistas à ressurreição (veja item 7.4. *Pluralidade das existências*). Em vista disso, o primitivo dia de finados era festejado com banquetes e orgias perto dos túmulos, costume disseminado em várias civilizações do passado.

Após a morte do tirano Mausolo, rei de Cária, antiga região da Ásia Menor (377 a 353 a.C.), sua esposa Artemísia determinou a construção de um enorme edifício, ricamente enfeitado, para abrigar o corpo do soberano. Esta construção ou monumento funerário é considerado uma das maravilhas do mundo antigo, dentre as quais despontam as Pirâmides do Egito, que até hoje constituem morada dos restos mortais dos antigos faraós.

Daí surgiu a palavra *mausoléu* para identificar os sepulcros de grandes proporções.

Entretanto, somente no final do século X é que foi oficializado pela Igreja de Roma o "culto aos mortos", com o nome de "finados", destinado precisamente aos Espíritos que estariam no "purgatório".

Para o Espiritismo, este é um dia como qualquer outro, uma vez que a ida ao cemitério é a representação exterior de um fato íntimo. As pessoas que visitam um túmulo manifestam, por esse costume, que pensam no Espírito ausente, embora muitas o façam apenas para se desincumbir de mais uma "obrigação social" no calendário humano.

Para homenagear o ente querido que partiu antes de nós, não é preciso, necessariamente, ir a cemitérios, via de regra repleto de túmulos caiados, tétricos e poídos, porque lá repousa apenas o envoltório do Espírito (corpo físico).

O que sensibiliza o Espírito não é propriamente a visita à sepultura, mas a *lembrança fraterna* e a *prece sincera* daquele que ficou na Terra, o que pode ser feito a qualquer momento e em qualquer lugar. Por isso, o dia de finados não é mais importante, para os desencarnados, do que outros dias. A diferença entre o dia de finados e os demais dias é que, naquele, mais pessoas chamam os Espíritos pelos pensamentos.

O costume de as famílias sepultarem os restos mortais de seus membros em um mesmo lugar é útil do ponto de vista material, entretanto, para as Leis Divinas, essa cultura nenhum valor tem, do ponto de vista moral, a não ser tornar mais concentradas as recordações dos parentes.

O Espírito que atingiu um determinado grau de perfeição, despojado que se encontra das vaidades terrenas, compreende a inutilidade dos funerais pomposos, que *servem mais aos que ficam do que aos que partiram*.

Muitas vezes, o Espírito assiste ao seu próprio velório, não sendo raro as decepções que experimenta, ao se defrontar com alguns visitantes falando mal do "extinto", contando piadas ou em conversas sobre negócios regadas a bebida alcoólica, sem qualquer respeito pela memória do recém-desencarnado. Mais decepcionado este fica, ainda, quando assiste às reuniões dos herdeiros, disputando, em brigas acirradas, a divisão dos bens do espólio.

As imagens e evocações das palestras dos presentes incidem sobre a mente do recém-desencarnado, o qual, na maioria das vezes, por ausência de preparo espiritual e desconhecimento das Leis Naturais, embora morto biologicamente, ainda não se desligou, mentalmente, dos despojos, o que lhe traz muito sofrimento, inclusive sensações desagradáveis, perturbações e pesadelos, dificultando ainda mais o seu desenlace (ver, no item 7.4.7, a diferença entre desencarnação e morte biológica). O fato é que a menção do nome do próprio falecido e de outros mortos transforma-se em *verdadeira invocação*, atraindo-os ao ambiente em que nos encontramos (consultar cap. 14, da obra *Obreiros da vida eterna*, do autor espiritual André Luiz, psicografado por Francisco Cândido Xavier, um caso prático de *evocação inconsciente* ocorrido num velório).

Qual, então, deve ser a nossa conduta, nessas ocasiões? A mesma postura de *respeito* que devemos ter para com qualquer pessoa encarnada. *Uma prece sincera, um pensamento simples, mas bondoso, endereçado aos entes que partiram, valem mais do que mil coroas de flores e solenidades fúnebres.*

Todavia, não nos esqueçamos de que mais importante não é o comportamento nosso na hora da desencarnação de um ente querido, ou no momento de nossa própria morte física, mas sobretudo a conduta que devemos ter durante toda a nossa existência física, pois que, sendo Espíritos imortais, nossa vida é uma constante preparação para a morte, razão pela qual é preciso viver bem para morrer bem (ver item 7.2).

7.3. COMUNICABILIDADE DOS ESPÍRITOS

"Amados, não creiais ao Espírito, mas provai se os Espíritos são de Deus, porque já muitos falsos profetas se têm levantado no mundo."
(I JOÃO, 4:1.)

O princípio da *sobrevivência da alma*, estudado no item 7.2, guarda relação íntima com o da *comunicabilidade dos Espíritos*, o qual é uma decorrência natural daquele. Parece-nos totalmente ilógico, para não dizer insensato, que o Espírito sobreviva à morte do corpo físico e esteja impedido de se comunicar com o mundo em que estagiou, apenas porque os homens querem que assim seja (OP, Primeira parte, "Manifestações dos Espíritos", *Caráter e conseqüências religiosas das manifestações dos Espíritos*; OQE, II, "Comunicação com o mundo invisível"). Ou que apenas os maus Espíritos se comuniquem, com a finalidade de ludibriar os encarnados, como apregoam determinados segmentos religiosos. Ou que apenas os "santos Espíritos" o façam para alguns seres privilegiados.

Não há profanação alguma no comunicar-se com os desencarnados, quando isso é feito com *recolhimento* e quando a evocação seja praticada respeitosa e convenientemente. Profanação haveria, se isso fosse feito levianamente (LE, 935). Este princípio foi tratado, com clareza e objetividade, no cap. IX, parte segunda, de *O Livro dos Espíritos*.

Os Espíritos constantemente nos rodeiam (LE, 456) e exercem incessante ação sobre o mundo físico e sobre o mundo moral, atuando sobre a matéria e sobre o pensamento (LE, 457 a 459). Constituem, por isso mesmo, uma das *potências da Natureza*, pelo que se encontram na raiz de inumeráveis fenômenos, conhecidos como "sobrenaturais", até então inexplicados ou mal explicados e que encontram explicação racional no Espiritismo.

No conjunto, os pensamentos dos Espíritos desencarnados estão misturados com os dos encarnados, daí a incerteza em que nos vemos, muitas vezes tendo em nós duas idéias a se combaterem (LE, 460).

As comunicações dos Espíritos com os homens podem ser *ocultas* ou *ostensivas* (aparentes). As ocultas se verificam à nossa revelia (sem o nosso conhecimento ou mesmo, em determinadas ocasiões, contra a nossa vontade), pela influência boa ou má que exercem sobre nossos pensamentos. Cabe ao nosso juízo discernir as boas das más inspirações. Para isso, *a voz da consciência é a melhor conselheira.* As comunicações ostensivas se dão por meio da *escrita*, das *palavras* ou das *outras manifestações materiais*, quase sempre produzidas pelos médiuns que lhes servem de instrumento.

Entretanto, toda e qualquer comunicação não deve ser aceita cegamente; precisa ser encarada com reserva, examinada com o devido cuidado, para não sermos vítimas de Espíritos enganadores e da mistificação dos "vivos" (OQE, II, "Charlatanismo", "Identidade dos Espíritos" e "Contradições").

Embora a faculdade e o desenvolvimento da mediunidade não guardem relação com o desenvolvimento moral dos médiuns, o uso dela pode ser bom, ou mau, conforme as qualidades do médium (LM, Segunda parte, XX). Sendo assim, as comunicações espirituais variam de acordo com a conduta moral do médium. Se for uma pessoa idônea, de bons princípios morais, oferece campo para a aproximação e manifestação de bons Espíritos. Isso não quer dizer que um médium aplicado, de conduta elevada, não possa servir de intermediário de Espíritos sofredores ou menos evoluídos.

As almas ou os Espíritos encarnados, ao desencarnarem, levam para o Além suas paixões, suas tendências, suas virtudes, seus defeitos, enfim, a sua individualidade, a soma de seu estágio evolutivo (LE, 150, 238 e 239). Eles são o que eram quando vivos: bons ou maus, sérios ou brincalhões, trabalhadores ou preguiçosos, cultos ou medíocres, verdadeiros ou mentirosos. Estes fatores, conseqüentemente, determinam a categoria e a natureza das comunicações espirituais.

A alma, embora perca o corpo físico, no momento da desencarnação, comprova a sua individualidade, porque conserva o perispírito (ver item 7.4.1), corpo fluídico que lhe é próprio, assimilado na atmosfera do seu planeta, o qual guarda a aparência da sua última encarnação (LE, 150a).

Os Espíritos estão por toda parte! E não estão ociosos (CI, Primeira parte, VIII:13). Pelo contrário, têm suas ocupações, como nós, os encarnados, temos as nossas, e somos influenciados por eles mais do que suspeitamos.

O Movimento Espírita alerta as pessoas contra as mistificações e contra os falsos médiuns ou contra os médiuns de má-fé, que tentam iludir o público menos avisado em troca de vantagens materiais (ver item seguinte).

Mediunidade e Espiritismo não se confundem! A mediunidade é apenas um dos meios pelos quais o Espiritismo demonstra a realidade do mundo espiritual. Ela sempre existiu desde os primórdios dos tempos e pode se manifestar em qualquer meio, crédulo ou não.

A moral dos Espíritos superiores é a mesma do Cristo e pode ser resumida na expressão evangélica: "*Fazer aos outros o que desejamos que os outros nos façam*", isto é, fazer o bem e não o mal. Neste princípio, o homem encontra uma *regra universal de proceder*, mesmo para as ações mais insignificantes.

A interferência exercida pelos Espíritos em nossos pensamentos e atos, tanto para o bem quanto para o mal (dependendo da natureza moral da Entidade influenciante) é tão extensa que, a este respeito, foi dito a Kardec: "*Os Espíritos influem em vossas vidas a tal ponto, que, de ordinário, são eles que vos dirigem*" (LE, 459, 501 e 525 e seguintes).

Podemos neutralizar a influência dos Espíritos inferiores, praticando o bem e pondo em Deus toda a nossa confiança.

Além dos trabalhos desenvolvidos por Kardec e seus ilustres companheiros, na Sociedade Parisiense de Estudos Espíritas, durante largos anos (Camille Flammarion, Alexandre e Gabriel Delanne, Victorien Sardou, Didier e outros), vários cientistas de renome mundial constataram, em laboratórios científicos, a veracidade dos fenômenos de comunicação entre os dois mundos (visível e invisível), entre eles o cientista inglês William Crookes; o médico francês Gustave Geley (1868-1924), fundador do Instituto de Metafísica de Paris; o físico e professor inglês Oliver Lodge (1851--1940), reitor da Universidade de Birmingham, entre tantos outros.

Nesse contexto, merecem destaque as famosas pesquisas de *Sir* William Crookes, realizadas sob o mais rigoroso controle científico, o qual obteve, durante três anos consecutivos, materializações do Espírito Katie King, tendo como médium Florence Cook.

Reitere-se, em conclusão, que não é preciso ser médium ostensivo, para estabelecermos comunicação com o mundo invisível que nos cerca. O simples gesto de fazermos uma prece, dirigida ao nosso protetor espiritual (ver item 7.3.4), nos coloca, mentalmente, em comunicação com o mundo espiritual, sem que necessariamente sejamos médiuns ostensivos. Um pensamento qualquer, despretensioso que seja, nos coloca em relação com o mundo espiritual. Como assevera o Espírito André Luiz, em *Nosso Lar*,[174] "[...] Quem pensa, está fazendo alguma coisa alhures".

---

[174]Cap. 12, "O umbral".

7.3.1. NOÇÕES BÁSICAS DE MEDIUNIDADE

O intercâmbio entre um encarnado e um desencarnado dá-se mediante a sintonização dos fluidos de seus respectivos perispíritos.

A mediunidade tem a idade do homem. As criaturas encarnadas nunca estiveram abandonadas por Deus, que deixou uma fresta de comunicação entre o "Céu" e a Terra, para que se cumprissem os seus desígnios. Os povos mais primitivos, quando ficavam doentes, tinham os seus pajés, encarregados de realizar a medicina primitiva da época, recebiam a intuição para a descoberta de ervas e alimentos que curavam e alimentavam. Muitas descobertas, invenções e criações, alimentadas pelo indispensável *trabalho* e *esforço humano*, tiveram e continuam tendo, na mediunidade, a sua fonte inspiradora, impulsionando o progresso do homem rumo às estrelas.

Kardec não inventou o mundo espiritual, os médiuns e a mediunidade. Apenas os investigou, colocando-os ao alcance da Humanidade (OQE, II, item 104). Médium é todo aquele que pode entrar em contato com os chamados "mortos", que somos nós mesmos, quando desvestidos do corpo carnal. *Toda pessoa que sente, em um grau qualquer, a influência dos Espíritos, por isso mesmo, é médium.* É uma faculdade inerente ao homem, não se trata de privilégio algum (LM, Segunda parte, XIV:159; OQE, II, itens 54 a 104).

É importante não esquecer, também, que há indivíduos portadores de *faculdades anímicas* (que provêm da própria alma ou do próprio Espírito), sendo, assim, capazes de produzir fenômenos incomuns, *sem a intervenção ou a participação de Espíritos desencarnados*, causando espanto junto ao povo em geral. Tais pessoas não são propriamente médiuns; geralmente, são conhecidos como paranormais ou sensitivos (LM, Segunda parte, IV:74 e XX).

Todos os fenômenos espirituais, como acentuou Kardec, em *O Livro dos Médiuns, obra de leitura obrigatória para aqueles que desejam aprofundar seus conhecimentos sobre mediunidade*, têm como princípio a existência da alma, sua sobrevivência à morte do corpo e suas manifestações, decorrendo, por isso, de uma *Lei da Natureza*, cujos fenômenos nada têm de fantástico ou sobrenatural, como se diz vulgarmente. Muitos fatos são considerados como tal, porque têm causa desconhecida, mas o Espiritismo desmistifica tais acontecimentos, devolvendo-os ao domínio dos fenômenos naturais, como acontece com a chuva, o vento, o trovão, etc.

A mediunidade é a faculdade de comunicar-se com o mundo espiritual, o que *não depende das qualidades morais nem da crença de seu portador*. Pode desabrochar inesperadamente em qualquer pessoa, seja de que religião for, ou mesmo que não tenha religião alguma, inclusive num materialista, num incrédulo, num ateu, fenômeno que vem acontecendo com maior incidência desde a época do advento do Espiritismo (século XIX), para que se cumpra a evolução, como, aliás, profetizado no Novo Testamento (Atos, 2:17 e 18). Na Antigüidade, os médiuns gozavam de certo prestígio, sendo conhecidos, naquela época, como oráculos, pitonisas, profetas, etc.

O intercâmbio entre um encarnado e um desencarnado dá-se mediante a sintonização dos fluidos de seus respectivos perispíritos, ou corpos espirituais, que estudaremos no item 7.4.1.

A mediunidade atesta o amor de Deus para com os seus filhos, confirmando a imortalidade da alma, a continuidade da vida e a possibilidade de intercâmbio entre os planos visível e invisível.

Mediunidade, portanto, não é sinônimo de Espiritismo, sendo extremamente bela e enriquecedora, quando exercida com fins nobres e elevados. Na Idade Média, devido à ignorância dos homens, os médiuns foram considerados bruxos e eram "caçados" e levados às fogueiras, como aconteceu com a jovem camponesa Joana d'Arc, que, ouvindo a orientação de seus protetores espirituais, auxiliou o exército francês a proteger a sua pátria.

Atualmente, a mediunidade é reconhecida em muitos lugares do planeta. Apesar disso, existem aqueles que a negam, contra todas as evidências e comprovações.

Em parte, essa incredulidade se deve ao mau uso que se faz da mediunidade que, para muitos, se transforma em fonte de exploração comercial, produzindo conseqüências desastrosas para aqueles que abusam dessa sublime faculdade. "De graça recebestes, de graça dai" (MATEUS, 10:8; ESE, XXVI), recomenda Jesus, numa clara alusão de que tais faculdades são concedidas graciosamente pelo Criador, para que sejam utilizadas em benefício da espiritualização do ser humano: *a mediunidade com Jesus*. Jamais o cristão deve se tornar um profissional da religião ou fazer da religião um meio de vida.

Jesus também alertou que haveria *falsos profetas* (ESE, XXI), isto é, *falsos médiuns* ou médiuns que utilizariam suas faculdades com fins não elevados. Da mesma forma, o apóstolo João recomendou que não acreditássemos em todos os Espíritos: "*Amados, não creiais ao Espírito, mas provai se os Espíritos são de Deus, porque já muitos falsos profetas se têm levantado no mundo*".[175] Os Espíritos são apenas os homens desvestidos do corpo carnal. Eles não adquirem a perfeição instantânea e milagrosamente só pelo fato de terem retornado ao mundo dos Espíritos. Ao desencarnar, o Espírito leva consigo a sua individualidade, suas conquistas evolutivas, ou seja, *continua a mesma pessoa*.

O Espiritismo mostra-nos a mediunidade como um *instrumento de renovação do homem*, propondo

[175] 1ª EPÍSTOLA DE JOÃO, 4:1.

uma *metodologia* na sua utilização, com *responsabilidade*, para fins educativos, em parceria com a Espiritualidade. *De nada adianta todos os homens crerem nas manifestações espirituais, se esta crença não os torna melhores, mais bondosos, mais pacientes, humildes, compreensivos, enfim, menos egoístas e menos orgulhosos.*

Os médiuns conscientes da finalidade moral de suas tarefas jamais cobram pelos seus serviços, daí por que a *gratuidade* é um dos característicos importantes do intercâmbio seguro com o mundo invisível.

Veiculam-se notícias sobre a existência de médiuns, principalmente na América do Norte e na Europa, que cobram por seus serviços, os quais, apesar disso, realizariam sua tarefa com retidão e idealismo, muitos deles filiados a segmentos profissionais, com seus regulamentos e códigos de ética. Trata-se de um fenômeno cultural que difere em muito do Espiritismo praticado em terras brasileiras. Não nos compete, portanto, julgar a quem quer que seja, pela manifestação do seu livre-arbítrio, ressalvando, porém, que a *abnegação* e o *desinteresse* são o emblema sublime da mediunidade com Jesus.

Kardec dividiu a mediunidade em dois grandes grupos: de *efeitos físicos* (LM, Segunda parte, II) e de *efeitos intelectuais* (LM, Segunda parte, III). A mediunidade de *efeitos físicos* caracteriza-se pela produção de fenômenos, tais como ruídos, pancadas, movimentação de objetos, ectoplasmias (materializações) de Espíritos, transportes de objetos de um local para outro, escrita direta, combustão espontânea, etc. A ocorrência de tais fenômenos, entretanto, está sujeita à presença de um ou mais médiuns de efeitos físicos, que são mais raros, os quais têm a capacidade de exteriorizar uma substância denominada *ectoplasma*, que funciona como uma espécie de "alavanca" na produção de tais fenômenos.

O orador e médium baiano Divaldo Pereira Franco explica, no livro *Moldando o terceiro milênio: vida e obra de Divaldo Pereira Franco*,[176] de autoria de Fernando Worm, que, *biologicamente*, o ectoplasma é a camada exterior do citoplasma [conteúdo da célula, excluído o núcleo] e, *do ponto de vista espiritual*, o ectoplasma é uma emanação psíquica do médium, que se condensa em contato com o oxigênio, sob a mesma impulsão de forças que o exteriorizam.

Já a mediunidade de *efeitos intelectuais* exterioriza-se por meio do pensamento, da vontade, das idéias, como ocorre, por exemplo, na intuição, na vidência (OP, Primeira parte, "Manifestações dos Espíritos", II), na audiência, na psicografia, na psicofonia (LM, Segunda parte, XIV e XV). Para uma manifestação enquadrar-se como inteligente, basta que prove ser um ato livre e voluntário, exprimindo uma intenção ou respondendo a um pensamento (LM, Segunda parte, III:66).

176Cap. 10, "O terceiro milênio".

Quando se diz, comumente, que o Espírito "incorporou", isso não quer dizer que o Espírito "entrou" ou tomou o corpo do médium. O que ocorre é uma associação, um acoplamento fluídico entre os perispíritos dos comunicantes (médium e Espírito).

Enfim, a mediunidade é, por enquanto, *o mais avançado sistema de comunicação que existe com a nossa pátria de origem*, que é o mundo espiritual (LE, 85), sendo, por isso, quando bem utilizada, grande fator de felicidade para a criatura humana.

Apesar de todos esses conhecimentos que nos legaram os Espíritos, pouco ainda sabemos sobre a mediunidade. *O desabrochar das faculdades espirituais é lento e gradual.* Somos, ainda, Espíritos em trânsito da animalidade para a angelitude, mais perto do ponto de partida do que do ponto de chegada. Compete a nós, portanto, na construção de cada dia, canalizar os potenciais do Espírito, pela *prática do bem e do estudo*, de modo a nos conhecer melhor e a despertar novos níveis de consciência.

Observando a situação moral em que se encontram os Espíritos desencarnados, em cuja posição estaremos após a morte física, podemos extrair conclusões muito valiosas a respeito de como devemos pautar a nossa conduta, enquanto encarnados, o que favorecerá em muito o nosso progresso espiritual.

7.3.2. A proibição da comunicação com os mortos

"Oxalá que todo o povo do Senhor fosse profeta."
(Números, 11:29.)

Alguns religiosos procuram desautorizar o Espiritismo com base na *Bíblia* (item 5.3.4), chamando a atenção, entre outras coisas, para a *proibição moisaica* (de Moisés) *de evocar os mortos* (Deuteronômio, 18:9 a 14). *Em primeiro lugar, essa crítica contradiz-se com a afirmação de que não é possível a comunicação com os mortos.* Ora, se Moisés proibiu a comunicação com os mortos é porque ela era possível (CI, Primeira parte, XI).

Ademais, se o Velho Testamento deve ser tão rigorosamente observado neste ponto, é natural que o seja também em todos os outros. Por que a lei de Moisés seria boa no tocante às evocações e não em outras partes? Se se reconhece que a lei moisaica não está mais de acordo com o nosso tempo e nossa cultura, em certos casos, a mesma razão procede para a proibição de comunicação com os mortos.

A mediunidade, reitere-se, é tão antiga quanto o homem, mas como o seu uso exige discernimento, Moisés, cerca de 1.500 anos antes de Cristo, a proibiu no seio do povo hebreu por precaução. Essa proibição, ratifique-se, justificava-se, naquela época, por motivos históricos, que hoje não mais prevalecem. *O legislador hebreu queria que o seu povo abandonasse todos os costumes adquiridos no seio de um povo idólatra (os egíp-*

cios), onde as evocações dos Espíritos estavam em uso e facilitavam os abusos.

O que Moisés reprovava o Espiritismo também não recomenda, pois a evocação dos "mortos" não se pautava pelos sentimentos de respeito, afeição ou piedade para com os Espíritos, sendo antes um recurso para adivinhações, um meio de satisfazer as paixões humanas.

A respeito deste assunto, sugerimos a releitura do item 5.3.4, onde se tratou da questão bíblica, desmentindo a afirmação preconceituosa e inexata de que o "livro sagrado" condena o Espiritismo.

Atualmente, já existem cientistas, inclusive sem nenhuma vinculação com a Doutrina Espírita, que se dedicam a pesquisar, em laboratórios e em universidades, a técnica da transcomunicação ou da psicotrônica, que é o nome dado ao intercâmbio do mundo invisível com o mundo visível, por meio de aparelhos eletroeletrônicos, tais como telefone, TV, computador e gravador.

A Associação Médico-espírita de São Paulo realizou, no mês de maio de 1992, no Centro de Convenções do Anhembi, naquela capital, o Congresso Internacional de Transcomunicação, com o tema "Das Mesas Girantes ao Vidicom: Os mortos despertando os vivos", que durou três dias (22 a 24 de maio). Cerca de duas mil pessoas participaram do evento.

Do jornal *Folha Espírita*, que deu ampla cobertura ao acontecimento (antes e depois), extraímos os seguintes trechos:

> O evento reunirá especialistas em sobrevivência da alma e em comunicação com os Espíritos, tanto por intermédio de aparelhos eletrônicos (TCI), quanto com o auxílio de médiuns (TCM). Raymond Moody Jr., E. Senkowski, padre François Brune, R. Determeyer, Kenneth Webster, Martin Wenzel, Jules e Maggy Harsch-Fischbach, A. Holmes, são convidados estrangeiros que farão conferências, participarão de painéis e mostrarão as últimas pesquisas em suas áreas específicas.
>
> *Médiuns e conferencistas brasileiros relatarão experiências e estudos, mostrando a comunicabilidade dos Espíritos como um* fato normal *na existência humana.*
>
> Como presidente de honra do Congresso, *Francisco Cândido Xavier* terá sua vida e obra mostradas em vídeo. Durante o evento, livros, boletins, jornais, estarão à disposição no *Bookshop* e também os demais serviços.
>
> *As conferências contarão com tradução simultânea inglês/português*[...][177]
>
> São Paulo foi sede de um dos acontecimentos mais importantes dos últimos tempos: a *transcomunicação.* O evento reuniu especialistas e pesquisadores de todo o mundo, que debateram e mostraram as suas experiências e resultados relativos à *sobrevivência após a morte física* e a *possibilidade de comunicação com outros planos de existência.*

[177] 1992, maio, p. 8.

> A palavra "transcomunicação" foi utilizada em 1989, pelo pesquisador alemão Ernst Senkowski, no seu livro *Instrumentelle Transkomunikation*. A palavra comunicação é usada no seu sentido clássico para designar uma mensagem enviada de um transmissor para um receptor e a palavra transcendental, daí o termo "trans", no sentido de além de ou de algo que ultrapassa, portanto, transcomunicação como as comunicações recebidas do Além.[178] (Destacamos)

Atualmente, a indústria cinematográfica, cada vez mais, vem apresentando temas que abordam a comunicação com os "*mortos*", com bastante freqüência por parte do público, o que demonstra um despertamento maior, da parte dos expectadores, a respeito das questões espirituais. Muitos desses filmes possuem excelente qualidade técnica, em termos de *efeitos especiais*, entretanto, deixam a desejar, na parte doutrinário-moral, embora se perceba uma melhora constante na produção. Mencionem-se, apenas a título de ilustração, os sucessos de bilheteria, como *Ghost*, *Sexto Sentido*, *Casa dos Espíritos*, *Os Outros*, etc.

Enfatize-se que repelir as comunicações dos Espíritos é um contra-senso, pois elas nos oferecem *grandes ensinamentos* quanto ao nosso futuro espiritual, além de nos proporcionar estudos maravilhosos e proveitosos *para a compreensão do funcionamento dos mecanismos das Leis Divinas*.

[178] 1992, junho, p. 7.

7.3.3. Obsessão

> *"As imperfeições morais dão azo à ação dos Espíritos obsessores e o mais seguro meio de se livrar deles é atrair os bons pela prática do bem."*
> (LM, Segunda parte, XXIII:252.)

A obsessão, enfermidade pouco estudada pelos ramos da Medicina, é um dos males mais graves e preocupantes que atingem a Humanidade. Pode-se dizer que esta *enfermidade* adquiriu o *status* de epidemia, mormente nos últimos tempos, em que o mundo atravessa uma crise de transição entre o estágio de *expiação e provas* para o de *regeneração* (item 7.6 e cap. 9).

Sem o estudo da natureza do Espírito, intrinsecamente relacionado com a matéria orgânica, não será possível enfrentar, com eficiência, esse problema, que apresenta enigmas desafiadores. Nesse aspecto, a Doutrina Espírita traz enorme contribuição à Humanidade. Entretanto, a barreira número um para superar esse desafio é o *preconceito* de muitos segmentos da sociedade que têm grande dificuldade de examinar a questão sob a ótica preconizada pela Doutrina dos Espíritos.

Felizmente, este panorama, aos poucos, vai se modificando, graças ao lento, gradual mas seguro avanço da Doutrina Espírita, que já vem sendo investigada por diversos profissionais, pertencentes aos vários ramos do conhecimento, em especial os médicos, psicólogos e psiquiatras.

De acordo com o significado comum, encontrado nos dicionários, a obsessão é a preocupação com determinado pensamento que domina doentiamente o Espírito (idéia fixa). Outras definições são encontradas, tais como o cerco, o assédio, a perturbação, o molestamento e a perseguição pertinaz de uma pessoa em relação à outra.

Conforme contido nas obras básicas, codificadas por Kardec, a *obsessão* é a "ação persistente que um Espírito mau exerce sobre um indivíduo" (GE, XIV:45), que se opera por meio da *sintonia mental*, ou, ainda, o *domínio* (influência magnética) que alguns Espíritos logram adquirir sobre certas pessoas (LM, Segunda parte, XXII:237; OP, Primeira parte, "Manifestações dos Espíritos", VII, *Da obsessão e da possessão*).

A *obsessão*, geralmente categorizada como *expiação* (sofrimento derivado de atos passados), *é um dos flagelos terríveis que afligem a Humanidade, em virtude da inferioridade moral da maioria dos indivíduos*. Funciona também como uma *prova* (teste), com vistas ao despertamento do Espírito para novos valores morais. *Se fosse mais estudada, muito ganhariam médicos e pacientes, pois teriam armas potentes para combater grande número de enfermidades em suas raízes.*

No item 459 de *O Livro dos Espíritos*, Kardec indagou dos mentores do Mundo Maior: "*Influem os Espíritos em nossos pensamentos e em nossos atos?*". E eles responderam, objetivamente: "*Muito mais do que imaginais. Influem a tal ponto, que, de ordinário, são eles que vos dirigem*".

As influências dos Espíritos em nossos pensamentos podem ser *boas* ou *más*. Se forem boas, produzem resultados positivos em nosso psiquismo e mesmo em nosso organismo. Se forem más, produzem resultados negativos, cuja intensidade depende da persistência do fato.

Os fluidos, como visto no item 5.3.3.1, exercem importância capital nesse tipo de influência, pois *a ação dos Espíritos*, como ensina Kardec, em *A Gênese*, no capítulo XIV, item 16, *dá-se por meio de tais fluidos*, tendo conseqüências diretas sobre as vítimas. Isto se explica pelo fato de que referidos fluidos constituem o veículo do pensamento, o qual, conforme os sentimentos do Espírito, pode modificar as propriedades daqueles, impregnando-os de qualidades boas ou más.

Os pensamentos nocivos projetados pelos maus Espíritos corrompem os fluidos espirituais, assim como a poluição corrompe o ar respirável no ambiente físico. Já *os pensamentos elevados dos Espíritos mais evoluídos exercem salutar influência no ambiente em que convivemos, com repercussões positivas no organismo do indivíduo*. Essa influência dá-se de perispírito para perispírito, cujos fluidos, em havendo sintonia mental, atraem-se à maneira do ímã em relação a determinados corpos metálicos ou de modo similar à esponja seca, que suga o líquido. Os fluidos nocivos assimilados ofuscam ou embaraçam as faculdades do obsediado, que fica sem condições de expressar livremente o pensamento através do seu equipamento cerebral, quando, então, é constrangido a proceder contra a sua vontade.

Geralmente, o algoz começa atuando de maneira sutil, interferindo gradual e progressivamente na mente do Espírito encarnado. A persistir, por muito tempo, a presença desses fluidos malsãos no psiquismo do obsediado, *devido ao contato molecular entre o perispírito e o corpo físico*, este começará, por uma espécie de contágio, a apresentar problemas orgânicos de difícil tratamento, *podendo ocasionar lesões físicas irreversíveis.*

Não se confunda, porém, a obsessão com a influência casual dos Espíritos, pois que todos somos diuturnamente influenciados por bons ou maus Espíritos, em todos os instantes. O simples fato de ocasionalmente sermos enganados por um Espírito ignorante, encarnado ou desencarnado, não significa que estejamos obsediados. A *persistência* ou a *tenacidade* da influência perniciosa de um Espírito inferior, em sintonia constante com a nossa mente, que procura dominar, é o que caracteriza, principalmente, a obsessão, uma vez que o bom Espírito não causa constrangimento e não violenta a consciência nem o livre-arbítrio de ninguém.

A obsessão é um dos maiores obstáculos ao exercício da mediunidade, mas todos estamos sujeitos a ela, sejamos ou não espíritas, sejamos ou não *médiuns ostensivos.*[179] As obsessões sempre existiram, desde que o

[179] *Médium ostensivo* é aquele cujas faculdades de comunicação com os Espíritos são bem acentuadas, visto que médiuns todos somos (OP, Primeira parte, "Manifestações dos Espíritos", VI. *Dos médiuns*).

homem é homem, estando, inclusive, mencionadas no Novo Testamento, em algumas traduções, sob o nome de "possessões" (Ex.: Marcos, 1:21 a 27 e Lucas, 4:33 a 41).

Kardec classifica os tipos de obsessão, tendo em vista os médiuns, em: obsessão simples; fascinação; e subjugação.

Na *obsessão simples*, o médium sabe que está sendo assediado por um Espírito mentiroso e este não disfarça. É um *inimigo declarado*, do qual é mais fácil se defender. Por isso, o médium se mantém em guarda e raramente é enganado. Desse modo, as conseqüências são amenas. Entretanto, a pessoa não consegue se livrar deste tipo de obsessor com facilidade. *Assim, o que caracteriza a obsessão simples é a persistência do Espírito em perturbar as comunicações e a dificuldade que o médium encontra para livrar-se desse inconveniente.* Apesar de tudo isso, a obsessão simples pode ser vencida pela própria vítima, sem a ajuda de terceiros (LM, Segunda parte, XXIII:238).

Já a *fascinação* é uma modalidade de obsessão mais acentuada devido à ilusão produzida pela ação direta do Espírito sobre o *pensamento do médium* e que, de certa maneira, lhe paralisa o raciocínio, inibindo o seu discernimento ou a sua capacidade de julgar as comunicações. *O médium fascinado não acredita que esteja sendo enganado.* Nesse caso, qualquer pessoa está sujeita a ser enganada – até os mais instruídos. Portanto, toda vigilância é pouca. Aqui, as conseqüências da interferência espiritual são mais graves: o obsessor, de natureza profundamente hipócrita, pois apresenta falsos aspectos de virtude, convence a vítima a aceitar teorias e idéias absurdas. *A tática do obsessor, nesta hipótese, é afastar o obsediado das pessoas que poderiam adverti-lo ou abrir os seus olhos para o erro.* Os Espíritos fascinadores geralmente são bastante espertos, astutos e ardilosos. A vítima, neste caso, depende muito da ajuda de *terceiros* para sair do processo obsessivo (LM, Segunda parte, XXIII:239).

A *subjugação*, também conhecida como possessão, em diversos meios religiosos, é outro tipo de obsessão. Assemelha-se muito à fascinação, porém, neste caso, o obsessor atua com maior intensidade, uma vez que manipula o médium não apenas no aspecto *psicológico* ou moral, mas também no aspecto *físico* ou corporal.

A subjugação – moral ou corporal – é uma interferência do obsessor que *paralisa* ou *anula* aquele que a sofre e o faz agir contra a própria vontade (LM, Segunda parte, XXIII:240).

As formas de obsessão mais conhecidas são:

a) *de encarnado para encarnado*, muitas vezes caracterizada pela dominação mental sob a máscara do ciúme, da inveja, do ódio, do orgulho, etc.;

b) *de encarnado para desencarnado*, como, por exemplo, acontece nos casos de herdeiros insatisfeitos com a partilha e que se rebelam contra o desencarnado ou ainda nos casos de paixão doentia (LE, 907 a 912) pelos entes queridos que desencarnaram inesperadamente;

c) *de desencarnado para encarnado* (provavelmente, o caso mais comum), em que o algoz age na surdina, sem que o encarnado saiba ou conheça os métodos de ataque, o qual, por isso mesmo, fica bastante vulnerável a essa influência, principalmente se for invigilante; outras vezes, nos momentos em que o Espírito do encarnado se afasta do corpo físico, durante o *sono*, no fenômeno conhecido como *desdobramento*,[180] o adversário desencarnado aproveita-se para persegui-lo; é quando a pessoa acorda assustada, crendo-se vítima de uma perseguição feroz, o que, geralmente, toma por um simples pesadelo (consulte, a respeito, o item 7.4.10, que trata dos sonhos);

d) *de desencarnado para desencarnado* (similar à obsessão de encarnado para encarnado), que ocorre na dimensão espiritual;

e) *auto-obsessão* (doentes imaginários). São os cultivadores de moléstias fantasmas, os que sofrem por problemas que muitas vezes jamais acontecerão. Geralmente, estão presos ao passado e a idéias fixas. Algumas vezes, de tanto acalentar os problemas imaginários, acabam por atraí-los a si, de fato;

f) *obsessão recíproca* é aquela em que os Espíritos se atingem mutuamente numa espiral que parece não ter fim. Exemplo típico é o de casais que vivem brigando sob o mesmo teto ou fora dele, muitas vezes por causa de problemas insignificantes.

---

[180] *Desdobramento* é o fenômeno em que o Espírito encarnado, de forma consciente ou não, durante os momentos de repouso, se afasta do corpo físico, permanecendo, entretanto, ligado a este por um cordão fluídico.

Como visto, as causas da obsessão variam de acordo com o caráter dos Espíritos envolvidos, mas *a raiz dela está sempre nas enfermidades morais em geral*, características bastante comuns dos habitantes de um planeta de provas e expiações (ESE, III:13 a 15), como é a Terra, tais como vingança (muitas vezes de um inimigo do passado), ódio, inveja, orgulho, ira, ciúme, avareza, egoísmo, vaidade, maledicência, alcoolismo, sexualidade pervertida, drogas, cigarro, glutonaria,[181] etc.

As *conseqüências* da obsessão também são as mais diversas possíveis, desde problemas de saúde de todos os matizes, podendo levar à *loucura* (OQE, I, "Loucura, suicídio e obsessão") e até à *morte física*, circunstâncias que invariavelmente trazem muito sofrimento à vítima e a seus familiares.

Os *meios de prevenção da obsessão* são os mais eficazes e relativamente simples, pois encontram nos *ensinamentos de Jesus* remédios morais infalíveis, quando seguidos à risca. A prática do bem em todos os sentidos, a vigilância mental, o estudo, o trabalho, a oração pelo obsessor e por si mesmo, o perdão, a transformação íntima, a substituição de certos hábitos por outros mais elevados, contribuem muito para se evitar a influência dos irmãos infelizes, os quais, mesmo que perseverem com sua presença indesejável, acabam, não raramente, mudando de idéia e seguindo os bons exemplos da vítima, muitas vezes até perdoando o desafeto, quando não se tratar de perseguição gratuita,

---

[181] *Glutonaria* é o vício de se alimentar em excesso.

o que também ocorre com freqüência, não raro decorrente da sintonia mental entre os contendores.

Cansar a paciência do obsessor é outra boa técnica, pois muitas vezes este percebe que não está alcançando o seu objetivo e acaba desistindo da perseguição, indo procurar outra pessoa que esteja mais sintonizada com suas atitudes mentais. Esta conduta perseverante, aliada à confiança irrestrita em Deus e nas suas leis imutáveis, prova ao perseguidor que o perseguido não está iludido e que é impossível enganá-lo.

Já os casos de obsessão mais graves exigem tratamento especializado, nas *reuniões doutrinárias de desobsessão*, em que os perseguidores são esclarecidos, à luz do Espiritismo, sobre os problemas que os atormentam, num trabalho de orientação fraterna, com vistas a persuadi-los do erro em que incorrem. Afinal, os sãos não têm necessidade de médico (ESE, XXIV:11 e 12).

É sabido que as *sessões de exorcismo*, muito utilizadas no passado e ainda atualmente, embora com menor intensidade, por certas doutrinas religiosas, mostraram-se *ineficazes* no tratamento de tais enfermidades, pois os chamados "demônios" nada mais são do que os Espíritos desencarnados que ainda não se reeducaram no bem, ainda não evoluíram (LE, 477; CI, Primeira parte, IX:7 a 23 e X). No Espiritismo, o tratamento não é dispensado apenas aos obsediados, mas também aos obsessores, que, nas sessões mediúnicas, são orientados, à luz do Evangelho de Jesus.

Os *passes magnéticos*, estudados no item 5.3.3, constituem outro tipo de tratamento utilizado na Casa Espírita, geralmente, como complementação às sessões de doutrinação dos Espíritos, com vistas à renovação dos fluidos malsãos que afligem os obsediados. O Evangelho no lar (item 5.3.1.1.2) e a água fluidificada também são tratamentos complementares muito eficazes.

A criança que for vítima desse mal – e há muitas, pois cada criança é um Espírito antigo que retorna ao corpo físico, com sua bagagem de experiências de vidas anteriores – deve ser conduzida às *aulas de evangelização*, onde receberá orientações espirituais, em linguagem adequada à sua idade, e também poderá usufruir da *água fluidificada* e dos *passes magnéticos*.

O Novo Testamento está repleto de passagens em que Jesus, com sua bondade e força moral, curou muitos obsessores e obsediados, auxiliando-os a libertarem-se de seus condicionamentos mentais e de suas imperfeições morais.

O *tratamento espiritual* – nunca é demais enfatizar – não tem contra-indicações. Contudo, dependendo da gravidade, duração e intensidade, a obsessão pode causar enfermidades de natureza psicológica e orgânica que não dispensam os cuidados médicos. Vale recordar que *a Medicina, na Terra, é uma concessão de Deus para o homem, com vistas ao seu progresso intelectual e moral. Por isso, jamais deve ser desprezada!*

Com efeito, o mais poderoso meio de se resolver o enigma da obsessão, de se combater a influência dos maus Espíritos é *lutar, o máximo possível, para conquistar a virtude dos bons* (LE, 467 a 469). Enfim, *evangelizar-se*, pois, no fundo, a obsessão é um *problema educativo*. No ditado popular, afirma-se: "*Dize-me com quem andas, dir-te-ei quem és*". No Espiritismo, a concepção é mais profunda: "*Dize-me o que pensas, dir-te--ei com quem andas*", confirmando a boa técnica de vigiar os pensamentos, para não atrair a "nuvem de testemunhas" de que fala o Novo Testamento (HEBREUS, 12:1). Aliás, Jesus recomendou a conduta do "*vigiai e orai*" (MATEUS, 26:41), nessa ordem, priorizando o cuidado com os pensamentos. De nada adianta ficarmos orando o tempo todo, se descuidarmos de nossa casa mental, que estará sempre aberta ao ataque dos adversários das sombras.

A obsessão – insista-se – ainda é muito comum em nosso meio, porque a Terra é um planeta pouco evoluído moralmente. Todos nós, sem exceção, estamos lutando para nos libertar das influências do *mal*, que, a rigor, *reside em nós mesmos*. À medida que formos nos moralizando, nosso sistema imunológico irá se tornando mais eficiente e, conseqüentemente, nossa saúde física e mental tenderá a melhorar sempre.

Sem negligenciarmos a saúde corporal, *devemos dar prioridade à saúde da alma* e, assim, como ensinou Jesus, seremos médicos de nós mesmos.

7.3.4. Orientadores espirituais ("anjos da guarda")

Deus auxilia as criaturas por meio das criaturas.

Cada um de nós, sem exceção, dispõe de proteção espiritual, com vistas ao futuro e ao progresso intelectual e moral. É a *Providência Divina* manifestando-se em todas as situações e em todos os lugares. Essa proteção espiritual dá-se por intermédio de *tutores espirituais*, popularmente conhecidos pelo nome de "anjos da guarda" e também conhecidos no meio espírita como "Mentores espirituais". Utilizava-se, no passado, e ainda se utiliza, a expressão "Guias espirituais", que, todavia, não traduz, com fidelidade, o real significado do termo, visto que a mentalidade "*guiista*" passa a idéia de ausência de responsabilidade do tutelado, como se este não tivesse livre-arbítrio para decidir as coisas por si próprio.

Ninguém, absolutamente ninguém, está abandonado (LE, 489 e seguintes). Entretanto, Deus não nos atende pessoalmente, mas por intermédio das suas Leis imutáveis e de seus prepostos (mensageiros), isto é, *Deus auxilia as criaturas por intermédio das criaturas.* Apesar disso, os Orientadores espirituais não fazem por nós o trabalho que nos compete para o nosso crescimento moral e intelectual, enfim, para a nossa própria libertação; do contrário, não teríamos mérito algum pelas vitórias que alcançássemos sem o nosso esforço pessoal. Não existe parcialidade nem privilégio nas

Leis Divinas, ou seja, *cada um recebe de acordo com o seu merecimento, de conformidade com suas conquistas.*

É grandiosa e sublime a doutrina dos "anjos da guarda", pois revela a providência, a bondade e a justiça do Criador para com suas criaturas, que jamais nos lançaria nas correntes da vida sem que nos fornecesse meios e recursos para o crescimento, para a conquista da própria felicidade.

Não importa, para o protegido, o nome ou a identidade do protetor! Para invocá-lo, basta orar e pedir a Deus. A ação dos Orientadores espirituais é *oculta* e não ostensiva, porque, se nos fosse permitido contar sempre com eles, seríamos tolhidos em nossa livre iniciativa e não progrediríamos. Nisso também está a sabedoria divina, porque, exercitando o nosso livre-arbítrio, desenvolvemos nossa inteligência e ganhamos experiência. Do contrário, permaneceríamos estacionados (LE, 501).

Kardec classificou os Orientadores espirituais em três categorias: *Espíritos protetores*; *Espíritos familiares*; e *Espíritos simpáticos*. O Espírito protetor constitui um Orientador principal e superior, enquanto o Espírito familiar constitui um Orientador secundário. Já o Espírito simpático é aquele que se afiniza com nossas tendências, sem que seja necessariamente nosso "*anjo da guarda*".

Os *Espíritos protetores*, mais conhecidos como "anjos guardiães", são bons Espíritos, bem mais evoluídos que os das outras categorias (CI, Primeira parte, VIII:12 a 15). Sua missão, conforme esclarecido na questão 491 de *O Livro dos Espíritos*, assemelha-se à missão "de um pai com relação aos filhos: a de guiar o seu protegido pela senda do bem, auxiliá-lo com seus conselhos, consolá-lo nas suas aflições, levantar-lhe o ânimo nas provas da vida".

A missão dos Espíritos protetores tem *duração mais prolongada*, pois estes acompanham o protegido desde o renascimento até a desencarnação e muitas vezes durante várias existências corpóreas. Assumem, por isso, grande responsabilidade pelo nosso futuro, pela nossa proteção e evolução (LE, 492).

Entretanto, como temos o livre-arbítrio, a atuação do protetor espiritual não é absoluta, pois, a rigor, não pode interferir em nossas decisões, contra a nossa vontade. Sente-se, por isso, feliz quando acertamos e sofre quando erramos, embora esse sofrimento não seja revestido das mesmas paixões humanas, porque ele sabe que, mais cedo ou mais tarde, o seu tutelado haverá de despertar para novos níveis de consciência, ocasião em que poderá ser auxiliado com mais eficiência. Além disso, o protetor espiritual não é uma "ama-seca" que fica continuamente ao lado do protegido (LE, 499). O protetor comparece quando é invocado, desde que haja realmente necessidade. Para ele, não há distância ou barreiras que o impeçam de atender ao *apelo sincero de seu tutelado*, seja nos hospitais, nas ruas, no trabalho, em casa, nos cárceres e mesmo nas furnas da devassidão.

Os Espíritos protetores dedicam-se mais à orientação de uma pessoa, em particular, não deixando, entretanto, de velar por outros indivíduos, embora o façam com menos exclusividade (LE, 493a).

Os Espíritos protetores, em realidade, *jamais abandonam* os seus protegidos, *apenas se afastam quando estes não ouvem os seus conselhos.* Desde, porém, que chamados, voltam para os seus pupilos, para auxiliá-los a retomar o caminho do bem (LE, 495). Momento chega, porém, que o aprendiz deixa de ser tutelado. Isso acontece quando o Espírito atinge o ponto de guiar-se a si mesmo, estágio que, por enquanto, não se dá na Terra (LE, 500).

Já os *Espíritos familiares*, embora menos evoluídos, também querem o nosso bem. Podem ser os Espíritos de nossos parentes, familiares ou amigos. Seu poder é limitado e *sua missão é mais ou menos temporária junto ao protegido*. Ocupam-se com as particularidades da vida íntima do protegido e só atuam por ordem ou com permissão dos Espíritos protetores.

Quanto aos *Espíritos simpáticos*, podem ser bons ou maus, conforme a natureza das nossas inclinações que os atraem. Ligam-se a nós por uma certa semelhança de gostos, conforme nossas tendências. A duração de suas relações, que são temporárias, se acha subordinada a determinadas circunstâncias (LE, 513 e 513a).

Existem também os Espíritos infelizes, que se empenham em nos desviar do caminho do bem, por meio dos maus pensamentos e de outros recursos que encontram em nossas próprias fraquezas. *Eles, entretanto, não têm missão de praticar o mal* (LE, 470). Praticam esses atos por sua própria conta e responsabilidade e um dia terão que resgatar seus erros. Por isso, é um equívoco acreditar que temos ao nosso lado, forçosamente, um Espírito mau para contrabalançar as influências dos bons.

São Espíritos ainda atrasados moralmente e que um dia também despertarão para o bem. Sua presença, entre nós, é útil, porque permite o exercício de nosso aprendizado, constituindo mesmo um campo de *provas* ou *expiações*, cujos obstáculos nos compete superar, motivo pelo qual não devem ser considerados apenas como nossos inimigos, mas sim nossos "instrutores", porque, ao nos esforçarmos para nos defender de suas armadilhas e para superar as suas influências perniciosas, terminamos por crescer e encontrar caminhos alternativos para a libertação de nossas próprias *imperfeições*, que, na realidade, são o chamariz de nossos adversários.

O mais importante é que ninguém está desguarnecido da assistência dos bons Espíritos e que depende de nós afastar os maus, melhorando o nosso procedimento perante o próximo e perante nós mesmos.

7.4. PLURALIDADE DAS EXISTÊNCIAS (REENCARNAÇÃO OU PALINGÊNESE)

"[...] aquele que não nascer de novo não pode ver o Reino de Deus."
(JOÃO, 3:3.)

Um princípio fundamental do Espiritismo é a *reencarnação* ou doutrina das vidas sucessivas. *A reencarnação é a chave de muitos mistérios, a solução de muitos problemas que sempre afligiram a Humanidade, a resposta para os porquês da existência.* Ela, além de revelar a natureza do "destino" dos homens, mostra a razão das desigualdades entre os seres humanos, apresentando, assim, Deus como um Pai infinitamente bondoso, justo, imparcial...

A reencarnação, conhecida entre os antigos como *ressurreição*,[182] é o retorno do Espírito à vida corpórea, mas em outro corpo especialmente formado para ele, que nada tem a ver com o antigo (LE, 1010; ESE, IV; OP, Primeira parte, "O caminho da vida"). Outro termo usado como sinônimo de reencarnação é *palingênese* ou *palingenesia*, que provém do grego: *palin* = de novo e *genesis* = geração (novo nascimento).

[182] A crença na "ressurreição", como volta do Espírito ao mesmo corpo, após o "Juízo Final", não é admitida pelo Espiritismo, uma vez que, do ponto de vista científico contemporâneo, ocorrida a morte encefálica, não é mais possível o retorno do Espírito à carne. Lázaro, o personagem bíblico, por exemplo, não ressuscitou, mas apenas despertou de um sono letárgico, isto é, não estava morto (ver primeira nota de rodapé ao item 7.4.10. *Sonhos*).

A crença na reencarnação é antiqüíssima e bastante difundida entre vários povos. Acredita-se que, atualmente, cerca de 60% ou mais da população mundial acredita na reencarnação, embora poucos a estudem e a compreendam em sua essência. Ela sempre constituiu o *dogma básico* (verdade indiscutível) das religiões primitivas e é considerada o *primeiro sistema filosófico produzido no mundo*, sobre a imortalidade da alma e a origem do homem.

Até o século V, a reencarnação era aceita com muita naturalidade pelos membros da Igreja primitiva. Entretanto, nos concílios (assembléias de sacerdotes católicos) que se seguiram a esse período, ela sofreu uma espécie de "revogação" pela Igreja Católica (como se isso fosse possível).

No livro *A reencarnação segundo a Bíblia e a Ciência*,[183] o teósofo José Reis Chaves explica alguns meandros políticos que deram origem à condenação da palingênese pelo clero:

> O *imperador Justiniano* era um teólogo que queria saber mais Teologia do que o papa. Sua mulher, a imperatriz Teodora, foi uma cortesã[184] e se imiscuía nos assuntos do governo do seu marido, e até nos de Teologia.
>
> Contam alguns autores que, por ter sido ela uma prostituta, isso era motivo de muito orgulho por parte de suas ex-colegas. Ela sentia, por sua vez, uma grande revolta contra o fato

[183]Cap. 8, "O V Concílio ecumênico de Constantinopla II (553)".

[184]*Cortesã*: amante do rei; prostituta elegante.

de suas ex-colegas ficarem decantando tal honra, que, para Teodora, se constituía em desonra.

Para acabar com esta história, mandou eliminar todas as prostitutas da região de Constantinopla – cerca de quinhentas.

Como o povo naquela época era reencarnacionista, apesar de ser em sua maioria cristão, passou a chamá-la de assassina, e a dizer que deveria ser assassinada, em vidas futuras, quinhentas vezes;[185] que era seu carma[186] por ter mandado assassinar as suas ex-colegas prostitutas.

O certo é que Teodora passou a odiar a doutrina da reencarnação. Como mandava e desmandava em meio mundo através de seu marido, resolveu partir para uma perseguição, sem tréguas, contra essa doutrina e contra o seu maior defensor entre os cristãos, Orígenes, cuja fama de sábio era motivo de orgulho dos seguidores do Cristianismo, apesar de ele ter vivido quase três séculos antes [...]

Como a doutrina da *reencarnação* pressupõe a da *preexistência do Espírito*, Justiniano e Teodora partiram, primeiro, para desestruturar a da preexistência, com o que estariam, automaticamente, desestruturando a da reencarnação.

Em 543, Justiniano publicou um édito [decreto], em que expunha e condenava as principais idéias de Orígenes, sendo uma delas a preexistência [...], no qual seu édito contra a preexistência foi aprovado com *três votos contra dois.*

Assim, em 553, foi convocado por ele mesmo o V Concílio Ecumênico de Constantinopla II [...].

[185] Este é um entendimento distorcido que os povos mais antigos faziam da *reencarnação*, lei natural que tem seus mecanismos orientados pelo *livre-arbítrio* (ver item 5.3.1.9).

[186] *Carma* é a lei do retorno (causa e efeito ou ação e reação). Ver item 7.5.

Foram feitas várias ameaças ao papa Virgílio que, no entanto, resistiu, não comparecendo ao Concílio [...].

Somente depois de longas e terríveis angústias, o papa Virgílio ratificou os decretos do Concílio, em 554, só retornando para Roma em 555.

Justiniano era um fanático. Chegou a dar um ultimato aos seus súditos, para que escolhessem entre o batismo e a morte. Depois desse Concílio, determinou uma perseguição em massa contra os reencarnacionistas. E, só no Oriente Médio, foram mortas mais de um milhão de pessoas adeptas da reencarnação [...].

Como se vê, não houve, na realidade, condenações à preexistência e a outras doutrinas de Orígenes, o que só aconteceu no Sínodo de Constantinopla (543) [...].

Assim, o Concílio Ecumênico de Constantinopla II (553) foi sempre usado injustamente, por ignorância ou má-fé, como instrumento de condenação pela Igreja da teoria da reencarnação, instrumento esse, sem dúvida, fruto de uma das muitas manipulações feitas por Justiniano e Teodora dentro da Igreja, em mais um exemplo de que o fanatismo religioso é nocivo aos verdadeiros princípios do Cristianismo e de outras religiões [...]. (Destacamos)

O engenheiro Hernani Guimarães Andrade (1914-2003), membro do Instituto Brasileiro de Pesquisas Psicobiofísicas, considerado um dos maiores pesquisadores do mundo a respeito do tema, em entrevista à revista *Planeta*,[187] cujo exemplar foi dedicado exclusivamente à *reencarnação*, assim se manifestou:

[187] 1989, p. 15.

Os antigos judeus admitiam o renascimento. A cabala[188] ensina a reencarnação [...].

No Velho e no Novo Testamento há várias passagens em que se notam alusões à crença na reencarnação, cultivada pelos primitivos adeptos do Judaísmo e do Cristianismo. Ei-las: Velho Testamento: JÓ, 1:21; JEREMIAS, 1:5; MALAQUIAS, 1:2 e 3, 4:5. Novo Testamento: MATEUS, 11:7 a 15; 16:13 e 14; 17:10 a 13; MARCOS, 8:27 e 28; 9:11 a 13; LUCAS, 1:17, 6:24 a 28, 9:18 e 19; JOÃO, 3:1 a 13, 8:56 a 58; 9:1 a 3; ROMANOS, 9:13; EFÉSIOS, 1:3 a 5.

Mas nem todas as descobertas empíricas ou teóricas foram imediatamente aceitas e incorporadas ao sistema dominante dos conhecimentos científicos. Pelo contrário, algumas chegaram a ser energicamente combatidas.

A reencarnação evidentemente é uma das crenças mais antigas da Humanidade. Ela parece apoiada nos fatos observados empiricamente pelos nossos antepassados, em todos os tempos e lugares. Entretanto, somente agora ela começa a conquistar o título de *verdade científica* e a ganhar o seu reconhecimento como lei natural.

Cremos que a maioria das pessoas admitirá a suma importância desse evento, talvez o mais significante no que concerne à natureza do homem e à sua destinação dentro do contexto cósmico.

Esta conquista do conhecimento humano deve-se sobretudo a um método de pesquisa simples, lógico e seguro: *a investigação rigorosa das recordações de vidas anteriores, relatadas por crianças, desde o início de sua comunicação verbal.*

Esse método foi introduzido de maneira sistemática na pesquisa parapsicológica pelo professor H. N. Banerjee. (Destacamos)

---

[188]Cabala: tratado filosófico-religioso hebraico que resume a religião secreta dos hebreus, que conteria a decifração do sentido secreto da *Bíblia* por meio do simbolismo de letras e números.

Segundo o Dr. Ian Stevenson, professor de Psiquiatria da Universidade de Virgínia, Estados Unidos, outra grande autoridade nesse ramo, *que pesquisou, cientificamente, mais de dois mil casos de reencarnação*, os sinais ou indícios que apontam a possibilidade reencarnatória são: os *sonhos recorrentes*,[189] as tendências inatas (preexistentes ou que nascem com as pessoas), as doenças congênitas, as afinidades ou antipatias gratuitas, sejam em relação a pessoas, lugares ou coisas, as acentuadas vocações sem aprendizado ou ambiente, a genialidade, o *déjà vu* (ou impressão de que "já fiz isso" ou "já estive aqui"), as memórias de outras vidas e as marcas de nascença, entre outros.

A mencionada revista selecionou vários outros casos que ilustram a reportagem, extraídos dos livros *Cases of the Reincarnation Type – Ten Cases in India* e *Vinte Casos Sugestivos de Reencarnação*, de autoria de Ian Stevenson, além de outros casos de reencarnação no Brasil, retirados do extraordinário acervo do Instituto Brasileiro de Pesquisas Psicobiofísicas, então presidido pelo engenheiro Hernani Guimarães de Andrade.

Da revista *Planeta*,[190] já referida, extrai-se o seguinte relato do professor Ian Stevenson, que explicou por que resolveu pesquisar a reencarnação:

---

[189] *Sonhos recorrentes* são aqueles que se repetem com freqüência.

[190] 1989, p. 17.

'Comecei praticando a *Medicina psicossomática tradicional*, mas, depois de estudar as alterações dos níveis de consciência sob a influência das drogas e os resultados da psicoterapia sobre as doenças mentais, senti uma insatisfação diante das teorias contemporâneas sobre a personalidade. *A idéia de que as influências próximas explicariam a formação da personalidade não me satisfaziam.* Então, pensei que, através da *Parapsicologia*, poderia encontrar uma nova dimensão para compreender a personalidade. Li tudo que se escreveu a respeito e descobri o que intitulei de *tipo reencarnacionista.* Já lera relatos sobre o assunto, e quatro pessoas pareciam lembrar-se de uma vida anterior'.

Com seu interesse despertado, Stevenson começou a observar as *fobias em geral.* Na referida entrevista ele fala sobre uma menina que tinha fobia à água, receio não compartilhado pelos seus familiares; além disso, não sofrera qualquer acidente que pudesse provocar um traumatismo. Até que um dia a menina começou a falar de sua vida anterior e contou que morrera afogada.

Quando o jornalista perguntou a Stevenson se ela não teria inventado a história só para satisfazer o interlocutor, ele respondeu que a menina, naquela ocasião, tinha apenas dois anos! Ela ainda falou da vida de uma outra menina que, caminhando através de campos encharcados pelas chuvas, afogara-se antes que alguém pudesse salvá-la. *Deu outros detalhes, como os nomes de seus familiares, amigos e os que conhecera na sua vila; tais detalhes foram pesquisados, e os dados correspondiam exatamente aos fatos que ela citara.* Como ninguém na sua família conhecia este caso, não se pode atribuí-lo à telepatia, hipótese defendida por alguns. (Destacamos)

O teósofo José Reis Chaves, na obra *A reencarnação segundo a Bíblia e a Ciência*,[191] ao abordar a Terapia de Vidas Passadas (TVP), atualmente denominada *Terapia de Vivências Passadas*, informa:

> *No século passado* [agora, retrasado] *e princípios do século XX, os maiores adversários do Espiritismo foram os médicos e a Igreja.*
>
> Hoje, por ironia, são os médicos, principalmente os psiquiatras e psicólogos, e os católicos, que mais vêm abraçando a Teoria da Reencarnação.
>
> Os psiquiatras e os psicólogos, influenciados por um número cada vez maior de seus colegas, alguns dos quais de renome internacional, vêm tornando-se terapeutas da TVP.
>
> *Muitas doenças mentais como traumas, certas fobias, insegurança, entre outras, têm muitas vezes suas causas em vidas passadas.* E somente com a regressão aos instantes em que ocorreram tais causas, consegue-se de fato a cura. Muitos terapeutas de regressão até à vida fetal que não acreditavam sequer em Deus, em nada de espírito e de vidas passadas, acabaram sendo surpreendidos pelos seus pacientes que, inesperadamente, acabaram regredindo a vidas passadas.
>
> Isso, hoje, tornou-se um assunto de rotina entre todos os níveis de pessoas que vêm resolvendo seus problemas mentais com raízes em vidas passadas, recorrendo à TVP; terapia que recomendam às pessoas amigas, e que suspeitam precisar dela.
>
> No Brasil, atualmente, estão sendo criados cursos para que psiquiatras e psicólogos passem a exercer a profissão de

[191] Cap. 4, "Perante a metafísica e a Ciência" – *A Terapia de Vidas Passadas* (TVP).

> terapeutas de regressão a vidas passadas. Por isso já existem as delegacias regionais em várias capitais de estados, sendo uma das maiores autoridades no Brasil, nesse assunto, a Drª Maria Teodora, de Campinas (SP) a qual é presidente da SBTVP (Sociedade Brasileira de Terapia de Vida Passada). Além da SBTVP, existe no Brasil o INTVPA (Instituto Nacional de Terapia de Vida Passada), com sede no Rio de Janeiro (RJ). Em Minas Gerais, é delegado regional da delegacia da SBTVP o Dr. Luiz Benigno. (Destacamos)

Compete-nos, porém, alertar as pessoas interessadas em fazer terapia de vivências passadas para que tenham grande cautela na escolha do profissional, visto que este é um tratamento muito delicado e que exige bastante conhecimento, experiência e ética.

A respeito do assunto, recomendamos também a leitura do livro *Muitas vidas, muitos mestres*, do Dr. Brian L. Weiss, Ed. Salamandra (Sextante), ressalvando, entretanto, não se tratar de uma obra espírita, mas de uma obra espiritualista (ver item 2.1), assim como a de José Reis Chaves (*A reencarnação segundo a Bíblia e a Ciência*), as quais, embora merecedoras de nossa admiração, não balizam os seus ensinamentos rigorosamente de acordo com as obras codificadas por Kardec.

O Dr. Brian formou-se, com honras, pela Universidade de Colúmbia, Nova Iorque, em 1966, graduando-se como médico na Escola de Medicina da Universidade de Yale. Foi diretor do Departamento de Psiquiatria do *Mount Sinai Medical Center*, de Miami, cidade onde mantém sua clínica particular.

Eis um pequeno resumo da obra *Muitas vidas, muitos mestres*:[192]

> *O Dr. Brian Weiss era um médico e pesquisador moldado por anos de estudos nas práticas tradicionais da Psiquiatria.* Embora tivesse conhecimento de estudos sobre Parapsicologia desenvolvidos em grandes universidades americanas, ele nunca lhes dedicara grande atenção ou os considerara seriamente.
>
> Mas um dia ele conheceu Catherine.
>
> Por mais de um ano ele empregou o método terapêutico convencional para ajudar sua jovem paciente a superar fobias e ataques de ansiedade. Não obtendo sucesso após dezoito meses, ele tentou a *hipnose* para levá-la a vivenciar traumas da primeira infância.
>
> Ao instruí-la para voltar ao tempo em que seus sintomas começaram, ela pôs-se a descrever, com detalhes impressionantes, experiências de vidas passadas que provaram ser a origem de seus problemas. Ainda em transe, Catherine revelou fatos da vida do Dr. Weiss absolutamente desconhecidos na comunidade onde viviam.
>
> Ao mesmo tempo, Catherine passou a transmitir mensagens de Espíritos altamente desenvolvidos – os Mestres [...].
>
> Estas memoráveis sessões transformaram profundamente a mente e a alma tanto da paciente quanto do terapeuta. Em apenas alguns meses, os sintomas de Catherine desapareceram e ela passou a experimentar uma paz e alegria nunca antes sentidas.
>
> O Dr. Weiss [...] ganhou uma nova e aguda consciência do mundo que está além dos nossos sentidos, tornando-se mais paciente e amoroso.

192 1991 (orelha).

> Esta fantástica jornada vivida por Catherine e pelo Dr. Weiss é uma experiência que eles continuam a partilhar com o mundo. Nas palavras do próprio autor: *"As respostas já estão dadas. Somos imortais. Vamos sempre estar juntos"*. (Destacamos)

O Dr. Brian, *adepto da escola científica tradicional (positivista)*, antes de se envolver com estas experiências, sempre foi um homem bastante cético com relação às idéias de vida após a morte, reencarnação, experiências extracorporais e fenômenos afins. Ele mesmo confessa, no mencionado livro, que estava totalmente despreparado para aquela experiência. Leiamos um pouco da sua narrativa:

> Durante anos de estudo disciplinado, fui treinado para pensar como cientista e médico, moldando-me aos *estreitos caminhos* do conservadorismo na minha profissão. Desconfiava de tudo que não se pudesse provar por métodos científicos tradicionais. Sabia dos estudos de *Parapsicologia* que estavam sendo feitos nas principais universidades do país, mas eles não despertavam meu interesse. Pareciam-me muito artificiais.
>
> Então, encontrei Catherine. Durante dezoito meses utilizei os métodos convencionais de terapia para ajudá-la a superar seus sintomas. Quando nada pareceu funcionar, tentei a *hipnose*. Numa série de transes hipnóticos, ela recordou-se de fatos ligados a suas *"vidas passadas"*, que se revelaram a causa do que estava sentindo. *Ela pôde também atuar como canal de informação de "entidades espirituais" muito desenvolvidas, revelando, através delas, vários mistérios da vida e da morte.*

Em apenas alguns meses, os sintomas desapareceram, e ela retomou sua vida mais fácil e em paz do que nunca.

Nada em meu passado me preparara para isto. Fiquei totalmente surpreso, quando estas coisas aconteceram.

Não tenho uma explicação científica para esses fatos. Há muitas coisas acerca da mente humana que se encontram além da nossa compreensão [...].

Os cientistas estão começando a procurar essas respostas. Enquanto sociedade, temos muito a ganhar com as pesquisas sobre os mistérios da mente, da alma, da continuação da vida após a morte e da influência das experiências de vidas passadas no nosso comportamento atual [...].

A pesquisa cientificamente rigorosa nesta área, contudo, está engatinhando. *Há alguns progressos nessas investigações, mas o processo é lento e esbarra na resistência de cientistas e leigos.*

Em toda a história, a Humanidade tem resistido às mudanças e à aceitação de novas idéias. A tradição histórica está repleta de exemplos. *Quando Galileu descobriu as luas de Júpiter, os astrônomos da época recusaram-se a aceitar, ou até mesmo a olhar esses satélites, porque a existência deles era incompatível com suas crenças.* O mesmo acontece com os *psiquiatras* e outros *terapeutas*, que se recusam a examinar e avaliar o número considerável de provas acerca da sobrevivência após a morte física e de lembranças de vidas passadas. *Seus olhos permanecem firmemente cerrados.*

Este livro é a minha pequena contribuição para as pesquisas que estão sendo feitas no campo da Parapsicologia, especialmente no ramo que trata de nossas experiências anteriores ao nascimento e após a morte [...].

Levei quatro anos para escrever o que aconteceu, quatro anos para reunir coragem e assumir o risco profissional de revelar esses fatos nada ortodoxos...[193]

Eu jamais acreditara na reencarnação. Na verdade, nunca pensara muito nisso. Embora em minha educação religiosa tivesse aprendido a respeito de uma vaga existência da "alma" após a morte, eu não estava muito convencido [...].

Quando recebi uma bolsa de estudos integral para freqüentar a Universidade de Colúmbia, eu era um jovem sério e estudioso. O sucesso acadêmico continuou vindo fácil. Especializei-me em Química, formando-me com distinção. Resolvi ser psiquiatra porque a área somava o meu interesse pela Ciência ao fascínio do trabalho com a mente humana [...].

A faculdade de Medicina e a residência na Universidade de Yale cristalizaram ainda mais este método científico. Minha tese de pesquisa era sobre a *química do cérebro e o papel dos neurotransmissores*, que são mensageiros químicos no tecido cerebral.

Eu fazia parte da nova geração de psiquiatras biologistas, que fundiam as teorias e técnicas psiquiátricas tradicionais com a nova ciência da química cerebral. Escrevi vários ensaios científicos, falei em conferências locais e nacionais, e tornei-me bastante importante na minha área [...].

[No início, as experiências com Catherine me fizeram] lembrar os estudos do Dr. Raymond Moody sobre as vítimas de experiências de quase-morte [...].

Com um novo e insaciável apetite por qualquer ensaio científico já publicado sobre reencarnação, saí procurando pelas

[193] 1991 (Prefácio).

bibliotecas médicas. Estudei os trabalhos de Ian Stevenson, um professor de Psiquiatria da Universidade da Virgínia muito respeitado e que publicou extensa literatura psiquiátrica. Ele reuniu mais de dois mil exemplos de crianças com recordações e experiências características de reencarnação. Muitas manifestavam a xenoglossia, a capacidade de falar uma língua estrangeira a que nunca haviam sido expostas. Seus relatórios são cuidadosamente completos, bem pesquisados e realmente notáveis [...].

Quanto mais lia, mais queria ler. Comecei a perceber que, embora eu me considerasse bem instruído sobre todas as dimensões da mente, minha formação fora bastante limitada. *Existem bibliotecas repletas com esse tipo de pesquisa e literatura, mas poucas pessoas sabem disso.* Muitas dessas pesquisas foram conduzidas, verificadas e reaplicadas por clínicos e cientistas de renome. Estariam todos errados ou iludidos?[194] (Destacamos)

O estágio dos Espíritos pela vida corporal é indispensável, para que possam cumprir, *com a ajuda de uma ação material*, os desígnios cuja execução Deus lhes confiou. O objetivo da reencarnação é a expiação ou resgate de nossos erros do pretérito e o melhoramento progressivo da Humanidade. Ou seja, Deus impõe aos homens a encarnação, com o fim de fazê-los chegar à *perfeição* (LE, 132 e 167).

A lei dos renascimentos explica e completa outros princípios, entre eles o da imortalidade (item 7.2); o da

[194] Cap. 3.

comunicabilidade dos Espíritos (item 7.3), o da causa e efeito (item 7.5) e o da pluralidade dos mundos habitados (item 7.6).

Ao estudar a *reencarnação*, sob o enfoque histórico, em livro sob o mesmo título,[195] o engenheiro francês Gabriel Delanne (1857-1926), notável pesquisador das ciências psíquicas, menciona uma das passagens mais contundentes dos Evangelhos (ESE, IV), que evidencia a existência da reencarnação:

> A *crença nos renascimentos da alma* encontra-se indicada de maneira velada na *Bíblia*, porém, muito mais explicitamente nos *Evangelhos*, como é fácil verificar das passagens que se seguem.
>
> Com efeito, os judeus acreditavam que a volta de Elias à Terra devia preceder a do Messias. É esta a razão por que, nos Evangelhos, quando seus discípulos perguntaram a Jesus se Elias voltara, ele lhes respondeu afirmativamente:
>
> *"Elias já veio e não o reconheceram, antes fizeram-lhe tudo quanto quiseram".*
>
> E os discípulos compreenderam, diz o Evangelista, que era de João [Batista] que ele falava.
>
> Outra vez, tendo encontrado em seu caminho um cego de nascença, que mendigava, seus discípulos lhe perguntaram: se foram os pecados que ele cometera ou os de seus pais a causa da cegueira; acreditavam, por conseqüência, que ele podia ter pecado antes de haver nascido.

[195] Cap. I, item *A judéia*.

Jesus não estranha semelhante pergunta, e sem os desenganar, como parece que o faria se estivessem em erro, contentou-se em responder-lhes:

"Não foi este homem quem pecou nem seus pais, mas é para que as obras de Deus se manifestem nele" (João, 9:2).[196]

No *Evangelho de S. João*, um senador judeu, o fariseu Nicodemos, pede a Jesus explicações sobre o dogma da vida futura. Jesus responde:

"Em verdade, em verdade vos digo, ninguém verá o Reino de Deus, sem nascer de novo".

Nicodemos, perturbado por esta resposta, porque a tomou em seu sentido material, indagou:

"Como pode um homem nascer sendo velho? Pode, porventura entrar no seio de sua mãe e nascer segunda vez? Jesus respondeu: Em verdade, em verdade vos digo, que se alguém não nascer da água e do Espírito não pode entrar no Reino de Deus; não vos maravilheis de vos dizer que é necessário nascer de novo; o espírito sopra onde quer e ouvis sua voz, mas não sabeis de onde vem nem para onde vai.

– Como pode ser isto?

Jesus respondeu: *Como? Sois mestre em Israel e ignorais estas coisas?"*

Esta última observação do Cristo mostra bem que ele se surpreendeu não conhecesse um mestre em Israel a reencar-

[196] O objetivo da *reencarnação* não é apenas proporcionar o *resgate de erros do passado (expiação)*, mas também e principalmente *facultar o progresso espiritual do ser*. Por isso se diz que *toda expiação é uma prova, mas nem toda prova é uma expiação*. É como se fosse a *dor-evolução*, que aguilhoa os animais ao progresso, com a diferença de que estes não possuem *livre-arbítrio*, logo, não possuem *vida moral*.

nação, porque era ela ensinada como doutrina secreta aos intelectuais da época.

Uma das provas que se pode apresentar é a de que existiam ensinos ocultos ao comum dos homens, e que foram compilados nas diferentes obras que constituem a "Cabala".

No ensino secreto, reservado aos iniciados, proclamava-se a imortalidade da alma, as vidas sucessivas e a pluralidade dos mundos habitados. (Realçamos)

Muitas outras passagens da *Bíblia*, ainda que veladamente, sugerem a crença dos povos antigos na reencarnação. Eis algumas das inúmeras catalogadas e interpretadas no livro de Jayme Andrade, *O Espiritismo e as Igrejas Reformadas*:[197]

Êxodo, *20:5 – Visito a iniqüidade dos pais nos filhos NA terceira e quarta geração...*

(É claro que após duas ou três gerações os transgressores já terão renascido para resgatar suas faltas. É como está no texto da Vulgata: "*IN* tertiam et quartam generationem", ao qual só foi fiel a "Tradução Brasileira", da *American Bible Society*. É também correta a tradução de Zamenhof, genial criador do Esperanto: 'EM la tria kaj kvara generacioj'. Todas as demais versões modernas, inclusive a inglesa King James, para acomodar o texto à idéia de uma só existência na Terra, utilizam a expressão "*ATÉ*", o que, além de tremendamente iníquo, agride frontalmente preceitos do próprio Deus (Deut., 24:16) e de seus profetas (Jer., 31:29 e 30 e Ezeq., 18:20).

[197] Cap. VIII, "A reencarnação" – 2. *A reencarnação na* Bíblia.

Jó, *8:8 e 9 – Pergunta às gerações passadas e examina as memórias de nossos pais; pois somos de ontem e o ignoramos.*

(Pergunta às gerações passadas, pois se sofremos hoje devemos buscar a razão em vidas anteriores, porque somos de ontem, isto é, já vivemos antes, embora o tenhamos esquecido).

Jó, *14:14 – Morrendo um homem tornará a viver? Todos os dias da presente vida esperarei que chegue a minha mudança.*

(Jó pressente uma outra vida e essa esperança lhe dá resignação para suportar as provas que o amarguram.) [...]

Jer., *1:5 – Antes que te formasses no ventre materno, eu te conheci; e antes que saísses da madre, eu te consagrei e te constitui profeta.*

(O espírito não foi criado especialmente para animar o corpo de Jeremias, mas designado para a sua missão antes que o corpo fosse gerado). [...]

I Pedro, *3:19 e 20 – (JESUS) foi pregar aos Espíritos em prisão, os quais noutro tempo foram rebeldes, quando a longanimidade de Deus esperava, nos dias de* Noé.

(Se Jesus pregou aos Espíritos que haviam sido rebeldes nos dias de Noé, isso prova que os mortos recebem novas oportunidades, pois se estivessem condenados irremissivelmente de nada adiantaria que o Cristo lhes tivesse ido pregar.) (Destacamos)

Para alcançar a evolução, requer-se aprendizado, e o Espírito só pode alcançá-lo encarnando e reencarnando no mundo, quantas vezes forem necessárias, para adquirir mais conhecimentos, através das múltiplas experiências da vida (LE, 166; ESE, IV:25 e 26). O número necessário de encarnações para alcançar a perfeição varia de Espírito para Espírito, conforme o esforço que este faz para alcançá-la (LE, 168; ESE, IV:24).

Não se pode compreender que o Espírito, destinado à perfeição, consiga realizar toda sorte de progresso numa só existência física (LE, 617a). O princípio da reencarnação, em harmonia com a lei de progresso (item 5.3.1.4), demonstra, desta forma, que "*a Natureza não dá saltos*".

O progresso adquirido pelo Espírito, nas experiências vividas nas inúmeras existências, não é somente *intelectual*, mas, sobretudo, *moral*, que vai aproximá-lo cada vez mais de Deus.

Mas, assim como o aluno pode repetir o ano escolar, uma, duas ou mais vezes, o Espírito que não aproveita bem a sua existência na Terra pode permanecer estacionário por muito tempo, conhecendo maiores sofrimentos, e atrasando, assim, sua evolução.

"Os processos de reencarnação, tanto quanto os da morte física, diferem ao infinito, não existindo dois absolutamente iguais" – afirma Alexandre, Orientador do Espírito André Luiz, no cap. 13 do livro *Missionários da luz*, psicografado por Francisco Cândido Xavier. Recomendamos a leitura desse incrível livro, o qual, especialmente no referido capítulo, descreve, passo a passo, como se dá a reencarnação do personagem Segismundo. A abordagem é sublime e o enfoque é realizado tanto sob o aspecto moral, quanto sob os aspectos filosófico e científico.

Deus, que é onisciente (tudo sabe), conhecedor do passado e do futuro, não criaria Espíritos irrecuperáveis. Seria a falência do Pai Celestial na educação de seus próprios filhos, circunstância que não condiz com a suprema perfeição, bondade e justiça do Criador. "*[...] o bom pai deixa sempre aberta a seus filhos uma porta para o arrependimento*" (LE, 171).

Os Espíritos são criados *simples* e *ignorantes* (LE, 115 e 189), para que possam alcançar, por si mesmos – mas com o auxílio das Leis Divinas, entre elas a evolução (item 5.3.1.4) e o livre-arbítrio (item 5.3.1.9) – a *felicidade* que lhes está destinada no futuro.

Como todos os Espíritos, sem exceção, estão destinados à perfeição, Deus lhes faculta os meios de alcançá-la por intermédio das *provações da vida corporal*, que são *rigorosos testes de aprendizado*. A Justiça Divina, porém, permite aos Espíritos realizarem, em novas existências, o que não puderam fazer ou concluir numa primeira, além de oferecer meios de eles repararem seus erros.

Depois que o Espírito estiver depurado, por meio das sucessivas existências corporais, ele não tem mais necessidade de reencarnar, podendo fazê-lo em missão, com algum objetivo nobre, num gesto de renúncia, como, por exemplo, auxiliar os Espíritos retardatários na marcha evolutiva.[198]

7.4.1. O perispírito

"Semeia-se corpo animal, ressuscitará corpo espiritual."
(I Coríntios, 15:44.)

O *perispírito* é agente importantíssimo na ocorrência dos incontáveis fenômenos da mediunidade, pois uma de suas funções básicas é servir de instrumento ao Espírito, em sua interação com os mundos espiritual e físico (OP, Primeira parte, "Manifestações dos Espíritos", I. *O perispírito como princípio das manifestações*).

A palavra *perispírito*, do grego *peri* (em torno de), foi usada pela primeira vez por Kardec, no item 93 de *O Livro dos Espíritos*, por analogia ao perisperma, película que envolve a semente de determinadas plantas. Trata-se do *envoltório semimaterial do Espírito*, substância vaporosa para os olhos humanos, mas ainda bastante grosseira para os Espíritos, tão vaporosa que pode elevar-se na atmosfera e transportar-se para onde queira. Ou seja, o perispírito, pela sua característica semimaterial, quando em seu estado sutil e rarefeito,

[198]Sugerimos a leitura do magnífico livro *Renúncia*, do autor espiritual Emmanuel, psicografado por Francisco Cândido Xavier, editado pela FEB, que narra a história de Alcíone, um Espírito elevado, proveniente das esferas superiores, que reencarnou na Terra, para auxiliar o progresso de seu amado.

não pode ser captado, direta e objetivamente, pelos microscópios mais potentes, devido à imponderabilidade dos fluidos que o compõem.

A finalidade do perispírito é servir de elemento de ligação entre o corpo físico e o Espírito imortal. Quando ocorre o fenômeno da morte física ou biológica, o corpo orgânico se decompõe em seus elementos químicos e é devolvido à Natureza, permanecendo incólume o Espírito revestido de seu perispírito, que tem, igualmente, a função de servir como uma espécie de *molde*[199] para o corpo físico, destinando-se, também, a *sustentá-lo*, além de *individualizar* e *identificar* o Espírito.

O perispírito tem diversas propriedades que influem, decisivamente, nos fenômenos mediúnicos, tais como a plasticidade expansiva e retrátil (encolhedora). Sendo extensão do Espírito, o perispírito molda-se ao comando plasticizante da mente, com facilidade extrema. Por isso, um Espírito desencarnado pode apresentar-se mais jovem ou mais velho, de acordo com essa ou aquela vestimenta ou forma, de acordo com a sua capacidade intelectual e moral.

Enquanto encarnado, o Espírito, geralmente, percebe o mundo pelos órgãos dos sentidos do corpo

[199]Para designar o perispírito, alguns pesquisadores utilizam a expressão "MOB – Modelo Organizador Biológico", cunhada pelo físico Hernani Guimarães Andrade (1914-2003), também denominado de "campo padronizador" por José Herculano Pires, no seu livro *Agonia das religiões*, tese elaborada para explicar uma das principais funções do perispírito.

físico, assim considerados, em linguagem poética, as "janelas da alma" (audição, visão, paladar, olfato, tato), muito limitadas, por sinal, o que, como visto, não acontece com o desencarnado. Graças ao perispírito, a visão e a audição do Espírito não se encontram circunscritas, como acontece nos seres corpóreos, uma vez que elas residem em todo ele (LE, 245, 249 e 249a).

Kardec, ao tratar do perispírito, em *A Gênese*, explica:

> 39. O Espiritismo experimental estudou as propriedades dos fluidos espirituais e a ação deles sobre a matéria. Demonstrou a existência do *perispírito*, suspeitado desde a Antigüidade e designado por S. Paulo sob o nome de *corpo espiritual*, isto é, corpo fluídico da alma, depois da destruição do corpo tangível. Sabe-se hoje que *esse invólucro é inseparável da alma*, forma um dos elementos constitutivos do ser humano, é o veículo da transmissão do pensamento e, durante a vida do corpo, serve de laço entre o Espírito e a matéria. O perispírito representa importantíssimo papel no organismo e numa *multidão de afecções*, que se ligam à *Fisiologia*, assim como à *Psicologia*.
>
> 40. O estudo das *propriedades do perispírito*, dos fluidos espirituais e dos atributos fisiológicos da alma abre novos horizontes à Ciência e *dá a chave de uma multidão de fenômenos incompreendidos até então*, por falta de conhecimento da lei que os rege – fenômenos negados pelo materialismo, por se prenderem à espiritualidade, e qualificados como milagres ou sortilégios por outras crenças. [...][200]
>
> 17. O Espiritismo ensina de que maneira se opera a união do Espírito com o corpo, na encarnação.

[200]Cap. I:39 e 40.

Pela sua essência espiritual, *o Espírito é um ser indefinido, abstrato, que não pode ter ação direta sobre a matéria*, sendo-lhe indispensável um *intermediário*, que é o envoltório fluídico, o qual, de certo modo, faz parte integrante dele. É *semimaterial* esse envoltório, isto é, pertence à matéria pela sua origem e à espiritualidade pela sua natureza etérea. Como toda matéria, *ele é extraído do fluido cósmico universal* que, nessa circunstância, sofre uma modificação especial. Esse envoltório, denominado *perispírito*, faz de um ser abstrato, do Espírito, um ser concreto, definido, *apreensível pelo pensamento*. Torna-o apto a atuar sobre a matéria tangível, conforme se dá com todos os fluidos imponderáveis, que são, como se sabe, os mais poderosos motores.

O fluido perispirítico constitui, pois, o traço de união entre o Espírito e a matéria. Enquanto aquele se acha unido ao corpo, *serve-lhe ele de veículo ao pensamento*, para transmitir o movimento às diversas partes do organismo, as quais atuam sob a impulsão da sua vontade e para fazer que repercutam no Espírito as sensações que os agentes exteriores produzam. Servem-lhe de fios condutores os nervos como, no telégrafo, ao fluido elétrico serve de condutor o fio metálico.

18. Quando o Espírito tem de *encarnar* num corpo humano em vias de formação, um laço fluídico, que mais não é do que uma expansão do seu perispírito, o liga ao gérmen que o atrai por uma força irresistível, desde o momento da concepção. À medida que o gérmen se desenvolve, o laço se encurta. Sob a influência do *princípio vito-material do gérmen*, o perispírito, que possui certas propriedades da matéria, se une, molécula a molécula, ao corpo em formação, donde o poder dizer-se que o Espírito, por intermédio do seu perispírito, se *enraíza*, de certa maneira, nesse gérmen,

como uma planta na terra. Quando o gérmen chega ao seu pleno desenvolvimento, completa é a união; nasce então o ser para a vida exterior.

Por um efeito contrário, a união do perispírito e da matéria carnal, que se efetuara sob a influência do princípio vital do gérmen, cessa, desde que esse princípio deixa de atuar, em conseqüência da desorganização do corpo. Mantida que era por uma força atuante, tal união se desfaz, logo que essa força deixa de atuar. Então, *o perispírito se desprende, molécula a molécula*, conforme se unira, e ao Espírito é restituída a liberdade. Assim, *não é a partida do Espírito que causa a morte do corpo; esta é que determina a partida do Espírito.*

Dado que, um instante após a morte, completa é a integração do Espírito; que suas faculdades adquirem até maior poder de penetração, ao passo que o princípio de vida se acha extinto no corpo, provado evidentemente fica que *são distintos o princípio vital e o princípio espiritual.*[...][201]

7. O perispírito, ou *corpo fluídico dos Espíritos*, é um dos mais importantes produtos do fluido cósmico; é uma condensação desse fluido em torno de um foco de inteligência ou *alma*. Já vimos que também o corpo carnal tem seu princípio de origem nesse mesmo fluido transformado e condensado em matéria tangível. *No perispírito, a transformação molecular se opera diferentemente, porquanto o fluido conserva a sua imponderabilidade e suas qualidades etéreas.* O corpo perispirítico e o corpo carnal têm, pois, origem no mesmo elemento primitivo; ambos são matéria, ainda que em dois estados diferentes.

8. Do meio onde se encontra é que o Espírito extrai o seu perispírito, isto é, esse envoltório ele o forma dos fluidos

[201] Cap. XI:17 e 18.

ambientes. Resulta daí que os elementos constitutivos do perispírito naturalmente variam, conforme os mundos. [...]

9. *A natureza do envoltório fluídico está sempre em relação com o grau de adiantamento moral do Espírito.* Os Espíritos inferiores não podem mudar de envoltório a seu bel-prazer, pelo que não podem passar, à vontade, de um mundo para outro. Alguns há, portanto, cujo envoltório fluídico, se bem que etéreo e imponderável em relação à matéria tangível, ainda é por demais pesado, se assim nos podemos exprimir, com relação ao mundo espiritual, para não permitir que eles saiam do meio que lhes é próprio. [...]

Os Espíritos superiores, ao contrário, podem vir aos mundos inferiores e, até, encarnar neles. [...]

10. [...] conforme seja mais ou menos depurado o Espírito, seu perispírito se formará das partes mais puras ou mais grosseiras do fluido peculiar ao mundo onde ele se encarna. O Espírito produz aí, sempre por comparação e não por assimilação, o efeito de um *reativo químico* que atrai a si as moléculas que a sua natureza pode assimilar.

Resulta disso este fato capital: *a constituição íntima do perispírito não é idêntica em todos os Espíritos encarnados ou desencarnados, que povoam a Terra ou o espaço que a circunda.* O mesmo já não se dá com o corpo carnal que, como foi demonstrado, se forma dos mesmos elementos, qualquer que seja a superioridade ou a inferioridade do Espírito. *Por isso, em todos, são os mesmos os efeitos que o corpo produz, semelhantes as necessidades, ao passo que diferem em tudo o que respeita ao perispírito.*

Também resulta que: o envoltório perispirítico de um Espírito se modifica com o progresso moral que este realiza,

> em cada encarnação, embora ele encarne no mesmo meio que os Espíritos superiores, encarnando excepcionalmente, em missão, num mundo inferior, têm perispírito menos grosseiro que o dos indígenas desse mundo.[202] (Destacamos)

O perispírito tem, ainda, outras propriedades, tais como densidade, luminosidade, penetrabilidade (atravessa a matéria densa), sensibilidade magnética, sendo ainda objeto de muitos estudos pelos cientistas espíritas e não-espíritas, como aconteceu na antiga União Soviética, centro do materialismo, quando o casal Kirlian, utilizando-se de uma câmera especial, fotografou, no interior dos corpos vivos de vegetais, animais e homens, uma estrutura de plasma físico, constituída de partículas atômicas, ao qual foi dado o nome de "*corpo bioplásmico*".

O filósofo e professor José Herculano Pires foi um dos primeiros espíritas a tratar desse assunto, no antigo Canal 13 (São Paulo), antes da queda do Comunismo soviético. No livro *Agonia das religiões*,[203] Herculano Pires trouxe outras informações a respeito:

> O problema da descoberta do *corpo bioplásmico* situa-se de tal maneira no quadro dos avanços atuais da Ciência, representando mesmo uma conseqüência lógica desses progressos, que não poderia suscitar dúvidas em ninguém medianamente informado. A descoberta da *antimatéria*,

[202] Cap. XIV:7 a 10.

[203] Cap. VIII, "O corpo bioplásmico".

as pesquisas parapsicológicas, o desenvolvimento da Medicina psicossomática, as sondagens cósmicas da Astronáutica e outras prodigiosas conquistas do nosso tempo conduzem naturalmente o homem à descoberta da sua própria natureza [...].

O equívoco marxista do materialismo já foi ultrapassado pelo desenvolvimento científico e filosófico de nosso tempo. Não há mais lugar, na cultura atual, para os dogmas religiosos e os dogmas materialistas. Entre os cientistas soviéticos é evidente a existência de muitos dissidentes do oficialismo tipo século XIX [...]. A verdade se revela em toda parte e, mais hoje, mais amanhã, tornar-se-á evidente.

As câmaras kirlian, de fotografias sobre campos imantados de alta freqüência elétrica, foram descobertas por acaso pelo casal Kirlian, e os cientistas soviéticos mais atilados logo perceberam o seu alcance. Adaptando-a a poderosos microscópios eletrônicos conseguiram descobrir, no interior dos corpos vivos de vegetais, animais e homens, uma *estrutura de plasma físico*, constituída de *partículas atômicas*, que se apresentava como um corpo básico e sustentador da vida e das atividades vitais e psíquicas do corpo material. A importância dessa descoberta é de tal alcance que não poderia ser negligenciada, pois representa uma verdadeira revolução copérnica na Física, na Biologia e na Antropologia, para só ficarmos nesses três campos fundamentais. Mas é bom lembrarmos de passagem o que ela representará para a Psicologia, a Medicina, a Psiquiatria e a Psicoterapêutica em geral. Basta dizer que os soviéticos já chegaram a descobrir que o corpo bioplásmico fornece elementos para a verificação do estado geral de saúde do corpo físico, permitindo também a prevenção de doenças e distúrbios nos seres vivos de qualquer natureza. Por outro lado, as pesquisas realizadas nos Estados Unidos confirmam a descoberta soviética.

Desde o século passado [retrasado], vários cientistas se empenharam na descoberta de meios para provar a existência no homem do chamado corpo espiritual ou duplo etéreo [...]. *A descoberta do corpo bioplásmico constitui uma confirmação científica, proveniente do campo materialista, da teoria do perispírito.* Segundo o Espiritismo, o perispírito é o corpo espiritual de que tratou o apóstolo Paulo na 1ª Epístola aos Coríntios. Sua função é servir ao espírito como instrumento para a sua manifestação nos planos materiais. É através dele que o Espírito se liga à matéria no processo da encarnação. *Durante a vida terrena ele é o agente das atividades orgânicas.* Mantém a vida do corpo e serve de campo padronizador [forma ou modelo organizador biológico – MOB] durante o desenvolvimento deste, a partir da fecundação, regendo a formação do embrião. Na morte, o *perispírito* se desliga progressivamente do corpo material, que só se cadaveriza com o seu desligamento total. Na maioria das pessoas o perispírito, após a morte, permanece nas proximidades do cadáver por tempo mais ou menos longo, em virtude da atração que os despojos exercem ainda sobre o Espírito. Esse corpo é considerado na Doutrina Espírita como semimaterial, constituído de energias materiais e espirituais em integração. *É o corpo da ressurreição, conforme já afirmava o apóstolo Paulo.*

Todas essas características do perispírito são confirmadas pelas observações dos cientistas soviéticos, que consideraram esse corpo como material, constituído por um plasma físico formado de partículas atômicas. Mas um fato intrigante aparece nas pesquisas soviéticas: esse corpo só pode ser visto e fotografado enquanto está ligado ao corpo material. Uma vez desprendido, não está mais ao alcance das câmaras kirlian. Somente os detectores de pulsações biológicas podem constatar a sua presença no ambiente. As câmaras kirlian, como já vimos, só podem agir sobre campos materiais imantados por correntes elétricas de alta freqüência. Desligado do corpo material, o corpo bioplásmico ou perispírito não oferece condições para isso [...].

A descoberta desse corpo pelos materialistas representa a maior vitória do Espiritismo e ao mesmo tempo a conquista mais importante da nossa era científica, pois com ela a Ciência terrena dá o primeiro passo para a sua futura fusão com a ciência espiritual. Esse é o mais significativo sinal de que estamos entrando na era do Espírito. Oliver Lodge referiu-se ao túnel mediúnico, uma via de ligação do mundo material com o mundo espiritual, acentuando que esse túnel vem sendo cavado dos dois lados pelos homens e pelos Espíritos. Quando os trabalhadores daqui e do além se encontrarem, o túnel estará aberto e a comunicação entre os dois planos se tornará tão fácil como as comunicações entre as várias regiões da Terra. Até agora somente os espíritas trabalhavam do lado de cá. De agora em diante, os cientistas também darão a sua cota de serviço [...].

A descoberta do corpo bioplásmico e os estudos sobre as suas funções e sua estrutura vêm também contribuir para que os enganos das religiões cristãs sejam corrigidos. Pouco a pouco a verdade se impõe e a mentira vai sendo afastada. *A Religião, que constitui, como a Filosofia e a Ciência, uma*

> *das grandes províncias do conhecimento, está prestes a retomar o seu lugar no plano cultural* [...].
>
> A confirmação positiva da existência do espírito, através da Ciência em desenvolvimento acelerado, porá um ponto final nas especulações religiosas [...].
>
> Os homens do futuro ficarão estarrecidos ao verem que tivemos todos os dados nas mãos para fazer essa integração em nosso tempo e não conseguimos fazê-la. Perguntarão a si mesmos o que nos faltou e talvez alguém lhes diga: *humildade.* (Realçamos)

O sofrimento que os Espíritos experimentam, após a desencarnação, não é propriamente dor física. Condicionados pelas experiências no corpo físico, que repercutem no corpo perispiritual, é natural que os Espíritos reclamem de "dores físicas" (LE, 159, 164 e 253 a 257).

Consoante ensina Kardec, em *O Livro dos Espíritos* ("Ensaio teórico da sensação nos Espíritos", item 257),

> [*O perispírito é, também*], *o agente das sensações exteriores.* No corpo, os órgãos, servindo-lhes de condutos, localizam essas sensações. *Destruído o corpo, elas se tornam gerais.* Daí o Espírito não dizer que sofre mais da cabeça do que dos pés, ou vice-versa. *Não se confundam, porém, as sensações do perispírito, que se tornou independente, com as do corpo.* Estas últimas só por termo de comparação as podemos tomar e não por analogia. Liberto do corpo, o Espírito pode sofrer, mas *esse sofrimento não é corporal*, embora não seja exclusi-

vamente moral, como o remorso, pois que ele se queixa de *frio* e *calor*. (Destacamos)

Sobre a transição dos Espíritos do mundo visível para o mundo invisível, no fenômeno denominado "morte", Kardec volta a tratar deste assunto no cap. I, da Segunda parte, do livro *O Céu e o Inferno*, sob o título "O passamento", item 13. O Codificador assim resume o estado do Espírito, no momento da morte:

> [...] Tanto maior é o sofrimento, quanto mais lento for o desprendimento do perispírito; *a presteza desse desprendimento está na razão direta do adiantamento moral do Espírito*; para o Espírito desmaterializado, de consciência pura, a morte é qual um sono breve, isento de agonia, e cujo despertar é suavíssimo. (Destacamos)

Há muito ainda para se investigar sobre o perispírito, entretanto, fixando-nos no objetivo desta obra, concluímos que o estudo desse agente semimaterial é de suma importância para a compreensão não só do modo pelo qual se dá o *intercâmbio entre os planos visível e invisível e dos fenômenos gerais da espiritualidade*, como também dos processos pelos quais se desenvolve a origem e a evolução da criatura humana, o que põe em relevo a importância dos elementos gerais do universo: *espírito* e *matéria*, que certamente um dia serão objeto de estudo conjunto pela Ciência acadêmica.

7.4.2. O esquecimento do passado

"O pecado está na consciência".
(Romanos, 14:14.)

O esquecimento do passado é uma misericórdia de Deus aos nossos pesados débitos do passado reencarnatório, situação em que nossa ignorância era ainda muito maior do que na atualidade.

Não lembramos das existências passadas e nisso está a sabedoria divina, como veremos adiante (LE, 392 a 399; OQE, I, "Esquecimento do passado"). Entretanto, dormita em nós a *voz da consciência* e os *pendores instintivos* (LE, 218 a 221), que nos *proporcionam uma lembrança intuitiva do passado*, circunstâncias que, associadas ao *livre-arbítrio*, influenciam o nosso modo de ser e de agir, na presente encarnação (LE, 393 e 398).

Algumas vezes, porém, a lembrança desse passado é permitida, com alguma *finalidade útil* e, às vezes, até como *expiação* e *prova* (LE, 395, 396 e 399).

Conforme ensina Emmanuel,

> A capacidade intelectual do homem terrestre é excessivamente reduzida, em face dos elevados poderes da personalidade independente dos laços da matéria. Os elos da reencarnação fazem o papel de *quebra-luz sobre todas as conquistas anteriores do Espírito reencarnado.* Nessa sombra, reside o acervo de lembranças vagas, de vocações inatas, de numerosas experiências, de valores naturais e espontâneos, a que chamamos *subconsciência.*

> O homem comum é uma representação parcial do homem transcendente, que será reintegrado nas suas aquisições do passado, depois de haver cumprido a prova ou a missão exigidas pelas suas condições morais, no mecanismo da Justiça Divina.
>
> Aliás, a incapacidade intelectual do homem físico tem sua origem na sua própria situação, caracterizada de provas amargas.
>
> *O cérebro humano é um aparelho frágil e deficiente, onde o Espírito em queda tem de valorizar as suas realizações de trabalho.*
>
> Imaginai a caixa craniana, onde se acomodam células microscópicas, inteiramente preocupadas com a sua sede de oxigênio, sem dispensarem por um milésimo de segundo a corrente do sangue que as irriga, a fragilidade dos filamentos que as reúnem, cujas conexões são de cem milésimos de milímetro, e tereis assim uma idéia exata da *pobreza da máquina pensante de que dispõe o sábio da Terra para as suas orgulhosas deduções*, verificando que, por sua condição de Espírito caído na luta expiatória, tudo tende a demonstrar ao homem do mundo a sua posição de *humildade*, de modo que, em todas as condições, possa ele cultivar os *valores legítimos do sentimento* (CONS, 205). (Destacamos)

Em certos mundos superiores ao nosso, em que a Humanidade atingiu determinado grau de elevação, os Espíritos têm conhecimento relativo de seu passado. É que, nesses mundos, onde só reina o bem, *a reminiscência do passado nada tem de dolorosa* (LE, 394 e 397).

O esquecimento do passado é uma concessão divina à nossa condição de Espíritos ainda frágeis e endividados, sem o qual seria muito difícil recapitular, pois as lembranças de certos traumas sofridos ou erros cometidos dificultariam o recomeço e a reconciliação com os inimigos do passado no meio dos quais muitas vezes renascemos, inclusive no seio da família. Sem o véu que lhe oculta certas coisas, o Espírito ficaria ofuscado, como quem, sem transição, saísse do escuro para o claro. Esquecido de seu passado ele é mais senhor de si (LE, 392).

A reencarnação, desta forma, é a oportunidade de reparação, como é, também, oportunidade de devotarmos nossos esforços pelo bem dos outros, circunstância que acelera nossa evolução espiritual (ESE, V:11).

Ao retornarmos ao mundo espiritual, pelas portas da desencarnação, depois de um certo tempo, que variará de acordo com a nossa evolução, recobramos a memória de nosso passado imediato (LE, 163 e 242), como forma de avaliar as conquistas evolutivas alcançadas e planejarmos, com o concurso dos Espíritos mais evoluídos, a encarnação seguinte.

A recuperação "integral" da memória, no sentido relativo, concernentemente à soma das encarnações passadas, só é possível aos Espíritos situados nas faixas superiores da evolução (LE, 242). A propósito, da obra *A Reencarnação*,[204] de autoria de Gabriel Delanne, extraem-se os seguintes apontamentos:

[204]Cap. XIII, *A reencarnação humana e a memória integral.*

Para chegarmos à verificação experimental da realidade das vidas sucessivas e para explicar por que não se conservam as lembranças das existências anteriores, é preciso estudar sumariamente as diferentes modalidades da memória.

Se a alma é individualizada em uma substância, que a acompanha durante todo o tempo de sua evolução; se esse corpo espiritual é o guardião indefectível de todas as aquisições anteriores, estamos no direito de perguntar por que, a cada volta, aqui, não temos conhecimento do passado?

Para compreender o olvido [esquecimento] das vidas anteriores seria indispensável mostrar que, mesmo em nossa atual existência, produzem-se profundas lacunas relativamente a uma multidão de incidentes que nos sucedem, e, por vezes, períodos inteiros apagam-se de nossa lembrança. Não será, portanto, extraordinário que o mesmo se dê com tudo o que precede a vida atual, pois que *o perispírito experimenta profundas modificações íntimas, ao reaparecer na Terra*. Estabelece-se, de cada vez, um novo equilíbrio, que modifica, necessariamente o estado da memória.

É, pois, indispensável mostrar que, se a memória é indestrutível, ela só se torna consciente em condições particulares.

Aqui, ainda, não se trata de uma teoria imaginada com todas as suas peças, mas de fatos atualmente conhecidos.

As experiências de Pitres, Bourru e Burot, Janet e outros provaram que tudo que recebemos deixa um traço indelével. Sem dúvida, as aquisições intelectuais não se apresentam simultaneamente à consciência. A regra é que o seu maior número seja esquecido. *Mas esquecimento não quer dizer destruição*. A subconsciência registra sempre os estados mentais e, fato ainda mais notável, ela os associa indissoluvelmente aos estados fisiológicos contemporâneos, de sorte que, ressuscitando-se os primeiros, fazem-se renascer, ao mesmo tempo, os segundos, e vice-versa. Como já o disse, essa regressão da memória pode apresentar-se espontaneamente ou é possível provocá-la por diferentes processos e, principalmente, pela *hipnotização de certos pacientes*, que têm o poder da ressurreição mnemônica.

Os espiritistas, praticando as experiências magnéticas, descobriram esse poder de renovação das lembranças terrestres, durante a vida, e prosseguiram na regressão até os estados anteriores ao nascimento atual [...].

Notemos que as personalidades que se observam em cada encarnação, tão distintas entre si, não são incompreensíveis para nós e não prejudicam o princípio da identidade, pois já verificamos que um mesmo indivíduo, no curso da vida, pode apresentar oposições prodigiosas de caráter [...].

Desde que a reencarnação traz, fatalmente, um *tônus vibratório inteiramente distinto do da vida do Espaço e das existências anteriores*, é natural que, a cada retorno à Terra, o ser que reencarna difira, mais ou menos do que era antes, não obstante conservar uma individualidade inalterável. (Realçamos)

Ainda da obra[205] mencionada, extraímos outros ensinamentos:

A *objeção* mais comumente feita à palingenesia [reencarnação] é o *esquecimento* quase geral das existências anteriores.

205 Cap. XIV, item *O esquecimento do passado.*

Pareceria ilógico, no ponto de vista da justiça, fazer-nos expiar em uma existência faltas cometidas nas vidas passadas, de que tivéssemos perdido a lembrança. *É bom observar, desde logo, que o esquecimento de uma falta, não lhe atenua as conseqüências, e que o conhecimento da mesma seria para muitos um* fardo insuportável *e uma* causa de desânimo, *o que nos tiraria a força de lutar para o nosso soerguimento.*

Se a renovação do passado fosse geral, ela *perpetuaria os dissentimentos e os ódios* que foram a causa das faltas anteriores, e se oporia a qualquer progresso.

É bom observar que *todos os incidentes infelizes da vida não são, necessariamente, expiações de faltas anteriores.* As *provas* são condições indispensáveis para obrigar-nos a vencer nosso egoísmo e desenvolver as faculdades ou as virtudes que nos fazem falta. *Aliás, o esquecimento do passado não é absoluto nem permanente.* Já vimos os casos em que se conservou a memória das existências passadas.

Em certo grau de elevação, encontramos, no *Espaço*, entre duas encarnações, a lembrança de nossas vidas anteriores, e isto nos permite conhecer melhor o que nos falta ainda para elevar-nos na hierarquia dos Espíritos, *desenvolvendo os predicados intelectuais e morais que estão em gérmen em nossa consciência* e cujo desabrochar deve conduzir-nos aos mais altos cimos da Espiritualidade. Essa visão panorâmica de nossa evolução espiritual dá-nos o sentimento da identidade e da perpetuidade de nosso ser espiritual.

O olvido [esquecimento] dos incidentes de nossas vidas anteriores é necessário para que possamos abandonar mais

> facilmente os *erros* e *preconceitos* adquiridos. A justiça, entretanto, exige que resgatemos nossas faltas, quando as houvermos cometido conscientemente. (Destacamos)

Quando reencarnamos, trazemos um "plano de vida", compromissos assumidos perante a Espiritualidade e perante nós mesmos, e que dizem respeito à reparação do mal e à prática de todo o bem possível. Dependendo de nossas condições espirituais e merecimento, podemos, ou não, ter escolhido as provas, os sofrimentos, as dificuldades que examinarão nosso desenvolvimento espiritual.

7.4.3. Aborto

> *"Não matarás."*
> (Êxodo, 20:13.)

Por que o aborto é um tema tão polêmico? O que ele tem a ver com o nosso futuro, tanto no aspecto material, quanto no aspecto moral? É o que tentaremos responder nestas linhas.

Lembramos que nosso objetivo não é radicalizar, com menosprezo das convicções de indivíduos de boa fé, mas sim tentar esclarecer aspectos muitas vezes desconhecidos das pessoas, que, inadvertidamente, adotam pontos de vista de segmentos formadores de opinião descompromissados com os valores éticos.

Neste espaço, utilizaremos menos argumentos religiosos, não porque sejam menos importantes, mas para demonstrar que a vida é considerada um bem precioso por todos os segmentos da sociedade, afinados com o bem, independente de suas convicções, o que, acredito, permitirá colocar o tema num campo neutro, livre das paixões exacerbadas que, não raras vezes, contaminam os debates de alto nível, em virtude de algumas posições dogmáticas.

Nosso objetivo é promover o esclarecimento e a paz, nas mentes e nos corações dos leitores, e não duelar com aqueles que tenham opiniões contrárias ou diferentes das nossas.

Aborto é a interrupção da gravidez, com a conseqüente morte do produto da concepção. Segundo projeções estatísticas, cerca de 10 a 12% de todas as gestações terminam em aborto espontâneo. A legislação penal brasileira considera o aborto voluntário como infração penal, nos seguintes casos: aborto provocado pela gestante; aborto provocado por terceiro, sem o consentimento da gestante; e aborto provocado por terceiro, com o consentimento da gestante.

O aborto voluntário somente é permitido, pela legislação penal brasileira, nos casos de *perigo de vida para a gestante* e nos casos de *estupro* (art. 128, I e II, do *Código Penal*).

A Constituição Brasileira, em seu artigo 5º, *caput*, preserva a vida dos seres humanos em *cláusula pétrea*, insuscetível de revogação por meio de emenda constitucional, como estampado no inciso IV, § 4º, do art. 60 da referida Carta Magna, enquanto o art. 2º do *Código Civil brasileiro*, sancionado em 2002, garante o direito à vida desde a *concepção* ou *fecundação*, que é o momento da união do gameta masculino (esperma) com o gameta feminino (óvulo), que dá origem ao ovo (zigoto), que é a soma dos cromossomos do pai e da mãe.

Que razão levou os constituintes a alçarem tal direito como fundamental do ser humano, como reconhecido por grandes humanistas e instituições de todo o mundo, como, por exemplo, a ONU – Organização das Nações Unidas, na famosa "Declaração Universal dos Direitos do Homem", de 10 de dezembro de 1948?

É que a vida humana é um *direito natural anterior ao estado*. Por isso, sua garantia é a consagração da própria democracia. Não se trata de direito constituído pelo estado e, portanto, *nenhum grupo social poderá decidir quando outros devam morrer.*

A Doutrina Espírita admite o aborto apenas em uma situação: *na hipótese de a gravidez representar perigo para a vida da gestante* (LE, 359). No caso do estupro, deve ser preservado o direito do inocente que está para nascer. Se a mãe não desejar o fruto daquele relacionamento espúrio (ilegítimo), que dê a luz à criança e depois a entregue para adoção, *se conseguir*. Não é raro acontecer que a mãe termine apegando-se amorosamente à criança, a princípio rejeitada, que geralmente se transforma em *arrimo* (suporte) material e moral da mãe nos dias de sua velhice. Geralmente, o estupro, sendo resultante da lei de causa e efeito, representa uma expiação para a mãe e para os familiares, que terão uma grande oportunidade de superar, juntos, as dificuldades e os sofrimentos.

Em 1980, calculava-se que se praticava, no Brasil, cerca de um milhão de abortos por ano. Segundo estimativas de 1991, esse índice teria subido para cerca de cinco milhões de abortos por ano. Note-se que tais dados foram tomados com base no internamento ou morte da gestante. Acredita-se, por isso, que o número de abortos praticados seja muito maior do que se pensa.

Na Europa, o problema assume níveis catastróficos. Todos ou quase todos os países da Europa já aprovaram leis permissivas do aborto, sob a alegação de que a vida começa com o nascimento e não na concepção (fecundação ou união do esperma com o óvulo) e que cabe à mulher dispor sobre o seu próprio corpo. A Itália detém o recorde de crescimento negativo da população. Isso causa problemas econômicos, em face do envelhecimento da maioria aposentada, sem o correspondente crescimento da massa trabalhadora e conseqüente respaldo da contribuição previdenciária, incluindo o consumo e o serviço militar.

Entretanto, *nem tudo que é legal é moral*. O aborto é um ato de covardia, um assassinato praticado contra uma criatura indefesa. Pior que isso, é um crime contra a Natureza, uma vez que o direito de nascer é de Procedência Divina. Não cabe a criatura alguma a faculdade de obstar esse direito, extinguindo a vida de um ser em formação. *A vida é um bem indisponível, da qual somos meros usufrutuários* (ver item 7.4.4).

A *união do Espírito ao corpo* inicia-se no momento da *fecundação*, mas só se completa por ocasião do nascimento (LE, 344; OQE, III:116). Portanto, desde o início da gestação, já há um Espírito ligado ao ovo.

A busca de respostas para as indagações milenares *sobre o que é a vida* e *qual o momento do seu início* é fundamental para a compreensão deste importantíssimo assunto.

No dia 20 de abril de 2007, o Supremo Tribunal Federal reuniu-se para colher subsídios da Comunidade Científica para julgar a Ação Direta de Inconstitucionalidade (ADI 3510) de dispositivos da lei de biossegurança (Lei nº 11.105/2005), proposta pela Procuradoria-Geral da República (PGR), que permite a utilização de células-tronco embrionárias em experimentos e no tratamento de doenças.

A questão ganhou contornos jurídicos, éticos e científicos de grande relevância, pois a definição do que é "vida" e de quando ela inicia é fundamental para se aferir a constitucionalidade dos dispositivos legais impugnados na referida ação.

Entretanto, será que nós, seres humanos, no atual estágio evolutivo em que nos encontramos, temos respostas para essas perguntas? A ciência acadêmica, ainda repleta de teses reducionistas, que tem por paradigma principal a matéria, teria resposta para essas questões profundamente filosóficas?

Temos para nós que a Ciência não consegue definir a vida, porque a vida transcende a matéria.

Esse o motivo pelo qual – acreditamos – o conceito de vida seja tão elástico e tenha sofrido variações no curso do tempo, nos aspectos filosófico e científico.

Todavia, se não podemos afirmar quando inicia a vida, *lato sensu*, podemos dizer, sem sombra de dúvidas, à luz das descobertas da Biologia e da Embriologia, *quando inicia a vida no corpo humano.*

Keith L. Moore, no cap. 1 do livro *Embriologia Clínica*, comumente utilizado pelos estudantes de Medicina, assim define o zigoto, célula resultante da fecundação dos gametas masculino e feminino: "*O zigoto é uma célula resultante da fertilização de um ovócito por um espermatozóide*, e é o início de um ser humano". (Realçamos)

Este conceito foi trazido à baila pelo médico espírita, Dr. Décio Iandole Júnior, no II Congresso Espírita Brasileiro, realizado em Brasília, entre os dias 13 a 15 de abril de 2007, no Centro de Convenções Ulysses Guimarães, conceito que, segundo o expositor, permanece inalterável a despeito dos avanços da ciência médica.

Como já se disse alhures, a vida humana é um *processo* e não uma *estação*, que se inicia no momento da *concepção* e que se estende por demais *fases*: zigoto, mórula, blástula, pré-embrião, embrião, feto, bebê, criança, jovem, adulto e idoso. Interrompê-la em quaisquer dessas fases representa um sério atentado contra a vida. *Este não é um argumento religioso; é um argumento científico!*

Por isso, temos que laboram em grave equívoco os defensores das teses de que a vida começa entre o quinto e o sexto dia após a fecundação, na nidação (momento em que o óvulo fecundado se fixa à parede do útero); aos quatorze dias, quando começa a formação de cérebro do feto; a 27 semanas, quando aparecem as sensações, como reportado na revista *Veja*, de 25 de abril de 2007, pp. 56 e 57.

O abortamento significa a expulsão do Espírito de forma violenta, portanto um crime, pelo qual respondem os que praticam a decisão de efetivá-lo e os que o executam (LE, 357 e 358).

No Velho Testamento, o mandamento da lei moral ainda em vigor preconiza o "*não matarás*". Com que direito então vamos condenar um inocente, que tem o mesmo direito à vida que nós encarnados?

O aborto frustra o trabalho de verdadeiras equipes espirituais que se coordenam no esforço abnegado para o êxito do processo reencarnatório.

Às vezes, a criança que se pretende abortar pode ser um Espírito adiantado, cujo planejamento reencarnatório prevê o cumprimento de tarefas missionárias na Terra, como já aconteceu tantas vezes, ao que se observa das narrativas históricas, e, se não fossem as heróicas mães, que tiveram a coragem de afrontar determinadas circunstâncias desfavoráveis ao nascimento de seus rebentos, o mundo não teria se beneficiado das contribuições inestimáveis ao seu progresso intelectual e moral, trazidas por esses benfeitores da Humanidade. Independente da missão a ser desenvolvida, uma vez que todo Espírito tem uma tarefa a cumprir na sociedade, por mais simples que seja (LE, 573), o aborto deve ser evitado sempre.

Mesmo diante da possibilidade de o filho nascer com deformidades físicas, como, por exemplo, no caso da hidrocefalia (presença anormal de líquido no cérebro) e da anencefalia (ausência do cérebro físico), a Doutrina Espírita não recomenda o aborto, que, muitas vezes, é autorizado, inadvertidamente, por magistrados desconhecedores das Leis Naturais em estudo. *Não há acaso no processo reencarnatório, pois as Leis Divinas obedecem a um planejamento, tendo em vista a reeducação e a felicidade das criaturas.* Na maioria das vezes, as deformidades físicas fazem parte do *programa expiatório*[206] do reencarnante. Lembramos, aqui, do

[206] *Programa expiatório* é o planejamento das dificuldades e sofrimentos pelos quais o Espírito terá de passar, como forma de iniciar o processo que antecede a reparação dos erros cometidos.

raro caso do bebê anencéfalo (Marcela de Jesus Ferreira), nascido em Patrocínio Paulista (SP), que, contra todos os prognósticos médicos, sobrevive há mais de onze meses, respira sozinho e chegou a receber alta. Interromper a gravidez, nestas condições, é impedir o resgate do Espírito e dos próprios pais, que igualmente não sofrem em vão ou imerecidamente.

É muito mais sensato enfrentar a gravidez, em qualquer situação, do que praticar um crime dessa natureza. *Além da consciência tranqüila, os pais receberão a ajuda necessária do Criador para cumprir o seu papel* (ver item 7.3.4).

Desde que as criaturas se permitem a comunhão sexual, é justo que se submetam ao tributo da *responsabilidade do ato livremente praticado.*

Várias são as *causas do aborto*. Excetuada a questão de o nascimento representar perigo à vida da mãe, a raiz do mal estará sempre no *egoísmo*, no *materialismo* e na *ignorância.* Muitas criaturas optam pela prática do aborto por questões de vaidade. Há relatos médicos, informando que certas mulheres pedem o aborto por questões estéticas, outras por questões relacionadas ao prazer sexual, escolha do sexo da criança, etc. O preconceito da família e da sociedade contra as mães solteiras, principalmente as jovens inexperientes, também tem contribuído para aumentar as estatísticas do aborto.

É importante o *controle da natalidade*, mas deve ser feito sem violentar o direito de outrem. É preferível evitar a gravidez por meio de métodos contraceptivos, com acompanhamento médico, a praticar o aborto, quando uma vida palpita plena de esperança, no seio materno.

A conhecida "pílula do dia seguinte", que provoca a expulsão da célula já fecundada representa um abortamento que igualmente atenta contra a vida, não podendo, por isso, tal como o aborto, ser considerado um *método contraceptivo*, como o nome sugere.

Na maioria das vezes, a violência contra o feto gera ódio e revolta, que se estende por longos períodos, conduzindo a *processos obsessivos* de difícil solução (item 7.3.3).

O aborto criminoso produz na organização perispirítica da mulher, isto é, no *perispírito*, matriz do corpo físico, *grande traumatismo*, desequilibrando as funções de determinados centros vitais, principalmente o *centro genésico* (item 5.3.3.2), afetando os *órgãos reprodutores femininos*, cujos efeitos podem se fazer sentir em mais de uma encarnação.

Se o Espírito abortado for vingativo, inconformado com a oportunidade que lhe foi subtraída de retornar à vida física, imanta-se aos centros vitais da mãe e tudo faz para subjugá-la à sua vontade, enfraquecendo-lhe as resistências psicofísicas e emocionais, podendo, em alguns casos, levá-la à *demência* ou ao *suicídio*.

O jurista Ives Gandra da Silva Martins, em artigo contrário ao aborto, transcreveu trechos de uma sentença proferida pela Suprema Corte dos EUA em 1857, ano em que surgiu na França *O Livro dos Espíritos*. Sete dos nove magistrados votaram a favor da tese de que o negro não era humano e, como tal, pertencia ao seu "dono". "*Mesmo que possua um coração e um cérebro e seja tido biologicamente como humano* – decidiu o Tribunal – *um escravo não é pessoa perante a lei.*" Por conseguinte, podia-se comprar, vender e matar os escravos, como se fossem coisas. Por volta do século V, a Igreja Católica discutia se a mulher tinha alma ou não.

Atualmente, estes argumentos parecem uma piada de mau gosto. Isso comprova que o desenvolvimento intelectual, tecnológico e econômico, próprio dos países do chamado *Primeiro Mundo*, nem sempre está de acordo com o avanço moral que se espera de uma nação civilizada (LE, 751) e que as transitórias leis humanas, ao contrário das divinas, são mutáveis e apropriadas a cada época.

Apesar disso, naquele mesmo país (Estados Unidos da América), a Suprema Corte admitiu o aborto, em 22.01.1973, sob alegação de que o feto não era pessoa e como tal detentora de direitos, o que demonstra o desconhecimento das leis espirituais que regem a vida humana.

O ginecologista norte-americano Dr. Bernard Nathanson, ex-diretor da maior clínica abortista do mundo, que praticou, pessoalmente, cerca de 5.000 abortos e supervisionou outros 60.000, felizmente, reconheceu o seu lamentável engano, revelando, publicamente, os *métodos desleais e criminosos com que eram manipuladas e fraudadas as pesquisas, nos Estados Unidos*, para o efeito de sensibilizar a opinião pública e o Congresso, para obter a aprovação de leis abortivas.

Ao que tudo indica, o Dr. Nathanson reconheceu a inconveniência da prática do aborto, depois que ele se especializou em *Fetologia* e pôde constatar, cientificamente, que *o feto é uma criatura humana* e não apenas um amontoado de carne. Com o desenvolvimento da Medicina, pela *ecografia*,[207] foi possível realizar a filmagem do comportamento do feto, no momento da prática abortiva.

Graciela Fernández Raineri, no livreto *Deixem-me viver*,[208] com base nas experiências narradas pelo Dr. Nathanson, descreveu a reação de um ser indefeso e encurralado no útero materno, no momento do aborto:

> Vi o filme médico *O grito do silêncio* [ou *O grito silencioso*], apresentado pelo doutor B. Nathanson, famoso médico ex-abortista norte-americano. Ele mostra, mediante uma ecografia realizada na mãe no momento do abortar, o que sucede com esse ser que – apenas agora se sabe com certeza

---

[207] *Ecografia* ou *ultrassonografia* é um exame complementar (auxiliar) no qual se visualizam os órgãos internos por meio de imagens indiretas. Funciona como um radar de submarino ou avião. O aparelho emite sons de alta freqüência e os recebe de volta. Dependendo da distância e do tamanho dos elementos a serem examinados se obtêm diferentes tons cinza ou colorido, conforme o tipo de aparelho utilizado.

[208] "Um ser encurralado e morto" (Depoimento).

científica – já tem todas as características próprias da vida humana: *capacidade sensitiva à dor, ao medo e apego à vida.* Ao vê-lo, acreditei ser uma obrigação social divulgá-lo, porque todos (sobretudo as mães) têm o direito de saber o que realmente sucede em um aborto.

Em instantes prévios à operação abortiva, se vê o feto (neste caso verídico, de doze semanas) com movimentos calmos, colocando o polegar na boca de vez em quando, totalmente tranqüilo nesse ambiente de paz, como é o claustro materno. Ao introduzir o abortista no útero o primeiro elemento metálico procurando a bolsa amniótica para seu rompimento, o novo ser perde seu estado de tranqüilidade. Seu coração se acelera enquanto tenta movimentos nervosos de mudança de lugar. A bolsa é rota e se introduz o instrumento de aspiração. É notório que nenhum dos elementos metálicos tocou ainda no feto e, no entanto, ele pressente algo anormal e terrível próximo a lhe suceder, *porque agora muda de lugar em um ritmo enlouquecido para os lados e para cima, em um desesperado intento de escapar.* Seu ritmo cardíaco se eleva mais ainda. Quando o metal já está quase a tocá-lo, *encolhe todo o seu corpinho até o limite superior do útero e sua boca se abre desmesuradamente.* Aqui é alcançado pela aspiradora, que desde suas extremidades inferiores o vai succionando e até o *destroçando*, até ficar somente a *cabeça*, que não passa pelo conduto de aspiração. Esta é triturada, então, com uma espécie de tenaz que vai retirando os pedaços do que foi um ser humano aterrorizado, que ainda mesmo sob *tamanha desigualdade de condições*, fez o impossível para não morrer e, no instante final, *abrindo sua boca ao máximo*, como um último intento de expressão humana

> – ainda desconhecida e prematura, porém sem dúvidas com o *instinto* de sua natureza –, de pedir auxílio... a quem?
>
> Eu, pessoa humana, que ascendi à maravilhosa realidade da vida e posso gritar e expressar minha vontade, empresto hoje minha voz a todos esses seres humanos que, ao serem abortados, quiseram gritar solicitando a vida, abrindo sua boca, porém... ainda não tinham voz! *Não é um atitude pessoal subjetiva. Investiguem vocês. É científica e humanamente real.* Em nome de todos esses inocentes, eu peço a quem competir que projete este filme nos últimos anos secundários de todos os colégios de mulheres e homens, nas universidades etc., a fim de que se faça conhecer por todos os meios isto que faz a própria essência da pessoa humana; seu inalienável direito à vida. (Destacamos)

Atualmente, as técnicas modernas permitem inclusive o tratamento das enfermidades do feto no interior do útero, o que acentua ainda mais o direito à preservação da vida, a partir da fecundação.

Lembremo-nos, finalmente, de que se nossas mães pensassem como os defensores das leis abortivas, talvez muitos de nós não estivéssemos aqui, tendo a oportunidade de experimentar o desafio de viver.

Por tudo que foi dito, concluímos que nosso futuro, nossa dignidade, está seriamente ameaçada por iniciativas legislativas desse jaez, e não será matando seres humanos indefesos que vamos resolver problemas econômico-sociais que afetam a Humanidade.

Todos podemos fazer alguma coisa em defesa dos nascituros, dentro de nossa esfera de influência, começando pela divulgação destes conhecimentos, por todos os meios lícitos.

Aquelas criaturas que já praticaram o aborto ou foram por ele responsáveis não devem se traumatizar ante estas notícias. O grau de culpabilidade é maior ou menor, de acordo com a consciência do ato. Não que possamos invocar o desconhecimento das Leis Divinas para nos eximirmos de nossas responsabilidades, pois nesses casos o rigor das Leis Divinas é atenuado. Não! Mas, *o arrependimento sincero e a vontade poderosa de reparar o erro permite à criatura reabilitar-se ante as Leis Divinas*, porque Deus é, acima de tudo, misericórdia, bondade e justiça infinitas.

O primeiro passo é *arrepender-se sinceramente* do que fez, para não mais reincidir no mesmo erro; depois, procurar *fazer o bem* da forma como puder, como, por exemplo, auxiliando outras crianças, através da *adoção direta ou indireta*,[209] ou por qualquer outro meio lícito.

Enfim, praticar a caridade como quiser e puder, porque "*a caridade cobrirá a multidão de pecados*" (I Pedro, 4:8), isto é, *o bem praticado hoje neutraliza os efeitos do mal cometido ontem.*

---

[209] A adoção indireta é uma forma de auxiliar as famílias carentes ou as mães solteiras a criarem seus filhos, colaborando para que tenham uma vida mais digna.

7.4.4. Eutanásia

"*Não matarás.*"
(Êxodo, 20:13.)

"*Idosos fogem da Holanda com medo da eutanásia!*"

Com essa chamada, o "Portal da Família" (*http://www.portaldafamilia.org/artigos/artigo507.shtml*") tornou pública denúncia de um órgão internacional de comunicação da Alemanha, com endereço no *site* (*http://www.dw-world.de/dw/article/0,2144,1050812,00.html*), assim resumida:

"Asilo na Alemanha converte-se em abrigo para idosos que fogem da Holanda com medo de serem vítimas de eutanásia *a pedido da família*. São quatro mil casos de eutanásia por ano, sendo um quarto sem aprovação do paciente".

É comum os jornais de grande porte anunciarem, com estardalhaço, notícias sobre a aprovação legal da eutanásia nos chamados países de "primeiro mundo", mas dão pouca importância a um fato tão grave como esse, o que demonstra o desconhecimento completo do aspecto espiritual que envolve a prática da eutanásia.

E se um de nós, prezado leitor, fosse um dos idosos de nacionalidade holandesa? Que segurança teríamos quanto ao nosso futuro, considerando que o próprio Estado, com a aprovação desse tipo de lei, estimula as famílias a uma conduta egoística incompatível com a dignidade humana?

Neste item, procuraremos demonstrar as causas e as conseqüências da prática da eutanásia e como ela conspira contra as leis naturais que regem a evolução do ser humano. Antes, porém, convém tecer algumas considerações de ordem conceitual, para melhor compreensão do tema.

Eutanásia vem do grego, *eu* (bem), *thanatos* (morte), isto é, morte "boa", morte "suave", que de suave não tem nada, como se verá adiante. Significa *antecipar a morte, por motivos piedosos, por compaixão do enfermo em estado desesperador ou "terminal"*.

A eutanásia apresenta várias modalidades. Na classificação mais conhecida, temos: *eutanásia eugênica*, *eutanásia passiva* ou *involuntária* (não consentida pelo paciente), *eutanásia ativa* ou *voluntária* (consentida), *distanásia*, *ortotanásia* e *mistanásia*.

A *eutanásia eugênica* é a eliminação de fetos ou crianças com doenças congênitas (defeitos físicos e/ou mentais), o que era muito praticado na Antigüidade, principalmente entre os gregos e os romanos. Criaturas que não serviriam como guerreiros ou como trabalhadores produtivos eram eliminadas, por serem consideradas inúteis ou um peso para o Estado. Tal prática assemelha-se ao procedimento destinado a apurar a raça humana, difundido por Hitler na Segunda Guerra Mundial.

A *eutanásia passiva* (involuntária) ou não consentida, também conhecida como "homicídio piedoso", ocorre quando o paciente não está em condições de consentir com a abreviação da própria vida, como, por exemplo, nos casos de incapacidade mental, estado de coma, crianças em tenra idade, etc.

A *eutanásia ativa* (voluntária) ou consentida é aquela em que o paciente pede para morrer ou quando lhe é sugerida a aplicação da medida extrema e ele concorda.

A *distanásia* tem origem nos termos gregos *dis* (mau) e *thanatus* (morte), "morte ruim" ou "morte má". Consiste no abuso da prática do prolongamento da vida do paciente, por meios artificiais, o que torna a morte lenta e dolorosa, agravando, assim, os seus sofrimentos. O mesmo que *obstinação terapêutica* ou *futilidade médica*. Sob o ponto de vista ético, é tão censurável a prática da eutanásia comum quanto a prática da distanásia, o que significa prolongar, *abusivamente*, a vida do enfermo, quando a morte poderia ocorrer de modo natural, embora com a assistência médica tradicional.

A *ortotanásia* (*orto*: certo; *thanatus*: morte; também do grego, significando a "morte no tempo certo") consiste em se deixar o paciente experimentar a "morte natural", assim entendida, segundo resolução do Conselho Federal de Medicina, a morte digna, em que o paciente continua recebendo todos os cuidados necessários para aliviar os sintomas que levam ao sofrimento, garantindo-lhe assistência que vise ao conforto físico, psíquico, social e espiritual, procedimento este que está em harmonia com a carta de princípios preconizada pela AME-Brasil – Associação Médico-Espírita do Brasil. Se houver negligência no atendimento do paciente, mesmo após desligados os aparelhos, como aconteceu no caso da Sra. Terri Schiavo, da Flórida (EUA), aí teremos, perante a legislação brasileira, um caso de omissão de socorro, que se equipara à eutanásia passiva.

Finalmente, a *mistanásia* ocorre quando pessoas excluídas da cidadania desencarnam antes da hora, em virtude do abandono social e da miserabilidade a que são relegadas, pelo Estado e pela própria sociedade.

A Constituição Federal Brasileira, em seu art. 5º, protege a *vida* como sendo um *bem inviolável*. Do ponto de vista doutrinário-jurídico, a vida é um *bem indisponível*, um *bem coletivo*. Sob essa ótica, portanto, nem o homem nem a mulher podem ser considerados como donos absolutos do corpo. *A vida não é um contrato que podemos rescindir unilateralmente*. Esse entendimento encontra ressonância nos postulados da Doutrina Espírita. De fato, somos *meros depositários do corpo físico*, que é o primeiro empréstimo que Deus nos concede para o nosso progresso moral e intelectual, do qual deveremos prestar contas, quando retornarmos à pátria espiritual, pelo bom ou mau uso que fizemos dele. Se o homem não é capaz de criar a vida, também não tem o direito de extingui-la.

A legislação penal brasileira considera *homicídio* a eutanásia *sem o consentimento do enfermo* (eutanásia passiva), da mesma forma que considera *auxílio ao suicídio* a eutanásia *com o consentimento do doente* (eutanásia ativa). O consentimento do paciente, nestes casos, segundo alguns especialistas, tem escasso valor psicológico, devido ao grande estado de sofrimento e fragilidade em que se encontra o enfermo.

De acordo com o Código de Ética da profissão, o médico não pode contribuir, direta ou indiretamente, para apressar a morte do doente. *Afinal, ele formou-se para* salvar vidas *e não para destruí-las!*

Nos Estados Unidos da América, a eutanásia é permitida, mas a Suprema Corte a desaprova, sob o argumento de que existe dificuldade de se definir, tecnicamente, o que é uma "doença terminal", além do risco de incentivar a prática por interesses egoísticos.

A eutanásia é um equívoco muito grande, pois a Medicina não é uma ciência exata. Ela, como as demais ciências, está em constante progresso. *Os médicos, os cientistas, não são infalíveis.* As estatísticas, com base em necropsias (exames de cadáver), revelam que existe grande margem de erros, tanto nos *diagnósticos* quanto nos *prognósticos*. Em 29.10.2007, a APM – Associação Paulista de Medicina divulgou em seu *site* (*http://www.apm.org.br/aberto/noticias_conteudo.aspx?id=3288*) notícia recentemente veiculada pelo jornal *O Estado de São Paulo*, informando que, a partir do ano 2000, triplicaram as queixas sobre erros de diagnósticos, denunciadas perante o Conselho Regional de Medicina do Estado de São Paulo – CREMESP.

O fato é que *o critério de incurabilidade é muito frágil*, uma vez que a *Medicina não pára de evoluir* e, periodicamente, são descobertos medicamentos e curas para certas doenças que até então eram consideradas irreversíveis. Caso clássico na literatura médica é aquele ocorrido no final do século XIX, em que um médico francês aplicou eutanásia em sua filhinha, que havia contraído a crupe (difteria) e, logo após o sepultamento da menina, para estupefação de todos, chegou-lhe a notícia da descoberta de um soro recém-desenvolvido, que livraria a criança da morte tida como certa.

Comumente, atribui-se a Charcot, o célebre médico francês, a seguinte fase: "o imprevisível é sempre possível em Medicina", que *é a arte de curar e não de matar.* Não sem razão que o ditado popular diz: "quando Deus quer, água fria é remédio".

As causas principais da prática da eutanásia são o *materialismo*, o *egoísmo*, o *orgulho* e a *ignorância* quanto às leis básicas e elementares que regem a natureza espiritual.

Geralmente, o médico materialista combate os *efeitos* e não as *causas* das doenças. Já o médico espiritualista examina o homem como um *ser integral.* Sabe que a maioria das doenças tem sede na alma e que se reflete no corpo físico.

No caso particular do médico espírita – o qual não despreza, em suas pesquisas, a influência da reencarnação, da lei de causa e efeito, da interferência obsessiva de Espíritos no psiquismo do enfermo, da somatização ou da materialização de doenças no corpo físico, devido às enfermidades da alma ou dos estados emocionais negativos, tais como o ódio, a inveja, o ciúme, o egoísmo cristalizado, etc. –, as chances de um diagnóstico mais preciso ampliam as possibilidades de um tratamento exitoso. Em sintonia com esses fatores espirituais, a Medicina Homeopática vem sendo procurada cada vez mais, sem prejuízo de outros tratamentos alternativos sérios.

Muitos médicos insistem em tratar o paciente como se fosse uma montanha de ossos, músculos e nervos (CI, Segunda parte, I:3). Não têm a sensibilidade desenvolvida e, muitas vezes, nem se preocupam em fazer uma *prece*, simples que seja, em busca do auxílio divino para as suas atividades do dia-a-dia, ou mesmo um louvor ou agradecimento a Deus pela oportunidade de exercer uma profissão tão nobre. Outras vezes, não têm humildade para admitir a própria impotência diante de doenças cruéis e insidiosas que arruínam o paciente, contra todos os prognósticos e esforços despendidos.

Muitos sequer conhecem a própria natureza espiritual: não sabem de onde vêm, qual a sua missão na Terra nem para onde vão. Para estes, "morreu, acabou". Desconhecem a existência do *perispírito*, denominado em alguns meios científicos como *corpo bioplásmico*, e que tem influência determinante na investigação das doenças mais obscuras (ver itens 5.3.3 e 7.4.1).

O Dr. Kevorkian, cognominado de o "Dr. Morte", residente nos Estados Unidos da América, é o exemplo marcante de médico materialista, adepto ferrenho da eutanásia, o qual construiu um aparelho, uma engenhoca chamada de "máquina da morte", em que o próprio paciente, ao apertar um botão, inocula um potente anestésico que antecipa a própria morte física. Segundo os noticiários, esse cidadão, renegando o juramento de sua profissão e desonrando o próprio diploma, contribuiu, diretamente, para a prática eutanásica de aproximadamente 130 pessoas.

Na expectativa de sensibilizar a população e convencer a Justiça do acerto de sua causa, filmou a morte, induzida através da eutanásia ativa (consentida), de um de seus pacientes, distribuindo, depois, a fita a diversos órgãos de comunicação, que foi divulgada com grande sensacionalismo.

O documentário, ao contrário do que ele pensava, repercutiu negativamente no seio da sociedade. Por isso, ele foi processado e condenado à prisão perpétua. Esse é apenas um exemplo nocivo do que o materialismo enraizado pode causar à sociedade.

Aquele que pede para que lhe seja antecipada a morte física, assim o faz, muitas vezes, porque teme a dor, tem medo de sofrer, deseja fugir do problema. Todos nós abominamos a dor, o sofrimento e queremos nos livrar deles. É um direito natural livrarmo-nos do espinho que nos aflige. Entretanto, não adianta fugir do problema, pois ele pode se agravar. As Leis Naturais têm que agir espontaneamente. *Com humildade, apoio em Deus e na Medicina dos homens, pelas preces, haveremos de suportar nossas dores, por maiores que sejam.*

Uns são a favor da eutanásia, porque temem o julgamento da sociedade; têm vergonha de sua doença. Quando não, são os familiares que se envergonham de mostrar os seus doentes graves, geralmente portadores de doenças insidiosas que chegam a afetar a aparência física.

Outros mais preferem a saída da eutanásia, porque consideram o doente um *fardo*, um problema difícil de suportar. Querem o *descanso imerecido*, esquecendo-se de que, muitas vezes, a prova não é só do enfermo, mas deles também.

Outros, ainda, optam por essa desastrosa fuga, porque nutrem *interesses materiais escusos*, relacionados a problemas de heranças, patrimônios, etc. É o caso de certo enfermeiro de um hospital, em determinada metrópole brasileira, que foi ou está sendo processado pela prática da eutanásia em vários pacientes, supostamente para receber auxílio financeiro de determinadas funerárias.

As *conseqüências*, para a vítima da eutanásia, sempre serão proporcionais à consciência do ato cometido, com as atenuantes previstas nas Leis Divinas, que variam ao infinito.

Para a vítima da eutanásia ativa (consentida), as conseqüências assemelham-se aos efeitos experimentados pelos *suicidas conscientes* (ver item 7.4.6): o *desapontamento*, porque a fuga de si mesmo é impossível, uma vez que ninguém morre, apenas o corpo físico se desagrega; o *agravamento* do problema, pois, se o paciente pretendia escapar da dor, agora vai encontrá-la em doses superlativas, mormente no aspecto moral (remorso), em que se deparará com pesadelos íntimos torturantes (ver item 7.2); a mente entra em circuito fechado, provocando no Espírito *a recordação incessante dos estertores da morte*, como se fosse um filme, rodado infinitas vezes, do lance dramático que culminou com a sua morte física; estágio nas regiões de sombra, onde esgota as reservas vitais e os resíduos mentais grosseiros, onde estagiam milhares de outros Espíritos infelizes em condições semelhantes ou piores; *reencarnações dolorosas* do Espírito, que reaparece no palco físico com um corpo debilitado, ou defeituoso, graças às impressões deletérias registradas na intimidade do perispírito.

Para a vítima da eutanásia passiva (não-consentida), as conseqüências são atenuadas e vão depender do próprio estágio evolutivo do Espírito. Conforme revelam os mentores do mundo maior, o desligamento dos laços perispiríticos dos Espíritos ainda muito apegados à matéria é bem mais difícil, pois ficam imantados mentalmente aos despojos físicos, com sérios prejuízos para o seu restabelecimento e a adaptação no mundo invisível.

A contribuição que o Espiritismo oferece para combater a eutanásia é muito grande.

Em primeiro lugar, porque previne os Espíritos incautos ou ignorantes a respeito das conseqüências dessa atitude, esclarecendo que *vale a pena viver*, mesmo sob as condições mais adversas. Ademais, alerta que *o tratamento espiritual não dispensa o tratamento médico*. Deus permitiu o desenvolvimento da Medicina, com a finalidade de auxiliar o homem a ser feliz, a ter uma vida mais digna, e, à medida que a Humanidade evolui, novas doenças são debeladas, novas descobertas são feitas para minorar os sofrimentos na Terra. Sendo assim, fica patenteado que *o Espiritismo é aliado da Medicina e não concorrente desta*.

O Espiritismo desaprova o fanatismo religioso, demonstrando que a autoflagelação (a autopunição, para ganhar o "paraíso") não aproxima os Espíritos de Deus, pelo contrário, afasta-os. Destruindo o corpo físico, instrumento de progresso do Espírito, estaremos violando as Leis Naturais.

A característica consoladora do Espiritismo é muito forte, uma vez que ampara tanto o doente quanto os familiares, fazendo-os compreender as causas e a finalidade dos sofrimentos e das dores. Ademais, proporciona *resignação*, *coragem* e devolve a *esperança* aos doentes e familiares.

Não bastasse tudo isso, a mediunidade ainda pode ser instrumento da cura, pela intervenção dos Benfeitores espirituais, isto se o paciente tiver merecimento ou já tiver resgatado os seus débitos morais. Essa faculdade curadora, entretanto, é uma das mais espinhosas e deve ser exercida com muito critério e responsabilidade, pois o maior inconveniente ou obstáculo do exercício desse tipo de mediunidade é o orgulho, razão da falência moral de muitos médiuns, que desvirtuam sua tarefa, experimentando profundas desilusões, além de prejudicar a si e aos doentes, em detrimento do Movimento Espírita e da própria Doutrina Espírita.

A finalidade da dor física, em geral, é um aviso da Natureza que procura preservar-nos dos excessos. Assim podemos resumir outras vantagens que a dor pode nos proporcionar: acentuar o heroísmo da criatura humana; derrubar as muralhas da indiferença, do egoísmo e do amor-próprio excessivo; desanimalizar a alma, enfraquecendo os *instintos* mais baixos; facilitar o auxílio dos Benfeitores espirituais, em todos os sentidos; funcionar como válvula de escoamento de nossas imperfeições morais; ensinar-nos a corrigir nossos vícios, propiciando o arrependimento de nossas faltas, para termos um retorno mais tranqüilo ao mundo espiritual, de modo a readquirir, no futuro, condições de expiar e reparar os nossos equívocos; despertar as fibras do sentimento e da solidariedade naqueles que convivem com o enfermo (parentes, amigos), estimulando-os à prática da caridade.

Tanto a *dor* como o *prazer* podem se tornar fator de elevação moral, se bem conduzidos, uma vez que proporcionam a reeducação do Espírito. Quem muito sofreu, conhece-se melhor e conhece melhor a vida. É natural que o sofredor almeje o alívio de suas dores, o que é um direito básico do ser humano, do Espírito. Caso contrário, as Leis Divinas não teriam dado ao homem o ensejo da descoberta da anestesia, para amenizar a dor. Entretanto, procuremos aliviar o sofrimento de nossos enfermos sem violentar as Leis Divinas.

Em conclusão, defender a eutanásia é fazer apologia ou defesa do crime. O 5º mandamento do Decálogo ditado pelos Espíritos a Moisés reprova o *assassínio*. A dor sempre existirá na Terra, enquanto ela for um mundo de provas e expiações (ESE, III:13 a 15). Por isso, *a cura dos males morais é muito mais importante do que a cura dos males físicos*. Jesus "ressuscitou", isto é, despertou do sono letárgico, o filho da viúva de Naim (Lucas, 7:11 a 17), a filha de Jairo (Mateus, 9:18 a 26) e Lázaro (João, 11:1 a 45), os quais, entretanto, vieram depois a desencarnar de fato, o que demonstra que as Leis Divinas têm que ser cumpridas, malgrado nossos desejos e caprichos.

7.4.5. PENA DE MORTE

"Não matarás."
(ÊXODO, 20:13.)

Muitos podem achar desnecessário falar sobre a pena de morte, porque ela nunca teve tradição no Brasil, mas é preciso estar vigilante, porque, vez por outra, alguns líderes – aproveitando-se da onda de violência que assola o país e, na expectativa de tirar dividendos políticos – patrocinam campanhas em favor de sua aprovação. Além disso, grandes reflexões – de ordem jurídica, social, moral e até filosófica – podemos tirar em nosso próprio proveito do estudo desse tema palpitante.

Quando o Estado implanta a pena de morte, adere ao criminoso, equipara-se ou torna-se pior do que ele, assumindo abominável papel de *vingador oficial*. Assim procedendo, despoja-se da *autoridade moral* indispensável para exigir dos cidadãos que respeitem a vida própria ou alheia, como no célebre dito popular do conselheiro incoerente que não dá o próprio exemplo: "*Façam o que eu falo, mas não façam o que eu faço*". Seria muito estranho, para não dizer ridículo, o Estado abrir concurso público para o cargo de "carrasco", profissão abominada por todos aqueles que tenham um mínimo conhecimento da vida espiritual.

As estatísticas demonstram que a pena de morte não tem efeito intimidativo. Criminosos endurecidos (CI, Segunda parte, VII) geralmente são extremamente materialistas, temem menos a morte do que o cárcere. Embora a maioria dos estados norte-americanos tenha implantado a pena de morte, a violência nessas regiões nunca foi tão intensa. No Brasil, não se tem notícia dos seus "maravilhosos benefícios", durante o tempo em que ela vigorava por aqui (entre 1500 e 1890).

Os arquivos forenses de nossa terra registram o célebre caso de erro judiciário ocorrido contra *Manoel Mota Coqueiro*, levado ao cadafalso (plataforma de forca), no final do século XIX, pela falsa acusação de ter cometido chacina contra uma família inteira, denunciado que fora pela própria mulher, então movida por paixões inconfessáveis. E também o caso dos *irmãos Naves*, no século seguinte, condenados injustamente de terem assassinado um primo, quando o que ocorreu foi uma série enorme de coincidências, associadas à volúpia das autoridades imprevidentes, justamente no período da ditadura Vargas, em que muitos direitos civis foram abolidos, entre eles a supressão do *Tribunal do Júri*.[210]

Se a pena de morte tem alguma utilidade é também servir como *arma política* para perseguir os desafetos do regime, como aconteceu no caso da morte de

---

[210] *O Tribunal do Júri*, no Brasil, é presidido por um juiz de Direito, composto por 21 cidadãos moralmente idôneos (não é preciso que sejam formados em Direito), convocados para julgar crimes dolosos contra a vida, consumados ou tentados, dos quais sete serão sorteados para compor o conselho de sentença em cada sessão de julgamento.

Tiradentes, que deu a sua vida pela independência do Brasil, na chamada Inconfidência Mineira.

Não bastasse tudo isso, a pena de morte provoca danos irreversíveis, em caso de *erros judiciários*, que são muitos, visto que o Estado é impotente para devolver a vida ao condenado, a qual não se resgata com um punhado de dinheiro, nos volumosos e intermináveis processos de indenização.

Segundo estatísticas realizadas na França, os erros judiciários já chegaram a alcançar 25% dos casos, situação que não deve ser muito diferente nos outros países, em virtude da falibilidade das instituições humanas. Restringindo essa estatística aos processos de pena de morte, mesmo que se admita um percentual bem menor, o resultado é calamitoso: quantas pessoas não têm sido injustamente executadas por falhas no processo judiciário? Vez por outra, são veiculadas notícias de pessoas condenadas inocentemente (e geralmente isso só é descoberto após a execução), num dos países mais avançados do planeta em tecnologia – os Estados Unidos da América. Então, o que se esperar da implantação da pena de morte em países menos desenvolvidos? E os casos de erros que não são descobertos, soterrados sob a poeira dos processos envelhecidos das prateleiras dos cartórios?

É sabido por todos que *a finalidade da pena é educar o criminoso*, entretanto, o lado cruel da pena capital é que *a morte do condenado torna inútil o objetivo da pena*. Sendo cumprida a pena de morte, constrange--nos o seguinte questionamento: *será possível recuperar cadáveres?*

Na questão 760 de *O Livro dos Espíritos*, Kardec pergunta aos Espíritos superiores se a pena de morte desaparecerá, um dia, da legislação humana, no que eles responderam afirmativamente, esclarecendo que a supressão dela assinalará um progresso da Humanidade. Não é sem razão que ela já foi abolida em muitos países, tais como Portugal, Alemanha, Holanda, Noruega, Suécia, Bélgica, Itália, inclusive no Brasil.

A tendência do Direito Processual Penal moderno é privilegiar penas alternativas, *vinculadas ao erro cometido pelo infrator*, como forma de estimular a solidariedade, fazê-lo compreender a dor do próximo e não mais reincidir, como nos casos de trabalhos em hospitais, fornecimento de cestas básicas, remédios, entre outras penas bem mais eficientes e inteligentes. Nesse caso, as penas privativas de liberdade (prisão) estão sendo destinadas apenas para os crimes mais graves, em que realmente há necessidade de se isolar o infrator reincidente e perigoso. Mesmo para aqueles que permanecem reclusos, o tratamento vem sendo aperfeiçoado, com a terceirização de presídios, de forma que os usuários da prisão estudem, trabalhem e ajudem a si mesmos, na sua disciplina e na autocorrigenda, deixando, assim, de ser considerados um peso para o Estado.

Quando os membros de uma nação contribuem para a implantação da pena de morte, da eutanásia, do aborto, seja votando a seu favor nos plebiscitos,[211] seja se omitindo no combate dessa prática, *assumem débitos morais coletivos lamentáveis, em detrimento de seu futuro espiritual.*

Consoante ensinam os mentores, na resposta à questão 761 de *O Livro dos Espíritos*, há outros meios de a sociedade se preservar do perigo que não matando, sendo necessário abrir e não fechar ao criminoso a porta do arrependimento (LE, 993; ESE, XI:14 e 15; CI, Segunda parte, VI).

É lícito ao cidadão exercer o seu *direito de defesa*, entretanto, deve fazê-lo pelos meios civilizados, como, por exemplo, excluindo certos condenados perigosos do convívio da sociedade, dando-lhes trabalho, orientação, educação, como já foi dito.

A *pena de talião*, não no sentido de vingança (olho por olho, dente por dente), mas no sentido de critério de equivalência ou proporcionalidade entre a infração e a pena, corresponde à Justiça de Deus (*lei de causa e efeito*), contudo, somente o Criador tem legitimidade para aplicá-la. Todos nós sofremos essa pena a cada instante, pois somos punidos naquilo em que havemos errado, nesta existência ou em outra. Aquele

[211] *Plebiscito* é a consulta popular sobre matéria de grande importância política, econômica e social, em que o eleitorado aprova ou rejeita a matéria submetida à votação.

que foi causa do sofrimento para seus semelhantes virá a achar-se numa condição em que sofrerá o que tenha feito sofrer (item 7.5). Este é o sentido das palavras de Jesus, que também nos recomendou perdoar os inimigos (LE, 764).

Embora indesejável, o retorno de criminosos perversos, pelas portas da reencarnação, ao cenário da Terra, contribui para o esforço de aperfeiçoamento das leis humanas e para o cumprimento da lei de causa e efeito (item 7.5).

Como se vê, o Espiritismo lança luzes sobre a tormentosa questão da *violência*, de forma muito lógica e racional.

A pena de morte não é útil nem justa, porque a morte não existe. Ela provoca efeito contrário do desejado. O Espírito rebelde, que antes estava aprisionado à carne, agora fica livre para se vingar, pela *vinculação psíquica* com muitas das pessoas envolvidas no processo, entre elas o delator, o juiz, o promotor, o carrasco, a testemunha, açulando ou insuflando ainda mais a prática de novos crimes no seio da sociedade, por intermédio do fenômeno psíquico conhecido dos espíritas como *obsessão*, pouco estudado pelos médicos, como sendo uma das maiores causas da criminalidade em todo o mundo (item 7.3.3).

Ora, é justo que, se o homem não é capaz de criar, também não tem o direito de destruir, tanto que no 5º mandamento da grande Lei Moral trazida por Moisés à Humanidade repugna o matar como solução dos problemas.

A solução para combater a violência passa, necessariamente, pela *transformação moral dos homens*. Ao lado da *justa repressão*, por meios civilizados, é preciso também combater as causas e não apenas os efeitos dos crimes, num *trabalho preventivo permanente* de amparo, assistência e orientação das crianças carentes, não só no aspecto material e social mas principalmente no aspecto moral.

Nunca se enunciou uma verdade tão contundente como a do antigo provérbio: "*Educai as crianças, para que não seja preciso punir os adultos*". Nesse sentido, cada um de nós pode fazer a sua parte, iniciando pela educação de nossos próprios filhos, no seio da família (item 5.3.1.2.1), principalmente se considerarmos que, nos últimos tempos, também se avolumam os crimes graves cometidos por pessoas de situação financeira estável, o que demonstra que a causa dos crimes não reside apenas na pobreza.

Em face dos que são contrários à pena de morte, muitos argumentam dessa maneira: "*Se a vítima fosse alguém de sua família, certamente você* [contrário à pena de morte] *não pensaria assim*", mas se esquecem de olhar o reverso da medalha: "*e se o condenado fosse o seu filho ou qualquer outro ente querido, você continuaria a defender a pena de morte?*". O exemplo de causa própria não serve, porque somos todos ainda muito imperfeitos e por enquanto não aprendemos com Jesus a ciência do perdão autêntico.

O verdadeiro sentido da máxima evangélica "*quando alguém vos bater a face, oferecei a outra*" é que Jesus não interditou a legítima defesa; apenas condenou a vingança (ESE, XII:7 a 9 e Mateus, 5:38 a 42).

Já não nos basta o maior erro judiciário cometido pela Justiça humana, que foi a morte de Jesus? Ele que apenas pregou o bem, o amor, a justiça...

De tudo que se viu, chega-se à conclusão de que a regeneração da Humanidade passa pela evangelização das massas, o que se dá pelo gradual aperfeiçoamento dos indivíduos. Nesse contexto, a *família* exerce um papel fundamental (item 5.3.1.2.1). Temos de combater em nós as imperfeições, que são muitas. Muitos de nós ainda somos criminosos em potencial, graças às tendências inferiores do passado que jazem latentes ou adormecidas em nosso subconsciente. Muitas vezes só não incidimos em *grandes infrações* por falta de oportunidade, já que pequenas as cometemos quase todos os dias. Se, pela imperfeição humana, a lei terrena deixa de alcançar muitos crimes praticados pelos homens, de modo algum estes escaparão aos rigores da Lei Divina insculpida na consciência de cada um.

Enquanto houver fome no mundo, enquanto houver pessoas encarceradas, enquanto houver enfermos nos hospitais, enquanto houver corrupção e tantas outras mazelas humanas, a Lei Divina não terá sido cumprida dentro de nós. *Somente a dor, a educação, o tempo e o amor serão capazes de redimir o Espírito ainda mau e atrasado.*

Vamos nos evangelizar, para que, um dia, logremos ser *juízes de nós mesmos* e alcancemos a felicidade sem mesclas: *a paz de consciência do dever cumprido.*

7.4.6. Suicídio

"Não matarás".
(Êxodo, 20:13.)

O *suicídio*, do latim *caedere* (matar) e *sui* (pronome reflexivo da terceira pessoa), é um dos maiores erros que o ser humano pode cometer contra si mesmo e contra as Leis Divinas.

Por motivos óbvios, a legislação brasileira não pune a pessoa que atenta contra a própria vida, mas reprime, no art. 122 do *Código Penal*, a prática de *induzir* ou *instigar* alguém a se suicidar ou *prestar-lhe auxílio* para que o faça.

Sob o aspecto moral, as *causas* principais do suicídio deitam raízes no *materialismo*, na *covardia moral*, no *orgulho*, na *obsessão espiritual*, e na *loucura* (ESE, V:14 a 17).

Muitas pessoas, por acreditar que a morte é o fim de tudo, e, muitas vezes, mergulhadas no *tédio*, alimentado pelo *excessivo conforto material*, bem como no *ódio*, optam pela saída infeliz do suicídio, o que não deixa de ser uma prova enorme de ignorância das leis espirituais (LE, 943). Como já foi dito no item 7.2, sobre a imortalidade, se a morte fosse a destruição completa do homem, muito ganhariam com ela os maus, pois se veriam livres, ao mesmo tempo, do corpo, do Espírito e dos vícios. É uma idéia materialista que repugna a *lógica* e o *bom senso*.

Qualquer pessoa de senso comum, sem muito esforço de raciocínio se pergunta: por que lutar para ser bom, para melhorar, para progredir, se todos vamos ter o mesmo destino, independente de nosso comportamento? A vida no corpo físico perderia completamente a razão de ser. Seria inútil reencarnar. Seria mesmo o caos! Por tudo isso, concluímos que *a crença de que após a morte física vem o* nada *é incompatível com a perfeição, a justiça e a bondade de Deus* (CI, Primeira parte, I).

Existem, também, pessoas que caem em *desespero* e procuram o suicídio como *válvula de escape* para seus problemas, que lhes parecem insuperáveis ou insolúveis, sem considerar que *as dificuldades, por mais desafiadoras sejam, constituem sempre instrumentos de nosso crescimento intelectual e espiritual.*

A *falta de humildade* (orgulho) também tem sido uma das causas mais freqüentes da prática do suicídio, pois o ser, numa atitude de rebeldia contra as Leis do Criador, não aceita os reveses que a vida lhe impõe, *os quais têm a finalidade de acelerar o seu progresso.* Para não ceder em seus pontos de vista inflexíveis ou para não aceitar uma aparente derrota, uma doença aparentemente incurável, uma decepção ou mágoa, nos mais diversos setores da vida, procura o suicídio, que, entretanto, lhe reserva amargas experiências.

A *obsessão espiritual* tem sido outra causa dos suicídios, muito pouco estudada pelos médicos, psicólogos e psiquiatras, em sua maioria desconhecedores das Leis Naturais ora estudadas. A obsessão, assunto tratado no item 7.3.3, *é a influência mental de um Espírito sobre outro* – muitas vezes um inimigo do passado –, com a finalidade de vingar-se do seu desafeto. Por vezes, o assédio espiritual é tão grande que pode ocasionar problemas orgânicos sérios, inclusive lesões no cérebro, capazes de levar a pessoa à *loucura* se não for tratada em tempo. Neste caso, o rigor das Leis Divinas quanto ao suicida é abrandado, uma vez que, conscientemente, o Espírito não desejava aquela saída trágica, entretanto, responde pela sua *invigilância*, até o momento em que sintonizou, deliberadamente, com as sombras pelos maus pensamentos.

O suicídio pode classificar-se em dois tipos: *direto* e *indireto.*

Suicídio direto é aquele em que a pessoa, deliberadamente, deseja a própria morte. Planeja, com antecedência e detalhes, todos os passos de seu ato, deixando, muitas vezes, bilhetes para os familiares, com as justificativas de seu comportamento e disposições de última vontade.

Já o *suicídio indireto* é aquele em que a pessoa não deseja, conscientemente, a morte física, mas o seu comportamento perante a vida o coloca na condição de um *suicida inconsciente*. Na verdade, no estágio evolutivo atual, quase todos somos mais ou menos suicidas inconscientes, em virtude de determinados *hábitos*, que redundam no abuso das energias físicas. William James (1842-1910), um grande médico, psicólogo e filósofo norte-americano, baseado em pesquisas científicas, concluiu que cerca de *cinqüenta por cento da nossa personalidade é moldada pelos hábitos físicos e mentais.*

É muito freqüente o desleixo para com o corpo físico, instrumento de nosso progresso, tais como o abuso dos alimentos, do álcool, do fumo, das drogas, dos remédios em excesso, do sexo desequilibrado, do ódio, da mágoa profunda, etc. Estes hábitos nocivos constituem fontes solapadoras das nossas energias, que muito contribuem para que a morte física aconteça antes do tempo normal ou antes da época planejada. Os sofrimentos experimentados pelo Espírito desertor, nesses casos, são atenuados, se comparados com o suicídio direto, mas nem por isso isentam o aprendiz das *dolorosas experiências* pelas quais tem que passar para aprender a valorizar o precioso vaso físico que nos permite avançar nas sendas evolutivas da Criação.

As conseqüências do suicídio são terríveis para o Espírito e para todos aqueles que contribuíram direta ou indiretamente para a prática desse ato. Elas são as mais *variadas* e correspondem às *causas* que o produziram (LE, 957). Há, entretanto, conseqüências que são comuns a todos. Os Espíritos que já cometeram esse lamentável engano contam a própria experiência, narrando que a primeira coisa que descobrem, *frustrados*, logo após o gesto tresloucado, é que *ninguém foge de si mesmo*, ninguém morre (LE, 957; CI, Segunda parte, V). O que morre é apenas o corpo físico! O Espírito é imortal e a *consciência* continua palpitando em outra dimensão. Por isso, *o desapontamento e o destrambelho das faculdades mentais* são muito penosos, aliados ao *remorso* que irrompe logo após o suicídio.

Os sofrimentos, em vez de serem aliviados, como esperava o suicida, agravam-se superlativamente. Experiência comum a todos os Espíritos que optaram por essa fuga é a *visão constante dos fatos que culminaram com a sua morte física*, como se fosse um filme de sua própria vida, num morrer e remorrer sem tréguas. A visão do corpo em estado de putrefação e a sensação de estar sendo devorado pelos vermes também é muito comum no Espírito suicida, principalmente aquele ainda muito materializado, que tem severas dificuldades de se desligar dos laços da carne.

Depois, vêm as *flagelações nos planos espirituais inferiores*, conhecidas, nos meios espíritas, como "regiões umbralinas",[212] onde o infrator vai se deparar com outros Espíritos tão infelizes ou em situações piores que a dele. Recomendamos ao prezado leitor a consulta a uma obra que é um *verdadeiro tratado* sobre este assunto, um autêntico *brado de alerta* àqueles que estejam abrigando essas infelizes idéias, muitas vezes insufladas por seus *inimigos espirituais*, que desejam vê-los sucumbir em seu propósito de crescimento na presente encarnação. Trata-se do livro *Memórias de um suicida*, psicografado pela excelente médium Yvonne do Amaral Pereira (1906-1984) e editado pela Federação Espírita Brasileira, que narra a experiência, nessa área, de uma figura muito conhecida do meio literário português (Camilo Castelo Branco), que, no livro, é apresentado com o pseudônimo de Camilo Cândido Botelho.

Não bastasse tudo isso, o suicida pode ter problemas – situação muito freqüente – para conseguir acesso às *reencarnações futuras*, benditas oportunidades de reeducação do Espírito. Muitas delas podem não vingar, para frustração do ex-suicida, que aspira, a todo custo, livrar-se do seu sofrimento através do *mergulho na carne*, onde o esquecimento provisório do

[212] Os umbrais são faixas espirituais transitórias vinculadas à crosta terrena, destinadas ao *estágio provisório* dos Espíritos infratores das Leis Divinas, que ali têm a oportunidade de esgotar os resíduos mentais grosseiros, derivados do *materialismo* e das *ilusões terrenas*, antes de serem recambiados aos hospitais e escolas das colônias espirituais, para refazimento.

passado e a *trégua* das suas dores permitirão que ele dê início a uma nova jornada.

De outras vezes acontece, também com muita freqüência, o *renascimento do Espírito com dolorosas enfermidades*, muitas delas congênitas, tais como defeitos físicos e/ou mentais, conforme o caso, nas partes do corpo de que se abusou ou que foram atingidas pelo objeto que serviu de arma para o auto-assassínio. A dor do *remorso*, sob o comando da mente, tem o condão de provocar alterações na estrutura atômica do perispírito, o que afeta, sensivelmente, a *formação do futuro corpo físico*.[213] O estudo das propriedades do perispírito, realizado no item 7.4.1, auxilia a compreender o porquê dessas nefastas conseqüências que afetam o suicida, que devem ser vistas não como punição divina, mas sim como o remédio amargo que corrige e reeduca o Espírito imortal, na jornada de regresso ao Pai celestial, considerando que a Justiça Divina se encontra insculpida em nossa própria consciência (LE, 621 e 964).

O Espiritismo, com este maravilhoso cabedal de informações, apresenta-se como *solução preventiva* não somente aos Espíritos atormentados, mas também a nós que gozamos de boa saúde mental, alertando-nos sobre os perigos e a inutilidade desse gesto infeliz. Em

[213]Consulte, a respeito, o livro *Pontos e contos*, ditado ao médium Francisco Cândido Xavier, em que o autor espiritual (Irmão X) narra a história de um advogado brilhante, que renasceu com hidrocefalia, em conseqüência do mau uso da inteligência na encarnação anterior (10ª ed., Rio de Janeiro: FEB, 1999. Cap. 23).

última instância, o Espiritismo consola os familiares, que guardam a suprema esperança de que um dia o autor do suicídio, depois de se arrepender e de muito sofrer, terá a oportunidade de reparar os seus erros.

O 5º mandamento da Lei Divina revelada por Moisés (não matarás!) também se aplica ao suicídio, que é uma violenta interferência nos mecanismos da Lei Divina, pois *a vida é um bem supremo inviolável* (LE, 944). Se o homem não é capaz de criar, também não tem o direito de destruir, inutilmente, o próprio corpo, primeiro empréstimo de Deus concedido ao seu detentor, para aperfeiçoamento do Espírito imortal.

Aquele que se mata, na vã esperança de mais rápido chegar ao "céu", comete uma loucura. Assim procedem muitos fanáticos, destruindo-se e a tantos outros inocentes. Os que assim procedem apenas retardam a sua entrada num mundo melhor e terão de pedir lhes seja permitido voltar, para *concluírem* a vida a que puseram termo, sob o influxo de uma idéia falsa. Uma falta, seja qual for, jamais abre a alguém o "santuário dos eleitos" (LE, 950). O mesmo destino está reservado àqueles que se matam, com o prematuro intuito de se juntar aos entes queridos que os precederam na grande viagem. Esse gesto infeliz, em vez de aproximá-los, os afastará ainda mais dos seres que amam (LE, 956).

Ao tomarmos conhecimento de que alguém praticou suicídio, *não condenemos*, mas elevemos o pensamento em prece a Deus, para que o infeliz suporte, com resignação, os sofrimentos que carreou para si próprio, sempre lembrando que, para aqueles que continuam estagiando no plano físico, *os maiores antídotos contra o suicídio são a* vigilância, *a* oração *e o* trabalho *em favor do próximo.*

7.4.7. Doação de órgãos e transplantes

> *"O corpo é o primeiro empréstimo que Deus nos concede."*
>
> ANDRÉ LUIZ

O transplante de tecidos, órgãos e partes do corpo humano é um *procedimento terapêutico* voltado para pacientes em situação de risco, muitas vezes considerados em fase "terminal". Não se desconhece, por isso, a *importância da doação desses elementos vitais*, que podem ser utilizados não somente para transplantes, mas também para pesquisa e tratamento.

De acordo com a Associação Brasileira de Transplantes de Órgãos, os órgãos que podem ser obtidos de um *doador vivo* são *um dos rins, parte do fígado e parte da medula*, enquanto do *doador cadáver* podem ser extraídos *os rins, as córneas, o coração, o pâncreas, os pulmões, os ossos, o intestino, o fígado, os músculos, o tendão, a pele e os vasos sangüíneos.* A legislação não inclui, entre os tecidos, o *sangue*, o *esperma* e o *óvulo*, que se reproduzem por si, sob o comando do Espírito.

Segundo estatísticas mais ou menos recentes, a maioria dos brasileiros é a favor da doação de órgãos para transplantes, entretanto, muitas pessoas têm receio de fazê-lo por uma série de razões, como se verá adiante.

Talvez devido às complexas implicações médicas, jurídicas e até mesmo espirituais, existe muita *ignorância* e *preconceito* a respeito deste assunto, inclusive entre os espíritas. Por isso mesmo, há necessidade de uma divulgação maior a respeito dessa magna questão, para que a sociedade se esclareça melhor a respeito da importância do gesto nobre e altruísta que é a doação de órgãos, e que tome a *decisão consciente* de doar ou não doar partes do corpo humano.

Na tentativa de minimizar a situação aflitiva dos vários pacientes enfermos, que se conservam numa longa fila, à espera de doadores, *em contagem regressiva para a morte física*, e objetivando, assim, aumentar o número de doadores de órgãos, como aconteceu em outros países, mormente na Europa, as autoridades brasileiras esforçaram-se para aprovar a Lei 9.434, de 4.2.1997 (quarto diploma legal sobre a matéria), que dispensou a autorização da família, nos casos de doador-cadáver, tornando praticamente compulsória a *doação* de tecidos, órgãos e partes do corpo humano, para transplantes, pesquisa e tratamento, uma vez que se tornava *doador presumido* quem deixasse de registrar expressamente, nos documentos pessoais (RG e CNH), a sua condição de não-doador.

Entretanto, esta lei "não pegou" no Brasil, por uma série de motivos. Não basta aumentar o número de doadores. É preciso, antes, proporcionar estrutura para a utilização dos órgãos em disponibilidade, pois o transplante é um processo muito complexo e caro. *A par disso, a questão cultural também pesou muito.*

Graças a estes fatores e à *postura dos médicos de continuarem consultando os familiares, para evitar futuros problemas éticos e jurídicos*, o Governo Federal baixou, em 24.10.2000, a Medida Provisória nº 1.959, agora transformada em Lei (10.211, de 23.3.2001), que torna obrigatória a consulta aos familiares para fazer a extração dos órgãos para o transplante. Portanto, está revogada a Lei 9.434/97, quanto à obrigatoriedade da manifestação da vontade para doação, nos documentos de identidade e carteira de motorista. Prevalece o sistema antigo, em que a família deve ser consultada, *mesmo no caso de consentimento, em vida, do doador.*

Apesar disso, sob outros aspectos, a Lei 9.434/97 trouxe grandes avanços, principalmente com a implantação da *Central de Captação de Órgãos*, para que sejam atendidos os *pacientes previamente cadastrados e aqueles em situação mais grave.*

Instituiu-se a *Lista Única de Receptores*, com vários cadastros separados por órgãos, tipos sangüíneos e outras especificações, os quais apresentam uma ordem seguida com grande rigor, o que assegurou um maior controle e organização para a atividade, *pois agora o transplante de órgãos/tecidos só pode ser realizado por estabelecimentos de saúde previamente autorizados pelo Gestor Nacional do Ministério da Saúde.*

Quando é reconhecido um doador efetivo, a Central de Transplante é comunicada, uma vez que apenas ela tem acesso aos cadastros técnicos, com informações de quem está na fila à espera de um órgão. Além da ordem da lista, a escolha do receptor será definida por exames de compatibilidade entre doador e receptor, o que significa que nem sempre o primeiro da fila será o próximo a receber o órgão.

É vedada a remoção *post mortem* (após a morte) de tecidos, órgãos ou parte do corpo de *pessoas não identificadas*. Após a retirada das partes do corpo, o cadáver deve ser condignamente recomposto e entregue aos parentes do morto ou aos seus responsáveis legais para o sepultamento. A lei também dispõe que a doação poderá ser revogada pelo doador ou responsáveis a qualquer momento antes de sua concretização. É permitida à pessoa juridicamente capaz dispor *gratuitamente* de tecidos, órgãos e partes do próprio corpo vivo, para fins terapêuticos ou para transplantes em *cônjuge ou parentes consangüíneos até o quarto grau, inclusive, ou em qualquer outra pessoa, mediante* autorização judicial, dispensada esta em relação à medula óssea. Esta disposição tem por fim evitar a comercialização de órgãos e que pessoas possam colocar em risco sua própria vida, por interesses financeiros.

O Espiritismo, tendo anunciado a *lei de progresso*, obviamente é a favor de todo avanço, seja de que área for, pugnando, entretanto, pela observação da *ética*, com vistas à *contenção dos abusos*, seja de que natureza forem. Logo, o Espiritismo jamais poderia ser contra a doação de órgãos para fins elevados, assim considerado um avanço da Medicina, que proporciona maior longevidade ao ser humano, dando-lhe uma vida mais digna, como forma de se aproveitar, o máximo possível, o estágio no corpo físico, que é a bênção da reencarnação.

Aliás, como ensinam os instrutores espirituais, nos mundos que atingiram um grau superior de evolução, a vida é proporcionalmente mais longa que na Terra, não somente graças ao progresso da Medicina, mas também e principalmente devido ao *progresso moral dos indivíduos*, (item 5.3.1.4), progresso esse que tem enorme repercussão no corpo físico, que passa a refletir um aspecto muito mais saudável (ESE, III:9).

Não obstante, do ponto de vista jurídico, o fenômeno da morte física tenha como conseqüência a extinção da personalidade jurídica, *o direito brasileiro tutela o corpo humano sem vida*. Não é pelo fato de a pessoa física se extinguir com a morte que o cadáver deixa de ser contemplado pelo ordenamento jurídico. A legislação brasileira considera o corpo como um *bem fora de comércio* e sempre foi tido como eticamente reprovável o comércio de órgãos, aliás, expressamente proibido pelo § 4º do art. 199 da Constituição Federal.

Não sendo a pessoa, enquanto viva, objeto de direitos patrimoniais, não pode sê-lo também o *cadáver*, o qual, apesar da mudança, *conserva o cunho e o resíduo de pessoa viva*. Afinal de contas, o corpo é considerado como o templo do Espírito. A comercialização do cadáver ofenderia, no mesmo nível, a *dignidade humana*. Não sem razão, pois, seja o vilipêndio ou a violação dos restos mortais considerado um crime pela legislação penal.

Isto posto, cumpre reafirmar, ainda sob o ponto de vista jurídico, que o fato de a personalidade ser reconhecida pela legislação a partir do nascimento com vida e extinguir com a morte, o mesmo não sucede com algumas categorias de direitos da personalidade, as quais se projetam após a morte, na esfera das relações de família, de parentesco e de afeição, como é o caso da memória do morto.

Sendo assim, *toda pessoa viva, como sujeito de direitos, pode dispor em vida sobre o destino do seu cadáver, no exercício legítimo de um direito da personalidade*, estabelecendo a doação ou não dos órgãos, as condições de sepultamento, embalsamamento, de proteção e incolumidade.

Trata-se de um ato de disposição de última vontade, o qual dificilmente a família irá contrariar. Se não houver disposição de última vontade da pessoa viva a esse respeito, tal direito transmite-se, automaticamente, aos parentes do desencarnado, por reflexo do direito familiar, em razão do sentimento de piedade que os liga ao extinto. Todavia, se a família desconhecer a vontade do extinto, torna-se muito mais difícil tomar uma decisão favorável à doação dos órgãos.

Por tudo isso, é de suma importância que transmitamos aos familiares, *desde já*, nosso desejo quanto ao destino a ser dado ao corpo físico, para que não haja, no futuro, perplexidade nem dúvidas quanto à nossa real pretensão.

Há muito se estuda a questão ética sobre se a criatura humana é ou não proprietária de seu corpo (ver item 7.4.4). No sentido ético-religioso, o homem não é proprietário de seu corpo, mas usufrutuário dele, como o é de todos os bens materiais existentes, motivo pelo qual pode, de acordo com o seu livre-arbítrio e sua consciência, colocá-lo a serviço do próximo e da Medicina, se as condições o permitirem.

O corpo físico – insista-se – *é o* primeiro empréstimo *que Deus concede ao Espírito para o seu aprimoramento moral e intelectual.* Por que deixar que esse bem precioso, que não mais será utilizado por alguém que acaba de desencarnar, favoreça, por meio da doação de seus órgãos, a prorrogação da vida orgânica de outro Espírito encarnado, para que este possa, em permanecendo mais tempo no corpo físico, aproveitar as oportunidades de crescimento e de progresso?

Muitas pessoas têm *medo de doar*, por vários motivos, entre eles o *medo de erro médico no diagnóstico da morte*, o medo da dor (inclusive, no aspecto espiritual) e o *medo da profanação do cadáver*, mas o que impera mesmo é o desconhecimento dos mecanismos legislativos, materiais e espirituais que envolvem esse processo.

A tecnologia dos transplantes vem aperfeiçoando, cada vez mais, esse processo terapêutico, vencendo o tradicional inimigo (*a rejeição dos órgãos*) e inclusive aprimorando o *diagnóstico da morte física*, sem prejuízo nenhum para o corpo, para o perispírito ou para o Espírito desencarnante, que sempre recebe a proteção do alto, por sua *intenção benemérita*. Se houver algum erro médico, malversação ou má utilização dos órgãos doados, tais acontecimentos estarão situados na órbita da lei de causa e efeito (item 7.5) e, em hipótese alguma, invalidarão a *intenção* do doador.

O diagnóstico da morte encefálica para o transplante é fundamental para que os órgãos sejam aproveitados para doação enquanto ainda haja a circulação sangüínea que os irriga, isto é, antes que o coração pare de funcionar e os aparelhos não possam mais manter a respiração do paciente.

A *morte encefálica* ou morte cerebral passou a ser o critério científico de diagnóstico do encerramento da vida, que é a parada definitiva e irreversível do encéfalo (cérebro e tronco encefálico), e não mais simplesmente a interrupção da atividade cardíaca ou respiratória. Sem esse diagnóstico, *atestado por dois médicos não-participantes das equipes de remoção e transplante, mediante a utilização de critérios clínicos e tecnológicos definidos por resolução do Conselho Federal de Medicina*, a legislação não permite a remoção dos tecidos, órgãos ou partes do corpo humano. A legislação permite, também, a presença de um médico de confiança da família do doador, no ato da comprovação e atestação da morte encefálica. Se a pessoa for pobre, nos termos da lei, terá direito de lhe ser designado um médico indicado pelo Governo, por intermédio do SUS – Sistema Único de Saúde.

Joanna de Ângelis, por meio da psicografia do médium e orador baiano, Divaldo Pereira Franco, no livro *Dias Gloriosos*,[214] comenta o assunto, enfatizando:

> Felizmente, a Medicina concluiu que *a morte real* é a que decorre da *inutilização do tronco encefálico* e não mais apenas a aparente dos neurônios cerebrais.
>
> Portadores de morte cerebral, vitalizados através de aparelhos, têm despertado periodicamente, demonstrando que havia irrigação de oxigênio mantenedor dos neurônios, o que lhes permitiu a reconquista da consciência e das funções fisiológicas aparentemente desorganizadas.
>
> Essa salutar ocorrência ensejou estudo e avaliação mais profundos da vida biológica e da sua cessação, oferecendo a possibilidade de novas conclusões na área, que contribuíram *para mais segura definição da ocorrência da morte.* (Destacamos)

A morte é um processo complexo lento e gradual. A vida não pode ser entendida pela simples presença de sinais vitais isolados em órgãos e tecidos, mas sim de elementos vitais estruturados que, em conjunto, formam a concepção da pessoa. A morte encefálica é a perda definitiva e irreversível do encéfalo (cérebro e

[214] Cap. 11, "Transplantes de órgãos".

tronco encefálico), sendo que os demais órgãos, como coração e pulmão, continuam a funcionar por um certo tempo. *Entretanto, uma vez morto o encéfalo, não há qualquer possibilidade de reanimar o indivíduo, sendo que em pouco tempo todos os demais órgãos interromperão o funcionamento.*

Segundo estudos modernos, o processo biológico de morrer ocorre na seguinte ordem: primeiro, o *córtex* cessa de funcionar; depois, o *tronco encefálico*; após, os *movimentos respiratórios espontâneos*; a seguir, a atividade *cardíaca*; finalmente, as outras *funções vegetativas* (aquelas que não dependem do comando do cérebro).

A possibilidade de erro de diagnóstico é remota, pois, no caso dos transplantes, a legislação exige a realização de vários exames clínicos especializados e vários complementares, e inclusive repetitivos. No estágio atual da Ciência, a cessação irreversível de todas as funções vitais torna inviável o aproveitamento de órgãos para transplante. Estabelece-se, do ponto de vista médico-legal, para fins de caracterização da morte, a *função encefálica* como sendo a *função vital por excelência*, tendo em vista que *o encéfalo comanda as demais funções do organismo humano.*

Os batimentos cardíacos podem ser mantidos, na morte encefálica, por meios artificiais, permitindo a manutenção de várias funções, devido à autonomia relativa em relação ao sistema nervoso central, de modo que se aumenta o *fator tempo* para a preservação das células dos órgãos a serem transplantados, facilitando a tomada de providências, inclusive médicas, jurídicas e logísticas, entre outras, indispensáveis aos preparativos e ao êxito da cirurgia de remoção e transplante.

Sem investigar e refletir sobre o perispírito (item 7.4.1), torna-se mais difícil compreender o fenômeno da morte, sob o ponto de vista espiritual (por nós, espíritas, denominada *desencarnação*) e mesmo sob o ponto de vista biológico. A desencarnação assemelha-se ao processo (invertido) da encarnação, em que as moléculas do perispírito vão se desprendendo uma a uma do vaso celular.

O Dr. Wlademir Lisso, advogado espírita no Estado de São Paulo, no cap. 12 de seu excelente livro *Doação de órgãos e transplantes*, ed. FEESP, faz interessante comparação entre *morte* e *desencarnação.*

Do ponto de vista biológico – afirma o referido autor – *morte e desencarnação são fenômenos interligados*, mas que ocorrem em *dimensões diferentes*. A Doutrina Espírita define morte genericamente como o "esgotamento dos órgãos" (LE, 68), deixando em aberto as interpretações que a evolução dos conceitos científicos permitem. Muitos se perguntam por que uma lesão do *coração* mais depressa causa a morte do que as de outros órgãos, mas o fato é que "O coração é máquina de vida, não é, porém, o único órgão cuja lesão causa a morte. *Ele não passa de uma das peças essenciais*" (LE, 69).

Conforme esclarece o doutor Wlademir Lisso, no citado livro, com base nos ensinos dos Espíritos superiores, "[...] A morte é a destruição do corpo [físico] somente, não a desse invólucro [o perispírito], que do corpo se separa quando cessa neste a vida orgânica" (LE, 155a), permitindo a conclusão de que, no ato de retirada do órgão para transplante, a perda se verifica em apenas uma das dimensões – a do corpo físico. *Ou seja, a desencarnação pode ocorrer* antes, simultânea *ou* posteriormente *à morte biológica.*

Do ponto de vista espiritual, a separação da alma e do corpo dá-se pelo afrouxamento e desprendimento dos laços que ligam este àquela (LE, 155). *Entretanto, a separação entre os dois não se dá instantaneamente, por brusca transição.* "[...] Aqueles dois estados [vida e morte] se tocam e se confundem, de sorte que o Espírito se solta *pouco a pouco* dos laços que o prendiam. Estes laços se *desatam,* não se quebram" (LE, 155a).

Analisemos, mais detalhadamente, as instruções prestadas pelo Codificador, ao desenvolver a resposta dada pelos Espíritos superiores, na questão 155a de *O Livro dos Espíritos*:

> [...] no instante da morte, o desprendimento do perispírito não se completa subitamente; que, ao contrário, se opera *gradualmente* e com uma *lentidão muito variável conforme os indivíduos.* Em uns é bastante rápido, podendo dizer-se que o momento da morte é mais ou menos o da *libertação.* Em outros, naqueles sobretudo cuja vida foi toda *material* e *sensual,* o desprendimento é muito menos rápido, durando

> algumas vezes *dias, semanas e até meses*, o que não implica existir, no corpo, a menor vitalidade, *nem a possibilidade de volver à vida,* mas uma simples *afinidade* com o Espírito, afinidade que guarda sempre proporção com a preponderância que, durante a vida, o Espírito deu à *matéria.* [...] Essas observações ainda provam que a afinidade, persistente entre a alma e o corpo, em certos indivíduos, é, às vezes, muito penosa, porquanto o Espírito pode experimentar o horror da decomposição. Este caso, porém, é excepcional e peculiar a certos gêneros de vida e a certos gêneros de morte. Verifica-se com alguns suicidas. (Destacamos)

De modo que, como bem acentuou o Dr. Wlademir Lisso, a desencarnação se processa na *dimensão espiritual inacessível à Ciência Positiva*, com o desligamento dos liames que retinham o Espírito ligado ao corpo orgânico a caminho da desintegração.

Do ponto de vista físico, o encéfalo tem por função coordenar as atividades motoras e sensoriais conscientes e outras funções, como memória e raciocínio. Sob a ótica espírita, estas funções pertencem ao Espírito que, reencarnado, as exerce na interação com o plano material através do cérebro. Se o cérebro é o instrumento de captação e transmissão das sensações e percepções, *na ausência de funções deste órgão não há captação de sensações decorrentes da matéria, o que justifica o conceito de morte encefálica.* A ligação do Espírito com a matéria orgânica, após a cessação das funções vitais, é transitória e não está absolutamente condicionada à existência de vitalidade, de retorno à vida.

Portanto, a ligação do Espírito com a matéria pode persistir, ainda que não exista vitalidade. Entretanto, na ausência de vida orgânica, o Espírito perde o veículo de transmissão e recepção de sensações e percepções, ligadas à matéria, que persistem apenas na forma de lembranças *na sua memória.*

Ainda que o momento da morte biológica e o da desencarnação sejam diversos, podendo ocorrer esta antes, simultânea ou posteriormente à citada morte biológica – conclui o autor do livro *Doação de órgãos e transplantes* –, *é ilógico e irracional, à luz do Espiritismo, acreditar-se que em decorrência da doação de órgãos possa o Espírito vir a ser vítima de sofrimento e mesmo de desconforto.*

Ademais, após a morte, mormente nos seres humanos de evolução mediana, a alma não tem consciência de si mesma imediatamente depois de deixar o corpo, uma vez que *passa algum tempo em estado de torpor, de perturbação, que nada tem de penoso para o homem de bem*, que se conserva calmo, semelhante em tudo a quem acompanha as fases de um tranqüilo despertar (LE, 163).

Questionados sobre se os Espíritos experimentam nossas necessidades e sofrimentos físicos, os autores da Codificação responderam que "Eles os conhecem, porque os sofreram, não os experimentam, porém, materialmente, como vós outros: são Espíritos" (LE, 253). Os sofrimentos de que padecem os Espíritos, conforme eles mesmos dizem, são as "*Angústias morais*, que os torturam mais dolorosamente do que todos os sofrimentos físicos" (LE, 255).

Portanto, se alguém tiver que sofrer por algum motivo, após a morte física, *a dor será* moral *e não* física *e acontecerá independente de ser ou não doador*, visto que *ninguém sofre desnecessariamente perante as Leis Divinas* (ver itens 7.2 e 7.4.1). Pelo contrário, a intenção caridosa do doador de órgãos atrairá a atenção dos Espíritos bondosos, que lhe darão ampla assistência, nos momentos difíceis. Registre-se, a propósito, que diversas mensagens recebidas do plano espiritual, inclusive pelos médiuns Francisco Cândido Xavier e Divaldo Pereira Franco, dão conta dos incontáveis benefícios espirituais que a doação de órgãos – mesmo involuntária – proporciona ao doador, os quais, muitas vezes, neutralizam a eventual repercussão que possa acarretar no perispírito a remoção dos órgãos do estojo físico do doador.

Muitas pessoas confundem a *morte encefálica* com o *coma profundo*. No coma, as células cerebrais continuam vivas, executando suas funções vitais; *o que ocorre é uma falta de integração entre o indivíduo e o mundo exterior*. Já na morte encefálica, as células nervosas estão destruídas, o que é irreversível.

Reitere-se que a Ciência médica desenvolveu técnicas modernas de prolongamento das funções vitais do organismo, por tempo relativamente curto, mesmo após a morte do tronco cerebral do doador, por meio de respiradores artificiais e circulação sangüínea extracorpórea, com o objetivo de se manter saudáveis os órgãos a serem doados, considerando a complexidade e o tempo que exige o procedimento de extração, transporte e implantação daqueles. *Essas técnicas possibilitaram, também, a ressuscitação cardíaca, que veio revolucionar o tradicional conceito de morte clínica, assim compreendida a parada cardíaca e a respiratória.* A realização dos transplantes, como visto, depende de uma rápida extração do órgão do doador antes que sobrevenha a morte celular dos tecidos.

O desligamento dos aparelhos, após o transplante ou se este vier a ser frustrado por algum motivo excepcional, não implica a prática da *eutanásia* (ver item 7.4.4), uma vez que já havia ocorrido a morte encefálica ou morte cerebral, como é geralmente conhecida, independente do conceito espírita da desencarnação.

Não há nenhuma contradição dessa afirmativa com o ensino dos Espíritos superiores, uma vez que foram eles mesmos que esclareceram que *a alma independe do corpo* (LE, 136), a despeito de sua intrínseca ligação, *tanto que o corpo pode existir sem a alma*. Entretanto, desde que cessa a vida do corpo, a alma o abandona, ou seja, "*A vida orgânica pode animar um corpo sem alma, mas a alma não pode habitar um corpo privado de vida orgânica*" (LE, 136a).

Doar órgãos é um gesto de amor e caridade no seu mais profundo sentido, mas tem que ser consciente, espontâneo. A vida é um dos bens mais preciosos que existem, mas todos, sem exceção, estamos condenados à "morte". Não há outro meio de aprender a conviver com ela, senão compreendendo a finalidade da própria vida e pautando o viver de acordo com as Leis Divinas. Como lembra o eminente filósofo espírita, José Herculano Pires, em artigo publicado na obra *Educação para a morte*:[215]

> *Preparar para a vida é educar para a morte.* Porque a vida é uma espera constante da morte. Todos sabemos que temos de morrer e que a morte pode sobrevir a qualquer instante. *Essa certeza absoluta e irrevogável não pode ser colocada à margem da vida.*
>
> A educação para a morte não é nenhuma forma de preparação religiosa para a conquista do Céu. É um *processo educacional* que tende a ajustar os educandos à realidade da Vida, que não consiste apenas no viver, mas também no *existir* e no *transcender.* (Destacamos)

No momento de uma decisão importante em nossas vidas, coloquemo-nos no lugar de quem vai depender dela. Pensemos na mãe desesperada que vê seu filho morrer por falta de um doador compatível. Meditemos naqueles enfermos que sofrem, angustiados, nas máquinas de *hemodiálise*[216] à espera de um órgão, contando os minutos de vida que lhes restam.

---

[215] 1984, p. 19 e 41, respectivamente, *apud* Wlademir Lisso, *in Doação de órgãos e transplantes*, cap. XV, "Motivos que levam à decisão de não doar". 1ª ed., São Paulo: FEESP, 1998, pp. 84 e 85.

[216] As *máquinas de hemodiálise* servem para filtrar as impurezas do sangue no organismo, em virtude da deficiência no funcionamento dos rins. Trata-se de um processo desconfortável que compromete a qualidade de vida do paciente.

As Leis de Deus são perfeitas. Não nos esqueçamos de que o *não-doador, hoje, pode ser o receptor de órgãos, amanhã.*

7.4.8. Clonagem

"O que ligares na Terra será ligado no Céu."
(Mateus, 18:18.)

A clonagem é um tema que tem despertado muita controvérsia no meio científico e na população em geral. Outros aspectos da reprodução assistida, como fertilização *in vitro*, também incomodam as pessoas, que ficam sem parâmetros para examinar os valores ético-jurídico-sociais.

Muito dessa perplexidade se deve ao *desconhecimento da natureza espiritual do homem*. Sem examinarmos, objetivamente, a questão do espírito, não conseguiremos superar os dilemas que os avanços da biogenética suscitam, com grande repercussão social, em especial no *direito de família*, cuja análise pelos estudiosos humanos é feita pelo estreito ponto de vista consangüíneo, sem levar em conta os meandros da família espiritual (item 5.3.1.2.1), cuja finalidade é o estreitamento dos laços sociais, por intermédio da reencarnação (item 7.4).

Segundo notícias veiculadas pela Internet,[217] a Comissão de Constituição, Justiça e Cidadania do Senado debate um projeto de *proibição à prática da clonagem humana* no país, com pena que varia de 6 a 20 anos de reclusão para aqueles que insistirem nas pesquisas com essa finalidade, incluindo pesquisadores e patrocinadores.

De acordo com o noticiário, além da *clonagem de embriões*, o projeto proibiria a chamada *clonagem terapêutica*, que tem por objetivo criar tecidos específicos para reparar órgãos danificados, usando as células-tronco embrionárias, retiradas de embriões humanos com apenas algumas centenas de células. *Parece-nos que a grande preocupação dos legisladores é assegurar que os limites éticos serão respeitados.*

É a quinta vez que a proposta integra a pauta de discussões da Comissão de Constituição e Justiça, mas acaba sendo retirada na última hora, talvez em virtude da *magnitude da questão* e por *falta de uma posição oficial do Governo* a respeito do assunto.

A mídia do planeta comenta, com insistência e estardalhaço, que o ginecologista italiano *Severino Antinori* teria clonado um ser humano. O principal argumento da assustada comunidade científica contra as pesquisas de Antinori é que não há desenvolvimento tecnológico bastante para evitar que embriões clonados sejam portadores de *graves defeitos e malformações.*

[217] *Folha on-line*, 11 de abril de 2002.

Os clones de animais, com várias experiências já realizadas, inclusive no Brasil, são quase sempre defeituosos, porque passam por *processos antinaturais* – declarou a colunista da *Folha on-line*,[218] Cláudia Collucci, que defendeu tese de mestrado correlacionada ao assunto. Ou seja – acrescenta a articulista –, em vez de serem a união de um óvulo e um espermatozóide, como acontece a qualquer um de nós, eles são gerados a partir do citoplasma (elemento celular) de um óvulo e do núcleo de uma célula adulta. Resumindo – aduz –, é preciso pegar uma célula somática, que já tem suas funções definidas, e reprogramá-la para que ela "pense" que é um embrião. Isso não é maluco? Quem, em sã consciência, quer ter um filho a esse preço? – questiona a articulista, concluindo:

> Enfim, abordei propositadamente todas essas questões para que possamos refletir um pouco sobre os rumos que a nossa civilização está tomando. Ainda serão necessárias várias e várias gerações para sabermos se o homem conseguiu de fato imitar a natureza, como ele *orgulhosamente* profetiza. E, se conseguiu, qual será a vingança dela. (Destacamos)

Embora o Espiritismo seja uma doutrina eminentemente progressista (LE, 692), ela não abre mão da *ética* e da *prudência* com que se deve trabalhar questões científicas tão delicadas. Não devemos colocar óbices ao

[218] 11.04.2002.

avanço da Ciência, mas devemos criar leis que regulamentem com firmeza e sabedoria a matéria, para que nas pesquisas científicas sejam preservados, com todo rigor, a ética e os direitos da sociedade como um todo.

Nesse aspecto, a Doutrina Espírita oferece grande contribuição à Ciência, pois convida os pesquisadores a examinarem a questão sob o *enfoque holístico* (ver item 5.1), advertindo para a grave questão espiritual que envolve o assunto.

A clonagem de um ser vivo é a obtenção de réplicas idênticas de seu genoma[219] e, independente de reprodução sexual, tem por fim produzir indivíduos idênticos ou portadores da mesma carga genética do ancestral. A clonagem ocorre de forma natural, quando as bactérias se reproduzem assexuadamente (independente de reprodução sexual), por bipartição (de duas em duas).

A clonagem de animais pode vir a ser de grande importância para o homem, uma vez que poderia servir a várias aplicações, tais como: produção de medicamentos; transplantes de órgãos; multiplicação de rebanhos; multiplicação de animais em extinção, etc.

[219] *Genoma* é o conjunto completo de genes de uma espécie. O *gene* é a unidade do DNA (molécula) capaz de sintetizar uma proteína ou a unidade básica da herança genética.

Em verdade, os clones já existem de forma natural, como é o caso, por exemplo, dos *gêmeos univitelinos.* Nesse caso só uma célula-ovo vai dar origem a dois seres, geneticamente idênticos, mas *com impressões digitais diferentes.* Ou seja, são idênticos do ponto de vista *genotípico,*[220] porque têm a mesma carga genética, mas não são iguais quanto à *fenotipia.*[221]

É preciso deixar bem claro que a clonagem vai dar origem à criação de *corpos semelhantes,* mas os *seres* que habitarão esses corpos serão *diferentes,* uma vez que somente Deus é capaz de criar os Espíritos. *O corpo procede do corpo, mas o Espírito não procede do Espírito, porquanto o Espírito já existia antes da formação do corpo. Não é o pai quem cria o Espírito do filho, ele mais não faz do que lhe fornecer o invólucro corpóreo, no entanto, auxiliar o desenvolvimento intelectual e moral do filho, para fazê-lo progredir* (ESE, XIV:8).

Alguns pesquisadores da área genética proclamam, ingênuos, que a combinação de genes poderia imprimir no homem certas faculdades ou certas vocações,

[220] *Genótipo* é o material hereditário de um organismo ou os genes que ele possui em suas células e que foram herdados de seus pais.

[221] *Fenótipo* é o conjunto dos caracteres visíveis em um organismo, resultante da interação do genótipo com o meio ambiente. Designa as características manifestadas por um indivíduo, sejam elas morfológicas, fisiológicas ou comportamentais.

[...] "esquecendo, porém, que a *vocação*[222] ou *faculdade* é atributo da individualidade espiritual, inacessível aos seus processos de observação" (CONS, 37).

A desvantagem da clonagem, segundo alguns especialistas, é que ela *empobrece as espécies*, uma vez que a *diversidade* constitui proteção importante dos seres biológicos. O pecuarista, por exemplo, que tivesse uma manada de bois clonados correria o risco de ter os seus animais dizimados por apenas um tipo de vírus, o que poria em xeque a seleção artificial das espécies.

Entretanto, não se nega que as experiências nessa área, feitas em animais, têm muito a contribuir para a saúde do homem, pois elas viabilizarão a reprodução de órgãos sadios, em laboratório, que poderão ser utilizados em transplantes nos corpos humanos.

A clonagem humana, contudo, tem gerado muita controvérsia, também devido à questão ética gerada pelo *descarte dos embriões*, que está sendo interpretado pelos setores espiritualistas como um desrespeito à vida, uma vez que *o embrião é um ser vivo.*

[222]Do ponto de vista espírita, "A *vocação* é o impulso natural oriundo da repetição de análogas experiências, através das muitas vidas. Suas características, nas disposições infantis, são o testemunho mais eloqüente da verdade reencarnacionista". (CONS, 50)

Reconhecemos que este é um assunto muito delicado (descarte de embriões) e que ainda depende de muita pesquisa, por parte dos cientistas, e maior desenvolvimento pelos Espíritos superiores. Será que nós estamos sendo merecedores desse auxílio espiritual, em nossas pesquisas?

Problemas do porte da clonagem humana só poderão ser compreendidos e utilizados, com maior profundidade e segurança, *quando a Ciência estiver iluminada pelo conhecimento do espírito e trabalhando pelo engrandecimento espiritual da Humanidade.* Quando a Medicina dos homens estiver associada à Medicina dos Espíritos, muitas dúvidas desaparecerão, porquanto teremos mais amplas informações a respeito do retorno das almas ao mundo dos homens.

7.4.9. DNA – A chave da vida biológica

"Sendo a perfeição a meta para que tende a Natureza, favorecer essa perfeição é corresponder às vistas de Deus."
(LE, 692.)

No final do primeiro semestre do ano 2000, o mundo foi surpreendido com uma notícia bombástica, anunciada em Washington (EUA): "Decifrado o código genético humano, a ferramenta que deve acelerar a cura de doenças graves como o câncer".

O Projeto Genoma Humano foi concluído depois de dez anos de trabalho. O feito foi considerado como uma *revolução na Ciência Médica* que supera, por exemplo, a descoberta dos antibióticos, da anestesia ou a invenção da roda pelo homem, eventos que deram novos rumos à história da Humanidade.

Não é para menos! Trata-se do seqüenciamento de 3,1 bilhões de pares de "letras químicas" que compõem o DNA[223] humano, realizado com o auxílio do computador. A seqüência completa do genoma humano compõe uma lista ordenada de todas as bases químicas, contendo as informações necessárias para formar um ser humano.

O nosso código genético é agora um livro aberto à leitura. Esse avanço da Ciência médica cria uma expectativa de que as doenças, com causas ligadas a problemas genéticos, podem ser detectadas e tratadas antes

[223]O *DNA* (ácido desoxirribonucléico) é uma molécula que guarda todas as informações codificadas na forma de genes (unidade básica da herança genética), numa estrutura colossal. Ele fica guardado no núcleo de cada célula, composta de 23 pares de cromossomos (longa seqüência de DNA). A maioria das células contém uma receita completa de como construir parte do corpo humano.

mesmo que elas apareçam. *Sabe-se hoje, com certeza, que cerca de 1.200 doenças têm causa predominantemente genética.*

Atualmente, um simples exame de DNA já é capaz de mostrar se as pessoas têm propensão para sofrer certos tipos de doenças degenerativas. O seqüenciamento do código genético vai ampliar espantosamente essa possibilidade de *tratamento antecipado de centenas de outras doenças.* O conhecimento da raiz biológica dos seres humanos e de outras espécies vai permitir também o *desenvolvimento de novos remédios*, além de facilitar enormemente o *diagnóstico das enfermidades.*

Mas o seqüenciamento do código genético, embora constitua um salto gigantesco da Ciência médica, ainda não é suficiente. Segundo a revista *Veja,*[224] "o que os cientistas fizeram foi desenhar um rascunho e colocar em ordem cerca de 98% do código genético humano", mas "ainda serão necessários anos e anos de pesquisas para que se descubra a utilidade de cada peça e como se pode tirar proveito disso para melhorar a vida das pessoas".

Em verdade, prossegue o mencionado artigo, "*os estudiosos de Biologia molecular sabem tão pouco sobre*

[224] 5/7/2000, pp. 114 a 120.

o genoma humano que, apesar do seqüenciamento já estar na Internet à disposição de todos, ninguém tem certeza sobre quantos são os genes do corpo. As estimativas variavam de 38.000 a 120.000. Agora parece que são 50.000. 'Nós temos o livro. Agora precisamos aprender como lê-lo', diz James Watson, cuja descoberta da estrutura do DNA em 1953 marca o início da Genética moderna".

Mas o que a Doutrina Espírita diz a respeito dos avanços da Medicina, tais como a clonagem e o desvendamento do código genético humano? Reforçamos o que foi dito no item 5.3.1.5, quando estudamos sobre a Lei Moral de Reprodução.

Os Espíritos da Codificação, antevendo os avanços que a Ciência haveria de fazer, afirmaram que

> Tudo se deve fazer para chegar à perfeição e o próprio homem é um instrumento de que Deus se serve para atingir seus fins. Sendo a perfeição a meta para que tende a Natureza, favorecer essa perfeição é corresponder às vistas de Deus (LE, 692).

Os avanços que vêm sendo conquistados pela Ciência médica, com a cura de várias doenças e enfermidades, são o *prenúncio do fim do estágio de expiação e provas* por que atravessa o nosso planeta (item 7.6), etapa que ainda está muito longe de ser completada, a se verificar pelo surgimento de novas doenças e o reaparecimento de enfermidades antigas, que constituem um desafio permanente à inteligência humana.

Muito embora os homens, não raro, empreguem essas descobertas, com fins egoísticos, quase sempre afrontando a *ética*, o progresso advindo delas é incontestável. Os *abusos* que forem cometidos, nessa área, como em qualquer outra, estarão sujeitos, como sempre, ao rigor das Leis Divinas que cobrará dos responsáveis o redirecionamento das coisas (ver questão 692a, de *O Livro dos Espíritos*, e o item 7.5 desta obra – princípio de causa e efeito).

Assim que o Espírito, individualmente falando, e a Humanidade, em sua dimensão coletiva, forem resgatando os seus débitos passados, numa utilização racional e sensata do livre-arbítrio, novas condições de vida, bem-estar e dignidade visitarão nossos corpos, mentes e corações. Entretanto, se continuarmos a utilizar de forma indevida a nossa liberdade, retardaremos indefinidamente a nossa libertação dos meandros da matéria grosseira.

7.4.10. SONHOS

"E rejeita as questões loucas."
(II TIMÓTEO, 2:23.)

Todos sonhamos! O sonho, a catalepsia, a letargia[225] *e o sonambulismo*[226] *são todos fenômenos de emancipação* [libertação] *da alma* (LE, 422 a 424; OP, Primeira parte, "Manifestações dos Espíritos", IV, *Emancipação da alma*). Deter-nos-emos apenas no estudo dos sonhos, remetendo o leitor, quanto aos demais assuntos, para a leitura das obras básicas e da vasta literatura complementar da Doutrina Espírita.

O Espírito se emancipa, quando se desprende parcialmente do corpo físico, ficando preso a este por um cordão fluídico ligado ao cérebro (também conhecido como "cordão prateado",[227] nos meios espiritualistas), situação que ocorre diuturnamente nos momentos do sono físico ou mesmo durante um *leve*

[225]A *catalepsia* e a *letargia* são uma *espécie de sono físico de ordem patológica* e caracterizam-se pela perda temporária da sensibilidade e do movimento do corpo físico, que assume, temporariamente, a *aparência da morte biológica*. É um fenômeno bastante comum, embora pouco pesquisado. Muitas vezes, a pessoa é sepultada sem que tenha ainda realmente ocorrido a morte. Alguns desses fenômenos estão descritos no Novo Testamento (LUCAS, 7:11 a 17 [O filho da viúva de Naim] e MATEUS, 9:23 a 26 [A filha de Jairo]), sendo o caso mais conhecido o da ressurreição de Lázaro (JOÃO, 11:1 a 46).

[226]Estado de quem é *sonâmbulo*. Diz-se do indivíduo que, durante o sono, consegue andar e fazer várias coisas, mesmo com os olhos fechados, das quais não guarda lembrança, ao despertar.

[227]ECLESIASTES, 12:6.

cochilo (LE, 407). Ao dormirmos, ficamos, durante algum tempo, no mesmo estado em que permaneceremos depois da morte física, motivo pelo qual se diz que *o sono é um "treino para a morte"*, pois que "*todos os dias morremos*".

Se não houvesse o sono, a encarnação e o progresso dos Espíritos possivelmente estariam comprometidos, uma vez que é no mundo espiritual (LE, 85) – a nossa pátria verdadeira – onde buscamos retemperar nossas energias, a fim de enfrentar as dificuldades do dia-a-dia, no plano físico.

Graças ao sono, os encarnados estão sempre em contato mais estreito com os desencarnados (LE, 401) e inclusive com outros encarnados (LE, 417). O sono, além de proporcionar o descanso e o refazimento do corpo físico, facilita a ampliação das percepções psíquicas e fornece maior intensidade ao raciocínio e à memória. Graças a ele, *a porta do mundo espiritual se abre*, pelo afrouxamento dos laços que prendem o corpo ao Espírito, o qual se torna mais independente (LE, 402).

O *sonho* é, geralmente, a lembrança mais ou menos nítida das experiências que o Espírito traz, ao despertar, de suas *excursões* pelo plano espiritual. Constitui, por isso, *uma das provas da existência do Espírito*, que tem vida independente do corpo físico. Quando o corpo repousa, o Espírito libera um pouco mais suas faculdades, ao contrário do que acontece quando se encontra no estado de vigília, lembrando-se, muitas vezes, do *passado* e até penetrando o *futuro*, quando isso é permitido pelas Leis Divinas (LE, 402; OP, Primeira parte, "A segunda vista").

A dificuldade que temos de nos lembrar dos sonhos é devida não só ao nosso pouco adestramento espiritual, mas também às *pesadas vibrações do corpo físico* (LE, 403). Ao despertarmos, os átomos do cérebro perispiritual deixam de vibrar com maior intensidade, assim que se acoplam com os átomos do corpo físico, fazendo com que a memória seja abafada (ver item 7.4.2. *O esquecimento do passado*). Por causa disso, muitas vezes não lembramos os sonhos ou apenas nos recordamos de parte deles, que nada mais são do que trechos de lembranças de nossas experiências pelo mundo invisível, fazendo com que se apresentem estranhos, sem muito nexo, como se estivéssemos lendo uma página em que algumas letras, palavras ou mesmo linhas estivessem apagadas, fazendo com que a mensagem truncada não seja compreendida adequadamente.

Compreende-se isso pelo fato de que a comunicação, nos sonhos, é pelo pensamento, e não pelos órgãos dos sentidos. A linguagem do pensamento é universal, enquanto a linguagem das palavras articuladas é revestida de símbolos que nem sempre traduzem, com exatidão, a essência das experiências vivenciadas pelo Espírito, que não encontram analogia no estreito vocabulário humano.

A respeito do assunto, convém atentarmos para as sábias lições contidas no livro *Os Mensageiros*,[228] do autor espiritual André Luiz, sempre na psicografia do médium Francisco Cândido Xavier. Trata-se de diálogo estabelecido entre os Espíritos Aniceto e André Luiz, ocorrido na humilde residência de Isabel, localizada na periferia do Rio de Janeiro, *durante o repouso noturno dos encarnados*, oportunidade em que se verificava, na dimensão espiritual daquele lar espiritualizado, o intercâmbio sublime entre os dois planos (visível e invisível), numa grande movimentação de trabalho para o bem:

> [ANICETO] – Numerosos irmãos – explicou o Orientador – encontram-se neste pouso de trabalho espiritual, na esfera a que os encarnados chamariam *sonho*. Não é fácil transmitir mensagens de teor instrutivo, nessa tarefa, utilizando lugares comuns, contaminados de matéria mental menos digna. Nas oficinas edificantes, porém, onde conseguimos acumular quantidades de forças positivas da Espiritualidade Superior, é possível prestar grandes benefícios aos que se encontram encarnados no planeta.
>
> [ANDRÉ LUIZ] – Acentuei minhas observações, verificando que *muitas das pessoas recém-chegadas pareciam convalescentes, titubeantes...* Algumas se mantinham de pé, sob o amparo de braços carinhosos. Eram os amigos encarnados *a se valerem do desprendimento parcial, pelo sono físico, que se reuniam a nós, aproveitando o auxílio de entidades generosas e dedicadas*. Reconhecia, entretanto, que a maior parte não entendia, com precisão, o que se lhes desejava dizer. Muitos

[228] Cap. 38, "Atividade plena".

pareciam doentes, incompreensivos. Sorriam infantilmente, revelando boa vontade na recepção dos conselhos, mas grande incapacidade de retenção. [...]

[ANICETO] – Os Espíritos encarnados – disse –, tão logo se realize a consolidação dos laços físicos, ficam submetidos a imperiosas leis dominantes na crosta. *Entre eles e nós existe um espesso véu. É a muralha das vibrações.* Sem a obliteração [apagamento] temporária da memória, não se renovaria a oportunidade. Se o nosso campo lhes fora francamente aberto, olvidariam as obrigações imediatas, estimariam o parasitismo, prejudicando a própria evolução. *Eis por que raramente estão lúcidos ao nosso lado.* Na maioria dos casos, junto de nós, permanecem vacilantes, enfraquecidos... Vejam aquela jovem senhora encarnada, em conversa com a vovozinha que trabalha conosco, em "*Nosso Lar*".[229]

[ANDRÉ LUIZ] – Assim dizendo, Aniceto indicou um grupo mais próximo. A anciã, de olhos brilhantes e gestos decididos, abraçava-se à neta, lânguida e palidíssima.

[AVÓ] – Nieta – exclamava a velhinha, em tom firme –, não dês tamanha importância aos obstáculos. Esquece os que te perseguem, a ninguém odeies. Conserva tua paz espiritual, acima de tudo. Tua mãe não te pode valer agora, mas crê na continuidade de nossa vida. A vovó não te esquecerá. A calúnia, Nieta, é uma serpente que ameaça o coração; entretanto, se a encararmos de frente, fortes e tranqüilas, veremos, a breve tempo, que a *serpente* não tem vida própria. É

[229] *Nosso Lar* é uma colônia espiritual situada na dimensão espiritual da cidade do Rio de Janeiro, onde André Luiz estagiou, antes de trazer a lume a série de livros psicografados pelo médium Francisco Cândido Xavier, sendo o primeiro deles denominado *Nosso Lar*, que traz algumas revelações surpreendentes a respeito da vida no mundo espiritual.

víbora de brinquedo a se quebrar como *vidro*, pelo impulso de nossas mãos. E, vencido o espantalho, em lugar da serpente, teremos conosco a *flor* da virtude. Não temas, querida! Não percas a sagrada oportunidade de testemunhar a compreensão de Jesus!

[ANDRÉ LUIZ] – A jovem senhora não respondia, mas seus olhos semilúcidos estavam cheios de pranto. Demonstrava no gesto vago uma consolação divina, recostada ao seio carinhoso da devotada velhinha.

[ANDRÉ LUIZ] – *Esta irmã se lembrará de tudo, ao despertar no corpo físico?* – perguntei, intrigado, ao nosso Orientador.

[ANDRÉ LUIZ] – Aniceto sorriu e esclareceu:

[ANICETO] – Sendo a avó superior e ela inferior, e, *examinando ainda a condição dos planos de vida em que ambas se encontram*, a jovem encarnada está sob o domínio espiritual da benfeitora. Entre ambas, portanto, há uma *corrente magnética recíproca*, salientando-se, porém, que a vovó amiga detém uma ascendência positiva. A neta não vê o ambiente com precisão, nem ouve as palavras integralmente. Não esqueçamos que o *desprendimento no sono físico vulgar é fragmentário* e que a visão e a audição, peculiares ao encarnado, se encontram nele também restritas. O fenômeno, pois, é mais de *união espiritual* que de *percepções sensoriais*, propriamente ditas. A jovem está recebendo consolações positivas, de *Espírito a Espírito*.

Não se recordará, despertando nos véus materiais mais grosseiros, de todas as minúcias deste venturoso encontro que acabamos de presenciar. *Acordará, porém, encorajada e bem-disposta, sem poder identificar a causa da restauração do bom ânimo.*

Dirá que *sonhou com a avó* num lugar onde havia muita gente, sem recordar as minudências do fato, acrescentando que viu, no sonho, uma *cobra* ameaçadora, que logo se transformou em *serpente de vidro*, quebrando-se ao impulso de suas mãos, para transformar-se em perfumosa *flor*, da qual ainda conserva a lembrança agradável do aroma. Afirmará que soberano conforto lhe invadiu a alma e, no fundo, compreenderá a mensagem consoladora que lhe foi concedida.

[VICENTE] – Não se lembrará, contudo, das palavras ouvidas?

[ANICETO] – Precisaria ter adquirido profunda lucidez no campo da existência física e devo esclarecer que *recordará as imagens simbólicas da víbora e da flor*, porque está em relação magnética com a veneranda avozinha, recebendo-lhe a emissão de pensamentos positivos. A benfeitora não fala apenas. Está pensando fortemente também. A neta, todavia, *não está ouvindo ou vendo pelo processo comum*, mas está percebendo claramente a criação mental da anciã amiga, e dará notícia exata dos *símbolos* entrevistos e arquivados na *memória real e profunda*. Desse modo, não terá dificuldade para informar-se quanto à *essência* do que a bondosa avó deseja transmitir-lhe ao coração sofredor, compreendendo que a calúnia, quando fere uma consciência tranqüila, não passa de uma serpente mentirosa, a transformar-se em flor de virtude nova, quando enfrentada com o valor duma coragem serena e cristã.

[ANDRÉ LUIZ] – A lição fora profundamente significativa para mim. Começava a adquirir amplas noções de intercâmbio entre as duas esferas. Pensei no longo esforço dos que indagam o mundo dos *sonhos*. Quanta riqueza psíquica, suscetível de conquista, se os pesquisadores conseguissem deslocar o centro de estudo, das *ocorrências fisiológicas* para

> o campo das verdades espirituais! Lembrei a *psicanálise*, a *tese freudiana*, as manifestações instintivas, inferiores.
>
> [ANICETO] – Freud foi um grande missionário da Ciência; no entanto, manteve-se, como qualquer Espírito encarnado, sob certas limitações. *Fez muito, mas não tudo, na esfera da indagação psíquica.* (Destacamos)

O fato é que o Espírito jamais está inativo (LE, 400 e 401). Ao penetrar o mundo espiritual, pelas portas do sono, o encarnado entra em relação mais próxima com outros Espíritos, encarnados ou desencarnados, onde influencia e é influenciado, para o *bem* ou para o *mal*, conforme suas *afinidades* e suas *tendências*. Muitas decisões que tomamos e idéias que temos, durante o dia, são hauridas desses relacionamentos extracorpóreos. Daí a necessidade de sempre *orarmos antes de dormir*, para que nos contactemos com Espíritos que estejam em condições morais superiores à nossa, ocasião em que podemos ser úteis, promovendo boas obras e inclusive auxiliando outros Espíritos.

Em outras circunstâncias, o sonho pode representar apenas uma recordação das experiências vividas durante a *vigília*.[230] Nesse caso, o sonho não retrata lembranças de fatos ocorridos na espiritualidade, mas apenas *criações mentais* derivadas de alguma preocupação ou experiências mais fortes vivenciadas durante

[230] *Vigília* é o nome que se dá ao período em que o Espírito permanece acordado. Nesses momentos, o Espírito está "vigilante" quanto ao que acontece à sua volta.

o dia (LE, 404 a 406). *Não devemos nos impressionar com os sonhos extravagantes*, mas sim, como alerta Carlos Torres Pastorino, em seu opúsculo *Minutos de sabedoria*,[231] *"viver acordado*[s] *no bem"*.

7.5. Causa e efeito (ação e reação)

> *"Bem-aventurados os que choram,*
> *porque eles serão consolados."*
> (Mateus, 5:4.)

A Justiça Divina é perfeita e infalível, porque está inscrita em nossa própria consciência (LE, 621 e 964). *Deus não falha!* Todos os nossos atos passados ou presentes – bons ou maus – repercutem futuramente em nossas vidas, seja nesta própria reencarnação, na espiritualidade, seja nas vidas futuras. *Somos o produto do passado.*

O princípio de causa e efeito é, tal como as outras Leis Naturais, mecanismo perfeito da Justiça Divina. Pelo seu estudo, chegamos à compreensão do porquê da existência de tanta desigualdade na situação das criaturas da Terra. Por ela, verificamos que *"Deus não castiga nem perdoa, Deus é justiça pura"*, como teria afirmado alhures Emmanuel, Orientador espiritual do médium Francisco Cândido Xavier.

[231] Mensagem nº 33.

Considerado desse ponto de vista, *a alegoria do* [...] “*‘pecado original’* se *prende à natureza ainda imperfeita do homem que, assim, só é responsável por si mesmo, pelas suas próprias faltas e não pelas de seus pais*” (LE, 1019).

O princípio de causa e efeito, tal qual o da reencarnação, é a manifestação da soberana justiça e infinita bondade e misericórdia de Deus, por meio do qual nos reconhecemos os artífices de nosso próprio futuro, seja ele infeliz ou venturoso (ESE, V:1 a 10).

O homem ainda não pode gozar de completa felicidade *na Terra, em virtude de sua pouca elevação moral e sofre basicamente devido às suas imperfeições.* Sendo *planeta de provas e expiações* (LE, 920 e 931; ESE, III:13 a 15), os habitantes da Terra estão sujeitos a muitas dores e sofrimentos (item 7.6). Enquanto a coletividade humana deste planeta não se libertar de seus débitos passados e de determinadas imperfeições, não terá condições de alçar à categoria dos mundos mais ditosos. É por isso que os Espíritos dizem, coerentemente, que a *felicidade ainda não é deste mundo* (LE, 1018; ESE, V:20).

“O homem é quase sempre o obreiro da sua própria infelicidade. Praticando a Lei de Deus, de muitos males se forrará e proporcionará a si mesmo felicidade tão grande quanto o comporte a sua existência grosseira” (LE, 921). *Segue-se que a felicidade terrestre é relativa à posição de cada um.* No que concerne à *vida material*, o homem será feliz se se satisfizer com a *posse do necessário.*

Com relação à *vida moral*, será feliz se tiver a *consciência tranqüila e a fé no futuro* (LE, 922).

Muitos dos males deste mundo acontecem em razão das necessidades artificiais que os homens criam para si mesmos. Aquele que olha sem *inveja* para o outro que esteja acima de si e que *sabe restringir seus desejos* se poupa a muitos desenganos nesta vida (LE, 926).

Reflitamos no conteúdo da mensagem do Espírito Emmanuel, abaixo mencionada, que é uma advertência profunda aos corações aflitos:

SE QUISEREM[232]

Cada homem e cada mulher, se quiserem, podem reter consigo um *tesouro de inavaliável expressão*, em qualquer parte da Terra, inacessível a qualquer alteração.

Reformas monetárias não lhe causam transtornos.

Conflitos domésticos não lhe dilapidam a segurança.

Doenças do corpo não lhe deformam a estrutura.

Opositores não lhe alcançam a grandeza.

Esse tesouro é a *consciência tranqüila*, com o sorriso da fraternidade e com a alegria de viver e trabalhar.

Deus permite, algumas vezes, que os maus prosperem, mas a sua "felicidade" não é de causar inveja, porque com lágrimas amargas pagarão o mal que fi-

[232]Mensagem psicografada por Francisco Cândido Xavier, extraída do livro *Hora Certa*, Ed. GEEM.

zeram aos outros para consegui-la. Quando um justo é infeliz, isso representa uma *prova* (teste) que lhe será levada em conta, se souber suportá-la com coragem (LE, 926).

Devem queixar-se de si mesmos aqueles a quem falta até o necessário e muitas vezes até a saúde física. Quando não for uma prova deliberadamente escolhida pelo Espírito, com vistas ao seu progresso, é uma expiação que deita raízes no passado. Se esse problema for causado por outrem, a responsabilidade recairá sobre o que lhe houver dado causa (LE, 927). *Entretanto, nem por isso se deve deixar morrer à míngua o necessitado, mas sim ampará-lo pelos meios ao nosso alcance, como forma de suavizar a sua desdita.*

A influência dos maus sobrepuja, no mundo, a dos bons, devido à fraqueza destes. Os maus são intrigantes e audaciosos, os bons são tímidos. Quando, porém, estes o quiserem, preponderarão (LE, 932). Muitas vezes nos omitimos na luta pelo bem, alimentando uma *falsa concepção de humildade*, esquecidos de que temos o direito de nos defender, embora não nos seja lícita a vingança, conforme nos ensinou Jesus, na parábola "*se alguém vos bater na face direita, apresentai-lhe também a outra*" (ESE, XII:7).

Podemos fazer a nossa parte, onde estivermos, independente da nossa profissão, por mais simples que seja (LE, 573). Aqueles, por exemplo, que têm vocação para o trabalho na política, que sejam bons políticos. E nós, mesmo não sendo políticos, podemos nos politizar, tornando-nos bons cidadãos e aprendendo a escolher os melhores políticos, sem esquecer de dar o próprio exemplo, a começar do nosso lar.

Contudo, não é só no aspecto material que o homem é culpado de seus sofrimentos, até porque, estes, algumas vezes, independem de sua vontade. É, principalmente, no aspecto moral que os sofrimentos se acentuam por culpa do homem. [...] "o orgulho ferido, a ambição frustrada, a ansiedade da avareza, a inveja, o ciúme, todas as paixões, numa palavra, são torturas da alma" (LE, 933).

O *céu* (CI, Primeira parte, III), o *inferno* (CI, Primeira parte, IV) e o *purgatório* (CI, Primeira parte, V) não se traduzem por regiões circunscritas de beatífica e ociosa felicidade ou de atrozes e eternos sofrimentos. São simples alegorias (parábolas ou comparações). As penas e os gozos são inerentes ao grau de perfeição dos Espíritos (LE, 1012 e seguintes). Ao dizer "*meu reino não é deste mundo*",[233] Jesus claramente se referia à *vida futura*, que ele apresenta, em todas as circunstâncias, como a meta que a Humanidade terá de alcançar, e como devendo constituir objeto das maiores preocupações do homem na Terra. Sem a vida futura, nenhuma razão de ser teria a maior parte dos seus preceitos morais (ESE, II).

[233]João, 18:36.

A felicidade ou a infelicidade após a desencarnação é inerente ao *grau de adiantamento moral de cada Espírito* e também à *categoria do mundo que habita.* Não existem recompensas gratuitas, obtidas sem mérito, ou sofrimentos inúteis (LE, 965 e seguintes).

A felicidade a que aspiramos pode estar aqui mesmo na Terra, no coração daqueles que se esforçam para melhorar e cumprir as Leis Divinas. Dia chegará em que, melhorando-se as massas de indivíduos, alcançaremos um estado de perfeição. Nesse dia, teremos construído na própria Terra o "*paraíso*" que os povos antigos tanto procuraram fora de si mesmos, muitas vezes peregrinando por regiões desérticas e insalubres (LE, 1019).

Se a própria legislação humana, tão imperfeita, busca punir os infratores, de modo *proporcional*, isto é, de acordo com o grau da culpa cometida, o que não dizer da Justiça Divina? Seria compatível com a infinita Misericórdia Divina que um Espírito sofresse eternamente pelo mal praticado em apenas uma encarnação? (LE, 1006). Ou que fosse premiado com o *descanso eterno*, contemplativo (CI, Primeira parte, III:12) e ocioso como recompensa pelo simples *arrependimento* ou por *alguns atos de benevolência e virtude* demonstrados em apenas uma vida?

A criatura, por exemplo, que, num gesto tresloucado, agride o próprio corpo, eliminando a vida física, por meio do *suicídio* (item 7.4.6), muito provavelmente reencarnará em condições dolorosas, em corpo defeituoso, devido à lesão ocasionada no corpo espiritual ou perispírito, elemento constituído de matéria quintessenciada[234] que serve de intermediário entre o corpo físico e o espírito, como já visto no item 7.4.1.

A duração dos sofrimentos do culpado é proporcional ao tempo que o Espírito gaste para se melhorar, se reeducar. À medida que progride e que os sentimentos se lhe depuram, seus sofrimentos diminuem e mudam de natureza (LE, 1004).

De sorte que os acontecimentos bons ou maus, em nossa vida, constituem o resultado de nossas próprias decisões, que podem atravancar ou acelerar nossa evolução.

Portanto – reitere-se –, não há céu nem inferno, conforme descrevem as religiões tradicionais. Existem, sim, *estados de alma* ou *consciência* que podem ser descritos como celestiais ou infernais, de acordo com a situação íntima do Espírito. Portanto, *o céu e o inferno estão localizados no tribunal da consciência de cada um, de acordo com o bem ou o mal que haja praticado* (LE, 621 e 964; CI, Primeira parte, III a VII).

Tanto no aspecto físico quanto no aspecto moral, para cada ação há uma reação igual e em sentido contrário. *É a lei do retorno*, também conhecida como *carma* entre os hindus.

---

[234] *Matéria quintessenciada* ou matéria de quinta-essência é o termo que designa a matéria em um dos seus últimos graus de pureza.

Isso não quer dizer que todo sofrimento experimentado pelo Espírito derive, necessariamente, do mal que se haja cometido, pois *toda expiação*[235] *é uma prova,*[236] *mas nem toda prova é uma expiação.* Ou seja, antes de reencarnar, o Espírito pode escolher um tipo de prova que lhe proporcione impulso evolutivo mais rápido sem que o sofrimento derivado da prova escolhida (enfermidade ou incapacidade física, por exemplo) tenha por causa uma falta cometida no passado, como ocorre na expiação (LE, 258 a 273).

Não é a religião professada que "*salva*" o Espírito. Só o *bem praticado* assegura o seu futuro. Por conseguinte, a crença e o estudo do Espiritismo é de grande valia, pois auxilia o homem a compreender, com maior nitidez, o seu futuro, estimulando-o à prática do bem e a suportar as provas com paciência e resignação (LE, 982).

Não basta ao Espírito apenas o arrependimento dos erros cometidos. Ele ainda terá de *expiar* e *reparar* as faltas (LE, 998, 999 e 1002). Já na vida presente podemos iniciar o resgate de nossas faltas. Todo bem praticado hoje neutraliza os efeitos do mal cometido ontem. "Só por meio do *bem* se repara o *mal* e a reparação nenhum mérito apresenta, se não atinge o homem nem no seu *orgulho* nem nos seus *interesses materiais*" (LE, 1000).

Em síntese, de tudo que vimos, a Justiça Divina pode ser resumida em três princípios:

[235] *Expiação* é o sofrimento, a purgação ou ainda o resgate derivado do mal cometido.

[236] *Provação* é o teste, a luta que impulsiona o aprendiz na estrada do trabalho e da edificação espiritual.

a) o sofrimento é inerente à *imperfeição* do Espírito em aprendizado;

b) toda falta promanada da imperfeição traz consigo *a natural e inevitável corrigenda*;

c) todo homem pode *libertar-se das imperfeições* por efeito da *vontade* associada ao *trabalho* redentor, assegurando, assim, a sua *felicidade futura*.

7.6. Pluralidade dos mundos habitados (vida inteligente fora da Terra)

"Na casa de meu Pai há muitas moradas."
(João, 14:1 e 2.)

Há vida inteligente fora da Terra? Existem, mesmo, os chamados "óvnis" (objetos voadores não identificados), naves supostamente tripuladas por extraterrestres? Estas e outras perguntas são feitas pelo homem há muitos anos, impressionado com a multidão de estrelas que povoam o espaço.

A maioria das pessoas não acredita em ufos ou óvnis, em virtude da falta de evidências mais concretas a respeito dos fenômenos, mas os cientistas dessa área esperam, em breve, detectar evidências de vida inteligente em outros planetas.

Os Espíritos superiores que auxiliaram Kardec na elaboração das obras básicas, informam, com a maior naturalidade, sem qualquer tipo de segredo ou mistificação, que existem outros mundos habitados *inferiores*, *iguais* e *superiores* ao nosso planeta.

Quando assim procedem, nada mais fazem do que confirmar o que disse Jesus há cerca de dois mil anos, para quem *"há muitas moradas Na casa de meu Pai"*,[237] antecipando o conhecimento sobre a existência de vida inteligente fora da Terra. Constituiria muita prepotência e orgulho de nossa parte acreditar que Deus povoou o espaço de estrelas apenas para agradar nossos belos olhos.

Atualmente, a Terra tem cerca de 6 bilhões de habitantes encarnados. *De onde veio tanta gente?* Deus cria incessantemente. A criação e a evolução dos planetas, aí incluindo a Terra e os seres viventes, foi planejada meticulosamente pelo Pai celestial, com muita antecedência, num período incomensurável que escapa às nossas acanhadas medidas de tempo, de forma que novos Espíritos viessem habitar os mundos, à medida que seus respectivos habitantes fossem evoluindo e descobrindo novas formas de produção de alimentos e tecnologia.

Segundo informam os amigos do Mundo Maior, o número de desencarnados vinculados ao planeta Terra é cerca de quatro vezes superior ao número de encarnados. Diariamente, milhares de Espíritos estão reencarnando e outros desencarnando, num movimento

---

[237] João, 14:1 e 2.

migratório e de intercâmbio intenso e incessante entre os dois planos (físico e espiritual).

Kardec formulou a seguinte pergunta aos Espíritos superiores, cuja resposta se encontra impressa no item 172 de *O Livro dos Espíritos*: "As nossas diversas existências corporais se verificam todas na Terra?".

A resposta foi curta e incisiva: "Não; vivemo-las em diferentes mundos. As que aqui passamos não são as primeiras, nem as últimas; são, porém, das mais materiais e das mais distantes da perfeição".

Conforme estudos da NASA – Agência Espacial Norte-Americana, em pesquisas de vida inteligente fora da Terra, estima-se que existem, apenas na via-láctea, cerca de 400 bilhões de sóis ou estrelas. Milhares desses sistemas guardam semelhanças com a Terra, o que aumenta de forma excepcional a probabilidade de vida inteligente fora de nosso planeta.

Questionado, a respeito, pela revista *Veja*,[238] Geoffrey Marcy, astrônomo da Universidade Estadual de São Francisco, na Califórnia, argumentou, com muita lógica: "Mesmo que as chances de surgimento de vida sejam de apenas 1 em 100 bilhões, o que é de um pessimismo brutal, ainda assim haveria algumas centenas de planetas habitáveis no universo".

Pouco tempo antes de desencarnar, o doutor Carl Seagan, ex-professor de Astronomia e Ciências Espa-

[238] 27/03/1996, pp. 88 e 89.

ciais da Universidade de Cornell, de Nova Iorque, concedeu entrevista à revista *Veja*,[239] na qual deu a seguinte resposta à pergunta sobre a possibilidade de existência de vida inteligente fora da Terra:

> Essa é uma *hipótese extraordinária*. Hipóteses extraordinárias exigem evidências extraordinárias. Essas evidências ainda não existem. Temos recebido alguns sinais de rádio enigmáticos vindos do espaço que parecem satisfazer todos os critérios científicos para o que se estabeleceu ser uma transmissão extraterrestre inteligente. São sinais modulados, fortes e de banda curta. Ou seja, não poderiam ter sido gerados por nenhuma fonte natural conhecida de ondas de rádio cósmicas. *Infelizmente esses eventos nunca se repetem.* Eles duram cinco minutos e somem para sempre. *Em ciência, se um fenômeno não se repete, ele não pode ser confirmado*. E, se não há confirmação, é provável que o que se encontrou não tenha valor. *As próximas décadas, à medida que as tecnologias forem ficando mais eficientes e baratas, prometem ser muito excitantes na busca de vida inteligente extraterrestre.* (Destacamos)

Sem prejuízo do trabalho de ufólogos sérios, que pesquisam há anos fenômenos de aparição de objetos voadores não-identificados, constantemente circulam notícias em órgãos respeitáveis do mundo todo sobre a existência de civilizações extraterrestres.

[239] 27/03/1996, pp. 88 e 89.

Os profissionais do instituto norte-americano SETI (*Search for Extraterrestrial Intelligence*), a principal agência privada de pesquisa extraterrestre, que já investiu bilhões de dólares no rastreamento de sinais inteligentes no Espaço, não duvidam da existência de alienígenas e acreditam que os avanços tecnológicos estão abrindo caminho para que os astrônomos investiguem sistemas estelares até então desconhecidos.

De acordo com a revista eletrônica *Veja on-line*,[240] os cientistas que procuram vida inteligente fora da Terra estimam que o primeiro contato entre nós e eles deve ocorrer dentro de 25 anos. O astrônomo Seth Shostak, pertencente ao referido instituto, acredita que, se os alienígenas forem compostos da mesma *base orgânica de carbono*[241] que os humanos, eles provavelmente terão um sistema central, olhos, uma ou duas bocas, pernas e alguma forma de reprodução.

Outra equipe de cientistas norte-americanos, baseada na Califórnia (Observatório Lick) – informa o mesmo noticioso – desenvolveu um novo tipo de *sensor*

[240] 2002, 17 de julho.

[241] Os *compostos orgânicos* apresentam a particularidade de terem todos como elemento primordial o *carbono*. O *carbono* (massa atômica 12) é um elemento químico muito versátil. Está a meio caminho entre os metais e os não-metais (elementos eletropositivos e eletronegativos). Pode ligar-se tanto com um quanto com outro. O átomo de carbono tem capacidade extraordinária de ligar-se com outros átomos, formando encadeamentos ou cadeias curtas ou longas. Nenhum outro elemento químico consegue formar cadeias tão longas, variadas e estáveis como o carbono.

energético para tentar encontrar sinais de luz gerados por *raios laser* em planetas distantes até mil anos-luz.

Frank Drake, cientista da Universidade da Califórnia, que chefia o projeto, disse que sua estratégia pode ser muito mais eficaz que a do instituto SETI, cujo projeto de investigação sobre vida alienígena se baseia na *análise de sinais de rádio. "Ao invés de ficar ouvindo o ruído constante de um rádio, estamos procurando por pequenos pulsos de luz laser vindos de outros sistemas planetários"* – explicou, em entrevista à agência Reuters.

Entretanto, muito antes, em meados do século XIX, Kardec (LE, 55) já indagava dos Espíritos superiores, na primeira obra básica: "São habitados todos os globos que se movem no Espaço?".

E eles responderam, sem titubear:

> Sim e o homem terreno está longe de ser, como supõe, o primeiro em inteligência, em bondade e em perfeição. Entretanto, há homens que se têm por Espíritos muito fortes e que imaginam pertencer a este pequenino globo o privilégio de conter seres racionais. Orgulho e vaidade! Julgam que só para eles criou Deus o Universo!

Particularmente, sou daqueles que crêem na tese de que estamos sendo preparados, gradualmente, para um *contato mais ostensivo e efetivo* com alienígenas encarnados, *nossos irmãos em Humanidade*. Alimento a convicção de que muitos deles, de natureza superior, estão prontos para se comunicar conosco, só não o fazendo em virtude de nosso atraso moral.

As Leis Divinas vigoram para todos os mundos, entretanto, são apropriadas à natureza de cada planeta e adequadas ao grau de progresso dos seres que os habitam (LE, 618).

Kardec, tomando por base o ensino dos Espíritos, classificou os mundos habitados em (ESE, III; LE, 172 a 188):

a) MUNDOS PRIMITIVOS, aqueles destinados às primeiras encarnações, em que os Espíritos vivem em habitações coletivas, muitas vezes em cavernas, são nômades e vivem da caça e pesca, como aconteceu, nas eras passadas com o nosso planeta. *Nos mundos dessa categoria, prevalecem o instinto e a lei do mais forte*. Não há indústrias nem invenções. Esses habitantes têm a forma humana, mas ela é ainda muito rude, sem nenhuma beleza. Mas estes seres não estão abandonados pelo Criador (LE, 963), não são criaturas degradadas, mas *crianças que crescem*. Têm, latente [oculta], a vaga intuição da existência de um ser superior;

b) MUNDOS DE EXPIAÇÃO E PROVAS são aqueles nos quais *o mal ainda prevalece sobre o bem*, posto que abrigam Espíritos rebeldes, muitos deles evoluídos intelectual, mas atrasados moralmente, vários deles exilados de mundos superiores, para que, enfrentando as dificuldades de um mundo onde tudo está por fazer, tenham uma nova oportunidade de redenção moral (LE, 178a).

Geralmente, esses Espíritos também lutam contra a *inclemência da Natureza* e, ao mesmo tempo, com a *per-*

versidade de outros Espíritos, o que lhes proporciona o desenvolvimento simultâneo da *inteligência* e do *sentimento*. Por isso, tais mundos podem ser comparados a *escolas, penitenciárias e hospitais*. O planeta Terra enquadra-se entre esses mundos, em que a criatura humana está sujeita a tantas misérias e tantos sofrimentos. Ao mesmo tempo em que o Espírito resgata (expia) os seus erros, serve de instrumento de evolução aos demais, principalmente os nativos, simples e ignorantes, isso porque conservam a experiência e a inteligência (progresso) que adquiriram no outro mundo.

Entretanto, o planeta Terra vem, paulatinamente, encerrando este ciclo, pois *as lições imorredouras de Jesus começam a dar seus frutos*, de forma mais acentuada. Basta observar os *avanços sociais* que vimos conquistando em vários setores da sociedade (ver itens 5.3.1.10, 7.4.7 a 7.4.9). Muita gente não sabe disso, porque o *bem é pouco divulgado*, mas ele vem crescendo dia a dia, numa *revolução silenciosa*.

A conscientização do homem quanto à proteção do meio ambiente, do respeito à mulher, da proteção ao menor, do fim da escravidão, do fim do duelo, entre inúmeros outros avanços na área social e mesmo na científica, são o prenúncio de uma *nova era* (ESE, I:9), de um novo tempo que se anuncia. É o planeta Terra que avança, lenta e inexoravelmente, e vai deixando para trás o estágio de provas e expiações, para entrar num novo ciclo de mundo regenerado;

c) MUNDOS REGENERADORES são aqueles que servem de transição entre os mundos de expiação e os felizes. *Neles, o bem já prevalece sobre o mal.* O Espírito que se arrepende, neles encontra paz e refazimento, acabando de se purificar. É o lugar onde as almas que ainda têm o que expiar adquirem novas forças, repousando das fadigas das lutas. Apesar disso, a felicidade ainda não é perfeita nesses mundos, uma vez que a criatura ainda está sujeita às leis que regem a matéria, entretanto, o bem já supera o mal, com bastante vantagem;

d) MUNDOS DITOSOS OU FELIZES são estações de morada onde *o mal não existe*, já não existem mais guerras, não mais prevalece a ambição de dominação de um Espírito sobre o outro. Não existem injustiças sociais, nem privilegiados de nascimento. *Somente a superioridade moral e intelectual determina as diferentes condições e confere a supremacia.* A autoridade é sempre respeitada, porque decorre unicamente do MÉRITO e se exerce sempre com justiça. O homem não procura elevar-se sobre o seu semelhante, mas sobre si mesmo, aperfeiçoando-se sem cessar. O objetivo de cada um é atingir a classe dos Espíritos puros. Esse desejo incessante, porém, não constitui um tormento nem uma angústia, mas uma nobre ambição, que o faz estudar com ardor para os igualar. Não falta a ninguém o necessário, *não existindo, portanto, a expiação*;

e) MUNDOS CELESTES ou divinos *são globos destinados aos Espíritos puros, onde o bem reina soberano.*

A infância, neles, é mais curta, a vida é mais longa, a morte não tem os horrores da decomposição. Igualmente, não há dúvidas quanto ao futuro e é possível a *livre transmissão do pensamento.*

Os Espíritos encarnados não estão ligados a um mundo indefinidamente e não passam nesse mundo todas as fases do progresso que devem realizar, para chegar à perfeição. Quando atingem o grau de elevação necessário, passam para outro mundo mais adiantado, e assim sucessivamente até alcançarem o estado de Espíritos puros.

O povoamento da Terra, por exemplo, não começou por um único casal (Adão e Eva), como, ingenuamente, acreditam algumas pessoas, induzidas por certas crenças religiosas, que teimam em interpretar literalmente a gênese bíblica. Adão é um mito (fábula) ou alegoria, como tantos outros, cujo véu deve ser levantado, para um entendimento. Para o homem comum, *Adão personificaria as primeiras idades do mundo.*

Todavia, da última obra básica,[242] colhemos as seguintes informações:

> De acordo com o ensino dos Espíritos, foi uma dessas grandes imigrações, ou, se quiserem, uma dessas *colônias de Espíritos*, vinda de outra esfera, que deu origem à raça simbolizada na pessoa de Adão e, por essa razão mesma, chamada *raça adâmica*. Quando ela aqui chegou, a Terra já

[242] *A Gênese*, cap. 11, "Gênese espiritual", *Raça Adâmica*, item 88.

> estava povoada desde tempos imemoriais, *como a América, quando aí chegaram os europeus.*
>
> Mais adiantada do que as que a tinham precedido neste planeta, a raça adâmica é, com efeito, a mais inteligente, a que impele ao progresso todas as outras. *A Gênese* no-la mostra, desde os seus primórdios, industriosa, apta às artes e às ciências, sem haver passado aqui pela infância espiritual, o que não se dá com as raças primitivas, mas concorda com a opinião de que ela se compunha de Espíritos que já tinham progredido bastante. Tudo prova que a raça adâmica não é antiga na Terra e nada se opõe a que seja considerada como habitando este globo desde apenas alguns milhares de anos, o que não estaria em contradição nem com os fatos geológicos, nem com as observações antropológicas, antes tenderia a confirmá-las. (Destacamos)

Emmanuel, no livro *A caminho da Luz* – psicografado pelo extraordinário médium Francisco Cândido Xavier – revela que Adão personifica um conjunto de raças, daí o nome "*raças adâmicas*", que foram degredadas de outro sistema solar (Capela, da constelação de Cocheiro), situado cerca de 42 anos-luz da Terra, mais precisamente os *egípcios* (na África), os *hebreus* (na Palestina), os *arianos* (na Europa) e os *hindus* (na Ásia), e aqui se juntaram às *raças nativas* (negros e amarelos), misturando-se e impulsionando o progresso das raças originais e expandindo suas culturas por todos os recantos da Terra. Conforme explica

Emmanuel, na obra mencionada,[243] "As quatro grandes massas de degredados formaram os pródromos de toda a organização das civilizações futuras, introduzindo os mais largos benefícios no seio da raça amarela e da raça negra, que já existiam".

A diversidade das raças humanas comprova essa tese dos Espíritos, que, por sua vez, demonstra que o homem surgiu em pontos diferentes do globo, em várias épocas.

Apesar de a espécie humana proceder de várias raças ou espécies distintas, nem por isso os homens (ser encarnado em qualquer lugar do Universo) deixam de ser irmãos, posto que todos fomos criados por Deus, visto que somos animados pelo espírito e tendemos para o mesmo fim: *a perfeição* (LE, 54).

De fato, somos, na Terra, um ponto insignificante no Espaço, e o homem não é o único em inteligência a habitar o Cosmos. Muitos de nós já habitamos outros planetas mais ou menos evoluídos (LE, 172). Muitos de nós fomos exilados de mundos superiores para a Terra (LE, 178a), numa espécie de "*degredo*" ou "*exílio*", porque não tínhamos condições de continuar em mundos que atingiram graus de evolução incompatíveis com o nosso padrão vibratório (mental e moral), muito apegados, ainda, à matéria e às sensações físicas, aos instintos, ou porque falimos em nossas tarefas (LE, 578 e 578a).

[243] Cap. III, "As raças adâmicas", *Quatro grandes povos.*

Em vez de sermos condenados irremissivelmente pelos nossos erros, em um inferno ardente de chamas, como apregoam determinados segmentos religiosos dogmáticos, graças à infinita Misericórdia Divina, recebemos nova oportunidade em um planeta inferior, onde há tudo por fazer, numa nova chance de recomeço, de reeducação, ao mesmo tempo em que recebemos a oportunidade de auxiliar outros irmãos menos evoluídos em sua jornada evolutiva.

A própria Terra – reitere-se – passa por um período destes (LE, 1019; OP, Segunda parte, *Regeneração da Humanidade*), em que somos chamados a nos ajustar às leis vibratórias que, gradualmente, vão mudando o panorama do seu ambiente psíquico coletivo,[244] evidência incontestável de que tudo progride, tudo se sublima na Natureza.

Será que estamos nos esforçando para acompanhar essas mudanças? Será que estamos utilizando nosso livre-arbítrio de acordo com as Leis Divinas que nos governam, as quais nos compete estudar, conhecer e vivenciar, melhorando, assim, a qualidade de nossos pensamentos e atos? Teremos condições de herdar a Terra, que transita do estágio de expiação e provas para o de regeneração? *Tudo dependerá do empenho que fizermos para o nosso aperfeiçoamento moral.*

[244] O *ambiente psíquico coletivo* retrata o conjunto dos pensamentos contínuos de todos os habitantes do planeta, encarnados e desencarnados, o qual exerce grande influência sobre as criaturas.

8. A criação divina – origem das coisas

"Penetrará o homem um dia o mistério
das coisas que lhe estão ocultas?
*R – O véu se levanta a seus olhos, à
medida que ele se depura;
mas, para compreender certas coisas, são-lhe
precisas faculdades que ainda não possui."*
(LE, 18.)

AS INVESTIGAÇÕES científicas do macro e do microcosmo cada vez mais surpreendem o homem, deixando-o perplexo ante o poder e a sabedoria do Criador. Entretanto, o homem – fraco e orgulhoso – torna-se presa de sua própria imperfeição e joguete de suas ilusões. Por isso, como bem asseverou Kardec, em *O Livro dos Espíritos*:[245] [...] "Ele *amontoa sistemas sobre sistemas* e cada dia que passa lhe mostra quantos erros tomou por verdades e quantas verdades rejeitou como

[245]Parte primeira, cap. II, questão 19.

erros. São outras tantas decepções para o seu orgulho". (Destacamos)

Alguns estudiosos, adeptos de teorias reducionistas ou materialistas, defendem a tese de que o Universo surgiu por *acaso*, como se ele tivesse criado a si mesmo. Entretanto, muitos desses cientistas, observando o comportamento da matéria nas subpartículas do átomo, estão se rendendo à realidade dos fatos: existe uma inteligência oculta por trás de muitos desses fenômenos.

Tudo o que existe é obra de Deus: todo o Universo, com os seus mundos; todos os seres animados e inanimados (OP, Primeira parte, "Profissão de fé espírita raciocinada", III. *Criação*). Neste contexto estão incluídos os segredos da criação do espírito e da matéria.

A infinitude do espaço universal e de tantas outras coisas que nos cercam confundem a nossa pobre razão (GE, VI:1 e 2). Nem mesmo aquilo que pensamos ser o vácuo está vazio, pois *tal espaço contém matéria em estado fluídico que escapa aos sentidos humanos e aos mais potentes instrumentos de investigação.*

Infinito é o que não tem começo nem fim – dizem os Espíritos –, é o desconhecido. Já o *tempo* é apenas uma medida relativa da sucessão das coisas transitórias, criada pelo próprio homem, enquanto a *eternidade* (aquilo que não teve começo nem terá fim) não é suscetível de medida alguma, pois tudo lhe é presente, um presente contínuo, estável, como é a própria Divindade (GE, VI:1 e 2).

Em realidade, ainda temos muito que aprender, muito o que evoluir. *Somos cegos dirigindo cegos* (LUCAS, 6:39) e nada nos resta senão exclamar, humildes, fazendo coro com o sábio filósofo Sócrates: "*Tudo que sei é que nada sei*". Como afirmam os Espíritos, *o véu se levanta a seus olhos* [do homem], *à medida que ele se depura*; mas para compreender certas coisas, são-lhe precisas faculdades que ainda não possui" (LE, 18).

Numa demonstração de bondade e misericórdia, o Criador, sem afrontar o livre-arbítrio de suas criaturas, supre-lhes as deficiências e as fraquezas, por meio das *revelações* (ver capítulo 3 e itens 3.1, 5.2 e 5.3.4), acerca do que lhes escapa ao testemunho dos sentidos.

As *comunicações espirituais* (item 7.3 e ss.) oferecem ao homem, *dentro de certos limites*, o conhecimento de muitas coisas, inclusive de seu passado e do seu futuro. Esse acréscimo da Misericórdia Divina, entretanto, não acontece gratuitamente. O homem deve fazer jus, por meio de seu esforço pessoal, para merecê-lo, para conquistá-lo, no decorrer do tempo, de forma lenta e gradual, à medida que trabalha, estuda e amadurece em experiência (*A cada um segundo suas obras*: LE, 123).

Em suma, *os Espíritos superiores não vieram livrar o homem do trabalho, do estudo e das pesquisas*; não lhe trazem nenhuma ciência integralmente formulada; deixam-no entregue a seus próprios esforços, naquilo que ele pode encontrar por si mesmo. Não basta dirigir-se ao primeiro Espírito comunicante para conhecer todas as coisas. Tal como ocorre entre os homens, os mais adiantados nos podem ensinar acerca de maior número de assuntos, podem dar-nos conselhos judiciosos ou atrasados. *Pedir conselhos aos Espíritos não é dirigir-se a potências sobrenaturais, mas sim a seus iguais, àquelas mesmas pessoas a quem nos teríamos dirigido em vida; a seus pais, a seus amigos, ou a indivíduos mais esclarecidos que nós* (GE, I:60 e 61).

De tudo que se viu do ensino dos Espíritos superiores, *não é dado ao homem conhecer, por enquanto, o princípio das coisas* (LE, 17 a 20). Somente à medida que se depura, ele penetra o mistério das coisas que lhe estão ocultas, aqui incluída a questão do contato com os extraterrestres (item 7.6).

8.1. Espírito

"As coisas que o olho não viu, e o ouvido não ouviu, e não subiram ao coração do homem, são as que Deus preparou para os que o amam."
(I Coríntios, 2:9.)

Com que finalidade Deus criou o Espírito? Esta é uma interrogação milenar que todo filósofo procura, com avidez, sem achar a resposta.

Uma coisa é certa. Embora, na maioria das vezes, peçamos para renascer na carne, em vista de nossas necessidades evolutivas, o certo é que *não consentimos com a nossa própria criação*. Deus, em sua infinita bondade, justiça e sabedoria, não criaria em vão o Espírito, apenas para sofrer. O certo é que ele tem planos para nós e planos sublimes que talvez um dia compreendamos (GE, XI:3 e 4).

Muitas pessoas se rebelam contra Deus, *em virtude das injustiças, das desigualdades sociais e do mal que campeia pelo mundo* (ver item 5.3.1. *Leis Morais – Constituição Divina*). Outras exibem rompantes de indignação contra as calamidades humanas, utilizando, sem maiores reflexões e fora de contexto, a belíssima e famosa frase cunhada pelo grande jurista baiano, Rui Barbosa:

> De tanto ver triunfar as nulidades,
> De tanto ver prosperar a desonra,
> De tanto ver crescer a injustiça,
> De tanto ver agigantar-se o poder nas mãos dos maus,
> O homem chega a rir-se da honra,
> A desanimar-se da virtude e
> A ter vergonha de ser honesto!

Assim agimos, talvez por desconhecer ou não compreender as leis e os princípios sublimes revelados pelo Espiritismo, e ora estudados neste modesto trabalho, em especial a lei de causa e efeito (item 7.5).

Gabriel Delanne, no livro *A Reencarnação*,[246] assim explica "o problema da existência do mal":

> Se o Espiritismo conquistou milhões de adeptos no mundo inteiro, não foi somente porque traz à Humanidade a

[246]Cap. XIV, "Conclusão", *O problema da existência do mal.*

> *demonstração científica da existência da alma e da sua imortalidade, mas também porque propõe soluções lógicas para todos os enigmas que as religiões ou as filosofias não puderam resolver até então.* Não se contenta ele em consolar aqueles que a tristeza de perder os seres amados reduzira ao desespero, responde às nossas interrogações sobre nossas origens e nossos destinos, com teorias concordantes, assim, com a justiça e a bondade de Deus, e com as exigências da Ciência.
>
> *Que mais angustiosa questão que a existência do mal?* Como um ser todo-poderoso deixá-lo-ia subsistir, se só depende de sua vontade o desaparecimento desse mal? *Por que os bens naturais, saúde, força, inteligência, parecem distribuídos ao acaso, assim como a fortuna e as honras, sendo, até, muitas vezes, o apanágio* [atributo] *dos menos dignos? Por que essas calamidades que assolam regiões inteiras, mergulhando na dor milhares de inocentes?*
>
> A doutrina das vidas múltiplas [*reencarnação*] faz-nos entrever uma parte da solução do problema. Se voltarmos grande número de vezes à Terra, o jogo das reencarnações colocar-nos-á, sucessivamente, em todas as posições possíveis, e a desigualdade real, que existe para uma só vida, compensa-se, quando abraçamos a multiplicidade das condições físicas, morais, intelectuais e sociais que alternativamente temos ocupado aqui. O que havia de arbitrário desaparece, desde que todos os seres inteligentes experimentam provas semelhantes. (Destacamos)

Deus é *eterno*, pois sempre existiu de todos os tempos. Não teve início nem terá fim. Do contrário não seria Deus. Os espíritos, entretanto, não são eternos, porque foram criados por Deus – são *imortais*. Jamais morrerão.

O homem é todo ser que assume em qualquer mundo dupla natureza: corporal e espiritual, ou seja, possui corpo e alma. Pelo corpo, o homem é transitório, em qualquer mundo, participando da natureza de outros seres vivos, que são mortais, uma vez que nascem, crescem, desenvolvem-se, reproduzem-se, envelhecem e morrem, mas, pelo espírito, é imortal, progride sempre, aproximando-se cada vez mais da *perfeição*, que é o seu alvo supremo na escala dos seres e dos mundos.

Criado por Deus simples e ignorante, dotado de liberdade e livre-arbítrio, inclinado tanto ao bem quanto ao mal – *falível, portanto, mas perfectível* –, o Espírito está sujeito a encarnar e a reencarnar, experimentando múltiplas existências corporais na Terra e em outros mundos, tantas quantas necessárias para ultimar sua depuração e seu progresso (ver item 5.3.1.4). Reitere-se que os Espíritos não retrocedem em sua evolução (LE, 118 e 612).

O Espírito, portanto, é *herdeiro de seu Criador* e sua destinação, segundo cremos, é a *felicidade sem mesclas*, a perfeição nunca imaginada pelo homem (LE, 115), perfeição essa que deverá ser conquistada por ele próprio, atendendo à lei do merecimento individual. Contudo, jamais o Espírito alcançará a perfeição divina; do contrário, também chegaria a ser Deus, o que é um absurdo. Entretanto, sendo filho de um ser tão perfeito, justo e bondoso, o Espírito não está deserdado, esteja ele desencarnado ou encarnado, não importa o seu estágio evolutivo, tenha ele aderido ou não ao mal!

Esta é uma mensagem de esperança para os corações aflitos, para aqueles que buscam, desesperadamente, uma solução para os seus angustiantes problemas, para os que estão desiludidos com a vida.

Buscas e acharás, concita-nos o Novo Testamento; *ajuda-te e o céu te ajudará*, completa o Consolador. Trabalha, ama, perdoa e espera... Deus não erra!

Os espíritos (com "e" minúsculo), como elemento espiritual, constituem o *princípio inteligente* do Universo (LE, 23; GE, XI:1 a 9); os Espíritos (com "E" maiúsculo) constituem a *individualização do princípio inteligente*, como os corpos são a individualização do princípio material como ser individualizado (LE, 79); são os seres inteligentes da criação; povoam o Universo, fora do mundo material (LE, 76) [ver também nota, no cap. "Primeiras palavras", reprodução do artigo de Durval Ciamponi, e item 5.3.1.6].

Deus cria incessantemente, Deus jamais deixou de criar. Por isso, a criação de Espíritos também é incessante (LE, 80) e *existem diferenças de grau evolutivo entre eles.* Sendo assim, *os Espíritos não geram outros Espíritos, pois que foram também criados por Deus, no mundo espiritual, que é a nossa pátria verdadeira* (LE, 85), que preexiste e sobrevive a tudo, sendo, por isso, mais importante que o mundo material, o mundo corpóreo. O mundo corporal poderia deixar de existir, ou nunca ter existido, sem que isso alterasse a essência do mundo espiritual. *Apesar dessa independência, é incessante a correlação entre ambos* [Espírito e matéria], *porquanto um sobre o outro incessantemente reage* (LE, 86).

Como visto no item 7.4.1, a união entre o corpo e o Espírito é feita mediante o perispírito (LE, 93 e 135). Entretanto, "A matéria é apenas o envoltório do Espírito, como o vestuário o é do corpo. Unindo-se a este, o Espírito conserva os atributos da natureza espiritual" (LE, 367). O exercício das faculdades do Espírito é abafado pela bruteza da matéria, que depende dos *órgãos* que lhe servem de instrumento (LE, 368).

Deus criou os Espíritos a partir do elemento espiritual, que são os seres inteligentes, conscientes e livres, por isso mesmo *responsáveis*, sujeitos às leis morais (item 5.3.1). Em outros termos, o *elemento espiritual, suscetível de elaboração e desenvolvimento evolutivo, objetiva a realização de individualidades conscientes, dotadas de* razão *e* vontade.

O espírito é distinto da matéria (corpo físico e perispírito, este o corpo fluídico do Espírito), *mas a união dos dois é necessária para a manifestação do primeiro*. Como já visto, no item 7.4.7, o corpo pode até existir sem a alma, durante um tempo determinado, ou seja, a vida orgânica pode animar um corpo sem alma, mas a alma não pode habitar um corpo privado de vida orgânica (LE, 25 a 28, 71, 86, 136a; GE, XI:10 a 14).

Em contraposição, *a matéria é o laço que prende o espírito*; é o instrumento sobre o qual o espírito atua ou exerce a sua ação para evoluir (LE, 22a; OP, Primeira parte, "Ligeira resposta aos detratores do Espiritismo").

A matéria não opõe obstáculo algum aos Espíritos; "[...] e eles passam através de tudo. O ar, a terra, as águas e até mesmo o fogo lhes são igualmente acessíveis" (LE, 91). Alguns sustentam que este fenômeno se deve à imponderabilidade dos fluidos perispirituais e ao grande espaçamento entre os elementos atômicos, o que permitiria a interpenetração entre a matéria densa do plano físico e a matéria quintessenciada que constitui o perispírito.

Os Espíritos são *unidades indivisíveis*, por isso, *não têm o dom da ubiqüidade, isto é, não podem dividir-se.* Entretanto, muitas vezes, a capacidade de irradiação dos seus pensamentos, como acontece com a luz do Sol, pode dar a impressão de que eles estão em mais de um lugar (LE, 92; OP, Primeira parte, "Manifestações dos Espíritos", V. *Aparição de pessoas vivas. Bicorporeidade*; e cap. "Dos homens duplos e das aparições de pessoas vivas"). Essa capacidade de irradiação, entretanto, depende do grau de pureza de cada Espírito, do seu grau evolutivo.

Os Espíritos, como visto no item 5.3.1.4 (Lei de Progresso), apresentam diferentes ordens na hierarquia evolutiva, conforme o grau de perfeição que tenham alcançado (LE, 96 e ss.).

8.2. MATÉRIA

"O futuro pertence ao Espírito!"
EMMANUEL

O século passado ficou marcado como a época em que sucedeu verdadeira revolução nas pesquisas sobre a estrutura da matéria. A matéria, agora, não é mais vista apenas como algo composto de minúsculas partes sólidas. Pode-se dizer que a Física desmaterializou a matéria.

Embora a comunidade científica, incluindo-se os físicos, atualmente, não esteja tão preocupada, como se propaga inadvertidamente, em demonstrar a existência de Deus ou a verdade dos conceitos espíritas, parece-nos que suas pesquisas e incursões pelo microcosmo, cada vez mais profundas, possivelmente a conduzirão até lá, ainda que não queira.

Essa constatação, provavelmente, tenha levado o Espírito Emmanuel a afirmar, em resposta à questão 18,[247] do livro *O Consolador*,[248] que, "desde o ponto inicial de observações, a Física é obrigada a reconhecer a existência de Deus em seus divinos atributos" e que "só na inteligência divina encontramos a origem de toda coordenação e de todo equilíbrio, razão pela qual, nas

---

[247] Questão 18 – Onde o ponto imediato de observação para que a Física reconheça a existência de Deus?

[248] Obra citada, Primeira parte. *Ciência Física*, questão nº 18.

suas questões mais íntimas, a Física da Terra não poderá prescindir da lógica com Deus".

Por isso, estamos seguros de que, até a presente data, e também no futuro, nada na Física foi ou será descoberto que possa colocar em xeque os conceitos espíritas fundamentais concernentes à existência de Deus e à sobrevivência da alma.

Sobre o avanço das ciências, sobretudo no campo da Física, o Benfeitor espiritual Emmanuel, ao prefaciar a obra do Espírito André Luiz, *Nos domínios da mediunidade*, editada pela FEB e psicografada pelo médium Francisco Cândido Xavier, esclareceu:

> A Ciência do século XX, estudando a constituição da matéria, caminha de surpresa a surpresa, renovando aspectos de sua conceituação milenar.
>
> [...]
>
> No século XIX, Dalton concebe cientificamente a teoria corpuscular da matéria, e um maravilhoso período de investigações se inicia, através de inteligências respeitabilíssimas, renovando idéias e concepções em volta da chamada "partícula indivisível".
>
> Extraordinárias descobertas descortinam novos e grandiosos horizontes dos conhecimentos humanos.
>
> [...]
>
> Velhas afirmações científicas tremem nas bases.
>
> [...]
>
> O átomo sofre irresistível perseguição na fortaleza a que se acolhe e confia ao homem a solução de numerosos segredos.

E, desde o último quartel do século passado [retrasado], a Terra se converteu num reino de ondas e raios, correntes e vibrações.

A eletricidade e o magnetismo, o movimento e a atração palpitam em tudo.

O estudo dos raios cósmicos evidencia as fantásticas energias espalhadas no Universo, provendo os físicos de poderosíssimo instrumento para a investigação dos fenômenos atômicos e subatômicos.

Bohrs, Planck, Einstein erigem novas e grandiosas concepções.

O veículo carnal agora não é mais que um turbilhão eletrônico, regido pela consciência.

Cada corpo tangível é um feixe de energia concentrada. A matéria é transformada em energia, e esta desaparece para dar lugar à matéria.

Químicos e físicos, geômetras e matemáticos, erguidos à condição de investigadores da verdade, são hoje, sem o desejarem, *sacerdotes do Espírito,* porque, como conseqüência de seus porfiados estudos, o materialismo e o ateísmo serão compelidos a desaparecer, por falta de matéria, a base que lhes assegurava as especulações negativistas.

Os laboratórios são os templos em que a inteligência é concitada ao serviço de Deus, e, ainda mesmo quando a cerebração se perverte, transitoriamente subornada pela hegemonia política, geradora de guerras, o progresso da Ciência, como conquista divina, permanece na exaltação do bem, rumo a glorioso porvir.

O futuro pertence ao Espírito!

> [...]
>
> Quanto mais avança na ascensão evolutiva, mais seguramente percebe o homem a inexistência da morte como cessação da vida.
>
> E agora, mais que nunca, reconhece-se na posição de uma consciência retida entre forças e fluidos, provisoriamente aglutinados para fins educativos.
>
> Compreende, pouco a pouco, que o túmulo é porta à renovação, como o berço é acesso à experiência, e observa que o seu estágio no planeta é uma viagem com destino às estações do Progresso Maior. (Destacamos)

Entretanto, apesar dos inúmeros avanços que a *Teoria Quântica*[249] proporcionou ao entendimento da estrutura e dinâmica da matéria e dos acontecimentos vaticinados ou preditos pelos Espíritos superiores, devemos ainda aguardar maiores desenvolvimentos na área científica, antes de afirmarmos, objetivamente, que a Física esteja demonstrando os conceitos espíritas.

A propósito deste assunto, tomo de empréstimo as palavras do mesmo Espírito André Luiz, contidas na apresentação da obra *Mecanismos da mediunidade*, também editada pela FEB, o qual, guiado por extrema cautela, não se precipita em afirmar que suas propostas são absolutas e representam a verdade científica final:

[249] Esta teoria, formalmente conhecida como *Mecânica Quântica*, é aquela que investiga o comportamento dos átomos e das partículas subatômicas.

> [...] Aliás, quanto aos apontamentos científicos humanos, é preciso reconhecer-lhes o *caráter passageiro,* no que se refere à definição e nomenclatura, atentos à circunstância de que a experimentação constante induz os cientistas de um século a considerar, muitas vezes, como superado o trabalho dos cientistas que os precederam.
>
> Assim, as notas dessa natureza, neste volume, tomadas naturalmente ao acervo de informações e deduções dos estudiosos da atualidade terrestre, valem aqui por *vestimenta necessária, mas transitória, da explicação espírita da mediunidade*, que é, no presente livro, o corpo de idéias a ser apresentado. (Realçamos)

Está implícito, nas idéias de André Luiz, que é preciso considerar que a Ciência evolui e, se alguém acha que as teorias de hoje confirmam a existência de Deus ou os conceitos espíritas, o que acontecerá quando as teorias do próximo século substituírem as de hoje?

A respeito deste tema tão delicado, colho o ensejo de reproduzir trechos de um substancioso e bem fundamentado artigo, sob o título "Ciência e Espiritismo: um alerta de Allan Kardec e André Luiz!", que guarda correspondência com o item 3.2., desta obra, sobre o *Caráter da Revelação Espírita,* veiculado na *Revista Internacional de Espiritismo,*[250] de autoria de um dos integrantes da comunidade científica, que também é espírita, o confrade Alexandre Fontes da Fonseca, doutor em Física pela UNICAMP, com pós-doutorado

---

[250] Ano LXXVIII, nº 9 (outubro de 2003), p. 476.

no Instituto de Física da USP e no *Alan G. MacDiarmid NanoTech Institute*, da Universidade do Texas, em Dallas (EUA):

> Tanto Allan Kardec quanto André Luiz reconhecem o caráter complementar entre a Ciência e o Espiritismo. Porém, eles orientam quanto aos cuidados e precauções na pesquisa espírita ligada à Ciência.
>
> "O Espiritismo e a Ciência se complementam reciprocamente; a Ciência, sem o Espiritismo, se acha na impossibilidade de explicar certos fenômenos só pelas leis da matéria; ao Espiritismo, sem a Ciência, faltariam apoio e comprovação"[1].
>
> Por essas palavras de Kardec, no item 16, do cap. I, em *A Gênese*, muitas pessoas podem imaginar que o Espiritismo necessita da Ciência para ser comprovado. Porém, uma análise mais profunda[2-4] mostra que o Espiritismo é uma ciência legítima, cujo valor não necessita do aval das outras ciências. Além disso, uma explicação para essa afirmativa de Kardec aparece em seguida à frase acima, no mesmo item, do cap. I de *A Gênese*[1]:
>
> "O estudo das leis da matéria tinha que preceder o da Espiritualidade, porque a matéria é que primeiro fere os sentidos. Se o Espiritismo tivesse vindo antes das descobertas científicas, teria abortado como tudo quanto surge antes do tempo".
>
> Kardec, assim, explica a dependência que o Espiritismo teve com o desenvolvimento das ciências materiais. Elas deveriam *vir antes*, de modo que as idéias pudessem ser preparadas para o advento do Espiritismo. No item 18, do cap. I do mesmo livro[1], Kardec afirma:

"O Espiritismo, tendo por objeto o estudo de um dos elementos constitutivos do Universo, toca forçosamente na maior parte das ciências; só podia, portanto, vir depois da elaboração delas; nasceu pela força mesma das coisas, pela impossibilidade de tudo se explicar com o auxílio apenas das leis da matéria".

Desta forma, fica claro que não são os conceitos da Física, Química e Biologia que devem confirmar ou comprovar os princípios básicos do Espiritismo. Isso está presente nas seguintes palavras de Kardec, no item VII, da "Introdução" de *O Livro dos Espíritos*[5]:

"A Ciência, propriamente dita, é, pois, como ciência, incompetente para se pronunciar na questão do Espiritismo: não tem que se ocupar com isso e qualquer que seja o seu julgamento, favorável ou não, nenhum peso poderá ter".

No entanto, mesmo conhecendo essas afirmativas, ao nosso ver, muito claras de Kardec, vários irmãos nossos têm conferido enorme valor a resultados de pesquisas científicas, mormente na área de Física, como sendo resultados que *comprovam* os princípios espíritas quando uma análise mais séria e profissional nos mostra que isso não é verdade. Existe, não só no meio espírita, uma excessiva valorização da Física Quântica como sendo a teoria científica que vai confirmar a existência de Deus e/ou do Espírito. Confrades valorosos, entusiasmados com as perplexidades que a Física Moderna apresenta, agem, sem o saberem, de forma *imprudente* ao supervalorizarem algumas teorias da Física como favoráveis ao Espiritismo. Um exemplo é a afirmativa de que

"A Física Quântica está em busca da partícula divina". Citam-se mesmo cientistas premiados com o Nobel, como o Dr. Leon Lederman que afirma que a Ciência está "procurando a partícula divina" a partir da qual todas as outras seriam constituídas. O que não se percebe é que estes cientistas não estão procurando Deus, mas sim estão querendo encontrar a partícula que seja a "causa primária" de todas as outras, o que eliminaria, por sua vez, a idéia da necessidade de um Criador Divino.

[...]

O problema dessas propostas e das teorias da Física Moderna, como a Teoria das Supercordas[251] e o Modelo Padrão,[252] é o *alto nível de teoricidade* desses modelos. É muito difícil, para não dizer quase impossível, verificar-se experimentalmente os resultados destas teorias. Existe uma expectativa de se encontrar uma "Teoria Final" ou "Teoria de Tudo" que fosse absoluta no sentido de ser a base da existência de tudo no Universo. Num recente artigo[7], publicado na *Revista Brasileira de Ensino de Física*, uma pesquisa foi realizada com a comunidade de físicos brasileiros sobre o que eles pensam a respeito dessas teorias "Final" e "de Tudo". Os resultados mostraram que a maioria dos físicos

---

[251] A *teoria das supercordas* é um modelo físico que propõe que os blocos fundamentais que compõem a matéria são objetos unidimensionais semelhantes a uma *corda*. Nesse modelo, cada partícula subatômica fundamental ou elementar seria uma corda em determinado padrão de vibração.

[252] O *modelo padrão* da Física de partículas é uma teoria que descreve as forças fundamentais *forte*, *fraca* e *eletromagnética*, bem como as partículas fundamentais que compõem a matéria.

brasileiros não concorda com a existência de uma *teoria absoluta para tudo.* Se os físicos, que são os profissionais no assunto, não aceitam ainda essas teorias de forma absoluta, *como é que nós, espíritas, podemos dar crédito a elas?* Se essas teorias ainda são de difícil comprovação experimental, como nós, espíritas, podemos nos basear nelas para afirmar, por exemplo, que "o espaço-tempo negativo corresponde ao mundo espiritual"? Isso tudo, sem contar que essas teorias modernas da Física estão constantemente sendo renovadas e alteradas enquanto que não procuramos sequer saber por que o Espiritismo permanece intacto ao longo dos seus quase 150 anos[8].

[...]

"Assim, é sobretudo nas teorias científicas que precisa haver extrema prudência, guardando-se de dar precipitadamente como verdades sistemas por vezes mais sedutores que reais, e que, cedo ou tarde, podem receber um desmentido oficial. Que sejam apresentados como probabilidades, se forem lógicos, e como podendo servir de base a observações ulteriores, admite-se; mas seria imprudência tomá-los prematuramente como artigos de fé. Diz um provérbio: *Nada mais perigoso que um amigo imprudente.* Ora, é o caso dos que, no Espiritismo, se deixam levar por um zelo mais ardente que refletido". [*Revue Spirite,* julho de 1860. "Observação Geral". Tradução de Evandro Noleto Bezerra, 2ª ed., p. 331, 2004 (FEB). [Após Exame Crítico das Dissertações de Charlet sobre os animais, na Sociedade de Paris.]

Citamos, mais uma vez Kardec, no item 14, do Cap. I de *A Gênese*[1]:

"Como meio de elaboração, o Espiritismo procede exatamente da mesma forma que as ciências positivas, aplicando o método experimental.[...] É, pois, rigorosamente exato dizer-se que o Espiritismo é uma ciência de observação e não produto da imaginação. As ciências só fizeram progressos importantes depois que seus estudos se basearam sobre o método experimental; até então, acreditou-se que esse método também só era aplicável à matéria, ao passo que o é também às coisas metafísicas". (Grifamos)

E, ainda no item VII, da "Introdução" de *O Livro dos Espíritos*[5]:

"Desde que a Ciência sai da observação material dos fatos, em se tratando de os apreciar e explicar, o campo está aberto às conjeturas. Cada um arquiteta o seu sistemazinho, disposto a sustentá-lo com fervor, para fazê-lo prevalecer. Não vemos todos os dias as mais opostas opiniões serem alternativamente preconizadas e rejeitadas, ora repelidas como erros absurdos, para logo depois aparecerem proclamadas como verdades incontestáveis? Os *fatos*, eis o verdadeiro critério dos nossos juízos, o argumento sem réplica. Na ausência dos fatos, a dúvida se justifica no homem ponderado". (Grifamos)

Essas duas citações mostram claramente que Kardec sempre priorizou o *método experimental* como revelador da verdade. *Teorias*, por mais bonitas e engenhosas, serão sempre *teorias,* se não puderem explicar e prever os fatos. Utilizar--se, para confirmar o Espiritismo, de teorias físicas com elevado grau de teoricidade, isto é, teorias que não são fenomenológicas,[253] é agir de forma precipitada e contrária ao que ensinou Allan Kardec.

[...]

A Humanidade realmente carece dos conhecimentos espirituais e todo esforço é nobre no sentido de mostrar que esses conhecimentos são verdadeiros. Por isso, não desejamos desestimular o estudo e pesquisa em tópicos espíritas relacionados a tópicos científicos. Enfatizamos que é preciso redobrar os cuidados no nosso trabalho de divulgação destas *pesquisas* que levarão o adjetivo de *espíritas*. É necessário que exista conhecimento profissional no tema que se deseja trabalhar. Isto, pois, justamente os profissionais de cada área é que saberão avaliar se a pesquisa está sendo realizada com o mesmo rigor que um tema puramente material teria. Por outro lado, se algo é uma *opinião*, ele deve ser divulgado como *opinião* e não como *verdade científica*. Além disso, toda idéia deve ser divulgada com a sua devida explicação para que os leitores apreciem o seu valor. O fato de uma idéia se relacionar com um assunto científico não significa que ela seja uma verdade científica. O fato de uma pessoa ser cientista não significa que suas idéias serão verdades científicas. [...] Por fim, não se esqueça o leitor que os olhos da crítica são altamente especializados. O Movimento Espírita sofre quando idéias prematuras, ingênuas, *pseudo-científicas* são divulgadas como verdades e que, ainda, são ditas comprovar o Espiritismo. Portanto, vamos tomar mais cuidado

[253] Uma teoria fenomenológica é aquela cujos princípios são diretamente relacionados com o fenômeno estudado.

com relação aos tópicos ligados não só à Física, mas à Ciência como um todo.

[...]

Referências:

[1] A. Kardec. *A Gênese*, editora FEB, 36ª edição (1995).

[2] S. S. Chibeni. *Reformador*, dezembro, p. 373 (1988).

[3] S. S. Chibeni. *Revista Internacional de Espiritismo*, março, p. 45 (1991).

[4] S. S. Chibeni. *Reformador*, junho, p. 176 (1994).

[5] A. Kardec. *O Livro dos Espíritos*, editora FEB, 76ª edição (1995).

[6] A. Goswami. *O Universo autoconsciente*, editora Rosa dos Tempos, 4ª edição (2001).

[7] A. Zylbersztajn. *Revista Brasileira de Ensino de Física*, vol. 25, p. 1 (2003). Essa revista é acessível no *site*: *http://www.sbf.if.usp.br/rbef*

[8] Recentemente, no artigo da referência [9], tivemos a oportunidade de comentar sobre a fragilidade do *Modelo Padrão* diante da descoberta de que o "neutrino" tem massa, discutindo as razões da solidez da Doutrina Espírita.

[9] A. F. da Fonseca. *Revista Internacional de Espiritismo*, março, p. 93 (2003).

[10] A. Luiz, psicografia de F. C. Xavier. *Mecanismos da mediunidade*, editora FEB, 11ª edição (1990).

[11] A. Kardec. *Revista Espírita*, maio, p. 153 (1863).

[12] A. Kardec. *Revista Espírita*, agosto, p. 257 (1861).

Mencione-se, apenas para situar no tempo os acontecimentos, que, após o lançamento de *O Livro dos Espíritos*, confirmou-se a tese científica de que o átomo, considerado, a princípio, como partícula última da matéria, corpúsculo indivisível, uno, indissecável, é, na realidade, um complexo de partículas subatômicas denominadas prótons, elétrons e nêutrons (só para citar as fundamentais), que se estruturam em número e modos diferentes, conforme cada elemento químico.

Adriano Henrique de Oliveira, articulista da revista *Reformador*,[254] escreveu curioso artigo, sob o título "*O Livro dos Espíritos* [editado em 1857] confirma e antecipa a Ciência", do qual extraímos os seguintes trechos:

> O Livro dos Espíritos *[...] é realmente uma obra de expressivos objetivos e de estimativa fora de cogitação. O referido livro, porém, não só envolve questões metafísicas como anteviu muitas descobertas da própria Ciência, algumas das quais a seguir veremos:*
>
> *O Livro dos Espíritos*, questão 22: *"Define-se geralmente a matéria como sendo – o que tem extensão, o que é capaz de nos impressionar os sentidos, o que é impenetrável. São exatas estas definições?".* Resposta: *"Do vosso ponto de vista, elas o são, porque não falais do que conheceis.* Mas a matéria existe em estado que ignorais. *Pode ser, por exemplo, tão etérea e sutil, que nenhuma impressão vos cause aos sentidos. Contudo, é sempre matéria. Para vós, porém, não o seria".*

[254] 1994, abril, p. 24 (FEB).

Ciência oficial: *Einstein provou, em 1905, através da célebre equação* $E=mc^2$*, que a matéria é um condensado de energia, sendo esta, matéria em estado diferente. Aliás, sabemos que uma radiação eletromagnética de fótons é capaz de unir elétrons e pósitrons, causando a materialização da energia. Aí está sua prova.*

O Livro dos Espíritos, questão 31: "*Donde se originam as diversas propriedades da matéria?*". Resposta: "*São modificações que as moléculas elementares* [átomos] *sofrem, por efeito da sua união, em certas circunstâncias*".

Ciência oficial: *John Dalton, em 1800, com a sua teoria atômica, provou que os diferentes estados da matéria são o resultado das diferentes uniões de seus elementos.*

O Livro dos Espíritos, questão 34: "*As moléculas têm forma determinada?*". Resposta: "*Certamente, as moléculas têm uma forma, porém não sois capazes de apreciá-la*".

Ciência oficial: *Somente em 1911, o químico Rutherford conseguiu provar que um átomo era um universo em miniatura, sendo composto de um núcleo, onde se localizavam prótons (+) e nêutrons (carga elétrica nula), em torno do qual giravam partículas em velocidade inimaginável, os elétrons (-).* (Destacamos)

Se o leitor desejar complementar seus conhecimentos, a respeito desta temática, indicamos para consulta o *site* *http://www.geae.inf.br/pt/boletins/geae488.html*, onde irá encontrar o trabalho do físico Alexandre Fontes da Fonseca, no qual este disseca, à luz da Física Moderna, as questões 22, 34 e 36 de *O Livro dos Espíritos*.

Ensinam os Espíritos reveladores, na questão 27 de *O Livro dos Espíritos*, que existem dois elementos gerais do Universo: a *matéria* e o *espírito* e, acima de tudo, *Deus*, criador de todas as coisas. Assim, Deus, espírito e matéria constituem o princípio de tudo o que existe, a trindade universal.

É no fluido universal (item 5.3.3.1), *substância primitiva* (matéria elementar) onde residem todas as forças e a partir do qual são feitas todas as coisas, pois é suscetível de inúmeras combinações (GE, VI:7; 10; 17). Esse fluido universal desempenha o papel de intermediário entre o espírito e a matéria propriamente dita, por demais grosseira para que o espírito possa exercer ação sobre ela.

Na questão 38 de *O Livro dos Espíritos*, consta que Deus criou o Universo pela sua *vontade*. Nada caracteriza melhor essa vontade – afirmaram os Espíritos – do que as belas palavras da gênese bíblica: *Faça-se a luz e a luz foi feita.*[255] É óbvio que se trata de uma *alegoria*, uma vez que a formação do Universo não ocorreu em apenas seis dias, mas sim em gigantescos períodos de tempo, na escala humana, circunstância que, em hipótese alguma, diminui a obra da Criação, pois os desígnios do Pai escapam ao nosso minúsculo entendimento.

Na questão seguinte, os Espíritos esclarecem melhor esse pensamento, afirmando que *os mundos se for-*

[255] Gênesis, 1:3.

maram pela condensação da matéria disseminada no espaço, idéia que vem se somar a algumas teorias científicas contemporâneas de formação do Cosmos. Este ensino é pormenorizado em *A Gênese*, no cap. VI, itens 20 e seguintes, onde consta que a *matéria cósmica primitiva* (fluido universal) continha os elementos materiais, fluídicos e vitais de todos os universos. Sucedeu que a matéria cósmica se condensou sob a forma de uma *nebulosa*,[256] dando origem a centenas de mundos destacados de um foco central.

O professor de Física, Carlos de Brito Imbassahy, em seu livro *Arquitetos do Universo – O outro lado da Física, à luz da Ciência Espírita*,[257] ao analisar a *Teoria do big-bang*,[258] argumenta que ela

> Esbarra todavia em uma série de outros problemas que contestariam sua existência, sendo que o principal deles foi sugerido pelo astrônomo norte-americano Edwin Powell Hubble (1929) quando formulou a lei do afastamento das galáxias, evidenciando a expansão universal. *Para ele, se o Universo fosse formado por uma explosão, jamais sua energia iria representar uma expansão uniforme.* A explosão provocaria uma expansão anômala e disforme. (Destacamos)

---

[256] *Nebulosa* é o nome que se dá à massa estelar (mancha esbranquiçada e difusa) em via de condensação (o mesmo que o Universo em formação).

[257] "Introdução ao estudo da formação do Universo".

[258] De acordo com a *Teoria do big-bang*, baseada em estudos matemáticos, o Universo ter-se-ia originado de uma grande explosão ocorrida há bilhões de anos, a partir de um ponto único de densidade infinita, o que resultou na criação das dimensões tempo, espaço e matéria. É a teoria do Universo em expansão contínua.

E apresenta, na mesma obra,[259] a outra teoria, inferida a partir de experiências com os aceleradores de partículas:

A segunda hipótese, bem mais recente, começou a tomar corpo quando, em 1974, à frente do acelerador de partículas da *Stanford University*, Murray Gell Mann conseguiu colidir um elétron com um pósitron, a partícula antimatéria correspondente ao primeiro.

Ele observou que, em vez de obedecerem ao fenômeno normal esperado de colisão, cada partícula tomou seu rumo próprio, *como se fosse comandada por uma* força estranha, *externa à sua formação material.*

Já em 1927, Werner Karl Heisenberg, ao enunciar seu Princípio da Incerteza, observou que nem todas as partículas emitidas por um bombardeiro de alvo, embora sujeitas às mesmas reações, obedeciam ao comando emanado do emissor, desviando-se da sua trajetória, segundo Werner, por *vontade própria.*

Isto fez que os estudos de Gell Mann levassem uma série de seguidores a supor que pudesse haver um *comando externo ao Universo,* capaz de atuar sobre sua energia, comandando sua modulação, o que explicaria a formação de partículas materiais, já que por si só, a energia cósmica fundamental jamais poderia se alterar.

Com isso, surge a nova e mais moderna hipótese de que o Universo teria sido simplesmente *implodido* [reunido] por Agente Supremo que, ao fazê-lo, teria comandado sua formação, ou seja, estabelecido as leis da sua existência.

---

[259] "Introdução ao estudo da formação do Universo."

> Não teria havido nenhuma explosão e a expansão do Universo teria partido de um fulcro inicial de acúmulo simples de energia.
>
> Surge, assim, a figura científica de Deus.
>
> Paralelamente, vamos concluir que todo o cosmo, com o que encerre, tenha sido formado a partir da ação de *agentes estruturadores*, os verdadeiros Arquitetos do Universo. (Destacamos)

Todas essas pesquisas e conclusões, ainda provisórias, constituem apenas um minúsculo fragmento de um conjunto enorme, que tudo abarca. Os físicos prosseguem em sua luta incessante para encontrar a teoria definitiva. Enquanto isso, devemos conservar muita cautela, pelos motivos já declinados no artigo do físico Alexandre Fontes da Fonseca, a fim de que não adotemos, prematuramente, quaisquer dessas teorias, como se elas estivessem comprovando os postulados espíritas.

Reportando-se aos planos da evolução divina, o Orientador espiritual Emmanuel esclarece, de forma poética, na questão 21 do livro *O Consolador*:[260]

> Ao sopro inteligente da *vontade divina*, condensa-se a matéria cósmica no organismo do Universo. Surgem as grandes massas das nebulosas e, em seguida, a família dos mundos, regendo-se em seus movimentos pelas *leis do equilíbrio*, dentro da *atração*, no corpo infinito do cosmo.

[260] Primeira parte. Ciência. Física.

> O *ciclo da evolução* apresenta aí um dos seus aspectos mais belos. Sob a diretriz divina, a *matéria* produz a força, a *força* gera o movimento, o *movimento* faz surgir o equilíbrio da atração e a *atração* se transforma em amor, identificando-se todos os planos da vida na mesma *Lei de Unidade* estabelecida no Universo pela Sabedoria Divina. (Destacamos)

Em concordância com essa revelação, a Ciência confirma que os compostos minerais (inorgânicos) formam-se a partir da *combinação dos elementos químicos,* obedecendo, em primeiro lugar, às *afinidades* existentes entre eles e decorrentes das estruturas de seus átomos; em segundo lugar, obedecem às *leis das combinações químicas,* entre as quais sobrelevam a da *conservação das massas,* de Antoine Laurent Lavoisier, 1743-1794 (numa reação química que ocorre em ambiente fechado, a massa total antes da reação é igual à massa total após a reação, ou *na natureza, nada se cria, nada se perde, tudo se transforma),* e a das proporções definidas, *lei de proporcionalidade,* de Joseph Louis Proust, 1754-1826 *(uma determinada substância pura, qualquer que seja a sua origem, apresenta sempre a mesma composição em massa ou a proporção das massas que reagem permanece constante).*

Quanto à *formação dos seres vivos* – explicam os Espíritos –, ela segue as mesmas leis que regulam a formação das substâncias minerais, isto é, obediência às *afinidades* existentes entre seus elementos constitutivos e às *leis das combinações químicas,* acrescidas, porém, do *princípio vital*, também denominado de fluido vital, fluido elétrico ou fluido magnético (ver questão 60 e seguintes de *O Livro dos Espíritos*), que é o elemento comunicador de vida orgânica aos vegetais e animais, possibilitando-lhes o exercício de todas as funções vitais (GE, X:16 a 20).

Uma das teorias mais conhecidas sobre a origem da Terra é que ela, tal qual centenas de outros mundos destacados de um foco central (GE, VI:20 a 23), tinha o formato de uma grande bola de fogo, que depois se foi resfriando e se solidificando aos poucos, de fora para dentro, como acontece num prato de sopa quente, até que as condições do meio ambiente permitissem o aparecimento da vida. Essa teoria é confirmada, em parte, pelos estudos geológicos que detectaram fogo no interior da Terra, onde os minerais continuam em estado líquido e incandescente, devido às altas temperaturas.

Afirmam alguns estudiosos, que, proporcionalmente falando, a crosta sólida da Terra que forma os continentes equivaleria à *espessura de uma casca de laranja*, continentes esses constituídos de placas (tectônicas) flutuantes sobre o mar de lavas incandescentes que, vez por outra, irrompem em forma de *vulcões*, devido à força descomunal da *pressão interna* provocada pelos *gases*, em altíssimas temperaturas. Quando essas placas tectônicas se chocam, mesmo que seja por fração de segundos ou de milímetros, produzem grande comoção física, os chamados *terremotos*, fenômenos que se enquadram entre as *leis de destruição natural* (item 5.3.1.7).

Ensinam os Espíritos superiores que a formação dos mundos, *embora obedeça a certas leis mecânicas*, não acontece à revelia das forças do *acaso*. Grandes inteligências, arquitetos siderais, com permissão de Deus, atuam nesse processo, numa atividade co-criadora.

No caso da Terra, ensina o Espírito Emmanuel, que Jesus, alçado à categoria de *Espírito puro*, juntamente com outros engenheiros do Espaço, teria sido o "*Divino Escultor da obra geológica do planeta*" (CONS, 85 e JOÃO, 1:10). Tudo foi planejado criteriosamente, em seus pormenores, com antecedência que escapa às acanhadas medidas humanas de tempo, para que fôssemos recebidos na *espaçonave Terra*, nosso *Lar Maior*.

Maria T. Compri, inspirada no extraordinário livro do Orientador espiritual Emmanuel, *A caminho da Luz*, elucida em sua obra *Evangelho no lar à luz do Espiritismo*:[261]

> Jesus recebeu o orbe terrestre, quando a bola incandescente se desprendia da massa solar. Trabalhou na formação do planeta, criando e plasmando, através do pensamento concreto do Criador numa *co-criação perfeita*, verdadeira riqueza de plasmagem.
>
> Junto a uma *Legião de Espíritos celestes*, presidiu à formação da Lua, âncora do equilíbrio terrestre; à solidificação do

[261] Primeira parte, cap. I, "Questões seculares" – *O início da criação.*

> planeta, à formação dos oceanos e a toda estruturação no seu aspecto básico. Estatuiu os regulamentos dos fenômenos físicos, organizando o equilíbrio futuro, *na base dos corpos simples da matéria.*
>
> Criou, sob as vistas de Deus, o indispensável à existência dos seres do porvir, *organizando o cenário da vida.* Fez a pressão atmosférica adequada ao homem, antecipando-se ao seu nascimento no mundo; estabeleceu os grandes centros de força da ionosfera e da estratosfera, onde se harmonizam os fenômenos elétricos da existência planetária e edificou as usinas de Ozone a 40/60 quilômetros de altitude, para que filtrassem, convenientemente, os raios solares, manipulando-lhes a composição precisa à manutenção da vida organizada, *definindo, assim, todas as linhas de progresso da Humanidade futura.* (Destacamos)

No começo, tudo era caos – explicam os Espíritos, *referindo-se à origem da vida na Terra*; os elementos estavam em confusão. Pouco a pouco cada coisa tomou o seu lugar. Apareceram então os seres vivos apropriados ao estado do globo (LE, 43).

Os Espíritos complementam, nas questões 44 e seguintes da primeira obra básica, que a vida na Terra apareceu a partir dos *germens.*[262] A espécie humana se encontrava entre os elementos orgânicos contidos no

[262] *Germens* são sistemas orgânicos minúsculos, em que potencialidades funcionais se encontram em estado latente (oculto), à espera de condições propícias de calor, umidade, meio nutritivo apropriado, para eclodirem, determinando o crescimento, o desenvolvimento e a multiplicação celular, de modo que surja do gérmen o embrião, e do embrião o ser completo.

globo terrestre, aguardando momento favorável para se desenvolver. Os princípios orgânicos se congregaram, desde que cessou a atuação da força que os mantinha afastados, e formaram os germens de todos os seres vivos. Estes germens permaneceram em estado latente de inércia, como a crisálida e as sementes das plantas, até o momento propício ao surto de cada espécie. Os seres de cada uma destas se reuniram, então, e se multiplicaram.

Portanto, a espécie humana encontrava-se entre os elementos orgânicos contidos no globo terrestre e veio a seu tempo, surgindo daí as expressões "*Deus criou o homem com o pó da terra*" ou "*o homem se formou do limo da terra*" (Gênesis, 2:7; LE, 47).

Posteriormente ao lançamento de *O Livro dos Espíritos* – informa o articulista da revista *Reformador*,[263] Adriano Henrique de Oliveira –, o biólogo russo Aleksander Ivannovitch Oparin (em 1936), na obra de sua autoria denominada *Origem da vida*, desenvolveu a teoria de que o surgimento da primeira célula resultou das *diferentes associações de elementos inorgânicos contidos na superfície da Terra.*

Daí se conclui que *o ser vivo nunca se mostra desde o início de sua existência como o conhecemos no indivíduo adulto.* Sempre procede de um *gérmen*. Uma vez formados a partir dos germens, os seres vivos traziam em si mesmos, absorvidos, os elementos que poderiam

[263] 1994, abril, p. 24 (FEB).

servir para a própria formação e passaram a transmiti-los, plantas ou animais, segundo as *leis de reprodução* (LE, 49).

Os *seres vivos* caracterizam-se por sua organização celular (unidade vital), apresentando um *ciclo de existência*, isto é, nascem, crescem, desenvolvem-se, reproduzem-se, definham e "morrem".

Os corpos dos seres vivos não têm a estrutura simples e relativamente homogênea de um mineral, mas sim a *heterogeneidade* de uma organização completa, órgãos que se associam em sistemas e aparelhos, com vistas à realização de *complexíssimas funções vitais.*

Tudo no Universo é atração e magnetismo – bradam os Espíritos –, confirmando a Lei Maior que abrange e resume todas as outras leis inerentes à matéria primitiva (*fluido universal*) que regem as transformações desta. Assim, a gravitação universal governa os movimentos dos mundos, mantendo-os em suas órbitas, obedecendo a leis matemáticas precisas, como a gravidade condiciona o peso dos corpos, atraindo-os inexoravelmente para o centro da Terra.

Finalmente, na questão 41, os Espíritos revelam que os mundos têm seus *ciclos de formação, de evolução*, até que se tornem moradas apropriadas aos seres que os deverão habitar, e de *desaparecimento*, quando a matéria condensada de que se constituíram se desagregará, voltando novamente ao estado fluídico, retornando, assim, à *fonte primitiva* de onde saíram. Novamente é a Lei de Destruição natural se manifestando (item 5.3.1.7), operando transformações, para que se cumpram os desígnios divinos, tendo em vista proporcionar ao Espírito a perfeição almejada.

8.3. Os reinos da Natureza: mineral, vegetal, animal e hominal

"[...] Na planta, a inteligência dormita;
no animal, sonha; só no homem acorda [...]."
(Léon Denis, em *O problema do ser, do destino e da dor*)[264]

Ensinam os Espíritos que, do ponto de vista material, a divisão da Natureza em três reinos (*mineral, vegetal e animal*) é válida. Entretanto, do ponto de vista moral, um quarto reino deve ser acrescentado à referida classificação: *o reino hominal* (LE, 585).

"Tudo em a Natureza é *transição*, por isso mesmo que uma coisa não se assemelha a outra e, no entanto, todas se *prendem* umas às outras" (LE, 589; GE, VI:11).

Comentando a resposta dos Espíritos à questão 585 de *O Livro dos Espíritos*, Kardec afirma que esses quatro graus apresentam caracteres determinados, muito embora pareçam confundir-se nos seus limites extremos:

> [...] *A matéria inerte*, que constitui o reino mineral, só tem em si uma força mecânica. As *plantas*, ainda que compostas de matéria inerte, são dotadas de *vitalidade*. Os *animais*,

[264]Primeira parte, cap. IX.

> também compostos de matéria inerte e igualmente dotados de vitalidade, possuem, além disso, uma espécie de inteligência instintiva, limitada. O *homem*, tendo tudo o que há nas plantas e nos animais, domina todas as outras classes por uma inteligência especial, indefinida, que lhe dá a consciência de seu futuro, a percepção das coisas extramateriais e o conhecimento de Deus.
>
> Os *animais* (LE, 592 a 610) não são simples máquinas, [...]. Contudo, a liberdade de ação, de que desfrutam, é limitada pelas suas necessidades e não se pode comparar à do homem. Sendo muitíssimo inferiores a este, não têm os mesmos deveres que ele. *A liberdade, possuem-na restrita aos atos da vida material* (LE, 595).

Os animais constituem princípios inteligentes (*elementos inteligentes em elaboração*), podendo-se dizer, portanto, que *têm uma espécie de alma*, embora inferior à do homem (LE, 597). Em vista disso, *também possuem, necessariamente, tal como os homens, um laço semimaterial* [corpo bioplásmico] que os prende ao corpo físico, um *modelo organizador biológico*.

Como visto no início do item 5.3.3, em meados do século XX, um casal de cientistas russos (Drs. Kirlian) descobriu a presença de uma estrutura de plasma físico, constituída de partículas atômicas, nos *vegetais*, nos *animais* e no *homem*, chegando inclusive a fotografá-la, com câmeras especiais. Os cientistas denominaram esse campo de corpo bioplásmico, identificando-o como um *campo magnético regulador e aglutinador da estru-*

tura e das funções do corpo orgânico, elemento denominado, pelo Codificador, de *perispírito* (LE, 93).

> Ainda que isso lhe fira o orgulho [alerta o Codificador], tem o homem que se resignar a não ver no *seu corpo material* mais do que o *último anel da animalidade na Terra*. [...]
>
> Todavia [prossegue Kardec], quanto mais o corpo diminui de valor aos seus olhos, tanto mais cresce de importância o princípio espiritual. [E conclui:] Se o primeiro o nivela ao bruto, o segundo o eleva a incomensurável altura. *Vemos o limite extremo do animal: não vemos o limite a que chegará o Espírito do homem* (GE, X:29).

Os assim chamados "*elos perdidos*" entre a espécie animal e hominal se devem, segundo os Espíritos superiores, à *transição* que o princípio inteligente sofre no mundo espiritual, onde prossegue elaborando o seu veículo sutil (perispírito), correspondente ao grau evolutivo em que se encontra; e, *ainda na atualidade, os Instrutores espirituais intervêm na melhoria das formas evolutivas inferiores, nas quais o princípio inteligente estagia*, como explica o Espírito André Luiz, no livro *Evolução em dois mundos*,[265] psicografado pelo médium Francisco Cândido Xavier.

É para esse ponto que convergem as pesquisas da Ciência biológica dos nossos tempos, sancionando a *teoria evolutiva* concebida pelo inglês Charles Darwin

[265] Segunda parte, cap. 18.

(1809-1882), considerado o "pai do evolucionismo", de que *o homem provém dos seres inferiores da Criação.* Segundo essa teoria, comentada por Carlos Graieb, na revista *Veja*,[266] editada pela Abril,

> As várias espécies de vida não foram criadas já "prontas", mas evoluíram no correr das eras, obedecendo ao princípio da "*seleção natural*" [...]. Enquanto escrevia *A origem das espécies*, Darwin se viu atormentado por uma dúvida: abordar ou não a evolução humana. Ele sabia que os religiosos atacariam violentamente o livro. Falar sobre o homem era jogar mais lenha na fogueira. Assim, ele *apenas deixou implícito que os humanos tinham evoluído de ancestrais primitivos*, em vez de ter sido criados "à imagem e semelhança de Deus" [...].
>
> Observando animais domésticos e selvagens, Darwin demonstra que a *habilidade de expressar emoções* não é algo que torne os humanos especiais, pelo contrário: *é algo que compartilhamos com todos os outros bichos.* A segunda parte do argumento é mais importante. *Ela diz que os "movimentos expressivos" também são fruto da evolução, ou seja, se consolidaram nas espécies ao longo do tempo.* [...]
>
> Darwin passou uma década procurando a melhor forma de abordar "o problema do homem". Foram precisos quase vinte anos para que ele desse forma à teoria da evolução. No volume de sua correspondência, há páginas fundamentais sobre seu método de trabalho, suas dúvidas e certezas. Em 1844, por exemplo, ele fez suas primeiras confissões a um

[266] 2000, março, p. 150.

> colaborador: "*Estou quase convencido de que as espécies não são* (isto é como confessar um assassinato) *imutáveis*" [...].
>
> *O século XX foi pródigo na derrubada de totens* [mitos]. *Karl Marx* veio ao chão com o Muro de Berlim. *Sigmund Freud* ficou capenga, pois muitas de suas hipóteses não puderam ser comprovadas. *Mas Darwin resistiu e resiste aos ataques mais duros.* Hoje, a maioria de seus opositores se reúne sob o rótulo do *criacionismo*. Eles continuam defendendo a idéia de que Deus criou as formas de vida tais como elas são. De tempos a tempos, até obtêm uma vitória política. Em 1999, no estado americano do Kansas, impediram por lei que a evolução fosse ensinada em algumas escolas. *Mas, no campo estritamente científico, não adianta espernear: a Biologia é uma disciplina darwinista.* (Destacamos)

É certo que não há unanimidade a respeito dessa questão, até porque *os Espíritos, mesmo os superiores, não sabem tudo*, ou, quando sabem, muitas vezes não nos podem fazer revelações prematuras, mas optamos pela abalizada opinião de Emmanuel, externada no livro que leva o mesmo nome do autor espiritual:[267]

> OS ANIMAIS – NOSSOS PARENTES PRÓXIMOS.
>
> Se bem haja no próprio círculo dos estudiosos dos espaços o grupo dos opositores das grandes idéias sobre o evolucionismo do princípio espiritual através das espécies, sou dos que o estudam, atenta e carinhosamente [...] e dentro de minhas experiências, posso afirmar, sem laivos de dogmatismo, que, oriundos da flora microbiana, em séculos remo-

[267] Cap. XVII.

> tíssimos, não poderemos precisar onde se encontra o *acume das espécies* ou da escala dos seres, no pentagrama universal. E, como o objetivo desta palestra é o estudo dos *animais*, nossos *irmãos inferiores*, sinto-me à vontade para declarar que *todos nós já nos debatemos no seu acanhado círculo evolutivo*. São eles os nossos *parentes próximos*, apesar da teimosia de quantos persistem em o não reconhecer. (Destacamos)

Sobre essa questão, a título de complementação, remetemos o leitor ao item 5.3.1.4, onde tratamos da Lei de Progresso, e ao cap. 8, onde estudamos a *criação divina*.

9. Conclusão

"E conhecereis a verdade, e a verdade vos libertará."
(JOÃO, 8:32.)

CHEGAMOS AO fim deste trabalho, conscientes de suas limitações, as quais refletem as nossas próprias, visto que o conhecimento enciclopédico, nas condições evolutivas atuais, é muito raro. Alguém já disse que *o especialista sabe tudo sobre nada e o clínico geral sabe nada sobre tudo!* E a Doutrina Espírita ensina que *nenhum de nós reúne faculdades completas,* daí a necessidade imperiosa de vivermos em sociedade para aprendermos uns com os outros.

Apesar dessas deficiências, reconhecemos que este é um trabalho embrionário que pretendemos, se Deus nos permitir, *aprimorar e atualizar em futuras edições,* à medida que formos aprofundando o estudo e recebendo as sugestões e as críticas dos leitores e dos amigos espirituais, uma vez que nos consideramos em *permanente aprendizado.*

Se a obra servir pelo menos como objeto de *reflexão e estímulo à pesquisa*, a respeito das *leis muitas vezes insondáveis do Criador*, já nos damos por satisfeitos. Reiteramos, entretanto, que *a nossa meta foi proporcionar uma* visão panorâmica *da espinha dorsal da Doutrina Espírita*. Esperamos ter alcançado este objetivo.

Por isso mesmo nos preocupamos em apresentar a Doutrina também sob uma *perspectiva histórica*, como forma de mostrar ao leitor, dentro da maior coerência possível, o alcance da proposta espírita nos tempos que correm.

O conhecimento, por mais superficial que seja, da época, do lugar e dos costumes da sociedade em que os fatos se deram facilita em muito a análise da proposta redentora dos grandes missionários que visitam a Terra, periodicamente, para nos trazer a revelação das verdades divinas.

E, por falar nisso, muitos se perguntam por que o Espiritismo não vingou na Europa positivista do século XIX, esquecendo-se de que a *reencarnação* proporcionou o renascimento de vários personagens daquela época em terras brasileiras, onde a mensagem de Jesus encontrou muito mais eco, no coração dos sofredores e dos pobres pelo espírito (ESE, VII), *longe dos conflitos da guerra e da prepotência da suposta superioridade do homem tecnológico e econômico.*

Como explica o grande escritor francês Victor Hugo (1802-1885), no livro *Árdua Ascensão*,[268] psicografado pelo médium e orador Divaldo Pereira Franco,

> A alma francesa contribuiria com o tesouro cultural para os primórdios da "fé raciocinada", contudo, *seria num continente jovem, num povo em formação*, no qual se caldeavam raças e caracteres, que mais ampla e facilmente se desenvolveria, especialmente, levando-se em conta a *falta de carmas coletivos* naquela nacionalidade.
>
> A França, onde renasceram os atenienses, estava assinalada por glórias e misérias, guerras externas e lutas intestinas que lhe não permitiriam, por enquanto, a dilatação dos ensinamentos cristãos nos enfoques da vivência moderna, demonstrando moralmente a grandeza do Espiritismo.
>
> Desse modo, tão logo estivesse implantado o ideal espírita, seria trasladada a árvore evangélica, de cuja seiva a ciência se sustentaria para os arrojados cometimentos futuros e em cuja filosofia racional as criaturas se nutririam, adquirindo o vigor para as existências enobrecidas.
>
> O Brasil, porque *destituído de débitos coletivos, mais graves*, houvera sido escolhido para esse segundo período da realização e crescimento espiritista.
>
> Sem comentar os acontecimentos de menor gravidade histórica, a *escravatura negra* e a *Guerra do Paraguai* pesam-lhe na economia evolutiva.
>
> A primeira como herança dos colonizadores, que a princesa Isabel encerrou, mediante a Lei Áurea, e a segunda, a nação, no futuro se reabilitaria, por meio de inestimável auxílio ao

[268] Segunda parte, cap. I, "O porquê do Espiritismo no Brasil".

> progresso do país irmão, que lhe fora vítima, após a provocação perpetrada pelo seu então ditador Lopez...
>
> Convencionou-se, desse modo, que muitos franceses fossem transferidos, em Espírito, para as terras novas, a fim de receberem a Doutrina, oportunamente, quando para o continente sul-americano fosse transportada.
>
> Esse *acordo* precedeu ao renascimento de Allan Kardec, em Lyon, que anuíra de boa mente com o estabelecido.
>
> Sem embargo, porque na psicosfera da nacionalidade francesa permanecessem dezenas de milhares de *revolucionários frustrados, infelizes*, vitimados pela arma de José Guillotin, que os ventres das mulheres aturdidas se negavam a receber em maternidade redentora, assim abortando em larga escala, *foi concertado que o Brasil receberia esses Espíritos sofridos, de modo a auxiliá-los no processo da evolução*, reparando as faltas e ajustando-se à linha do progresso intelecto-moral, *ao mesmo tempo que contribuiriam para a* fraternidade *e a* liberdade de consciência *de que o Espiritismo se faz paradigma por excelência.* (Destacamos)

Quanto ao conteúdo doutrinário, demos ênfase ao *aspecto tríplice* (Ciência, Filosofia e Religião), examinado à semelhança de um bloco monolítico, que muitos desconhecem, na suposição de que o Espiritismo se restrinja a uma facção ou segmento religioso.

Dentro desse espectro, realçamos as *Leis Morais* reveladas pelos Espíritos benfeitores e tão bem articuladas por Kardec, na primeira obra básica (*O Livro dos Espíritos*), *que nos despertam os sentimentos adormecidos e nos convidam, incessantemente, à prática do bem.*

A distinção entre *Movimento Espírita* e *Doutrina Espírita* também não foi esquecida, centrada na reflexão que nos auxilia a distinguir entre o que *somos no presente* e aquilo que *almejamos ser no futuro*.

A apresentação dos *princípios básicos da Doutrina*, em harmonia com as *Leis Morais*, constituiu o *núcleo* de nossos estudos, revelando-se como o esteio ou o esqueleto do edifício doutrinário. Em nossa *humilde tentativa de síntese*, esforçamo-nos em demonstrar a *relação intrínseca que os princípios doutrinários guardam entre si*, como assuntos interdependentes que são, exigindo, por isso, reflexão mais profunda por parte do leitor.

Como adverte o eminente escritor espírita francês Léon Denis, na fenomenal obra *O problema do ser, do destino e da dor*,[269] ao chamar a atenção para as *bases éticas do Espiritismo*,

> [...] A *dor* [o sofrimento] será necessária enquanto o homem não tiver posto o seu *pensamento* e os seus *atos* de acordo com as leis eternas; deixará de se fazer sentir logo que se fizer a harmonia. *Todos os nossos males provêm de agirmos num sentido oposto à corrente divina*; se tornarmos a entrar nessa corrente, a dor desaparece com as causas que a fizeram nascer.
>
> Por muito tempo ainda a Humanidade terrestre, ignorante das leis superiores, inconsciente do futuro e do dever, precisará da dor para estimulá-la na sua via, para transformar o que nela predomina, os instintos primitivos e grosseiros,

[269] Terceira parte, cap. XXVI.

em sentimentos puros e generosos. Por muito tempo terá o homem de passar pela iniciação amarga para chegar ao conhecimento de si mesmo e do alvo a que deve mirar. Presentemente ele só cogita de aplicar suas faculdades e energias em combater o sofrimento no plano físico, a aumentar o bem-estar e a riqueza, a tornar mais agradáveis as condições da vida material; mas será em vão. Os sofrimentos poderão variar, deslocar-se, mudar de aspecto; *a dor persistirá, enquanto o egoísmo e o interesse regerem as sociedades terrestres, enquanto o pensamento se desviar das coisas profundas, enquanto a flor da alma não tiver desabrochado.*

Todas as doutrinas econômicas e sociais serão impotentes para reformar o mundo, para aliviar os males da Humanidade, porque assentam em base muito acanhada e porque põem só na vida presente a razão de ser, o fim da existência e de todos os esforços. Para acabar com o mal social é necessário elevar a alma humana à consciência do seu papel, *fazer-lhe compreender que sua sorte somente dela depende e que sua felicidade será sempre proporcional à extensão de seus triunfos sobre si mesma e de sua dedicação às outras.* Então a questão social será resolvida por meio da substituição do personalismo exclusivo e apertado, pelo altruísmo. Os homens sentir-se-ão irmãos, irmãos e iguais perante a Lei Divina, que distribui a cada um os bens e os males necessários à sua evolução, os meios de vencer-se e acelerar sua ascensão. Somente daí em diante a dor verá seu império restringir-se. Fruto da ignorância e da inferioridade, fruto do ódio, da inveja, do egoísmo, de todas as paixões animais que se agitam ainda no fundo do ser humano, desaparecerá com as causas que a produzem, graças a uma educação mais elevada, à realização em nós da beleza moral, da justiça e do amor. (Destacamos)

Não adianta dizermos que pertencemos a esta ou àquela religião, a este ou aquele segmento filosófico-racional. Não basta permanecermos orando o tempo todo ou só estudando. Faz-se imprescindível *aliar o estudo à prática do dia-a-dia*, porque, como disse o apóstolo Tiago, *"a fé sem obras é morta"* e, como completou André Luiz, *"a fé sem obras é irmã das obras sem fé"*.

Eis a solução para os *problemas do mundo*, adaptada da mensagem edificante de Bezerra de Menezes:

> O mundo está repleto de *ouro*:
> – Ouro no solo, ouro no mar, ouro nos cofres;
> – Mas o ouro não resolve o problema da *miséria*.
> O mundo está repleto de *espaço*:
> – Espaço nos continentes, espaço nas cidades, espaço nos campos;
> – Mas o espaço não resolve o problema da cobiça.
> O mundo está repleto de *cultura*:
> – Cultura de ensino, cultura na técnica, cultura na opinião;
> – Mas a cultura da inteligência nao resolve o problema do *egoísmo*.
> O mundo está repleto de *teorias*:
> – Teorias na ciência, teorias nas escolas filosóficas, teorias nas religiões;
> – Mas as teorias não resolvem os problemas do *desespero*.
> O mundo está repleto de *organizações*:
> – Organizações administrativas, organizações econômicas, organizações sociais;
> – Mas as organizações não resolvem o problema do *crime*.
> Para extinguir a chaga da miséria acalentada pela ignorância;

Para dissipar a sombra da cobiça que gera a *ilusão*;
Para exterminar o monstro do egoísmo que promove a *loucura*;
Para vencer o fantasma do desespero que se alimenta da *falta de fé*;
E para remover o charco do crime que carreia o *infortúnio*:
– *O único remédio eficiente é o Evangelho de Jesus no coração humano.*
Por isso, na construção da Humanidade Nova, faz-se necessário estendermos a Doutrina Espírita que desentranha o Evangelho da letra, irradiando a influência e a inspiração do Divino Mestre, pela emoção e pela idéia, pela diretriz e pela conduta, pela palavra e, sobretudo, pelo exemplo.
Parafraseando o conceito inesquecível de Allan Kardec, em torno da *caridade*, proclamemos aos problemas do mundo:
– FORA DO CRISTO NÃO HÁ SOLUÇÃO.

E por falar nisso, como está a nossa vida?

Como temos nos relacionado com os nossos familiares: nosso pai, nossa mãe, nossos irmãos, nossos filhos, esposa ou esposo?

De que maneira tratamos as pessoas que estão fora de nosso círculo consangüíneo e de amizade?

Como nos conduzimos na vida profissional, na escola, na universidade, no clube, no trânsito, na vida pública, em relação às outras pessoas com quem convivemos?

De que forma reagimos a uma ofensa? A um gesto de agressão? A uma calúnia? A uma ingratidão? A uma decepção na vida? E a um problema familiar? À perda de um ente querido? A uma doença incurável?

E o que vimos fazendo em favor dos ignorantes, dos necessitados? Dos carentes? Dos enfermos da carne e do espírito?

Como alertam os Espíritos superiores, não basta deixar de fazer o mal. *É preciso também fazer todo bem que estiver ao nosso alcance, no limite de nossas forças, porquanto responderemos por todo mal que resultar de não havermos praticado o bem* (LE, 642).

E não há outra maneira de amar, se não formos caridosos. E a caridade é um sol de mil faces (LE, 886); ser caridoso também é ser benevolente, tolerante, paciente, humilde. É – como ensinou Jesus – *fazer para os outros o que desejamos que nos façam*. Como não queremos que nos façam o mal, mas todo o bem possível, assim também devemos agir para com eles, familiares, parentes, amigos, estranhos e até inimigos.

A obrigação do espírita ou de qualquer cristão é ser trabalhador do bem, dando sua parte, por pequena que seja, *na luta por um mundo melhor. A montanha não existiria se não fossem os pequeninos grãos de areia. E o que seria do oceano se não existissem as humildes gotas de água?* Logo, qualquer esforço que fizermos para melhorar o mundo à nossa volta – mínimo que seja –, *começando por nós mesmos*, constitui iniciativa importante que concorre para a execução dos desígnios da Providência, como bem advertiram os Espíritos da Codificação, na questão 573 de *O Livro dos Espíritos*, ao tratarem da missão dos Espíritos encarnados:

> *Em que consiste a missão dos Espíritos encarnados?*
>
> Em instruir os homens, em lhes auxiliar o progresso; em lhes melhorar as instituições, por meios diretos e materiais. As missões, porém, são mais ou menos gerais e importantes. O que cultiva a terra desempenha tão nobre missão, como o que governa, ou o que instrui. Tudo em a Natureza se encadeia. Ao mesmo tempo que o Espírito se depura pela encarnação, concorre, dessa forma, para a execução dos desígnios da Providência. Cada um tem neste mundo a sua missão, porque todos podem ter alguma utilidade.

Podemos fazer tudo isso, cuidando melhor de nossas atitudes, vigiando nosso comportamento diário, sendo mais atenciosos e gentis, vendo nos outros mais qualidades e, finalmente, sendo mais exigentes para conosco mesmos, porque, já foi dito alhures, *"o homem inferior julga os outros, o superior julga a si mesmo"*.

A Terra é um mundo de categoria moral inferior, haja vista o panorama lamentável em que se encontra a Humanidade. Contudo, nosso *Planeta de Provas e Expiações* (ESE, III:13 a 15), seguindo a Lei implacável da evolução, está caminhando para se transformar em *Esfera de Regeneração*, quando, finalmente, *o bem sobrepujará o mal!* (ESE, III:16 a 18.)

O progresso da Humanidade, sem dúvida, é *lento*, muito lento mesmo, mas *constante* e *ininterrupto*. Ainda quando pareça estar regredindo, o que ocorre em certos períodos transitórios, esse *aparente recuo* não é senão o *prenúncio de nova etapa de ascensão*.

A nossa morada passa, atualmente, por um *período de transição* muito importante. Entramos em um final de ciclo ou estágio (não fim do mundo), denominado, alegoricamente, de "*finais dos tempos*", onde se processa, *lenta e gradualmente*, a seleção de almas, ou "a separação do joio do trigo". *É a hora do parto doloroso. De alguma forma, todos estamos sendo convocados aos testemunhos mais difíceis*. Os que não se adaptarem ao novo padrão vibratório que imperará, futuramente, serão expurgados, à medida que forem desencarnando, para outros orbes menos adiantados moral e intelectualmente (LE, 1019).

Prestemos atenção na "*Lembrança oportuna*" do nosso Benfeitor espiritual Bezerra de Menezes, publicada na revista *Reformador*,[270] sempre a nos advertir de que *a hora é de aferição de valores e de conquistas morais*. Nesse processo, as Leis Divinas estão permitindo que *milhares de Espíritos desencarnados*, ainda ignorantes, muitos dos quais não terão mais condições de reencarnar neste planeta, *influenciem as mentes dos encarnados* que se afinizem com os seus valores. Sendo assim, por *falta de vigilância, oração e trabalho no bem*, muitas pessoas, inclusive portadoras de grandes virtudes, estão sendo arrastadas para *lamentáveis quedas*

[270] 1992, junho, p. 11 (FEB).

morais. Compreende-se, por isso, a escalada de *violência* que vem assolando todo o planeta, principalmente nosso Brasil, que abriga Espíritos de todas as tendências.

Sobre a *transição* que atravessamos, antes, porém, sopesemos as palavras de André Luiz, no livro *Os Mensageiros*,[271] psicografado por Francisco Cândido Xavier:

> É indispensável socorrer os que enfrentam, corajosos, *as profundas transformações do planeta*.
>
> As transições essenciais da existência na Terra encontram a maioria dos homens absolutamente *distraídos das realidades eternas*. A *mente humana* abre-se, cada vez mais, para o contato com as expressões invisíveis, dentro das quais funciona e se movimenta. *Isto é uma fatalidade evolutiva*. Desejamos e necessitamos auxiliar as criaturas terrestres; todavia, contra a extensão de nosso concurso fraterno, operam dilatadas correntes de incompreensão. Não relacionamos apenas a ação da ignorância e da perversidade. *Age, contraditoriamente, nesse particular, grande número de forças do próprio espiritualismo*. Combatem-nos algumas escolas cristãs, como se não colaborássemos com o Mestre Divino. A Igreja Romana classifica-nos a cooperação como diabólica. A Reforma Luterana, em seus matizes variados, persegue-nos a colaboração amistosa. E há correntes espiritualistas de elevado teor educativo, que nos malsinam a influência, *por quererem o homem aperfeiçoado de um dia para o outro*, rigorosamente redimido a golpe instantâneo da vontade, sem realização metódica.
>
> No campo de nosso conhecimento da vida, não podemos condená-los pelo desentendimento atual. O *Catolicismo ro-*

[271] Cap. 5, "Ouvindo instruções".

mano tem suas razões ponderáveis; o *Protestantismo* é digno de nosso acatamento; as escolas espiritualistas possuem notáveis edificações. Toda expressão religiosa é sagrada, todo movimento superior de educação espiritual é santo em si mesmo. Temos, então, diante de nós, *a incompreensão dos bons*, que constitui dolorosa prova para todos os trabalhadores sinceros, porque, afinal, não estamos fazendo obra individual e sim promovendo movimento libertador da consciência humana, *a favor da própria idéia religiosa do mundo.*

Sacerdotes e intérpretes dos núcleos organizados da religião e da filosofia não percebem ainda que *o espírito da Revelação é progressivo, como a alma do homem.* As concepções religiosas se elevam com a mente da criatura. Muitas igrejas não compreendem, por enquanto, que não devemos espalhar a crença nos tormentos eternos para os desventurados, e sim a certeza de que há homens infernais criando infernos para si mesmos.

Não podemos, porém, perder tempo no exame da teimosia alheia. Temos serviços complexos e dilatados. E, como dizíamos, *a Humanidade terrena aproxima-se, dia a dia, da esfera de vibrações dos invisíveis de condição inferior, que a rodeiam em todos os sentidos.* Mas, segundo reconhecemos, esmagadora percentagem de habitantes da Terra não se preparou para os atuais acontecimentos evolutivos. E os mais angustiosos conflitos se verificam no sendal humano. A Ciência progride vertiginosamente no planeta, e, no entanto, *à medida que se suprimem sofrimentos do corpo, multiplicam-se as aflições da alma.* Os jornais do mundo estão cheios de notícias maravilhosas, quanto ao progresso material. Segredos sublimes da Natureza são surpreendidos nos domínios do mar, da terra e do ar; mas a estatística dos crimes

> humanos é espantosa. Os assassínios da guerra apresentam requintes de perversidade muito além dos que foram conhecidos em épocas anteriores. *Os homicídios, os suicídios, as tragédias conjugais, os desastres do sentimento, as greves, os impulsos revolucionários da indisciplina, a sede de experimentação inferior, a inquietação sexual, as moléstias desconhecidas, a loucura invadem os lares humanos. Não existe em país algum preparação espiritual bastante para o conforto físico.* Entretanto, esse conforto tende a aumentar naturalmente. O homem dominará, cada vez mais, a paisagem exterior que lhe constitui moradia, embora não se conheça a si mesmo. Atendido, porém, o corpo revelará as necessidades da alma e vemos agora a criatura terrestre assoberbada de problemas graves, *não só pelas deficiências de si própria, senão também pela espontânea aproximação psíquica com a esfera vibratória de milhões de desencarnados*, que se agarram à crosta planetária, sequiosos de renovar a existência que menosprezaram, sem maior consideração aos desígnios do Eterno. (Destacamos)

Não devemos, entretanto, encarar esses estridentes episódios somente pelo aspecto negativo, uma vez que, induvidosamente, todos, sem exceção, estamos sendo despertados, com maior ênfase, para as realidades eternas, numa última oportunidade ao chamamento dos que herdarão a Terra.

Como adverte o sublimado Espírito Bezerra de Menezes, na mensagem referida ("Lembrança oportuna"),[272]

[272] 1992, junho, p. 11 (FEB).

> Estamos no limiar de uma Nova Era e no crepúsculo da cultura e da civilização do passado. Abrem-se-nos as perspectivas de um *período novo* que vem sendo anunciado através dos evos [eternidade]. Momento grave este que vivemos no planeta, quando os valores éticos enobrecidos cedem lugar ao desequilíbrio e às manifestações do primitivismo, que devem desaparecer – para sempre – da estrutura psicológica da criatura humana.
>
> A *decadência da ética* e a revolução que se apresenta como indispensável para as novas propostas de valorização da criatura humana asfixiam a identidade superior do Espírito, reduzindo-o a escombros que se demoram no letargo [indiferença] das *paixões inferiores.* [...]
>
> Momento difícil este, em que a criatura humana sente-se aturdida, *sem parâmetros para selecionar os valores que lhe devem conduzir o comportamento.* [...] É, também, o chamamento para a decisão que deve caracterizar aqueles que ouviram Jesus e se comprometeram com ele em regime de totalidade.
>
> *Tende cuidado*, porque, na hora da demolição das construções antigas e perversas, é possível que muitas edificações enobrecidas sejam postas abaixo pela fúria destruidora. Permanecei *vigilantes*, porque as provocações da insensatez e as manifestações da agressividade chegar-vos-ão às portas do sentimento, perturbando-vos e arrastando-vos a situações lamentáveis, de que vos dareis conta de imediato, porém, tardiamente [...].

A sentença de ordem é *vigiar e orar* – acentua o bondoso *médico dos pobres* na referida mensagem –, perseverando nos *deveres* (ESE, XVII:7) e abraçando a cruz da *renúncia pessoal*. A hora – conclui – é de *servir e passar*, ignorados talvez, nunca ignorantes da Verdade, desprezados possivelmente, jamais desprezíveis diante da consciência ilibada.

Em resumo, é preciso aproveitar bem a nossa sagrada oportunidade de ter reencarnado neste planeta, escola e oficina indispensável ao aperfeiçoamento do espírito.

Com muita propriedade, Kardec asseverou que *fé inabalável é somente aquela que pode encarar a razão, face a face, em todas as épocas da Humanidade e que o verdadeiro espírita é reconhecido por sua transformação moral e pelos esforços que faz para domar suas más inclinações* (ESE, XVII:4).

A fé cega está cedendo lugar à fé raciocinada. Para podermos crer de verdade, antes de tudo, precisamos *compreender* e *sentir* aquilo que devemos crer. É o convite que a Doutrina Espírita nos faz, traçando o objetivo supremo de levar o indivíduo à *transformação íntima*, ao burilamento interior, *ao conhecimento e à conquista de si mesmo*.

Somos considerados os "*trabalhadores da última hora*" (ESE, XX). Nesse mister, incumbe-nos conciliar nossas ocupações normais e nosso tempo, como homens do mundo, em prol da divulgação dessas Leis Divinas, ao mesmo tempo em que praticamos a *caridade*, com *desinteresse* e com *abnegação* (LE, 895 e 912), *sem que a mão esquerda saiba o que dá a direita* (ESE, XIII).

Sendo assim, *o espírita consciente não se limita a tomar passes e a assistir a palestras na Casa Espírita.* Como adverte José Herculano Pires, o Espiritismo não é uma religião de favorecimentos pessoais, não fundou nenhuma igreja e não está em nenhum templo, mas no *coração* daqueles que desejam sinceramente progredir e servir ao próximo.

O Espiritismo nos ensina a pensar como *Espíritos imortais*, levando-nos *a estar no mundo sem ser do mundo!* Nossa missão – de Espíritos encarnados – insiste-se, é colaborar para a transformação da sociedade, a partir de nossa própria transformação moral, ao mesmo tempo em que lutamos pela iluminação intelectual – as duas asas do progresso.

Em suma, a proposta do Espiritismo é resgatar a criatura humana pela Educação, que, bem compreendida e bem aplicada, é a chave do progresso moral (LE, 917).

O resto virá por si mesmo: "Mas buscai primeiro o Reino de Deus, e a sua justiça, e todas essas coisas vos serão acrescentadas".[273]

Por isso, *faz-se imprescindível pregar, acima de tudo, pelo exemplo, procurando mudar nossos hábitos*, substituindo-os por outros melhores, atentos ao pensamento de anônimo poeta:

---

[273] MATEUS, 6:33.

> Vigiemos nossos pensamentos, porque eles se converterão em palavras.
> Vigiemos nossas palavras, porque elas se transformarão em atos.
> Vigiemos nossos atos, porque eles formarão os nossos hábitos.
> Vigiemos nossos hábitos, porque eles moldarão o nosso caráter.
> Vigiemos o nosso caráter, porque ele formará o nosso DESTINO.

É com esse espírito crítico, de pesquisa, que o convidamos a estudar o Espiritismo. *Ao final desta leitura, esperamos que você tenha muitas dúvidas e perguntas a fazer.* Se tiver, é sinal de que está pronto para iniciar uma investigação mais profunda a respeito das leis que nos governam.

Referências Bibliográficas

ANDRADE, Jayme. *O Espiritismo e as igrejas reformadas.* 1ª ed. Capivari (SP): EME, 1983.

BRASIL, Sociedade Bíblica do. *A Bíblia Sagrada.* Trad. de João Ferreira de Almeida. São Paulo: Cia. Brasileira de Impressão e Propaganda, 1969.

CHAVES, José Reis. *A reencarnação segundo a Bíblia e a Ciência.* 3ª ed. São Paulo: Martin Claret 1998.

CIAMPONI, Durval. *A evolução do princípio inteligente.* 2ª ed. São Paulo: Feesp, 1999.

______. *Reprodução assistida à luz do Espiritismo.* 1ª ed. São Paulo: Feesp, 2001.

COMPRI, Maria T. *Evangelho no lar à luz do Espiritismo.* 9ª ed. São Paulo: Feesp, 1996.

DELANNE, Gabriel. *A Reencarnação.* 8ª ed. Rio de Janeiro: FEB, 1992.

DENIS, Léon. *O problema do ser, do destino e da dor*. S.t. 16ª ed. Rio de Janeiro: FEB, 1991.

DURANT, Will. *A história da Filosofia*. Trad. de Luiz Carlos do Nascimento Silva. S.l.: Nova Cultural (Círculo do Livro Ltda.), 1996.

FEB – Federação Espírita Brasileira. *Apostila do Esde – Estudo sistematizado da Doutrina Espírita*. Movimento Espírita. Rio de Janeiro: 1996.

______. *Orientação ao Centro Espírita*. 1ª ed. Rio de Janeiro: 2007.

FRANCO, Divaldo Pereira. *Árdua Ascensão*. Pelo Espírito Victor Hugo. 3ª ed. Salvador (BA): Leal, 1985.

______. *Dias Gloriosos*. Pelo Espírito Joanna de Ângelis. 3ª ed. Salvador (BA): Leal, 1999.

GOTTMAN, John. *Inteligência emocional e a arte de educar nossos filhos*. Trad. de Adalgisa Campos da Silva. Rio de Janeiro: Objetiva, 1997.

IMBASSAHY, Carlos de Brito. *Arquitetos do Universo* – o outro lado da Física à luz da ciência espírita. 1ª ed. São Paulo: DPL, 2002.

INCONTRI, Dora. *Pestalozzi: educação e ética*. 1ª ed. São Paulo: Scipione, 1997.

JORNAL *Correio Fraterno*.

Diário de São Paulo.

Folha de São Paulo.

Jornal Espírita.

Lavoura e Comércio.

KARDEC, Allan. *A Gênese*. Trad. de Guillon Ribeiro. 34ª ed. Rio de Janeiro: FEB, 1991.

______. *Obras Póstumas.* Trad. de Guillon Ribeiro. 22ª ed. Rio de Janeiro: FEB, 1987.

______. *O Céu e o Inferno*. Trad. de Manuel Justiniano Quintão. 36ª ed. Rio de Janeiro: FEB, 1990.

______. *O Evangelho segundo o Espiritismo*. Trad. de Guillon Ribeiro. 115ª ed. Rio de Janeiro: FEB, 1998.

______. *O Livro dos Espíritos*. Trad. de Guillon Ribeiro. 75ª ed. Rio de Janeiro: FEB, 1994.

______. *O Livro dos Médiuns*. Trad. de Guillon Ribeiro. 61ª ed. Rio de Janeiro: FEB, 1995.

______. *O que é o Espiritismo*. 37ª ed. Rio de Janeiro: FEB, 1995.

______. *Revista Espírita* – Jornal de estudos psicológicos (*Revue Spirite*). Trad. de Evandro Noleto Bezerra. Rio de Janeiro: FEB.

LAKATOS, Eva e MARCONI, Maria de Andrade. *Fundamentos de metodologia científica.* 3ª ed. São Paulo: Atlas, 1991.

LEX, Ary. *Pureza Doutrinária*. 3ª ed. São Paulo: Feesp, 1996.

LISSO, Wlademir. *Doação de órgãos e transplantes.* 1ª ed. São Paulo: Feesp, 1998.

MENEZES, Bezerra de. *Estudos filosóficos.* 3 v., 1ª ed. São Paulo: Edicel, 1977.

MIRANDA, Projeto Manoel Philomeno de. *Terapia pelos passes.* 5ª ed. Salvador (BA): Leal, 1996.

OLIVEIRA, Therezinha. *Estudos espíritas do Evangelho.* Coleção: estudos e cursos. 3ª ed. Capivari (SP): EME, 1997.

PASTORINO, Carlos Torres. *Minutos de sabedoria.* 33ª ed. Petrópolis (RJ): Vozes, 1993.

PIRES, José Herculano. *Agonia das Religiões.* 2ª ed. São Paulo: Paidéia Ltda., 1984.

______. *A visão espírita da Bíblia.* 3ª ed. São Bernardo do Campo (SP): Correio Fraterno do ABC, 1991.

______. *Curso dinâmico de Espiritismo* – o grande desconhecido. 3ª ed. Minas Gerais: J. Herculano Pires, 1995.

______. *Educação para a morte.* 1ª ed. São Bernardo do Campo (SP): Correio Fraterno do ABC, 1984.

______. *Introdução à Filosofia Espírita.* 3ª ed. São Paulo: Feesp, 2000.

______. *Obsessão, o passe, a doutrinação.* 5ª ed. São Paulo: Paidéia Ltda., 1992.

______. *O Centro Espírita.* 2ª ed. São Paulo: Lake, 1987.

______. *O Espírito e o tempo – Introdução antropológica ao Espiritismo.* 3ª ed. São Paulo: Edicel, 1979.

______. *Revisão do Cristianismo.* 2ª ed. São Paulo: Paidéia Ltda., 1983.

RAINERI, Graciela Fernández e outros. *Deixem-me viver.* Trad. de José Sánchez Fernández e Yole Bionde Sánchez. 6ª ed. Capivari (SP): Mensagem de Esperança, 1994.

REVISTA *Planeta*. Edição Histórica. São Paulo: Três.

Reformador. Rio de Janeiro: FEB.

Veja. São Paulo: Abril.

SILVA, Severino Celestino da. *Analisando as traduções bíblicas.* 3ª ed. João Pessoa (PB): Idéia, 2001.

TONELLO, Márcia e outros. *Guia da cidadania.* Suplemento do Almanaque Abril 2001. São Paulo: Abril, 2001.

VIEIRA, Waldo. *Conduta espírita.* Pelo Espírito André Luiz. 15ª ed. Rio de Janeiro: FEB, 1991.

WANTUIL, Zêus e THIESEN, Francisco. *Allan Kardec.* 3 v. il. 1ª ed. Rio de Janeiro: FEB, 1979.

WEISS, Brian L. *Muitas vidas, muitos mestres.* 1ª ed. Rio de Janeiro: GMT, 1998.

XAVIER, Francisco Cândido. *Brasil, Coração do Mundo, Pátria do Evangelho.* 21ª ed. Rio de Janeiro: FEB, 1995.

______. *E a vida continua...* Pelo Espírito André Luiz. 8ª ed. Rio de Janeiro: FEB, 1980.

______. *Emmanuel.* Pelo Espírito Emmanuel. 8ª ed. Rio de Janeiro: FEB, 1977.

______. *Jesus no lar.* Pelo Espírito Neio Lúcio. 20ª ed. Rio de Janeiro: FEB, 1994.

______. *Missionários da luz.* Pelo Espírito André Luiz. 23ª ed. Rio de Janeiro: FEB, 1991.

______. *No Mundo Maior.* Pelo Espírito André Luiz. 17ª ed. Rio de Janeiro: FEB, 1991.

______. *Nosso Lar.* Pelo Espírito André Luiz. 45ª ed. Rio de Janeiro: FEB, 1996.

______. *O Consolador.* Pelo Espírito Emmanuel. 15ª ed. Rio de Janeiro: FEB, 1991.

______. *Os Mensageiros.* Pelo Espírito André Luiz. 24ª ed. Rio de Janeiro: FEB, 1991.

______. *Pontos e contos.* Pelo Espírito Irmão X. 10ª ed. Rio de Janeiro: FEB, 1999.

______. *Vida e sexo.* Pelo Espírito Emmanuel. 4ª ed. Rio de Janeiro: FEB, 1978.

______ e Vieira, WALDO. *Evolução em dois mundos.* Pelo Espírito André Luiz. 11ª ed. Rio de Janeiro: FEB, 1989.

Bibliografia Complementar

AKSAKOF, Alexander. *Animismo e Espiritismo*. 2 v., 5ª ed. Rio de Janeiro: FEB, 1990.

ANDRÉA, Jorge. *Forças sexuais da alma*. 2ª ed. Rio de Janeiro: FEB, 1987.

______. *Palingênese, a grande lei*. 2ª ed. Rio de Janeiro: SEE F. V. Lorenz, 1980.

ARMOND, Edgard. *Os exilados da capela*. 26ª ed. São Paulo: Aliança, 1991.

BERNARDI, Ricardo di. *Gestação* – sublime intercâmbio. 1ª ed. Londrina (PR): Livraria e Editora Universalista Ltda., 1993.

BOZZANO, Ernesto. *Os animais têm alma?* Trad. de Francisco Klörs Werneck. 4ª ed. Niterói (RJ): Lachâtre, 1999.

CAJAZEIRAS, Francisco. *Eutanásia* (*Enfoque espírita*). 2ª ed. Capivari (SP): EME, 1998.

CARVALHO, César Perri de; FILHO, Osvaldo Magro. *Entre a matéria e o espírito*. 1ª ed. Matão (SP): O Clarim, 1990.

CIAMPONI, Durval. *Perispírito e corpo mental.* 1ª ed. São Paulo: Feesp, 1999.

COOPER, Irving S. *Reencarnação* – A esperança do Universo. Trad. de Syomara Cajado. 1ª ed. São Paulo: Difel – Difusão Editorial S/A, 1981.

DELANNE, Gabriel. *A alma é imortal.* Trad. de Guillon Ribeiro. 6ª ed. Rio de Janeiro: FEB, 1990.

DENIS, Léon. *Cristianismo e Espiritismo*. Trad. de Leopoldo Cirne. 7ª ed. Rio de Janeiro: FEB, 1978.

______. *Depois da morte*. Trad. de João Lourenço de Souza. 16ª ed. Rio de Janeiro: FEB, 1990.

______. *O grande enigma*. S.t. 10ª ed. Rio de Janeiro: FEB, 1992.

DOYLE, Arthur Conan. *História do Espiritismo*. Trad. de Júlio Abreu Filho. 1ª ed. São Paulo: Pensamento, 1978.

FERREIRA, Aurélio Buarque de Holanda. *Novo dicionário da língua portuguesa*. 1ª ed. Rio de Janeiro: Nova Fronteira, s.d.

FLAMMARION, Camille. *Deus na Natureza*. Trad. de Manuel Quintão. 4ª ed. Rio de Janeiro: FEB, 1979.

FRANCO, Divaldo Pereira. *Autodescobrimento* – uma busca interior. Pelo Espírito Joanna de Ângelis. 2ª ed. Salvador (BA): Leal, 1995.

______. *Leis morais da vida.* 9ª ed. Salvador (BA): Leal, 1976.

______. *Trilhas da libertação.* Pelo Espírito Manoel Philomeno de Miranda. 1ª ed. Rio de Janeiro: FEB, 1996.

FRIGÉRI, Mário. *As sete esferas da Terra.* 2ª ed. Rio de Janeiro: FEB, 2001.

GARCIA, Wilson. *O Centro Espírita.* 2ª ed. São Paulo: USE, 1990.

______. *O Centro Espírita e suas histórias.* 2ª ed. São Paulo: USE, 1996.

GIMÊNEZ, Henrique Neyde. *A mediunidade na Bíblia.* 1ª ed. São Paulo: Feesp, 1996.

LEX, Ary. *Do sistema nervoso à mediunidade.* 3ª ed. São Paulo: Feesp, 1997.

MELO, Jacob. *O passe* – seu estudo, suas técnicas, sua prática. 2ª ed. Rio de Janeiro: FEB, 1992.

MIRANDA, Hermínio Correa de. *Diálogo com as sombras* (Teoria e Prática da Doutrinação.) 14ª ed. Rio de Janeiro: FEB, 2000.

______. *Hahnemann, o apóstolo da Medicina Espiritual.* 3ª ed. Rio de Janeiro: Celd, 1987.

NETO, Paulo. *A Bíblia à moda da casa.* 1ª ed. São Paulo: Rede Visão, 2002.

NOBRE, Freitas. *O crime, a psicografia e os transplantes.* 1ª ed. Matão (SP): O Clarim, s.d.

NUNES FILHO, Américo D. *Razão e dogma.* 1ª ed. Matão (SP): O Clarim, 1995.

PEREIRA, Yvonne do Amaral. *Memórias de um suicida.* Pelo Espírito Camilo Cândido Botelho. 11ª ed. Rio de Janeiro: FEB, 1983.

PRADA, Irvênia. *A questão espiritual dos animais.* 1ª ed. São Paulo: FE – Folha Espírita, 1998.

SARDANO, Miguel de Jesus. *Nas pegadas do Nazareno.* 1ª ed. Salvador (BA): Leal, 1987.

SCHUBERT, Suely Caldas. *Mediunidade: caminho para ser feliz.* 2ª ed. Votuporanga (SP): Didier, 1999.

______. *O semeador de estrelas.* 2ª ed. Salvador (BA): Leal, 1989.

SIMONETTI, Richard. *A constituição divina.* 9ª ed. Bauru (SP): Gráfica São João, 1993.

SOBRINHO, Geraldo Campetti (Coordenador). *O Espiritismo de A a Z.* 2ª ed. Rio de Janeiro: FEB, 1997.

TOURINHO, Nazareno. *Relações humanas nos Centros Espíritas.* 1ª ed. São Bernardo do Campo (SP): Edições Correio Fraterno, 1994.

USEERJ. *Manual de administração das Instituições Espíritas.* 7ª ed. Rio de Janeiro: Useerj/Eurício de Mário, 2000.

XAVIER, Francisco Cândido. *A caminho da Luz*. Pelo Espírito Emmanuel. 18ª ed. Rio de Janeiro: FEB, 1991.

______. *Ação e reação*. Pelo Espírito André Luiz. 7ª ed. Rio de Janeiro: FEB, 1980.

______. *Entre a terra e o céu*. Pelo Espírito André Luiz. 14ª ed. Rio de Janeiro: FEB, 1992.

______. *Há dois mil anos*. Pelo Espírito Emmanuel. 25ª ed. Rio de Janeiro: FEB, 1990.

______. *Libertação*. Pelo Espírito André Luiz. 15ª ed. Rio de Janeiro: FEB, 1992.

______. *Nos domínios da mediunidade*. Pelo Espírito André Luiz. 21ª ed. Rio de Janeiro: FEB, 1993.

______. *Paulo e Estêvão*. Pelo Espírito Emmanuel. 26ª ed. Rio de Janeiro: FEB, 1992.

______. *Renúncia*. Pelo Espírito Emmanuel. 14ª ed. Rio de Janeiro: FEB, 1983.

______. *Sexo e destino*. Pelo Espírito André Luiz. 14ª ed. Rio de Janeiro: FEB, 1989.

______. *Mecanismos da mediunidade*. Pelo Espírito André Luiz. 13ª ed. Rio de Janeiro: FEB, 1994.

______ e VIEIRA, Waldo. *Desobsessão*. Pelo Espírito André Luiz. 13ª ed. Rio de Janeiro: FEB, 1992.

ZIMMERMANN, Zalmino. *Perispírito*. 1ª ed. Campinas (SP): Ceak, 2000.

Índice Geral

A

[274]Remete ao número da página. Trabalho elaborado pela equipe da Biblioteca de Obras Raras da FEB no primeiro semestre de 2009.

B

C

D

G

H

I

K

M

N

Q

R

S

T

U

V

W

X

Z

Este livro foi impresso
no Departamento Gráfico da
FEDERAÇÃO ESPÍRITA BRASILEIRA
na cidade do Rio de Janeiro
em outubro de 2010.

www.febnet.org.br